C000064977

Basistexte Geschichte

Herausgegeben von
Aloys Winterling

Band 2

Werner Plumpe (Hg.)

Wirtschaftsgeschichte

Franz Steiner Verlag 2008

Bibliografische Information der Deutschen Nationalbibliothek
Die Deutsche Nationalbibliothek verzeichnet diese
Publikation in der Deutschen Nationalbibliografie;
detaillierte bibliografische Daten sind im Internet über
<http://dnb.d-nb.de> abrufbar.

ISBN 978-3-515-09064-3

Jede Verwertung des Werkes außerhalb der
Grenzen des Urheberrechtsgesetzes ist unzulässig
und strafbar. Dies gilt insbesondere für Übersetzung,
Nachdruck, Mikroverfilmung oder vergleichbare
Verfahren sowie für die Speicherung in Datenver-
arbeitungsanlagen.
© 2008 Franz Steiner Verlag, Stuttgart
Gedruckt auf säurefreiem, alterungsbeständigem Papier.
Druck: AZ Druck und Datentechnik, Kempten
Printed in Germany

INHALT

WIRTSCHAFTSGESCHICHTE ZWISCHEN ÖKONOMIE UND GESCHICHTE – EIN HISTORISCHER ABRISS[1]

von Werner Plumpe

in memoriam Georg Brodnitz (1876–1941)

dem eigentlichen Anreger einer eigenständigen Wirtschaftsgeschichte in Deutschland,
der nach 1933 dem Rassenwahn der Nationalsozialisten zum Opfer fiel

I.

Die Wirtschaftsgeschichtsschreibung hat im deutschen Sprachraum eine lange Tradition.[2] Schon die „Statistiker" des 17. und 18. Jahrhunderts trieben im Grunde Wirtschaftsgeschichte, wenn sie etwa umfangreiche Länderbeschreibungen vorlegten, in denen sie deren ökonomische „Merkwürdigkeiten" zum Teil recht genau ihrer Art und ihrer Entstehung nach aufzeichneten. Noch Wilhelm Roscher (1817–1894), obwohl von der klassischen schottischen Nationalökonomie beeinflusst,[3] war in seinen empirischen Darstellungen ein Sammler von „Kuriositäten" und Belegstellen, die er ohne rechten inneren Zusammenhang häufig zumeist in chronologischer Ordnung präsentierte.[4] Da er sich faktisch ökonomisch-theoretisch nicht

---

1 Ich danke Ralf Banken, Katharina Herbert, Mark Jakob, Roman Köster und Jörg Lesczenski für Rat, Kritik und Hilfe bei der Auswahl und der Kommentierung der hier abgedruckten Texte.

2 Eine Geschichte der Wirtschaftsgeschichtsschreibung gibt es bis heute nicht. Ansätze hierzu finden sich allerdings häufiger, etwa bei JÜRGEN KUCZYNSKI, Studien zu einer Geschichte der Gesellschaftswissenschaften, Bd. 8: Zur Geschichte der Wirtschaftsgeschichtsschreibung, Berlin 1978. Vgl. auch WILHELM ROSCHER, Geschichte der National-Ökonomik in Deutschland, München 1874.

3 Die klassische Nationalökonomie war generell in Deutschland außerordentlich einflußreich und bestimmte den Gang der öffentlichen Debatten und – zum Teil – der Politik. So sind die preußischen Reformen ohne die Smith-Rezeption der Bürokratie kaum vorstellbar; vgl. HUGO GRAUL, Das Eindringen der Smithschen Nationalökonomie in Deutschland und ihre Weiterbildung bis zu Hermann, Ammendorf bei Halle a.d.S. 1928. Zur Schulung der Bürokratie siehe WILHELM TREUE, Adam Smith in Deutschland. Zum Problem des „Politischen Professors" zwischen 1776 und 1810, in: WERNER CONZE (Hg.), Deutschland und Europa. Historische Studien zur Völker- und Staatenordnung des Abendlandes. Festschrift für Hans Rothfels, Düsseldorf 1951, S. 101–133. Vgl. auch REINHART KOSELLECK, Preußen zwischen Reform und Revolution. Allgemeines Landrecht, Verwaltung und soziale Bewegung von 1791 bis 1848, Stuttgart 1987, S. 168.

4 WILHELM ROSCHER, Ansichten der Volkswirthschaft aus dem geschichtlichen Standpunkte, Leipzig 1861 (Neudruck Düsseldorf 1994); DERS., System der Volkswirthschaft, Bd. 1: Grundlagen der National-Ökonomie, Stuttgart 1922 (26. Aufl.).

äußerte, erschienen bei ihm Wirtschaftswissenschaft und Wirtschaftsgeschichte sogar mehr oder weniger identisch zu sein.[5]

In den auf Roscher folgenden Jahrzehnten trat dann eine für die Wirtschaftsgeschichtsschreibung in Deutschland entscheidende Weichenstellung ein, da eine Emanzipation der Wirtschaftstheorie von der Wirtschaftsgeschichte nicht erfolgte, ja nicht einmal als erstrebenswert erschien. Für Karl Knies (1821–1898)[6] und Bruno Hildebrand (1812–1878)[7] war die sich in Großbritannien vollziehende Ausdifferenzierung einer im Kern allgemeinen ökonomischen Theorie mit ihren generalisierten Annahmen menschlichen Verhaltens und der Normativität des freien Marktes nicht nur kein Vorbild mehr, sie war aus theoretischen wie politischen Gründen abzulehnen. Statt einer allgemeinen ökonomischen Theorie das Wort zu reden, plädierten sie für historische Betrachtungen, die allein den jeweils spezifischen Erfordernissen der betrachteten Länder und Entwicklungsphasen adäquat seien. Eine allgemeine ökonomische Theorie hingegen hielten sie bestenfalls für ein englisches Vorurteil, im Kern allerdings für falsch, da sich die heterogene ökonomische Wirklichkeit theoretischer Schematisierung verweigere. Im Grunde bestanden Knies und Hildebrand mithin auf der Einheit von Wirtschaftswissenschaft und Wirtschaftsgeschichte; letztere war die eigentliche Verfahrensweise, mit der wirtschaftliche Kenntnisse gewonnen werden konnten, zumal sie nicht im Verdacht stand, mit spekulativen theoretischen Vorannahmen zu arbeiten. Diese Auffassung war nicht generell theoriefeindlich, denn sie beruhte auf umfangreichen theoretischen Annahmen über den historischen Prozeß und der sich daraus herleitenden Annahme der Unmöglichkeit einer generalisierten allgemeinen ökonomischen Theorie. Als theoretische Aussage präferierte sie Entwicklungsvorstellungen, in deren Rahmen die Unterschiedlichkeit von Entwicklungsverläufen plausibilisierbar erschien. Die Vorstellung, die ganze Welt funktioniere ökonomisch im Grunde auf die gleiche Weise und habe entsprechend nach der gleichen (theoretischen) Pfeife zu tanzen, lehnten sie hingegen ab.[8]

Das taten auch ihre Nachfolger in der sog. jüngeren Historischen Schule[9] der Nationalökonomie, namentlich Gustav Schmoller (1838–1917),[10] Karl Bücher

---

5   Hugo Graul, Das Eindringen der Smithschen Nationalökonomie in Deutschland und ihre
     Weiterbildung bis zu Hermann, Ammendorf bei Halle a.d.S. 1928. Ferner Karl Pribram,
     Geschichte des ökonomischen Denkens, 2 Bde., Frankfurt a.M. 1992, hier Bd. 1, S. 384–394,
     S. 410 f.

6   Karl Knies, Die politische Ökonomie vom Standpunkt der geschichtlichen Methode,
     Braunschweig 1853.

7   Bruno Hildebrand, Die Nationalökonomie der Gegenwart und Zukunft, Frankfurt a.M. 1848
     (ND Düsseldorf 1998). Siehe auch Bertram Schefold, Bruno Hildebrand: die historische
     Perspektive eines liberalen Ökonomen, Düsseldorf 1998.

8   Karl Pribram, Geschichte des ökonomischen Denkens, Bd. 1, Frankfurt a.M. 1992, S. 406–
     412.

9   Ob zwischen einer älteren und einer jüngeren historischen Schule so einfach zu unterscheiden
     ist, ja ob die älteren Autoren überhaupt eine Schule bildeten, ist umstritten, vgl. David F. Lindenfeld, The Myth of the Older Historical School of Economics, in: Central European History 26, Heft 4, 1993, S. 405–416. Zur jüngeren historischen Schule jetzt Erik Grimmer-Solem,
     The Rise of Historical Economics and Social Reform in Germany 1864–1894, Oxford 2003.

10 Gustav Schmoller, Grundriß der allgemeinen Volkswirtschaftslehre, 2 Bde., Leipzig 1900,
     1904.

(1847–1930)[11] und Lujo Brentano (1844–1931),[12] die nicht nur die Geltung der theoretischen Aussagen der klassischen Ökonomie auf den britischen Fall einschränken wollten, sondern auch deren theoretische Grundannahmen von der Eigeninteressiertheit und Rationalität des homo oeconomicus bestritten. Dieser sei keine generalisierbare Grundlage einer allgemeinen Theorie, sondern das spezifische Zuchtprodukt der Moderne und könne daher nicht als Analyseinstrument generell herangezogen werden. Schmoller war theoretischen Aussagen nicht abgeneigt, plädierte aber stark für eine Art evolutionären Institutionalismus, der gerade nicht von individuellen Annahmen über das Verhalten einzelner Menschen ausging, sondern die Bedingtheit des Menschen durch kollektive Gegebenheiten in den Vordergrund stellte: Statt methodischem Individualismus herrschte bei Schmoller eine Art sittlicher Kollektivismus, den als theoretische Aussage zu fixieren zudem umfangreiches historisches Wissen voraussetzte. Solange dieses nicht vorlag, war an allgemeines Theoretisieren nicht zu denken. Entsprechend lehnte Schmoller sowohl den individualistischen Rationalismus der englischen Tradition wie die hierauf im Grunde aufbauende sozialistische Konzeption von Karl Marx ab und plädierte statt dessen für eine Betrachtung der Ökonomie in ihrer gesellschaftlichen Bedingtheit.[13] Bücher hingegen dachte weniger in Kategorien eines kontinuierlichen Evolutionsprozesses des Aufstiegs zu höherer Sittlichkeit als in – freilich im Kern ähnlich konfigurierten – Stufentheorien (Dorf-, Stadt-, Volks-, Weltwirtschaft etc.), also ebenfalls in Begriffen kollektiven, strukturell geformten Handelns.

Im Rahmen der jüngeren Historischen Schule nahm daher die empirische wirtschaftshistorische Forschung einen starken Aufschwung, während die eigentliche ökonomische Theoriearbeit vernachlässigt wurde, was im sog. Methodenstreit[14] zwischen Gustav Schmoller und Carl Menger (1840–1921) drastisch zum Ausdruck kam. Menger warf Schmoller vor, letztlich zu allgemeinen ökonomischen Aussagen gar nicht vordringen zu können, sondern sich im Gewirr der Empirie zu verlieren, während der Grenznutzenansatz der österreichischen Schule eine reine ökonomische Theorie zulasse, mit der wirtschaftliche Prozesse bis hin zu ihrer kristallinen mathematischen Darstellung rein zum Ausdruck gebracht werden könnten. Schmoller wies diese Annahmen, insbesondere den Subjektivismus der österreichischen Schule – also die Vorstellung, Wirtschaft setze sich aus rationalen Einzelhandlungen von Individuen entsprechend deren Budgets und Präferenzen zusammen und lasse sich

---

11   KARL BÜCHER, Die Entstehung der Volkswirtschaft. Vorträge und Aufsätze, 1. und 2. Sammlung, Tübingen 1926.

12   LUJO BRENTANO, Mein Leben im Kampf um die soziale Entwicklung Deutschlands, Jena 1931.

13   GUSTAV SCHMOLLER, Wechselnde Theorien und feststehende Wahrheiten im Gebiete der Staats- und Socialwissenschaften und die heutige deutsche Volkswirthschaftslehre, Berlin 1897. Zur Einordnung vgl. WERNER PLUMPE, Gustav von Schmoller und der Institutionalismus. Zur Bedeutung der historischen Schule der Nationalökonomie für die moderne Wirtschaftsgeschichtsschreibung, in: Geschichte und Gesellschaft 25, Heft 2, 1999, S. 252–275.

14   Zum Methodenstreit immer noch maßgeblich DIETER LINDENLAUB, Richtungskämpfe im Verein für Socialpolitik. Wissenschaft und Sozialpolitik im Kaiserreich vornehmlich vom Beginn des „Neuen Kursus" bis zum Ausbruch des Ersten Weltkrieges (1890–1914), Wiesbaden 1967.

auch nur hierüber erfassen – zurück; der Methodenstreit versandete schließlich, aber der Stern der Historischen Schule sank nach und nach, da sich das historische Denken in der Ökonomie spätestens seit Schumpeters Arbeiten zur wirtschaftlichen Entwicklung[15] als theoretisch nicht mehr anschlußfähig erwies und schließlich nur noch in Deutschland klar dominierte, mit der Niederlage im Weltkrieg aber auch hier seine letztlich im institutionellen Erfolg des Kaiserreiches verbürgte Aussagefähigkeit verlor.

Spätestens nach der Jahrhundertwende, vor allem dann aber in den 1920er Jahren trennten sich die Wege von Wirtschaftswissenschaft und Wirtschaftsgeschichte auch in Deutschland, brach die ältere wirtschaftsgeschichtliche Tradition im Grunde ab. Max Weber (1864–1920)[16] und Werner Sombart (1863–1941)[17] standen selbst zwar noch in der Tradition der Historischen Schule und verstanden sich keineswegs als reine Wirtschaftshistoriker, auch wenn beide einschlägig publizierten. Sie verkörperten ein mixtum compositum aus Wirtschaftswissenschaft, Soziologie und Historischer Schule, das aber im Kern immer stärker zu einer historisch argumentierenden Wirtschaftssoziologie neigte, die eben nicht allein Aussagen über Zinssätze, Geldmengen und Konjunkturzyklen machen wollte, sondern zugleich den Kapitalismus, seine Entstehung, seine Struktur und – womöglich – seine Zukunft zum Gegenstand hatte und dabei bewußt weit, insbesondere auch in die Geistes- und Kulturgeschichte ausgriff. Nicht zuletzt von historischer Seite geriet gerade Werner Sombart damit in das Kreuzfeuer der Kritik. Während Otto Brunner (1898–1982)[18] ihm vorhielt, seine Begrifflichkeit sei im Grunde anachronistisch, da er Kategorien der Moderne unreflektiert auf die alteuropäische Geschichte anwende, kritisierte Otto Hintze (1861–1940)[19] seine schematische Verwendung soziologischer Kategorien und deren Verwechslung mit der historischen Realität. Die Tradition der Historischen Schule jedenfalls verblaßte stark, zumal der aufkommende Ordoliberalismus der späten 1920er und der 1930er Jahre in seinen Ordnungsmorphologien nicht wirklich historisch dachte.[20]

---

15 Vgl. Joseph A. Schumpeter, Theorie der wirtschaftlichen Entwicklung, Berlin 2006 (zuerst 1912).

16 Siehe insbesondere die posthum veröffentlichte Vorlesungsmitschrift: Max Weber, Abriß der universalen Sozial- und Wirtschaftsgeschichte. Aus den nachgelassenen Vorlesungen hrsg. von Siegfried Hellmann und Melchior Palyi, München und Leipzig 1924, insbes. die begriffliche Vorbemerkung.

17 Werner Sombart, Der moderne Kapitalismus. Historisch-systematische Darstellung des gesamteuropäischen Wirtschaftslebens von seinen Anfängen bis zur Gegenwart, München und Leipzig 1916–1927 (2. neubearb. Aufl.).

18 Otto Brunner, Zum Problem der Sozial- und Wirtschaftsgeschichte, in: Zeitschrift für Nationalökonomie 7, 1936, S. 671–685.

19 Siehe den Beitrag im vorliegenden Band, S. 89–108.

20 Karl Häuser, Das Ende der historischen Schule und die Ambiguität der deutschen Nationalökonomie in den Zwanziger Jahren, in: Knut W. Nörr u.a. (Hg.), Geisteswissenschaften zwischen Kaiserreich und Republik. Zur Entwicklung von Nationalökonomie, Rechtswissenschaft und Sozialwissenschaft im 20. Jahrhundert, Stuttgart 1994, S. 47–74.

Das Verschwinden der Wirtschaftsgeschichte aus den Wirtschaftswissenschaften wurde aber nun im deutschen Sprachraum nicht durch eine Aufwertung der Wirtschaftsgeschichte zu einem eigenständigen Fach ausgeglichen. Die Versuche des Hallenser Extraordinarius Georg Brodnitz, ein eigenständiges Fach Wirtschaftsgeschichte im Rahmen der Nationalökonomie zu schaffen und mit der Herausgabe des „Handbuchs für Wirtschaftsgeschichte" aus den zahlreichen verstreuten Einzelschriften eine Art disziplinären Kanon zu etablieren, blieben zunächst ohne große Resonanz. Auch in der allgemeinen Geschichtswissenschaft kam es kaum zu wirtschaftshistorischen Impulsen, im Gegenteil. Die allgemeine Geschichtswissenschaft hatte von wirtschafts- und sozialhistorischen Themen traditionell Abstand gehalten. Die Ablehnung, die dem Leipziger Kulturhistoriker Karl Lamprecht (1856–1915)[21] im sog. zweiten Methodenstreit[22] entgegenschlug, läßt sich nur zum Teil auf die handwerklichen Mängel seiner Arbeit zurückführen; es ging auch darum, einer erweiterten Kulturgeschichtsschreibung, die sich explizit als Konkurrenz zur Programmatik des Historismus etablieren wollte, den Rang abzusprechen und damit die Wirtschaftsgeschichte aus dem Kernbereich der historischen Wissenschaften zu verbannen. Diese Verbannung war vergleichsweise erfolgreich, denn selbst die eher aufgeschlossenen Vertreter der allgemeinen Geschichtsschreibung wie die bereits erwähnten Otto Brunner und Otto Hintze grenzten sich von Karl Lamprecht ab,[23] von Max Weber ganz zu schweigen.[24] Von wenigen Aussagen noch historisch arbeitender Ökonomen wie dem erwähnten Georg Brodnitz, Richard Ehrenberg (1857–1921),[25] August Sartorius von Waltershausen (1852–1938)[26] oder Bruno Kuske (1876–1964)[27] und einigen Historikern wie Alfons Dopsch (1868–1953)[28] oder Georg von Below (1858–1927)[29] abgesehen, gab es in der Zwischenkriegszeit kaum

---

21 KARL LAMPRECHT, Alte und neue Richtungen in der Geschichtswissenschaft, Berlin 1896.

22 HARALD A. WILTSCHE, „… wie es eigentlich geworden ist" – Ein wissenschaftsphilosophischer Blick auf den Methodenstreit um Karl Lamprechts Kulturgeschichte, in: Archiv für Kulturgeschichte 87, Heft 2, 2005, S. 251–284.

23 Zum Lamprechtstreit siehe auch GEORG G. IGGERS, Deutsche Geschichtswissenschaft. Eine Kritik der traditionellen Geschichtsauffassung von Herder bis zur Gegenwart, München 1971, S. 256–260.

24 JOACHIM RADKAU, Max Weber. Die Leidenschaft des Denkens, München 2005, S. 308–311.

25 RICHARD EHRENBERG, Das Zeitalter der Fugger, 2 Bde., Jena 1896. RICHARD EHRENBERG, Große Vermögen 1: Die Fugger, Rothschild, Krupp, Jena 1925 (3. Aufl.).

26 AUGUST SARTORIUS VON WALTERSHAUSEN, Deutsche Wirtschaftsgeschichte 1815–1914, Jena 1920; AUGUST SARTORIUS VON WALTERSHAUSEN, Die Entstehung der Weltwirtschaft. Geschichte des zwischenstaatlichen Wirtschaftslebens vom letzten Viertel des 18. Jahrhunderts bis 1914, Jena 1931.

27 Kuske war seit 1917 Professor für Wirtschaftsgeschichte an der Universität Köln. Seine Publikationstätigkeit betraf insbesondere Quelleneditionen zur Kölner Wirtschaftsgeschichte. Hier einschlägig eine kleinere Schrift: BRUNO KUSKE, Die historischen Grundlagen der Weltwirtschaft, Kiel 1926.

28 Zu Alfons Dopsch allgemein HANNAH VOLLRATH, Alfons Dopsch, in: HANS-ULRICH WEHLER (Hg.), Deutsche Historiker, Bd. 7, Göttingen 1980, S. 39–54. Informativ ist auch die Bandbreite der Festschrift zu seinem 70. Geburtstag: Wirtschaft und Kultur. Festschrift zum 70. Geburtstag von Alfons Dopsch, bearb. v. GIAN PIERO BOGNETTI, Baden bei Wien 1938.

29 GEORG VON BELOW, Probleme der Wirtschaftsgeschichte. Eine Einführung in das Studium der

Wirtschaftsgeschichtsschreibung.[30] Als akademisches Fach existierte sie trotz eigener Zeitschrift in dieser Zeit im Grunde nicht, wenngleich die im späten 19. und im frühen 20. Jahrhundert aufgeworfenen methodischen Fragen virulent geblieben waren.

Dies änderte sich auch im Nationalsozialismus nicht. Erst nach dem Zweiten Weltkrieg, vor allem seit der zweiten Hälfte der 1950er Jahre, begann ein erneuter Aufstieg der Wirtschaftsgeschichtsschreibung, diesmal aber nicht als integrale Methode der Wirtschaftswissenschaften – diese Rolle hatte sie nach 1950 endgültig und vollständig verloren – sondern als Teildisziplin der Volkswirtschaftslehre, seit den 1960er Jahren auch verstärkt als Teil der allgemeinen Geschichtswissenschaften. An der Wiege der Wirtschaftsgeschichtsschreibung in Deutschland stehen mithin zwei wesentliche Änderungen in ihren „Mutterdisziplinen": Die Verdrängung des historischen Ansatzes in der Volkswirtschaftslehre einerseits, die Öffnung der allgemeinen Geschichtsschreibung für Fragen des gesellschaftlichen Strukturwandels andererseits.

Erst jetzt wurde die Wirtschaftsgeschichte im engeren Sinne zu einer akademischen Disziplin.[31] Vor 1945 bzw. 1933 gab es nur vereinzelt Lehrstühle oder Professuren für Wirtschafts- und Sozialgeschichte.[32] Nach dem Krieg wandelte sich die Lage zunächst nur langsam. 1947 erhielt Friedrich Lütge in München den bis 1936 von Jakob Strieder besetzten und während des Krieges vakanten Lehrstuhl für Wirtschaftsgeschichte, der ebenso bei den Volkswirten angesiedelt war wie die 1949 mit Wilhelm Abel besetzte Stelle in Göttingen. 1950 gab es insgesamt sechs Professuren für Sozial- und Wirtschaftsgeschichte bzw. für reine Wirtschaftsgeschichte. Neben den bereits erwähnten Universitäten in Köln, Marburg, München und Göttingen waren das Frankfurt am Main und Heidelberg. In Münster existierte überdies seit

Wirtschaftsgeschichte, Tübingen 1920. Zu Below vgl. auch HANS CYMOREK, Georg von Below und die deutsche Geschichtswissenschaft um 1900, Stuttgart 1998.

30 Erwähnenswert ist ohne Frage noch der heute vielfach in Vergessenheit geratene Jakob Strieder (1877–1936), der als Fugger-Archivar nicht allein umfangreiche Studien zur Augsburger Wirtschaftsgeschichte publizierte, sondern auch allgemein angelegte Arbeiten zur Geschichte des Kapitalismus und der kapitalistischen Organisationsformen vorlegte. Strieder hatte seit 1920 – zumindest nach Münchener Selbstauskunft – den ersten reinen wirtschaftshistorischen Lehrstuhl in Deutschland inne. Vgl. insbesondere JAKOB STRIEDER, Zur Genesis des modernen Kapitalismus. Forschungen zur Entstehung der großen bürgerlichen Kapitalvermögen am Ausgange des Mittelalters und zu Beginn der Neuzeit zunächst in Augsburg, München und Leipzig 1935 (2. verm. Aufl.), worin er Sombarts Grundrententhese widerlegt. Siehe auch JAKOB STRIEDER, Studien zur Geschichte kapitalistischer Organisationsformen. Monopole, Kartelle und Aktiengesellschaften im Mittelalter und zu Beginn der Neuzeit, München und Leipzig 1925 (2. verm. Aufl.).

31 Im folgenden referierte, stichprobenbezogene Hinweise zu den Stellenbesetzungen 1950, 1960 und 1970 verdanke ich Dr. Jan-Otmar Hesse, der die Daten auf der Basis der Vorlesungs- und Personalverzeichnisse erhoben hat. Diese Daten ergeben nur einen Eindruck und beanspruchen keine Vollständigkeit.

32 Neben den Stellen von Bruno Kuske, Jakob Strieder und Georg Brodnitz gab es seit 1936 auch in Marburg in der Nationalökonomie eine Professur für Wirtschaftsgeschichte und Wirtschaftssoziologie.

1948 eine Professur für Sozialgeschichte, die mit Wilhelm Brepohl besetzt war. Zehn Jahre später hatte sich die Lage noch nicht wesentlich verändert. Zwei Stellen waren hinzugekommen, und zwar die aus der Akademie der Arbeit hervorgegangene Professur von Carl Jantke an der Hamburger Universität und die Stelle in Nürnberg, die Götz Freiherr von Pöllnitz besetzte.

In den sechziger Jahren wandelte sich das Bild dann grundlegend. 1970 gab es 18 Ordinariate bzw. Professuren, eine Zahl, die sich in den 1970er Jahren, als an zahlreichen Universitäten zweite Professuren gegründet wurden, weiter erhöhte. So gab es Doppelstellen (jeweils in der Ökonomie und in der Geschichtswissenschaft bzw. allein in der Geschichtswissenschaft) u. a. in Bochum, München, Münster und Frankfurt am Main, teilweise entstanden ganze Institute mit mehreren Professuren, so im Rahmen der Volkswirtschaftslehre in Köln und in Berlin[33] oder in den Sozialwissenschaften in Hamburg. Auch an zahlreichen neugegründeten Universitäten wurden entsprechende Stellen in der Regel im Rahmen der Geschichtswissenschaft eingerichtet, so u. a. in Duisburg, Essen, Bielefeld, Regensburg, Bamberg, Düsseldorf, Siegen, aber auch an den Bundeswehruniversitäten in München und Hamburg.

In ihrer Spitze stieg die Zahl der Stellen zu Beginn der 1980er Jahre auf fast 50 (unter Einbeziehung der in der seinerzeitigen DDR vorhandenen Stellen) an, um seitdem kontinuierlich auf nunmehr gut 30 Professuren zurückzugehen, die an ganz unterschiedlichen „Mutterdisziplinen" (zu etwa gleichen Teilen in der Volkswirtschaftslehre bzw. in der Geschichtswissenschaft, vereinzelt in sozial- und/oder in kulturwissenschaftlichen Fachbereichen) angesiedelt sind.[34] Da seit den 1960er Jahren sozial- und wirtschaftshistorische Fragestellungen zeitweilig in der Geschichtswissenschaft hegemonial waren, trugen überdies auch viele historische Professuren zu einschlägigen Arbeiten bei, ja verstanden sich in gewisser Hinsicht als sozialhistorische Stellen, die gegenüber der Wirtschaftsgeschichte offen waren. Wenn auch die Expansion des Faches im Rahmen des allgemeinen Universitätsausbaues zu relativieren ist, da andere Bereiche in den Wirtschafts- und Geschichtswissenschaften deutlich schneller wuchsen, so zeigt sich an diesen Zahlen doch der Aufstieg eines randständigen Faches zu einer eigenständigen Größe, der entsprechenden Niederschlag in Organisationen und Periodika fand.[35]

Das Ende der 1970er Jahre markierte, zumindest gemessen an der Stellenzahl, zugleich aber auch den Höhepunkt der Fachentwicklung.[36] Seit den 1980er Jahren

33 Vgl. WOLFRAM FISCHER, Wirtschafts- und Sozialgeschichte an der Freien Universität Berlin 1955–2004, in: Scripta Mercaturae 39, 2005, S. 45–73.
34 Siehe die Zusammenstellungen in unterschiedlichen Link-Sammlungen im Internet zur deutschsprachigen Wirtschaftsgeschichte.
35 Neben der VSWG entstanden in Westdeutschland etwa Periodika für Unternehmensgeschichte und für Agrargeschichte, von den in der Regel ebenfalls ökonomische Fragen thematisierenden sozialhistorischen Zeitschriften (etwa Geschichte und Gesellschaft, Archiv für Sozialgeschichte) abgesehen. In der DDR entstand bereits in den 1950er Jahren das (bis heute existierende) Jahrbuch für Wirtschaftsgeschichte.
36 KNUT BORCHARDT, Wirtschaftsgeschichte: Wirtschaftswissenschaftliches Kernfach, Orchideenfach, Mauerblümchen oder nichts von dem?, in: HERMANN KELLENBENZ, HANS POHL (Hg.), Historia socialis et oeconomica. Festschrift für Wolfgang Zorn zum 65. Geburtstag, Stuttgart

geht die Zahl der regulären Stellen an den Universitäten langsam zurück, auch wenn durch den Aufschwung der Drittmittelforschung dieser Kapazitätsabbau zum Teil noch aufgefangen werden konnte. Entscheidender für die „Krise des Faches" war sein sukzessiver Bedeutungsverlust im Rahmen der Lehre und der Forschungsschwerpunkte. In den Wirtschaftswissenschaften wurden die Lehrstühle für Wirtschaftsgeschichte zum Teil gestrichen, und auch in der Lehre verlor das Fach an Bedeutung. In den Geschichtswissenschaften konnte sich die Wirtschafts- und Sozialgeschichte zwar in der Regel behaupten, doch ihre enge Verbindung zur „Bielefelder Schule" der allgemeinen Geschichtsschreibung erwies sich nach langen Jahren des Erfolgs nun als nachteilig.[37] Dies hing nicht zuletzt damit zusammen, daß das Selbstverständnis der Geschichtswissenschaften, die sich in den sechziger Jahren gegenüber wirtschafts- und sozialhistorischen Fragestellungen weit geöffnet hatten, sich erneut wandelte, und zwar in Richtung einer Kulturgeschichte, die zwar an der Wirtschaft nicht unbedingt uninteressiert ist, sie aber doch eher aus dem Zentrum des Interesses gerückt hat.

Gegenwärtig ist die Wirtschaftsgeschichtsschreibung weltweit in einer Art Übergangsphase. Teile der Disziplin, insbesondere die Unternehmensgeschichte, sind noch in einer Expansionsphase, nicht zuletzt deshalb, weil sie einen wichtigen Beitrag zur Ausbildung von Betriebswirten leisten können. Ansonsten ist abzuwarten, ob sich die Wirtschaftsgeschichte behaupten wird.

Die Ausdifferenzierung des Faches als eigenständige akademische Teildisziplin war im deutschen Fall erstaunlicherweise mit einem Abebben der theoretischen und methodischen Diskussionen um den Stellenwert des Faches verbunden. Die Wirtschaftswissenschaft hatte sich seit den 1950er Jahren von ihren historischen und soziologischen Wurzeln und Teilen gelöst und sich im neoklassischen Paradigma modelltheoretisch neu definiert. Mit der Mathematik hatte sie eine eigene Sprache gefunden, die sich der hermeneutischen Mehrdeutigkeit soziologischer und historischer Aussagen erfolgreich zugunsten der formalen Eindeutigkeit und der entsprechenden Geltung einer eigenen Sprache entzog.[38] Die in diesem Rahmen sich begreifende (und von wesentlichen Anregungen aus den USA und Großbritannien gespeiste) Wirtschaftsgeschichte sah sich entsprechend als „Gesetzeswissenschaft", die ökonomische Regeln anhand historischen Materials zu überprüfen hat („applied economic history") und/oder als Wissenschaft, die sich um die Rekonstruktion

---

1987, S. 17–31. Die inhaltliche und thematische Breite der Wirtschaftsgeschichtsschreibung war und ist seither enorm; sie kann hier nicht annähernd erschöpfend angeführt werden. Verwiesen sei auf die zwar etwas ältere, gleichwohl verdienstvolle Zusammenstellung Wehlers: Hans-Ulrich Wehler, Bibliographie zur modernen deutschen Wirtschaftsgeschichte (18.–20. Jahrhundert), Göttingen 1976. Hans-Ulrich Wehler, Bibliographie zur neueren deutschen Sozialgeschichte, München 1993.

37 Werner Plumpe, „Moden und Mythen": Die Wirtschaft als Thema der Geschichtsschreibung im Umbruch 1960 bis 1980, in: Dieter Hein, Klaus Hildebrand, Andreas Schulz (Hg.), Historie und Leben. Der Historiker als Wissenschaftler und Zeitgenosse. Festschrift für Lothar Gall zum 70. Geburtstag, München 2006, S. 209–234.

38 Vgl. jetzt Jan-Otmar Hesse, Die Volkswirtschaftslehre der frühen Bundesrepublik. Struktur und Semantik, Habilitationsschrift, Frankfurt am Main 2007.

historischer Fakten, insbesondere um die Aufbereitung von statistischem Datenmaterial („pure economic history") kümmert, das dann mit zeitgenössischen ökonomischen Modellen zu testen ist.[39] Als besonders einflußreich erwiesen sich die neoklassische Wachstumstheorie und ihre Erweiterungen, wodurch zahlreiche Arbeiten zur Wirtschaftsgeschichte und zur Rekonstruktion statistischer Daten angeregt wurden.[40] Wenn – wie dort unterstellt – die wirtschaftliche Gesamtleistung eine Funktion der Faktorallokation ist, so muß sich auch der Wandel dieser Gesamtleistung aus Änderungen in der Faktorallokation, in der Faktorkombination und/oder bei der Faktorproduktivität ergeben. Insofern ließen sich die erkennbaren wirtschaftlichen Phänomene jeweils auf spezifische Faktorkombinationen zurückführen; Wirtschaftsgeschichte suchte dann insbesondere die jeweiligen Faktorkombinationen ökonomisch zu plausibilisieren. Vor allem die Schule der Cliometriker (siehe dazu in diesem Band den Beitrag von Fogel)[41] tat sich hier hervor, da sie strikt nach den theoretischen Vorgaben der neueren Wachstumstheorie den ökonomischen Strukturwandel modellierte und anhand umfänglicher Datenrekonstruktionen untersuchte. Dabei spielten auch kontrafaktische Annahmen (in dem Sinne: was wäre passiert, hätte nicht die Eisenbahn die Transportkosten dauerhaft gesenkt u. ä.) eine wesentliche Rolle.

Das mit dem Konzept der Neoklassik zwangsläufig verbundene Absehen von den sozialen und gesellschaftlichen Rahmenbedingungen der Wirtschaft, die Ignoranz ihrer je spezifischen historischen Verfaßtheit gegenüber, die ja bereits die Historische Schule beklagt hatte, blieb ein Problem, doch auch hierfür entstand mit der Neuen Institutionenökonomik ein im ökonomischen mainstream liegender Lösungsansatz. Der Neuen Institutionenökonomik ging und geht es um das Begreifen des Handelns der Akteure, das in cliometrischen Ansätzen in der Regel nur über seinen quantitativen Niederschlag erfaßt und selbst nicht zum Thema wird. Das Handeln der Akteure wird insofern zum Thema, weil es und die mit ihm verbundenen Kosten sich unmittelbar auf den wirtschaftlichen Erfolg auswirken, der mithin nicht allein als Ergebnis einer bestimmten Faktorkonstellation, sondern auch als Folge eines spezifischen institutionellen Regiments, welches das Handeln strukturiert, gesehen wird. Dessen Aufklärung wurde zum eigentlichen Ziel der namentlich von Douglass North propagierten Theorie der Eigentums- und Verfügungsrechte und der hiermit verbundenen Transaktionskosten.[42] Da auch die Neue Institutionenökonomik vom methodischen Individualismus ausgeht und am rationalen, selbstinteressierten Akteur

39   Rondo Cameron, Economic History, Pure and Applied, in: The Journal of Economic History 36, Heft 1, 1976, S. 3–27.

40   Walther G. Hoffmann, Wachstumstheorie und Wirtschaftsgeschichte, in: Hans-Ulrich Wehler (Hg.), Ökonomie und Geschichte, Köln 1973, S. 94–103.

41   Vgl. Alfred H. Conrad, John R. Meyer, Ökonomische Theorie, Statistik und Wirtschaftsgeschichte, in: Hans-Ulrich Wehler (Hg.), Ökonomie und Geschichte, Köln 1973, S. 144–162.

42   Douglass C. North, Structure and Change in Economic History, New York 1981; Douglass C. North, Institutions, Institutional Change and Economic Performance, Cambridge 1993; Douglass C. North, Understanding the Process of Economic Change, Princeton 2005.

festhält, ging und geht es ihr mithin um die Aufklärung des Zusammenhangs von institutioneller Struktur und Eigeninteresse der Akteure im historischen Wandel. Auch hier werden mithin historische Ereignisse und Ereignisfolgen im Lichte der modernen ökonomischen Theorie (Spieltheorie, rational choice, Neue Institutionenökonomik) plausibilisiert.

Die amerikanische und britische Wirtschaftsgeschichtsschreibung der Nachkriegszeit läßt sich letztlich unter diesen Vorzeichen begreifen, auch wenn dieser Zugriff keineswegs erschöpfend ist.[43] In diesem Rahmen der neoklassischen ökonomischen Theorie sind aber der Aufstieg der Industrialisierungsforschung (Wachstums- und Modernisierungstheorie) sowie die jüngeren Ansätze zur Entwicklung der Eigentums- und Verfügungsrechte, zur kontrafaktischen Geschichtsschreibung, zur Überprüfung quantitativer Entwicklungsverläufe und ihrer Alternativen mühelos zu verorten ebenso wie ein Großteil der im deutschen Sprachraum geschriebenen Arbeiten zur Geschichte der Industrialisierung.[44]

Das Selbstverständnis dieser Wirtschaftsgeschichtsschreibung war methodisch nicht mehr getrübt; hier ging es um die „ewigen" Gesetze der Wirtschaft und ihre jeweilige Nutzung zur Plausibilisierung historischer (in der Regel allerdings: selbstkonstruierter) Daten, wie es Eli Heckscher schon 1928 gegen die deutschen Einwände, Wirtschaft selbst sei wandelbar und entziehe sich daher einfachen theoretischen Vorstellungen, gefordert hatte.[45] Damit war der Gegenstand Wirtschaft selbst und die angemessene Art seiner Thematisierung zumindest vorläufig aus der Debatte genommen; die älteren Denkströmungen, die sich einer generalisierten ökonomischen Theorie verweigert hatten,[46] fanden keine Fortsetzung mehr.

---

43 Siehe die differenzierte Sicht von JOHN HICKS, A Theory of Economic History, Oxford 1969.

44 Von Interesse dürfte dabei sein, daß Jürgen Kuczynski auch die marxistische Wirtschaftsgeschichtsschreibung ganz ähnlich sah, ohne freilich deshalb die programmatischen Aussagen der „bürgerlichen Ökonomie" zu teilen. Aber auch für Kuczynski war Wirtschaftsgeschichtsschreibung „Gesetzeswissenschaft", ging es um die Überprüfung von Theorien anhand vorwiegend statistischen Materials. Eine historische Wirtschaftsgeschichtsschreibung im Sinne der historischen Schule oder Max Webers, Otto Brunners u.a. erschien ihm als empirisch verdienstvoll, ansonsten aber als unfruchtbar; vgl. JÜRGEN KUCZYNSKI, Studien zu einer Geschichte der Gesellschaftswissenschaften, Bd. 8: Zur Geschichte der Wirtschaftsgeschichtsschreibung, Berlin 1978.

45 ELI F. HECKSCHER, A Plea for Theory in Economic History, in: Economic History (Suppl. Economic Journal) 1, 1929, S. 525–534.

46 Typisch noch ARTHUR SPIETHOFF, The „Historical" Character of Economic Theories, in: The Journal of Economic History 12, Heft 2, 1952, S. 131–139. Vgl. auch WILLY KRAUS, Das Verhältnis von Wirtschaftsgeschichte und Wirtschaftstheorie in der modernen Nationalökonomie, in: Vierteljahrschrift für Sozial- und Wirtschaftsgeschichte 42, 1955, S. 193–213. Kraus beschreibt eine Art Pendelschlagbewegung zwischen theoretischer und historischer Nationalökonomie, betont dann aber, daß es keine außerhalb des Geschichtlichen stehende Theorie gebe. Lösungen wie die Alfred Amonns, man könne beides betreiben, befriedigen daher nicht. Kraus setzte sich auch mit Euckens Ordnungsmorphologie auseinander, die an der Empirie gewonnene Idealtypen theoretisiere und diese als „ewige" Gestalten des Wirtschaftens je wiederum untersuche. Diese „Ordnungen" seien aber statisch, sodaß Kraus die dynamischen Wirtschaftsstilvorstellungen insbesondere von Sombart und Müller-Armack vorzieht, in deren Licht Eukkens Ordnungslehre starr wirke, da sie über die jeweilige Dynamik keine Aussagen mache. Er schließt damit, daß die dynamischen (historischen) Momente in die Theorie einbezogen werden

Die Geschichtswissenschaft wandte sich der Wirtschaftsgeschichte verstärkt seit den 1950er Jahren zu, wobei die französische Schule der Annales, die selbst wiederum von der Leipziger Schule um Karl Lamprecht stark beeinflußt war, wesentliche Impulse gab. Ihr ging es vor allem um die Plausibilisierung mittel- bis langfristigen ökonomischen und sozialen Strukturwandels, der sehr viel komplexer begriffen wurde als in der neoklassischen Vorstellung. Das Zusammenspiel langfristig prägender Gegebenheiten, mittelfristig wirksamer und sich nur langsam ändernder Strukturen und den jeweiligen unmittelbaren ökonomischen, sozialen, kulturellen und politischen Ereignissen sollte zu einem komplexen Bild historischen Wandels verdichtet werden, Ökonomie und ökonomische Strukturen also in umgreifendere Gegebenheiten eingeordnet werden, wofür vor allem Fernand Braudels (1902–1985) Arbeiten geradezu paradigmatisch stehen.[47] Die Arbeiten der Annales-Schule gingen nicht von der in der Neoklassik verbreiteten Trivialanthropologie des homo oeconomicus[48] aus und verfolgten ebenfalls keinen methodologischen Individualismus, der den Schlüssel zur Plausibilisierung von Strukturwandel im Handeln einzelner Modellakteure sieht; hier spielten Macht, Kultur, Krieg und Zufall eine sehr viel größere Rolle, nicht zuletzt bei der Durchsetzung der europäischen Moderne und der Entstehung des modernen Kapitalismus.[49]

Diese Überlegungen blieben in der deutschen Geschichtswissenschaft zwar nicht ohne Einfluß; ihre Ausrichtung und damit auch ihr Zugriff auf die „Wirtschaft" verlief hier jedoch in anderen Bahnen, da spätestens seit den 1960er Jahren eine eigenartige, letztlich nur historisch erklärbare Konstellation zum zuvor angedeuteten Aufstieg der Wirtschafts- und Sozialgeschichte führte. Im Zuge der Fischer-Kontroverse, also der intensiven Auseinandersetzung deutscher Historiker um die innenpolitischen, insbesondere auch die wirtschaftlichen Ursachen der deutschen Kriegsziele im Ersten Weltkrieg, und der davon sich herleitenden Sonderwegsdebatte stieg die Wirtschaft zur Schlüsselkategorie historischen Wandels auf, die im Rahmen der

sollten (Wachstums- und Markttheorie auch über Schumpeter hinaus), um der wirklichen Wirtschaft nahe zu kommen. Ordnungen könnten mithin nur im Rahmen dynamischer Stile oder zumindest nur mit ihnen zusammen fruchtbar gemacht werden. Der hier sich äußernde Wirtschaftsstilgedanke noch bei BERTRAM SCHEFOLD, Wirtschaftsstile, Bd. 1: Studien zum Verhältnis von Ökonomie und Kultur, Bd. 2: Studien zur ökonomischen Theorie und zur Zukunft der Technik, Frankfurt a. M. 1994/1995.

47   FERNAND BRAUDEL, Das Mittelmeer und die mediterrane Welt in der Epoche Philipps II., Frankfurt a. M. 2001 (zuerst franz. 1949). FERNAND BRAUDEL (Hg.), Die Welt des Mittelmeers. Zur Geschichte und Geographie kultureller Lebensformen, Frankfurt a. M. 2006 (unv. Neuausgabe).

48   Zu dieser gleichwohl außerordentlich verbreiteten Schwundform siehe GEBHARD KIRCHGÄSSNER, Homo oeconomicus: das ökonomische Modell individuellen Verhaltens und seine Anwendung in den Wirtschafts- und Sozialwissenschaften, Tübingen 2000 (2. erw. Aufl.). Zur historischen Figur des homo oeconomicus, die sich von dieser Trivialanthropologie wesentlich unterscheidet, vgl. WERNER PLUMPE, Die Geburt des „Homo oeconomicus". Historische Überlegungen zur Entstehung und Bedeutung des Handlungsmodells der modernen Wirtschaft, in: WOLFGANG REINHARD, JUSTIN STAGL (Hg.), Märkte und Menschen. Studien zur historischen Wirtschaftsanthropologie, Wien 2007, S. 319–352.

49   FERNAND BRAUDEL, Sozialgeschichte des 15. bis 18. Jahrhunderts, 3 Bde., München 1985/1986 (zuerst franz. 1979).

jetzt sich ausdifferenzierenden kritischen historischen Sozialwissenschaft[50] auch
theoretisch in einer eigentümlichen Mischung aus Modernisierungstheorie und
historischem Materialismus modelliert wurde. Einerseits dominierte ein im Parson-
schen Sinne angelegtes Modell einer gut funktionierenden modernen Normalgesell-
schaft mit Marktwirtschaft, politischer Demokratie, Massenwohlstand/Sozialstaat
und entsprechendem Wertesystem, wovon Deutschland aufgrund von Verwerfungen
in seiner jüngeren Geschichte verhängnisvoll abgewichen sei; andererseits war
Wirtschaft der Kernkomplex industrieller Interessen, sozialer Ungleichheit und
politischer Machtausübung, womit eben diese Modernisierungsverwerfungen in
Deutschland erklärbar schienen. Das theoretische Verständnis von Wirtschaft chan-
gierte in diesem Kontext: Während eine politisch gezähmte Marktwirtschaft durchaus erträglich schien, besaß der Kapitalismus doch etwas Dämonisches. Ökonomische Theorie im engeren Sinne hatte in diesem Rahmen bestenfalls eine Art
Hilfsfunktion; im Grunde handelte es sich um wirtschaftssoziologische Annahmen,
die allerdings nicht generalisiert wurden. Wehler, der wesentliche Sprecher dieser
kritischen Gruppe, wollte zwar explizit auf (soziologische) Theorien zur Analyse
der Wirtschaft zurückgreifen, sprach aber stets nur von „Theorien mittlerer Reichweite" und bekannte sich auch ausdrücklich zu einem theoretischen Eklektizismus.[51]

Vor diesem Hintergrund entstand eine Art politischer Wirtschaftsgeschichte, die
das ökonomische Geschehen zumeist auf die politischen Motive der wirtschaftlichen
Akteure zurückführte, denen neben Profitstreben in der Regel auch antidemokratische Präferenzen und soziale Allüren als gleichsam autonome Motive unterstellt
wurden. Erst die politische Demokratisierung in der Bundesrepublik Deutschland
habe der Wirtschaft gleichsam ihren Stachel gezogen, obwohl man sich keineswegs
sicher war, ob hier nicht noch gefährliche Potentiale drohten.[52] Die „kritische Geschichtswissenschaft" jedenfalls plädierte klar für ein Primat der Politik zur Zäh-
mung der Ökonomie, was im übrigen nicht allein eine deutsche Spezialität war. Auch
Sidney Pollard (in diesem Band) bekannte sich zum politischen Eingriff und zur
politischen Gestaltung der Wirtschaft.

Dieses Verständnis von Wirtschaftsgeschichtsschreibung ist seit den späten 1970er
und den 1980er Jahren selbst Vergangenheit. Die es begünstigende Theoriemethode
des Keynesianismus und der Modernisierungstheorie lief aus, der für diese Art des
Denkens konstitutive Strukturalismus stieß auf Vorbehalte, und die ökonomischen
Aussagen etwa über einen „Organisierten Kapitalismus" im Deutschen Kaiserreich
erwiesen sich nicht als stichhaltig.[53] Seitdem dominiert einerseits die „Neue Wirt-

---

50   GEORG G. IGGERS, Neue Geschichtswissenschaft. Vom Historismus zur historischen Sozialwis-
     senschaft, München 1978, S. 97–156.
51   HANS ULRICH WEHLER, Einleitung, in: DERS. (Hg.), Geschichte und Ökonomie, Köln 1973, S.
     11–35.
52   JÜRGEN KOCKA, 1945: Neubeginn oder Restauration?, in: CAROLA STERN, HEINRICH AUGUST
     WINKLER (Hg.), Wendepunkte deutscher Geschichte 1848–1945, Frankfurt a.M. 1979, S.
     141–168.
53   WERNER PLUMPE, „Moden und Mythen". Die Wirtschaft als Thema der Geschichtsschreibung

schaftsgeschichte" mit ihren cliometrischen und institutionenökonomischen Überlegungen, andererseits scheint sich ein Zusammengehen von Kultur- und Wirtschaftsgeschichte im Paradigma der Rekonstruktion des Akteursverhaltens abzu-
zeichnen. Die Krise des Strukturalismus und der politischen Wirtschaftsgeschichtsschreibung begünstigen mithin eine Art Bündnis aus methodischem Individualismus
der Neoklassik und akteursbezogenen Vorstellungen der neueren Kulturgeschichtsschreibung.[54] Wie weit dieses Bündnis tragen wird und welche theoretischen und
methodischen Debatten in der Zukunft vorherrschen werden, muß sich allerdings
erst zeigen.

II.

Die folgende Zusammenstellung von Texten zur Wirtschaftsgeschichtsschreibung
beschäftigt sich nicht mit inhaltlichen Fragen des Faches und auch nicht unbedingt
mit bestimmten Theoriemoden, die einzelne Entwicklungsphasen der Wirtschaftsgeschichtsschreibung beeinflußten. Eine auch nur annähernd zureichende Auseinandersetzung hiermit würde den Rahmen des vorliegenden Bandes sprengen, da das
thematische Feld der Wirtschaftsgeschichte sehr weit ist. Es reicht – alphabetisch
– von der Agrar- bis zur Unternehmensgeschichte und berührt damit inhaltlich im
Grunde alle Bereiche der Geschichtsschreibung, zumindest deren ökonomische
Dimension.[55] Diese thematische Breite wurde überdies mit stark variierenden theoretischen und methodischen Ansätzen bearbeitet, deren Diskussion hier ebenfalls
nicht erfolgen kann.[56] Es geht im folgenden daher um die Disziplin Wirtschaftsgeschichte zwischen Wirtschafts- und Geschichtswissenschaften, damit um die diszi-

im Umbruch 1960 bis 1980, in: DIETER HEIN, KLAUS HILDEBRAND, ANDREAS SCHULZ (Hg.),
Historie und Leben. Der Historiker als Wissenschaftler und Zeitgenosse. Festschrift für Lothar
Gall zum 70. Geburtstag, München 2006, S. 209–234.

54 Siehe den Beitrag von Hansjörg Siegenthaler in diesem Band. Grundsätzlich HARTMUT BERG-
    HOFF, JAKOB VOGEL (Hg.), Wirtschaftsgeschichte als Kulturgeschichte. Dimensionen eines
    Perspektivenwechsels, Frankfurt a. M. 2004.
55 An thematischen Einführungen in die Wirtschaftsgeschichte und an Überblicksdarstellungen
    herrscht zudem kein Mangel. Hier seien nur einige Werke erwähnt: GEROLD AMBROSIUS, DIET-
    MAR PETZINA, WERNER PLUMPE (Hg.), Moderne Wirtschaftsgeschichte. Eine Einführung für
    Historiker und Ökonomen, München 1996 (2. überarb. u. erg. Aufl. 2006); CHRISTOPH BUCH-
    HEIM, Einführung in die Wirtschaftsgeschichte, München 1997; ROLF WALTER, Einführung in
    die Wirtschafts- und Sozialgeschichte, Paderborn 1994. An Überblicksdarstellungen seien er-
    wähnt: WERNER SOMBART, Die deutsche Volkswirtschaft im 19. Jahrhundert und im Anfang des
    20. Jahrhunderts, Berlin 1921 (4. Aufl.); REINHARD SPREE (Hg.), Geschichte der deutschen
    Wirtschaft im 20. Jahrhundert, München 2001. Für die globale Wirtschaftsgeschichte AUGUST
    SARTORIUS VON WALTERSHAUSEN, Die Entstehung der Weltwirtschaft. Geschichte des zwischen-
    staatlichen Wirtschaftslebens vom letzten Viertel des 18. Jahrhunderts bis 1914, Jena 1931;
    RONDO CAMERON, Geschichte der Weltwirtschaft, 2 Bde., Stuttgart 1991/1992; jüngst GRE-
    GORY CLARK, A Farewell to Alms: A Brief Economic History of The World, Princeton 2007.
56 Siehe dazu aktuell GÜNTHER SCHULZ u.a. (Hg.), Sozial- und Wirtschaftsgeschichte. Arbeitsge-
    biete, Probleme, Perspektiven. 100 Jahre Vierteljahrschrift für Sozial- und Wirtschaftsgeschich-
    te (VSWG-Beihefte 169), Stuttgart 2004.

plinäre Selbstverortung und das disziplinäre Selbstverständnis, von dem aus die
inhaltlichen Fragen jeweils anzugehen sind. Die hier grundlegenden Fragen beziehen
sich also darauf, wie wirtschaftshistorische Aussagen und Erkenntnisse gewonnen
werden können und welche Reichweite sie haben. Eindeutige Antworten existieren
nicht, aber allein die historische Abfolge der Antwortversuche, die im folgenden
dokumentiert ist, wirft ein bezeichnendes Licht auf Selbstverständnis und Problematik des Faches.

Entsprechende Anthologien zur Geschichte und zum Selbstverständnis der
Wirtschaftsgeschichtsschreibung gibt es, doch sind sie vergleichsweise alt. Hervor-
zuheben ist zunächst insbesondere die verdienstvolle Zusammenstellung von An-
trittsvorlesungen aus dem angelsächsischen Sprachraum durch N. B. Harte, die mit
dem Abdruck von 21 Vorlesungen den Zeitraum von 1893 bis 1970 ziemlich vollständig umfaßt. Sodann hat Hans-Ulrich Wehler in viel umfassenderer Weise 1972
programmatische Texte unterschiedlichster Provenienz zum Verhältnis von Wirtschaft und Geschichte zusammengestellt, eine Sammlung, die auch heute noch
überaus nützlich ist, werden in ihr doch wesentliche theoretische und methodische
Punkte klar markiert.[57] Die einschlägige Debatte ist seitdem im Grunde nicht wirklich fortgeführt worden, auch wenn die Ansätze der „Neuen Wirtschaftsgeschichte"
seither mehrfach einer tiefgreifenden Kritik unterzogen wurden. Versuche, in den
1990er Jahren das Selbstverständnis des Faches neu zu bestimmen, blieben im Vor-
läufigen und im Essayistischen stecken.[58]

Die vorliegende Zusammenstellung soll (und kann) die beiden älteren Anthologien nicht ersetzen, ja sie setzt deren Kenntnis und Lektüre in gewisser Hinsicht
voraus. Hier geht es darum, dem Leser einen Überblick über die theoretischen und
methodischen Debatten des gesamten 20. Jahrhunderts zu geben, die, wie oben gesagt, nicht mit einem eindeutigen und definitiven Ergebnis abgeschlossen wurden,
sondern in Zukunft weiter zu führen sein werden. Insofern wurde versucht, für die
unterschiedlichen Ansätze und Konzepte im 20. Jahrhundert jeweils Beispiele zu
finden, und durch deren chronologische Ordnung auch den Gang der Auseinandersetzung zumindest anzudeuten. In gewisser Weise stehen die Texte in einem inneren
Dialog, sie schließen aneinander an und ermöglichen ihrerseits Anschlüsse. Die
Auswahl der Texte ist dabei zugleich subjektiv und arbiträr; man hätte auch andere
Texte heranziehen können, doch war das Problem der Auswahl nicht zu umgehen.
Gemeinsam mit den Anthologien von Harte und Wehler aber ergibt sich ein gutes

---

57 HANS-ULRICH WEHLER (Hg.), Geschichte und Ökonomie, Köln 1973.
58 Vgl. die kurzen Beiträge verschiedener deutscher Wirtschaftshistoriker unter dem Titel: Wirt-
    schafts- und Sozialgeschichte – Neue Wege? Zum wissenschaftlichen Standort des Faches, in:
    Vierteljahrschrift für Sozial- und Wirtschaftsgeschichte 82, 1995, fortlaufend. Die meisten
    Einführungen in die Wirtschaftsgeschichtsschreibung gehen diesen Fragen aus dem Wege; die
    „Moderne Wirtschaftsgeschichte", herausgegeben von GEROLD AMBROSIUS, DIETMAR PETZINA
    und WERNER PLUMPE, München 2006 (2. Aufl.) weicht dem Problem insofern aus, als es hier
    um die Thematisierung der jüngeren Wirtschaftsgeschichte mit den Mitteln der gegenwärtigen
    ökonomischen Theorie geht; die erkenntnistheoretischen und programmatischen Probleme einer
    allgemeinen Wirtschaftsgeschichtsschreibung werden damit aber nicht erfaßt.

Bild der theoretischen und methodischen Debatten der Wirtschaftsgeschichtsschreibung in den vergangenen einhundert Jahren.

Die Textsammlung beginnt mit einem Aufsatz von Georg Brodnitz, der als Volkswirt, Statistiker und Wirtschaftshistoriker an der Universität Halle wirkte. 1933 wurde er wegen seiner jüdischen Abstammung aus dem Amt getrieben, 1941 deportiert und schließlich im Konzentrationslager ermordet. Der weitgehend vergessene Georg Brodnitz, der als Nachfolger Karl Büchers von 1930 bis 1934 auch die „Zeitschrift für die gesamte Staatswissenschaft" herausgab, machte sich vor allem einen Namen als Herausgeber des noch immer bedeutenden, weltweit ersten mehrbändigen „Handbuchs der Wirtschaftsgeschichte", das in umfänglichen Monographien die Wirtschaftsgeschichte der verschiedenen Epochen und der verschiedenen Staaten abhandelte.[59] Brodnitz hatte sich zuvor in zahlreichen Aufsätzen und Monographien nicht nur mit Fragen der Wirtschaftsgeschichtsschreibung befaßt, sondern sich auch allgemein ökonomisch geäußert;[60] 1928 porträtierte er für die angelsächsische Welt die wirtschaftshistorische Forschung in Deutschland, deren breites Themenspektrum er auf diese Weise auch im Ausland bekannt machen wollte, wo der Einfluß der deutschen Ökonomie nach dem Kriege schlagartig zurückgegangen war.[61]

Im hier abgedruckten Aufsatz[62] plädiert Georg Brodnitz angesichts umfangreicher Angriffe auf die Historische Schule in weiser Voraussicht für eine eigenständige Wirtschaftsgeschichte im Rahmen der Nationalökonomie (neben theoretischer Nationalökonomie, Politik, Verwaltung), da für ihn das Ende der Dominanz des historischen Denkens in der Ökonomie absehbar schien. Faktisch trat er damit letztlich aus pragmatischen Gründen für die Trennung von systematischen und historischen Konzeptionen der Betrachtung der Wirtschaft ein, beide freilich weiterhin unter dem Dach der Nationalökonomie vereint. Interessanterweise bezieht sich Brodnitz dabei auf das Vorbild der USA, wo es bereits zu einer eigenständigen Institutionalisierung der Wirtschaftsgeschichte im Rahmen der Wirtschaftswissenschaften gekommen

---

59 Brodnitz hielt auf der Basis der umfänglichen Einzelstudien, die in der Zwischenzeit vorlagen, eine umfassende Darstellung der Wirtschaftsgeschichte für möglich, die er daher von 1918 an unter dem Titel „Handbuch der Wirtschaftsgeschichte" vorantrieb. Zunächst erschien GEORG BRODNITZ, Englische Wirtschaftsgeschichte, Bd. 1, Jena 1918. Dann folgte RUDOLF KÖTZSCHKE, Allgemeine Wirtschaftsgeschichte des Mittelalters, Jena 1924 (ND Hildesheim 1998). Dann erschien JOSEF KULISCHER, Russische Wirtschaftsgeschichte, Bd. 1, Jena 1925. Dann ERNST BAASCH, Holländische Wirtschaftsgeschichte, Jena 1927. Dann HENRI SÉE, Französische Wirtschaftsgeschichte, 2 Bde., Jena 1930/31. Dann AXEL NIELSEN, Dänische Wirtschaftsgeschichte, Jena 1933. Dann ALFRED DOREN, Italienische Wirtschaftsgeschichte, Bd. 1, Jena 1934. Schließlich OSCAR JOHANNSEN, Norwegische Wirtschaftsgeschichte, Jena 1939. Hier war Brodnitz nicht mehr als Herausgeber genannt. Vorgesehene Arbeiten zur schweizerischen, schwedischen, belgischen, US-amerikanischen und antiken Wirtschaftsgeschichte sind nicht erschienen oder konnten nicht mehr erscheinen.

60 GEORG BRODNITZ, Bismarcks nationalökonomische Anschauungen, Jena 1902. GEORG BRODNITZ, Das System des Wirtschaftskrieges, Jena 1920.

61 GEORG BRODNITZ, Recent Works in German economic History (1900–1927), in: Economic History Review 1, Heft 2, 1928, S. 322–345.

62 GEORG BRODNITZ, Die Zukunft der Wirtschaftsgeschichte, in: Jahrbücher für Nationalökonomie und Statistik 1910, S. 145–161, hier S. 41–56.

war, denn schon 1893 hatte W.J. Ashley einen eigenständigen Lehrstuhl für Wirtschaftsgeschichte an der Harvard-Universität besetzt.[63] In Deutschland gebe es trotz großer Materialsammlungen kaum allgemeine Wirtschaftsgeschichte, die auch an den Universitäten (bis auf München) nicht gelesen werde. Daher setzte sich Brodnitz nachdrücklich für eine disziplinäre Autonomisierung der Wirtschaftsgeschichtsschreibung ein; sein späterer Anlauf, mit dem „Handbuch der Wirtschaftsgeschichte" aus der Materialfülle eine geschlossene Literaturgattung (und damit in gewisser Weise eine Art disziplinären Kanon) zu schaffen, war mithin nur folgerichtig.

Brodnitz' Anregungen fielen aber zunächst kaum auf fruchtbaren Boden. Wenn es zu Überlegungen kam, die Wirtschaftsgeschichte auf ein solides Fundament zu stellen, überwogen in den 1920er Jahren im deutschen Sprachraum häufig noch ganz unterschiedliche Stimmen, zu denen auch der österreichische Historiker Alfons Dopsch, dessen Beitrag zur Methodologie der Wirtschaftsgeschichte hier abgedruckt ist, zählte.[64] Dopsch war eigentlich Mediävist und hatte sich in größeren Studien mit wirtschaftlichen Aspekten der frühmittelalterlichen Geschichte auseinandergesetzt.[65] Die von Brodnitz angeregte Stärkung der Wirtschaftsgeschichte als Teilgebiet der Nationalökonomie hielt er für problematisch. Bereits die enge Bindung der älteren Wirtschaftsgeschichte an die Rechts- und Verfassungsgeschichte habe zu einer zwar begrifflich scharfen, historisch aber doch häufig spekulativen Argumentation geführt, wogegen Dopsch unter Berufung auf Werner Sombart für eine Öffnung der Wirtschaftsgeschichtsschreibung hin zu der Vielfalt der älteren Welt eintrat. Insofern war er gegen die Bindung an Rechtsgeschichte und Wirtschaftstheorie, sondern plädierte für die Öffnung des Faches gegenüber der Fülle der Forschungsergebnisse der Nachbardisziplinen (Ur- und Frühgeschichte, Archäologie, Volkskunde, Literatur, Kunstgeschichte, Ethnologie, Soziologie etc.). Auf der Basis subtiler Quellenkenntnis und einer entsprechend geschulten Quellenarbeit war für ihn mithin die

63 Siehe den Text seiner Antrittsvorlesung W.J. ASHLEY, On the Study of Economic History, in: N.B. HARTE (Hg.), The Study of Economic History. Collected Inaugural Lectures 1893–1970, London 1971, S. 1–17. Ashley markiert dabei klar die Kontroversen im sog. Methodenstreit von Schmoller und Menger und plädiert für einen ehrenhaften Waffenstillstand, da beide Seiten ihre Argumente hätten. Es sei möglich, Wirtschaftstheorie und Wirtschaftsgeschichte produktiv nebeneinander und zusammen zu bestreiten, womit er freilich beide Seiten gleichsam auffordert, ihren jeweiligen „Alleinvertretungsansprüche" aufzugeben. Ashley plädierte dafür, daß Wirtschaftsgeschichtsschreibung zwar von ökonomischer Theorie inspiriert sein solle, aber bei der Plausibilisierung des Wandels der materiellen Lebensverhältnisse der Menschen allein hiermit nicht weit komme, sondern kulturelle und institutionelle Gesichtspunkte zu berücksichtigen seien. Es ging ihm mithin um eine eigenständige Wirtschaftsgeschichte im Rahmen der Volkswirtschaftslehre.
64 ALFONS DOPSCH, Zur Methodologie der Wirtschaftsgeschichte, in: Kultur- und Universalgeschichte. Walter Goetz zu seinem 60. Geburtstage dargebracht von Fachgenossen, Freunden und Schülern, Leipzig/Berlin 1927, S. 518–538, hier S. 57–72.
65 ALFONS DOPSCH, Die Wirtschaftsentwicklung der Karolingerzeit vornehmlich in Deutschland, Weimar 1913 (ND Darmstadt 1962). Vgl. aus den zahlreichen Veröffentlichungen auch ALFONS DOPSCH, Naturalwirtschaft und Geldwirtschaft in der Weltgeschichte, Wien 1930 (ND Aalen 1968).

Wirtschaftsgeschichte auf „eine viel breitere Grundlage" zu stellen, um „Verknöcherung" und „Rückständigkeit" zu verhindern.

Diese im Kern multidisziplinäre Vorstellung, zusammengehalten durch die Arbeit an den Quellen, konnte sich freilich nur sehr bedingt auf Sombart berufen, den im In- und Ausland wohl einflußreichsten Vertreter der deutschen Wirtschaftsgeschichtsschreibung der Zwischenkriegszeit.[66] Sombart legte 1929 in der Zeitschrift Economic History Review seine hier abgedruckte Sicht der Wirtschaftsgeschichte dar,[67] die keineswegs mit der von Alfons Dopsch übereinstimmte, von dem er sich vielmehr explizit distanzierte. Nach seiner Auffassung mache erst die Nutzung theoretischer Annahmen den guten Historiker aus, insbesondere in den systematischen Teildisziplinen wie Rechts- oder Religionsgeschichte. In der Praxis der Wirtschaftsgeschichte fehle es freilich an allem, wobei auch die von Dopsch geforderte Öffnung des Faches nicht trage, zumal sie mit der Nutzung der Wirtschaftstheorie nichts zu tun habe. Allerdings gestand er in der deutschen Tradition stehend ein, daß auch das Angebot aus der ökonomischen Theorie wenig helfe. Sie sei entweder rein formal und faktisch inhaltsleer wie die Klassik und die sich unter der Bezeichnung Marginalismus (also Grenznutzentheorie) langsam durchsetzende Neoklassik oder schlicht empirisch unzutreffend wie etwa die Stufentheorien Karl Büchers.[68] Als Alternative schlug Sombart eine Theorie des Wirtschaftssystems vor, wodurch die jeweiligen Epochen geprägt worden seien. Diese Wirtschaftssysteme wiesen konstitutive Merkmale auf, entsprechend des vorherrschenden Wirtschaftsgeistes, der dominierenden Form im Sinne letztlich der rechtlichen und sozialen Regeln sowie hinsichtlich der jeweils genutzten Technik. Demzufolge könnten die Epochen oder Wirtschaftssysteme jeweils einen mehr demokratischen oder stärker aristokratischen Charakter tragen, sodaß sich entsprechende Gegensatzpaare bilden lassen (Geist: taditionell/rational, solidarisch/individualistisch, bedarfsorientiert/erwerbsorientiert; Form: restriktiv/liberal, privat/öffentlich, demokratisch/aristokratisch; Technik: empirisch/wissenschaftlich, Gebrauchsproduktion/Marktproduktion). Entsprechend dieser theoretischen Annahmen sei die Arbeit über den modernen Kapitalismus gegliedert. Die hieran vor allen Dingen von historischer Seite vielfach geäußerte Kritik, letztlich illustriere Sombart nur seine theoretischen Vorannahmen, wies er zurück. Andernfalls verlöre sich jede Wirtschaftsgeschichte im Unendlichen. Eine anspruchsvolle Wirtschaftsgeschichte sei nur auf der Basis derartiger theoretischer Annahmen vorstellbar.

66 FRIEDRICH LENGER, Werner Sombart 1863–1941. Eine Biographie, München 1994. Aus der Fülle seiner Arbeiten sei hier nur sein Hauptwerk zitiert: WERNER SOMBART, Der moderne Kapitalismus. Historisch-systematische Darstellung des gesamteuropäischen Wirtschaftslebens von seinen Anfängen bis zur Gegenwart, München und Leipzig 1916–1927 (2. neugearb. Aufl., ND München 1987). Die Sekundärliteratur zu Werner Sombart ist unübersehbar; vgl. JÜRGEN BACKHAUS, Werner Sombart (1863–1941): Klassiker der Sozialwissenschaften – eine Bestandsaufnahme, Marburg 2000.

67 WERNER SOMBART, Economic Theory and Economic History, in: The Economic History Review 2, Heft 1, 1929, S. 1–19, hier S. 73–88.

68 KARL BÜCHER, Die Entstehung der Volkswirtschaft, in: DERS., Die Entstehung der Volkswirtschaft. Vorträge und Aufsätze, 1. Sammlung, Tübingen 1920 (15. Aufl.), S. 93–160.

Mit Sombarts Position waren im Grunde drei unterschiedliche Verfahrensweisen der Wirtschaftsgeschichte im Spiel. Ging es Brodnitz um eine Wirtschaftsgeschichte als Teil der Nationalökonomie und Dopsch um eine von den Quellen ausgehende und an ihnen orientierte, gegenüber der Fülle interdisziplinärer Anregungen offene Wirtschaftsgeschichtsschreibung, also letztlich um eine Wirtschaftsgeschichte im Sinne erweiterter historischer Forschung, so plädierte Sombart für einen theoretischen Ansatz, der einerseits dem sich wandelnden historischen Gegenstand Rechnung tragen sollte, andererseits eine Gliederung und Klassifizierung des Gegenstandes als Voraussetzung analytischer Aussagen zuließ. Die historische Kritik gab Sombart zwar im Grunde recht, aber insbesondere Otto Brunner[69] verlangte von Sombart größere Aufmerksamkeit gegenüber den bei ihm vorkommenden Anachronismen, also der Verwendung von analytischen Konzepten für die ältere Zeit, die diese stark verzeichneten. In der Tat neigte Sombart dazu, die theoretischen Annahmen über den modernen Kapitalismus gleichsam zum Maßstab zu machen, an dem er die vormoderne Welt spiegelte. Sein dichotomisches Konzept zwang ihn faktisch dazu, jeweils zum modernen Geist, zur modernen Form, zur modernen Technik das passende Gegenstück zu finden, im Zweifelsfall dessen Existenz einfach zu unterstellen und durch einzelne Funde dann mehr zu illustrieren als zu belegen (etwa in der Gegenüberstellung von Erwerbs- und Nahrungsprinzip).[70] Diese Kritik schwächte Sombarts Position aber nicht grundsätzlich, plädierte er doch letztlich für theoretische Annahmen, die den historischen Strukturwandel einbezogen, und hob sich dadurch positiv von der rein formal argumentierenden neoklassischen Theorie ab, was im übrigen auch in Großbritannien aufmerksam verfolgt wurde.[71]

Entsprechend positiv war die Resonanz bei Otto Hintze, dessen Auseinandersetzung unter anderem mit Sombarts Ansatz den folgenden Text prägt.[72] Hintze, nicht unbedingt Wirtschafts-, sondern mehr Verfassungs- und Sozialhistoriker,[73] war stark von Max Webers soziologischen Überlegungen geprägt und Sombart gegenüber daher konzeptionell aufgeschlossen. Hintze warnte allerdings davor, das Denken in theo-

69 OTTO BRUNNER, Zum Problem der Sozial- und Wirtschaftsgeschichte, in: Zeitschrift für Nationalökonomie 7, 1936, S. 671–685.

70 REINHOLD REITH, Lohn und Leistung aus der Perspektive der Historischen Schule der Nationalökonomie. Zum Problem der Wirtschaftsmentalitäten, in: FRIEDRICH LENGER (Hg.), Handwerk, Hausindustrie und die Historische Schule der Nationalökonomie: Wissenschafts- und gewerbegeschichtliche Perspektiven, Bielefeld 1998, S. 78–104.

71 J.H. CLAPHAM, The Study of Economic History, in: N.B. HARTE (Hg.), The Study of Economic History. Collected Inaugural Lectures 1893–1970, London 1971, S. 55–70, hier S. 65. Ausgesprochen positiv war auch die Aufnahme durch EDGAR SALIN, Hochkapitalismus. Eine Studie über Werner Sombart, die deutsche Volkswirtschaftslehre und das Wirtschaftssystem der Gegenwart, in: Weltwirtschaftliches Archiv 1927, S. 314–344. Salin plädierte als notwendige Grundierung der Teilerkenntnisse, die mit moderner Theorie gewonnen werden könnten, für eine „anschauliche Theorie", die Wirtschaftssysteme oder Ordnungen in ihrer letztlich nur irrational zu fassenden Gesamtheit „schauen" sollte.

72 OTTO HINTZE, Wirtschaft und Politik im Zeitalter des modernen Kapitalismus, in: Zeitschrift für die gesamte Staatswissenschaft 87, 1929, S. 1–28, hier S. 89–108.

73 JÜRGEN KOCKA, Otto Hintze, in: HANS-ULRICH WEHLER (Hg.), Deutsche Historiker, Bd. 3, Göttingen 1972, S. 41–64.

retischen Kategorien mit der Lebenswirklichkeit des historischen Strukturwandels zu verwechseln, das Trennende überzubetonen und die Autonomie der Teilentwicklungen zu überschätzen, was mit der theoretisch zugespitzten Kontrastierung von Moderne und Vormoderne zwangsläufig gegeben war. Insofern bestehe eine gravierender Unterschied zwischen einer Art systematischen Teilgeschichtsschreibung und einer kulturgeschichtlichen Totalbetrachtung des historischen Lebensprozesses, wie Hintze es ausdrückte. Die gegenseitige Bedingtheit von Politik und Wirtschaft im „wirklichen" historischen Prozeß, damit auch die faktische Eingebundenheit der Ökonomie in einem umgreifenderen gesellschaftlichen Komplex, wurde von Hintze eindringlich gezeigt; er entfaltete im Grunde in der Auseinandersetzung mit Werner Sombart eine – modern gesprochen – institutionalistische Sicht, nach der Politik/ Staat und Wirtschaft/Kapitalismus in einem gegenseitigen Ermöglichungsverhältnis stehen, dessen einmalige (und unintendierte) Ausprägung die Besonderheit des Abendlandes ausmache. Hintze zeigte dabei insbesondere, wie die Politik den Kapitalismus geschichtswirksam beeinflußte, ein Punkt, der bei Sombart allein auf Fragen der Förderung des Kapitalismus verkürzt worden war.

Mit den Auseinandersetzungen zwischen Werner Sombart, Otto Hintze und Otto Brunner bricht im Grunde die eigenständige wirtschaftshistorische Diskussion in Deutschland ab, die Otto Hintze freilich luzide gekrönt hatte. Nach Hintze war klar, daß es für ausdifferenzierte Teilbereiche des historischen Prozesses durchaus sinnvoll sein kann, auf entsprechende ausdifferenzierte theoretische Analysekonzepte zurückzugreifen, daß ein historischer Zugriff, in den eben auch diese Teilanalysen einzuordnen seien, aber umfassender angelegt sein müsse. Nach dem Krieg wurden die älteren Debatten kaum mehr aufgegriffen. Zwar plädierte Spiethoff noch zu Beginn der 1950er Jahre durchaus auch im Sinne Sombarts für historische Theorien in der Ökonomie, zwar setzte sich auch Willy Kraus noch einmal nachdrücklich für das historisch-konkrete Denken in der Wirtschaftswissenschaft ein,[74] doch wurden diese Stimmen in der Ökonomie nicht mehr gehört. Eine Diskussion um den Platz des historischen Denkens bei der Analyse ökonomischer Strukturen und Entwicklungen gab es trotz aller heterodoxen Strömungen nur noch am Rande. Die Wirtschaftswissenschaft begriff sich als modelltheoretische, mathematisierte Quasi-Naturwissenschaft – und dies sollte erhebliche Folgen für die Wirtschaftsgeschichte haben, weil durch die verschiedenen ökonomischen Theoriemoden in den nächsten Jahrzehnten die Diskussionen bestimmt wurden.

Aus dem neoklassischen mainstream fiel lediglich die französische Schule der Annales heraus, die zumindest teilweise an deutsche Vorbilder anknüpfend an einer Vorstellung festhielt, das Ökonomische eher als Teil eines umgreifenden gesellschaftlichen und natürlichen Milieus zu begreifen, das klare Modellbildungen erschwerte oder zumindest differenzierte. Das jüngere Haupt dieser Schule, Fernand

---

74 ARTHUR SPIETHOFF, The „Historical" Character of Economic Theories, in: The Journal of Economic History 12, Heft 2, 1952, S. 131–139. WILLY KRAUS, Das Verhältnis von Wirtschaftsgeschichte und Wirtschaftstheorie in der modernen Nationalökonomie, in: Vierteljahrschrift für Sozial- und Wirtschaftsgeschichte 42, 1955, S. 193–213.

Braudel plädierte Anfang der 1950er Jahre explizit für eine historische Ökonomie.[75] Nur so sei es möglich, die unterschiedlichen Ebenen und Dimensionen historischen Strukturwandels zu erfassen, nur so vermeide man es auch, in einer Art „Siegergeschichte", also der theoretischen Bestätigung dessen, was sich letztlich durchgesetzt habe, den Blick für die Komplexität von Strukturwandel zu verlieren. Ökonomie, Geschichte und Soziologie müßten daher in einem engen Dialog stehen, der sich jeweils der Spezifik der Ebenen des historischen Strukturwandels (Ereignisse, Konjunkturen, „longue durée") bewußt bleibe. Braudels Modell und der Einfluß der Schule der Annales blieben aber im deutschen Sprachraum zunächst durchaus randständig; erst in den 1970er Jahren setzte im Rahmen der Sozial- und Mentalitätsgeschichtsschreibung eine intensivere Rezeption ein, die freilich nicht unter wirtschaftshistorischem Vorzeichen stand.[76] Die Wirtschaftsgeschichte in der Bundesrepublik Deutschland folgte vielmehr angelsächsischen Impulsen.

Dafür steht hier zunächst der Artikel von Walt Whitman Rostow (1916–2003) über die Beziehungen zwischen Wirtschaftstheorie und Wirtschaftsgeschichte aus dem Jahre 1957.[77] Dieser Artikel ist auch deshalb so interessant, weil bei Rostow nicht allein die ökonomische Modelltheorie Pate stand, sondern er zugleich von den in den 1950er Jahren einflußreichen Wachstums- und Entwicklungstheorien maßgeblich geprägt worden war. Sein Hauptwerk über die Stadien wirtschaftlichen Wachstums, das er im Untertitel selbstbewußt „A Noncommunist Manifesto" genannt hatte, reflektierte den ökonomischen Optimismus der Entwicklungstheorien, die glaubten, Rezepte für wirtschaftlichen Erfolg und die Überwindung von Rückständigkeit vorlegen zu können.[78] Rostow war von der Ausbildung und vom Selbstverständnis her sowohl Ökonom wie Wirtschaftshistoriker, vor allem aber „Politikberater" im Kalten Krieg, der es vom Redenschreiber Präsident Eisenhowers immerhin zum Sicherheitsberater von Präsident Johnson brachte.

In dem hier abgedruckten Beitrag wischte er zunächst die ältere Tradition und ihre methodischen Debatten vom Tisch. Derartige Auseinandersetzungen seien fruchtlos; man solle vielmehr das tun, was pragmatisch möglich sei und plausible Ergebnisse verspreche. Ökonomische Theorie und Wirtschaftsgeschichte unterschieden sich zwar, so Rostow, doch könne hier vermittelt werden. Es gehe dabei vor allem um drei Fragen, und zwar zunächst um eine nützliche Verbindung von theoretischen Hypothesen und historischen wie statistischen Daten, sodann um die langfristige Natur wirtschaftshistorischer Probleme, und schließlich auch darum,

---

75 FERNAND BRAUDEL, Pour une économie historique, in: DERS., Écrits sur l'histoire, Paris 1969, S. 123–133, in diesem Band S. 109–115.

76 LUTZ RAPHAEL, Die Erben von Bloch und Febvre: Annales-Geschichtsschreibung und nouvelle histoire in Frankreich 1945–1980, Stuttgart 1994. Ein Beispiel für diese gleichsam integrative Wirtschaftsgeschichte ist FERNAND BRAUDEL, ERNEST LABROUSSE (Hg.), Wirtschaft und Gesellschaft in Frankreich im Zeitalter der Industrialisierung. 1789–1880, 2 Bde., Frankfurt am Main 1986–1988 (zuerst franz. 1976).

77 WALT WHITMAN ROSTOW, The Interrelation of Theory and Economic History, in: The Journal of Economic History 17, Heft 4, 1957, S. 509–523, hier S. 117–128.

78 WALT WHITMAN ROSTOW, Stages of Economic Growth. A Noncommunist Manifesto, Cambridge 1960 (dt.: Stadien wirtschaftlichen Wachstums, Göttingen 1960).

daß angesichts ihrer Langfristigkeit wirtschaftshistorische Analyse im Grunde gesellschaftstheoretisch gestützt sein müsse. Als Ausgangspunkt bestand Rostow vor allem auf der Problemorientierung, die durch Theorie klar gefaßt werden könne. Historiker neigten dazu, Geschichten zu erzählen und sich dabei von Fragestellung und Problem immer weiter zu entfernen. Davor könne Theorie bewahren, jedenfalls könnten sich Theorie und Geschichte gegenseitig befruchten. Dann könne eine komparative und langfristige Analyse ökonomischer Prozesse erfolgen, die auf Generalisierung und Vergleichbarkeit angewiesen sei. Als Lösung biete sich eine gesellschaftstheoretisch gestützte, ökonomisch fundierte Wachstumsanalyse an, die den internationalen Vergleich ermögliche und Hinweise auf die Lösung aktueller Probleme etwa in Entwicklungsländern gebe. Damit hatte Rostow der Wirtschaftsgeschichte im Rahmen wirtschaftstheoretischer und gesellschaftstheoretischer Vorgaben eine klare Aufgabenstellung (und damit auch eine spezifische Kompetenz) zugeschrieben: Es ging ihm um die Analyse langfristiger Wachstums- und Entwicklungsprozesse in einer Weise, die zu überprüfbaren komparativen Aussagen befähige. Diese Aufgabenstellung trug, wenn auch in vermittelter Form, maßgeblich zum Aufschwung der Industrialisierungsforschung und zur Etablierung einer Art „Normalweg" der wirtschaftlichen Entwicklung als Maßstab der historischen Analyse bei. Nach Rostow war im Grunde auch klar, daß an methodischen Auseinandersetzungen kein Bedarf mehr bestand, da sie weder erkenntnisfördernd noch problemlösend seien.

Das im Nachhinein Faszinierende an Rostows Position ist nun, daß sie zum Ausgangspunkt aller weiteren methodischen und inhaltlichen Auseinandersetzungen wurde, weil Rostow ein Mehrfaches getan hatte. Er hatte sich einerseits klar zur neoklassischen Wachstumstheorie und damit zur modernen ökonomischen Theorie bekannt; er hatte des weiteren bei langfristigen Analysen auf ihre gesellschaftstheoretischen Bedingungen hingewiesen, und er hatte schließlich der Wirtschaftsgeschichtsschreibung eine nützliche Funktion bei der Formulierung der Bedingungen für die Überwindung von Unterentwicklung und Armut zugewiesen. Die Debatten der Zwischenkriegszeit, die, so der englische Wirtschaftshistoriker T.S. Ashton 1946, vom „devil of Teutonic mysticism" geprägt gewesen seien,[79] hatte er hingegen einfach ignoriert; und er unterschied sich etwa von Werner Sombart auch dadurch, daß seine Konzeption eine nicht einmal versteckte utopische Botschaft enthielt, während Sombarts Kapitalismustheorie letztlich von einer gewissen kulturkritischen Düsterkeit grundiert war. Nun schien alles hell, Entwicklung gleichsam programmierbar und der Durchbruch zur Moderne kein Alptraum der Entfremdung, sondern ein Versprechen des Wohlstands.

Diese Auffassung blieb nicht unwidersprochen, im Gegenteil. Nicht zuletzt in der Erforschung der englischen Industrialisierung trafen die „Optimisten", die den Kapitalismus als Fortschritt begrüßten, und die „Pessimisten", die vor allem die sozialen Kosten der Industriellen Revolution und das sich anschließende Schicksal

---

79   T.S. ASHTON, The Relation of Economic History to economic Theory, in: N.B. HARTE (Hg.), The Study of Economic History. Collected Inaugural Lectures 1893–1970, London 1971, S. 163–179, hier S. 178.

der arbeitenden Klassen beklagten, unmittelbar aufeinander.[80] Doch wenn auch die
Folgen und Kosten der Industrialisierung unterschiedlich beurteilt wurden, so war
doch die Art der Argumente ganz ähnlich, zumal Modernisierungstheorie und historischer Materialismus eine vergleichbare normative Ladung (bei allerdings unterschiedlich erwarteten Finalzuständen der Geschichte) teilten. Selbst der Nestor der
DDR-Wirtschaftsgeschichtsschreibung, Jürgen Kuczynski, ließ wenig Zweifel
daran, auf wessen Seite er stand. Ökonomische Theorie moderner Art war die Voraussetzung wirtschaftshistorischer Analyse; ihre vorwiegende methodische Vorge-
hensweise quantitativer Art; ihr Ziel, letztlich einen Beitrag zur gesellschaftlichen
Entwicklung zu leisten. Bei Kuczynski hieß zwar die allgemeine Theorie dialekti-
scher Materialismus, doch ging er ganz selbstverständlich von der Möglichkeit
ökonomischer Gesetze aus, die eben in der Wirtschaftsgeschichte anzuwenden seien.
Die Wirtschaftsgeschichte könne sogar zur ökonomischen Theoriebildung beitragen,
meinte Kuczynski, und sah den Unterschied zwischen Wirtschaftswissenschaft und
Wirtschaftsgeschichte letztlich in der jeweiligen Rhetorik: Der Wirtschaftshistoriker
müsse auch Erzähler sein.[81]

Die sich anschließenden Auseinandersetzungen zwischen neoklassischer und marxistisch bzw. stark gesellschaftstheoretisch orientierter Wirtschaftsgeschichte gingen
also weniger um den Stellenwert der Theorie und um methodische Fragen, sondern
vor allem um weltanschauliche Überlegungen. Dieser Konflikt findet sich insbesondere in den Arbeiten von Eric J. Hobsbawm zur englischen Industrialisierung,[82] war
aber bereits 1965 von Sidney Pollard (1925–1998) in seiner hier abgedruckten Antrittsvorlesung (S. 129–144) an der Universität Sheffield zum Ausdruck gebracht
worden. Pollard, ein jüdischer Emigrant aus Wien, der politisch und intellektuell der
Linken in Großbritannien nahestand, trat seit den 1970er Jahren vor allem mit grundlegenden Studien zur Industrialisierungsgeschichte und insbesondere zu ihren regionalen Mustern hervor, in denen er ökonomische Befunde mit spezifischen sozialen
und regionalen Konstellationen zu einem umfassenderen Gesamtbild des Industrialisierungsprozesses verknüpfte, der eben nicht ein Kind der großen Metropolen,
sondern vor allem auch ein peripheres Ereignis war.[83] Pollard erkannte zwar den
Erfolg der neoklassischen Ökonomie an, bezweifelte aber ihre analytische Kraft, da
sie nicht zuletzt in der Zwischenkriegszeit faktisch gescheitert sei. Der mikroökonomische Ansatz der Neoklassik, der die Wirtschaft aus dem preisgesteuerten Verhal-

---

80 WOLFRAM FISCHER, GEORG BAJOHR (Hg.), Die Soziale Frage. Neue Studien zur Lage der Fa-
    brikarbeiter in der Industrialisierung, Stuttgart 1967.
81 JÜRGEN KUCZYNSKI, Der Gegenstand der Wirtschaftsgeschichte. Einige Überlegungen anläßlich
    des Aufsatzes von Waltraud Robbe, in: Jahrbuch für Wirtschaftsgeschichte 1, 1963, S. 133–
    147.
82 ERIC J. HOBSBAWM, Industrie und Empire. Britische Wirtschaftsgeschichte seit 1750, 2 Bde.,
    Frankfurt a. M. 1969 (zuerst engl. 1968).
83 SIDNEY POLLARD, Peaceful Conquest: The Industrialization of Europe 1760–1970, Oxford 1981.
    SIDNEY POLLARD (Hg.), Region und Industrialisierung. Studien zur Rolle der Region in der
    Wirtschaftsgeschichte der letzten zwei Jahrhunderte, Göttingen 1980. Schließlich SIDNEY POL-
    LARD, Marginal Europe. The Contribution of Marginal Lands since the Middle Ages, Oxford
    1997.

ten der einzelnen Akteure herzuleiten trachtet, erschien Pollard fruchtlos. Zwar habe die neoklassische Konzeption in der Entwicklungsökonomik eine sinnvolle Erweiterung erfahren, doch reiche diese nicht aus, denn obwohl sie beanspruche, Sozialwissenschaft zu sein, sei sie es gerade nicht. Für die Wirtschaftsgeschichte komme es darauf an, von der gesellschaftlichen Realität auszugehen und hieraus ihre Regeln und Gesetze zu begreifen bzw. herzuleiten. Insofern bedürfe es einer weitergefaßten, in einem positiven Sinne der gesellschaftlichen Realität zugewandten theoretischen Grundlegung, wobei Pollard zum einen auf Werner Sombart, insbesondere aber auf Karl Marx verwies. Wirtschaftsgeschichte als angewandte Gesellschaftstheorie dürfe nicht naiv begriffen werden, da sich historisch nichts gradlinig durchsetze, aber nur so könne Wirtschaftsgeschichte zu Aussagen gelangen, die letztlich auch hilfreich seien für ein bewußtes und aktives Eingreifen in die Welt.

Diese gesellschaftstheoretische Fundierung der Wirtschaftsgeschichte stieß nur zum Teil auf positive Resonanz, insbesondere, wie später zu zeigen sein wird, in der historischen Sozialwissenschaft der Bundesrepublik Deutschland. Im angelsächsischen Sprachraum lehnte man derartige Überlegungen aber überwiegend ab. Deutlich wurde dabei insbesondere Alexander Gerschenkron (1904–1978),[84] der die Einwände gegen die Nutzung der zeitgenössischen ökonomischen Theorie für verwirrend und wenig hilfreich hielt. Insbesondere die geläufige Kritik, daß Geschichte sich Verallgemeinerungen entziehe, ökonomische Theorie an den Menschen vorbeigehe oder die Tendenz zum kontrafaktischen Argument unhistorisch sei, sei im Kern ohne Bedeutung. Wirtschaftsgeschichte sei nichts anderes als angewandte ökonomische Theorie, insbesondere für fernere, aber vor allem für längere Zeiträume, für die ökonomische Fragen auf der Basis ökonomischen Materials (Daten) nur anhand theoretischer Generalisierungen ökonomisch beantwortet werden könnten. Gerschenkron, wie Pollard europäischer Emigrant und seit den 1950er Jahren Professor für Volkswirtschaftslehre und Wirtschaftsgeschichte an der Harvard-Universität, hielt die angewandte ökonomische Theorie zwar für die Basis der Wirtschaftsgeschichte, doch seien beide nicht identisch. Theoretische Modelle könnten rein, also unabhängig von Raum und Zeit, formuliert werden, was für historische Prozesse aber ausgeschlossen sei. Bei deren Analyse seien stets weitere Faktoren entsprechend der Zeitbedingungen oder der Fragestellungen zu berücksichtigen (politische, ideelle, soziale, kulturelle Faktoren). In der Wirtschaftsgeschichte sei es daher durchaus sinnvoll, weitere Gesichtspunkte zu berücksichtigen; nur müßten sie in eine ökonomische Argumentation münden, müßten mit ökonomischer Theorie gleichsam „verheiratet" werden, um aussagekräftig sein zu können. Für eine richtig angelegte Wirtschaftsgeschichtsschreibung sei daher die Verfügbarkeit von Daten bzw. deren Errechnung zentral, was im übrigen auch erkläre, warum eine konsequent theoretisch und quantitativ angelegte Wirtschaftsgeschichte so neu sei: Die meisten verfügbaren makroökonomischen Daten seien erst jungen Alters und lange gar nicht ernst ge-

---

84 ALEXANDER GERSCHENKRON, Economic History and Economics, in: ALAN A. BROWN, EGON NEUBERGER, MALCOLM PALATIER (Hg.), Perspective in Economics. Economists look at their Fields of Study, New York 1968, S. 15–28, hier S. 145–156.

nommen worden. Gegenüber dem Optimismus von Rostow (und wohl auch gegenüber den Hoffnungen Pollards u. a.) ging Gerschenkron auf Distanz: Wirtschaftsgeschichte liefere keine Erfolgsrezepte, sondern erleichtere das kluge Fragen. Historische Situationen seien nicht wiederholbar, aber das Verständnis für sie könne zu-
nehmen, so wie er es selbst in seinen Arbeiten zur ökonomischen Bedeutung relativer Rückständigkeit gezeigt hatte.[85]

Die Alternative zu einer historisch und gesellschaftstheoretisch breiten Wirtschaftsgeschichtsschreibung war eine strikt theoretisch verfahrende und auf der Basis
vorhandenen oder rekonstruierten Datenmaterials arbeitende quantifizierende Wirtschaftsgeschichte, die in den USA seit den 1950er Jahren an Boden gewann und
Mitte der 1960er Jahre positiv ausformuliert wurde. Maßgeblich hierfür wurden die
Arbeiten von Robert W. Fogel (*1926), der mit seinen cliometrischen Arbeiten insbesondere zur Wirtschaftsgeschichte der Eisenbahn[86] und der Sklaverei[87] einer der
Väter der „New Economic History" wurde, wofür er 1993 den Nobelpreis für Wirtschaftswissenschaften erhielt. Auch wenn die Kritik an der Arbeit, insbesondere an
der scheinbar mitgelieferten Kulturgeschichte der Sklaverei nicht abriß, schuf Fogel
doch eine konsistente Vorstellung der wirtschaftshistorischen Arbeit auf der Basis
der Datenrekonstruktion und ihrer theoretisch abgesicherten Interpretation. Im hier
abgedruckten, 1970 auf deutsch (bereits 1966 auf englisch) erschienenen Beitrag,[88]
erläuterte Fogel den Ansatz der Kliometrie und stellte zahlreiche Beispiele empirischer Forschung aus den USA vor, die durch eine strikt ökonomische Interpretation
der Daten etwa ein neues Licht auf die Ökonomie der Sklaverei oder auf den Beitrag
der Eisenbahnen zum Wirtschaftswachstum in den USA warfen. Die dabei verwen-
deten Methoden der kontrollierten Datenrekonstruktion und Dateninterpretation
sowie des kontrafaktischen Argumentierens verteidigte Fogel gegen Kritik etwa von
Fritz Redlich, da seiner Ansicht nach nur über „fundierte hypothetisch-deduktive
Modelle" vorgegangen werden könne.

Die Argumente der „New Economic History" stießen in Deutschland auf eine ganz
eigenartige Resonanz. Von der Tradition her wäre die Distanz zu vermuten gewesen,
die Fritz Redlich in den USA formuliert hatte.[89] Doch war die Reaktion insgesamt
eher zurückhaltend bis positiv.[90] Ein explizit positives Votum kam von der sich zu
Beginn der 1970er Jahre gerade etablierenden historischen Sozialwissenschaft um

---

85 ALEXANDER GERSCHENKRON, Economic Backwardness in Historical Perspective: A Book of
     Essays, Cambridge 1962.
86 ROBERT W. FOGEL, Railroads and American Economic Growth, Baltimore 1964.
87 ROBERT W. FOGEL, STANLEY L. ENGERMAN, Time on the Cross. The Economics of American
     Negro Slavery, New York 1974.
88 ROBERT W. FOGEL, Die neue Wirtschaftsgeschichte. Forschungsergebnisse und Methoden, Köln
     1970, hier S. 157–174.
89 FRITZ REDLICH, „New" and Traditional Approaches to Economic History and their Interdepend-
     ence, in: The Journal of Economic History 25, 1965, S. 480–495.
90 Zur Rezeption der Kliometrie vgl. RICHARD H. TILLY, Wirtschaftsgeschichte als Disziplin, in:
     GEROLD AMBROSIUS, DIETMAR PETZINA, WERNER PLUMPE (Hg.), Moderne Wirtschaftsgeschich-
     te. Eine Einführung für Historiker und Ökonomen, München 1996, S. 11–26.

Hans-Ulrich Wehler (*1931), von dem ein programmatischer Text hier abgedruckt ist.[91] Ausgangspunkte von Wehlers Argumentation waren zunächst die traditionelle Dominanz der Historischen Schule im wirtschaftshistorischen Denken in Deutschland, die die Wirtschaftsgeschichte einerseits in einen unbefriedigenden Institutionalismus und andererseits in statische Stufentheorien getrieben habe, sodann die am Lamprecht-Streit festgemachte Ablehnung der Historiker gegenüber Kultur-, Wirtschafts- und Sozialgeschichte. In expliziter Anlehnung an die „New Economic History" plädierte Wehler als Alternative für eine Verbindung von ökonomischer Theorie und Geschichte, insbesondere im Rahmen quantifizierbarer makroökonomischer Wachstumskonzepte, die dann allerdings wieder mit einer Art modernisierungstheoretisch inspirierten marxistischen Gesamtanalyse verbunden werden sollte, was in gewisser Hinsicht einer Wiederholung der älteren Argumentation von Walt Whitman Rostow gleichkam. Auf diese Weise könne die Unfruchtbarkeit und Sterilität der Historischen Schule überwunden werden, die auf das Feld der Institutionen irregeleitet habe. Statt dessen gehe es um dynamische, makroökonomische Ansätze (mit explizitem Votum für quantifizierende Argumentation) im Rahmen umfassender Gesellschaftstheorien zumindest für das Industriezeitalter.

Dieser Beitrag ist nicht nur wegen der geradezu enzyklopädischen Auflistung von einschlägigen Beiträgen Ende der 1960er Jahre interessant, sondern auch wegen des von Wehler propagierten Eklektizismus der Theorien und Methoden, die freilich ein gewisses Grundmuster zeigten. Im Kern lag hier ein makroökonomisch argumentierendes Modernisierungsmodell zugrunde, das zugleich die These eines deutschen Sonderweges ermöglichte, der selbst wiederum „marxistisch", d.h. über wirtschaftliche Macht, soziale Ungleichheit und antidemokratische Potentiale erklärbar schien. Von der normativen Ladung der Wehlerschen Argumentation zunächst abgesehen, ist ein doppeltes auffällig. Einerseits mißversteht er die Historische Schule und ihre Weiterentwicklung bis hin zu Sombart, die im Grunde mit Wehler in vielen Punkten übereingestimmt hätten, insbesondere was die gesellschaftliche Einbettung der Wirtschaft und die Beschränkung der Aussageweite ökonomischer Theorien (bei Wehler: Theorien mittlerer Reichweite) betrifft. Andererseits unterschätzt Wehler die Eigendynamik ökonomisch-theoretischer Analyse, die er offensichtlich auf eine Art „keynesianisches Wachstumskonzept" reduziert, das sich wunderbar in sozialwissenschaftliche Modernisierungshoffnungen einpassen läßt. Der mikroökonomische Kern der Argumentation der „New Economic History", der in den folgenden Jahren bei Douglass C. North eine entscheidende Rolle spielen sollte (und dann einer Wehler geradezu konträren liberalen Normativität die Argumente lieferte) wurde hingegen offenbar völlig übersehen. Wehlers durchaus produktives Plädoyer für eine moderne Wirtschaftsgeschichte im Rahmen umgreifender Vorstellungen historischen und gesellschaftlichen Wandels wurde daher durch die

91 HANS-ULRICH WEHLER, Theorieprobleme der modernen deutschen Wirtschaftsgeschichte (1800–1945). Prolegomena zu einer kritischen Bestandsaufnahme der Forschung und Diskussion seit 1945, in: GERHARD A. RITTER (Hg.), Entstehung und Wandel der modernen Gesellschaft. Festschrift für Hans Rosenberg zum 65. Geburtstag, Berlin 1970, S. 66–107, hier S. 175–214. Von diesem Aufsatz existieren mehrere, leicht unterschiedliche Fassungen, die sich aber in der Aussagesubstanz nicht unterscheiden.

mitlaufende Normativität nicht nur verschüttet; diese durchaus einflußreiche Position dirigierte überdies die historische Thematisierung der Wirtschaft in den nächsten Jahren in Richtung einer Art politischen Wirtschaftsgeschichte, die schließlich mit der ökonomischen Wirtschaftsgeschichte selbst in offenen Konflikt geriet.[92]

In den USA war diese gesellschaftstheoretische Instrumentalisierung der Wachstumstheorie für eine Modernisierungs- und Normalitätshoffnung weder nötig noch konzeptionell naheliegend. Zum einen hatten die USA und ihre Geschichtswissenschaft und Wirtschaftstheorie kein (selbstkonstruiertes!) Sonderwegsproblem, zum anderen lagen die konzeptionellen Probleme auch nicht hier. Die Kliometrie betrachtete den Niederschlag ökonomischer Transaktionen, deren Zustandekommen sie selbst über deren relative Preise und die sich hieraus ergebenden Handlungsanreize erklärte. Die Transaktionen selbst, deren institutioneller Rahmen und ihre spezifischen Kosten wurden hingegen nicht zum Thema. Hier setzte der Teil der „New Economic History" an, der seitdem mit dem Namen Douglass C. North (*1920) verbunden ist. North sah die Kliometrie vor allem in einer Korrekturrolle; sie helfe bisherige Fehlurteile zu korrigieren, liefere aber selbst keine Erklärung für mittel- und langfristigen historischen Wandel. Die Rolle von Politik und Macht sei ausgeblendet, das Handeln der ökonomischen Akteure würde sehr einseitig konzeptualisiert. Diese Probleme führte North auf die Nutzung der neoklassischen ökonomischen Theorie zurück, um deren Erweiterung er sich daher in der folgenden Zeit intensiv bemühte.

Der hier abgedruckte Beitrag markiert den Aufbruch zur institutionenökonomischen Wende in der Wirtschaftsgeschichtsschreibung, die zunächst noch unter dem Schlagwort der Theorie der Eigentums- und Verfügungsrechte firmierte.[93] Die für die Durchsetzung der modernen Wirtschaft langfristig entscheidenden Faktoren waren nach dieser Sicht nicht allein über Markttransaktionen zu erschließen; vielmehr mußte es darum gehen, das Handeln der Akteure in unterschiedlicher Hinsicht durch die jeweiligen institutionellen Arrangements sowie die hierdurch ausgelösten Handlungsanreize zu plausibilisieren, also das jeweilige Wirtschaftssystem und die durch es veranlaßten Kostenstrukturen in den Blick zu nehmen sowie deren Folgen für das wirtschaftliche Verhalten der Akteure zu untersuchen. Diese von North in den folgenden Jahren weiterentwickelte Richtung,[94] die 1993 ebenfalls mit dem Nobelpreis ausgezeichnet wurde, argumentierte nun, daß es zwischen den jeweils institutionell garantierten Eigentums- und Verfügungsrechten und der (ggf. prohibitiven) Höhe der Transaktionskosten einen Zusammenhang gebe, da unklare Rechte

---

92 Vgl. etwa die Kritik des Wirtschaftshistorikers Volker Hentschel an der politischen Wirtschaftsgeschichtsschreibung zum Kaiserreich zwischen 1871 und 1914; VOLKER HENTSCHEL, Wirtschaft und Wirtschaftspolitik im Deutschen Kaiserreich: Organisierter Kapitalismus und Interventionsstaat, Stuttgart 1978.

93 DOUGLASS C. NORTH, Beyond the New Economic History, in: The Journal of Economic History 34, Heft 1, 1974, S. 1–7, hier S. 215–220.

94 DOUGLASS C. NORTH, Structure and Change in Economic History, New York 1981; DOUGLASS C. NORTH, Institutions, Institutional Change and Economic Performance, Cambridge 1993; DOUGLASS C. NORTH, Understanding the Process of Economic Change, Princeton 2005.

zu hohen Transaktionskosten und damit zu einer Dämpfung der ökonomischen Aktivität führten, während liberale Eigentums- und Verfügungsrechte niedrige Transaktionskosten und eine effiziente Faktornutzung bedingten. Die jeweiligen Wirtschaftsysteme und ihre institutionellen Arrangements gerieten in den Fokus; deren Wandel wurde nun als Problem des durch die Verschiebung der relativen Preise ausgelösten Kampfes um die Struktur der jeweiligen Eigentums- und Verfügungsrechte erklärt, womit es möglich wurde, sowohl den Aufstieg der okzidentalen Moderne (= Durchsetzung und Sicherung liberaler Eigentums- und Verfügungsrechte mit niedrigen Transaktionskosten) wie das Verharren anderer Teile der Welt in Rückständigkeit (= Durchsetzung von mächtigen Sonderinteressengruppen mit der Folge hoher Transaktionskosten) im Rahmen der ökonomischen Theorie zu erklären. North schien es damit gelungen, das bisherige Problem der Wirtschaftsgeschichtsschreibung, daß sie zugleich Beschreibung der gesamten Gesellschaft sein mußte, um plausibel zu sein, gelöst zu haben, ohne sich von der ökonomischen Theorie zu lösen. Im Grunde beanspruchte (und beansprucht) die Neue Institutionenökonomik, wie man diese Richtung heute nennt, zugleich Wirtschafts- und Gesellschaftstheorie zu sein und den historischen Wandel hinreichend plausibilisieren zu können; in Hintzes Worten prätendiert hier sozusagen eine „systematische Teilgeschichtsschreibung" den Rang einer „kulturgeschichtlichen Totalbetrachtung" erreicht zu haben.

Die Aufnahme der Northschen Konzeption war freilich nicht so enthusiastisch, zumal North selber einräumen mußte, den institutionellen Wandel so nicht wirklich erfassen zu können. Die Kritik etwa Knut Borchardts[95] bezweifelte zurecht den Neuigkeitswert der Northschen Konzeption, da in der gesamten älteren deutschen Tradition die Institutionenanalyse stets einen prominenten Platz innehatte, und er war auch skeptisch, ob die Höhe der Transaktionskosten ein ernsthaft meßbarer Indikator des institutionellen Wandels sein könne. Kurz: was gut sei, sei nicht neu, und das Neue nicht gut. Die hier zum Ausdruck kommende Distanz wurde von anderen Autoren nicht geteilt, die den Ansatz von North für fruchtbar hielten und insbesondere auch eine stärkere Verbindung von ökonomischer Theorie und Wirtschaftsgeschichte begrüßten.[96] Die Neue Institutionenökonomik hat aber in der Tat die hohen Erwartungen bis heute nicht erfüllt. Das Transaktionskostentheorem konnte quantitativ nicht verifiziert werden, da es unmöglich ist, die spezifischen Transaktionskosten unterschiedlicher historischer Institutionen zu messen, ge-

95   KNUT BORCHARDT, Der „Property-Rights-Ansatz" in der Wirtschaftsgeschichte – Zeichen für eine systematische Neuorientierung des Faches, in: JÜRGEN KOCKA (Hg.), Theorien in der Praxis des Historikers. Forschungsbeispiele und ihre Diskussion (Geschichte und Gesellschaft, Sonderheft 3), Göttingen 1977, S. 140–156.

96   CLEMENS WISCHERMANN, Der Property-Rights-Ansatz und die „neue" Wirtschaftsgeschichte, in: Geschichte und Gesellschaft 19, 1993, S. 239–258. Aber auch bei dem im Grunde wohlwollenden Wischermann wird klar, daß die Neue Institutionenökonomik nicht entscheidend über die Konzepte der Historischen Schule hinausgeht, und daß dort, wo sie es versucht, die Schwierigkeiten beginnen. Als Ausarbeitung hierzu siehe CLEMENS WISCHERMANN, ANNE NIEBERDING, Die institutionelle Revolution. Eine Einführung in die deutsche Wirtschaftsgeschichte des 19. und frühen 20. Jahrhunderts, Stuttgart 2004.

schweige denn zu vergleichen.[97] Unterschiedliche Versuche, längerfristigen Wandel institutionenökonomisch zu plausibilisieren, sahen sich zudem dem Vorwurf ausgesetzt, ältere Forschungsergebnisse einfach in einer neuen Begrifflichkeit zu präsentieren, die überdies zu Anachronismen neige.[98]

Die hier abgedruckte Kritik des Mannheimer Betriebswirts und Organisationstheoretikers Alfred Kieser (*1942) bestreitet die historische Validität des Transaktionskostenansatzes und damit zugleich, und das scheint das Wesentliche, die Angemessenheit eines bestimmten ökonomisch-theoretischen Settings zur Plausibilisierung historischen Wandels, das sich selbst faktisch zu einer Art „Metaphysik" des wirtschaftshistorischen Strukturwandels, zu seiner tieferen Wahrheit erklärt. Nach Kieser wird klar, daß eine Wirtschaftsgeschichte fehlgehen muß, die historische Komplexität durch historisch kaum haltbare Theorievorgaben reduziert. Wirtschaftshistorische Analyse muß sich vielmehr auf die jeweilige Spezifik ihres Gegenstandes und seine jeweiligen Dimensionen adäquat einlassen können und darf sich daher nicht an ein Theoriesetting binden, das bestenfalls für die Gegenwart Gültigkeit beanspruchen kann.

Mit den Auseinandersetzungen um die Erklärungskraft der „New Economic History" kamen die Auseinandersetzungen um die Wirtschaftsgeschichtsschreibung freilich nicht zu einem Ende. Insbesondere im deutschen Sprachraum gingen überdies von der wiederbelebten Kulturgeschichte neue Impulse aus, die die Wirtschaftsgeschichtsschreibung mittelbar und unmittelbar betrafen. Bei aller Kritik rückte die Neue Institutionenökonomik doch den einzelnen ökonomischen Akteur wieder ins Zentrum und suchte sein Verhalten aufzuklären oder doch zumindest zu plausibilisieren. Damit war auch eine Abkehr von den makroökonomischen Modellen des Keynesianismus und der Modernisierungstheorie verbunden, in denen es vor allem um Korrelationen zwischen makroökonomischen Aggregaten gegangen war und lediglich Kollektivakteure mit abstrakten Interessen das Feld beherrschten. Dies ist in gewisser Weise auch der Ausgangspunkt des abschließenden Textes von Hansjörg Siegenthaler,[99] der nach der intensiven Kooperation von historischer Sozialwissenschaft und makroökonomisch orientierter Modernisierungstheorie in den 1960er und 1970er Jahren ein starkes Nachlassen des historischen Interesses an der Ökonomie, ja geradezu eine um sich greifende Ablehnung ihrer Grundannahmen konstatiert, die wohl daher rühre, daß trotz der gemeinsamen Hinwendung zum Akteur die Ökonomie diesen und ihr gesamtes Theoriegebäude ahistorisch konzipiere. Siegenthaler sucht nun diese ahistorische Selbstdefinition sowohl disziplinhistorisch wie theorietechnisch zu plausibilisieren und als, man muß wohl sagen, heuristisches Muster auch für historische Untersuchungen anzubieten, wobei es vor allem um die Plausi-

---

97 Jüngst AVNER GREIF, Institutions and the Path to Modernity. Lessons from Medieval Trade, New York 2006, S. 29–54.

98 Typisch hierfür OLIVER VOLCKARDT, Wettbewerb und Wettbewerbsbeschränkung im vormodernen Deutschland 1000–1800, Tübingen 2002.

99 HANSJÖRG SIEGENTHALER, Geschichte und Ökonomie nach der kulturalistischen Wende, in: Geschichte und Gesellschaft 25, Heft 2, 1999, S. 276–301, hier S. 243–266.

bilisierung sozialer und ökonomischer Ordnung (= Koordinierung von Einzelhandeln) geht. Hier habe die ökonomische Theorie ein ahistorisches, gleichwohl wertvolles Set zur Entwicklung von Fragestellungen und zur Plausibilisierung von Entwicklungen anzubieten, die gerade für eine kulturalistisch angelegte Vorstellung vom historischen Akteur anschlußfähig sein sollten.

Mit den Debatten um die „Neue Wirtschaftsgeschichte" und das Verhältnis von „Kultur" und „Wirtschaft" ist der gegenwärtige Stand des theoretischen und methodischen Debattierens über die Wirtschaftsgeschichte im Grunde beschrieben. Die alten Fragen sind in wenn auch modernisierter Form geblieben. Die moderne ökonomische Theorie, selbst ein Geschöpf der Moderne, tendiert, um ihren Universalanspruch aufrechterhalten zu können, dazu, Gesellschaftstheorie zu sein, und verstrickt sich damit in Paradoxien, die sie der Wirtschaftsgeschichte gleichsam vererbt, wenn diese sich in ihr Paradigma einordnet. Nur kann Wirtschaftsgeschichte auf theoretische Vorgaben wiederum nicht verzichten; ihre Selbstdefinition setzt zumindest eine Entwicklungsvorstellung voraus, innerhalb derer die historisch unterschiedlichen Ausprägungen von „Wirtschaft" verankert und der sie verbindende Strukturwandel konzipiert werden können. Unter diesem Gesichtspunkt sei abschließend das Problem resümiert.

III.

Die Fachgeschichte war von Anfang an von Kontroversen gekennzeichnet, die zum Teil zu erheblichen Konflikten und Auseinandersetzungen führten. Der ungelöste (und m.E. auch unlösbare) Hauptstreitpunkt dreht sich letztlich um das Verständnis der „Wirtschaft" und der vom Gegenstandsverständnis abgeleiteten theoretischen und methodischen Verfahrensweisen der Gegenstandsbearbeitung. Dabei gibt es die eine (und die Ökonomie bis heute dominierende) Vorstellung, daß es sich bei „Wirtschaft" um eine anthropologische Universalie des menschlichen (rationalen) Umgangs mit Knappheit handele. Das Ziel der entsprechenden Wissenschaft müsse sein, diesen Umgang aufzuklären, und zwar über die Rekonstruktion des wirtschaftlichen Handelns der einzelnen Akteure, das zu Aggregaten zusammengefaßt dann auch einen Blick auf die Gesamtwirtschaft erlaube. Im Umgang mit Knappheit, so die Ausgangsthese, verfolge der Mensch rational kalkulierend seine Zwecke, suche entweder bei gegebenem Aufwand den Ertrag zu maximieren oder bei gegebenem Ertrag den Aufwand zu minimieren. Historisch sind dann zwei miteinander verbundene Fragen von Interesse, und zwar zunächst die nach Umfang und Struktur der wirtschaftlichen Tätigkeit und ihrer Änderung in der Zeit (Entstehung, Verteilung und Verwendung des Sozialprodukts und dessen Veränderung in der Zeit), sodann die Frage nach den Gründen dieses Strukturwandels, der ökonomisch auf das entsprechende Handeln der Menschen, insbesondere auch auf die institutionellen Bedingungen zurückgeführt wird, unter denen Menschen jeweils handeln. Die konkurrierende Position würde zwar die Frage nach Umfang und Struktur der wirtschaftlichen Tätigkeit der Menschen und ihrer Veränderung in der Zeit teilen, würde die

Problemlösung aber nicht im Rationalitätskalkül des einzelnen Wirtschaftssubjektes und dessen Entfaltung unter variierenden Bedingungen suchen, sondern in den gesellschaftlichen Strukturen, die das wirtschaftliche Verhalten der Menschen bedingen. Das Verhalten der Menschen steht in dieser Hinsicht gerade nicht fest, sondern ist selbst historischem Wandel unterworfen, einem Wandel, der so weitgehend ist, daß er es faktisch ausschließt, von einem immer gleichen Gegenstand „Wirtschaft" zu sprechen.[100] Zwar gibt es immer das Problem der Sicherstellung der materiellen Reproduktion der Menschheit; „Wirtschaft" im modernen Sinne ist das nach dieser Auffassung aber erst seit dem Durchbruch der europäischen Neuzeit.[101] Hiervon schließlich zu unterscheiden wäre noch eine dritte, in gewisser Weise untheoretische Sicht, die eine Wirtschaftsgeschichte nach den Quellen betreibt, ohne selbst unmittelbar allgemeine Aussagen über Wirtschaft und Gesellschaft und deren Wandel anzustreben. Ihr geht es um eine Rekonstruktion historischer Lagen, aus deren Vergleich man dann Einsichten ziehen mag; eine theoretische Aussage über Wirtschaft und Gesellschaft wird aber weder explizit vorausgesetzt noch im Nachhinein angestrebt, ja im Grunde sogar skeptisch betrachtet. Von ihr wollen wir aber hier absehen; noch am ehesten mag für diese Richtung der Text von Alfons Dopsch stehen, in gewisser Weise auch die Arbeiten von Otto Brunner.

In der Tradition der Wirtschaftsgeschichtsschreibung existieren mithin drei Richtungen, und zwar eine im engeren ökonomischen Paradigma (hier Brodnitz, Rostow, Gerschenkron, Fogel, North, aber auch Kieser und Siegenthaler), eine in einem weiteren sozialwissenschaftlich-evolutionären Sinne und schließlich eine in einem strikt historischen Kontext. Die beiden letzteren haben dabei Schnittpunkte, während die strikt historische mit der strikt ökonomischen Auffassung kaum kompatibel zu sein scheint. Die sozialwissenschaftliche Auffassung, für die hier Werner Sombart, Otto Hintze, Fernand Braudel, Sidney Pollard und Hans-Ulrich Wehler, aber auch Alfred Kieser und Hansjörg Siegenthaler stehen, nimmt hingegen Anregungen von beiden Seiten auf, indem sie einerseits Gegenstand und Theoriebildung selbst historisiert, in diesem Rahmen aber wiederum ökonomisch-theoretische Aussagen durchaus für möglich und für sinnvoll hält. Im Grunde fänden in dieser sozi-

---

100 Diese Auffassung ist von den historischen Schulen im 19. und frühen 20. Jahrhundert vertreten, aber nie wirklich klar ausgesprochen worden. Die deutlichste Markierung dieser Position findet sich bei OTTO BRUNNER, Zum Problem der Sozial- und Wirtschaftsgeschichte, in: Zeitschrift für Nationalökonomie 7, 1936, S. 671–685.
Brunner plädiert für eine begriffsgeschichtlich sensible Verfahrensweise und gegen die Übertragung von modernen Begriffen auf fremde Zeiten und Welten. Alle Geschichte sei zwar gegenwärtig, aber nur in dem Sinne, als sie Teil des politischen Prozesses sei. Eine an moderner Systematik orientierte Geschichtsschreibung sei für die neuere Zeit vorstellbar; für die ältere Zeit fehlten ihr die Vorstellung und die Begrifflichkeit, die erst an den Quellen zu entwickeln sei. Brunner verschiebt damit das Problem vom historisch wandelbaren Gegenstand auf die ebenfalls historisch wandelbaren Begriffe und Erkenntnisweisen und auf deren jeweilige Adäquatheit, eine Komplexität der Argumentation, die im Rahmen der modernen ökonomischen Theorie nicht möglich ist. Der Aufsatz Brunners hätte sich zum Abdruck mehr als angeboten, ist aber teilweise sehr der Sprache der Zeit verhaftet und daher hier nur als Verweis angeführt.
101 Klassisch OTTO BRUNNER, Das „Ganze Haus" und die alteuropäische „Ökonomik", in: DERS., Neue Wege der Sozialgeschichte. Vorträge und Aufsätze, Göttingen 1956, S. 33–61.

alwissenschaftlich aufbereiteten Position beide anderen Ansätze ihren legitimen Platz. Doch während die historische Wirtschaftsgeschichte sich hier wiederfindet, bleibt die ökonomische Theorie außerhalb. Sie tendiert nach ihrem Gegenstandsverständnis dazu, generalisierte und generalisierbare theoretische Aussagen zu treffen, ohne den eigenen Standort zu reflektieren, während sich die sozialwissenschaftliche Auffassung gleichsam mit einer historischen Genealogie der modernen Wirtschaft und des zugehörigen Beobachtungssystems, den Wirtschaftswissenschaften befaßt, die als Endpunkt eines Strukturwandels nicht zugleich dessen Erklärung sein können. Selbst wenn es eine aussagefähige moderne ökonomische Theorie in dieser Perspektive durchaus gibt, so ist deren Reichweite doch auf die Moderne beschränkt und kann eben nicht zur generellen Methode der Wirtschaftsgeschichtsschreibung werden.[102] Damit ist allerdings auch klar, daß sich beide Ansätze im Grunde miteinander vereinbaren lassen, zumindest solange die moderne ökonomische Theorie keinen Allgemeingültigkeitsanspruch erhebt, sondern bereit ist zu akzeptieren, daß sie selber ein historisches Phänomen und ihre Aussagefähigkeit an spezifische historische Bedingungen gebunden ist. Wie groß die Möglichkeiten der Kooperation sind, zeigt sich spätestens dann, wenn die jeweiligen Ansätze zu Forschungsprogrammen ausgearbeitet werden. Bei der Thematisierung moderner ökonomischer Phänomene (Wirtschaftswachstum, Konjunkturschwankungen, Strukturwandel, Beschäftigung, Preisentwicklung, Einkommensverteilung, aber auch staatliche Wirtschaftspolitik, Verhalten der einzelnen Akteure aus Unternehmerschaft und Konsumenten etc.) gibt es kaum Unterschiede in Verständnis und Herangehensweise, auch wenn aus der Sicht der modernen ökonomischen Theorie die Verwendung ökonometrischer Verfahren und damit verbunden die Rekonstruktion quantitativer Entwicklungsverläufe zur Testung theoretischer Annamen näherliegt.[103] Gleichwohl ist die Thematisierung wirtschaftspolitischer Entscheidungsprozesse unter Einbeziehung politischer und kultureller Momente ebenso legitim. Kurz: Im Kontext der modernen Wirtschaftsgeschichte liegen ökonomische und historiographische Verfahrensweisen bei der Analyse wirtschaftshistorischer Phänomene auf der gleichen Ebene; je nach Fragestellung wird man zu unterschiedlichen Verfahrensweisen greifen. Daß man sich im 19. und im frühen 20. Jahrhundert nicht verständigte und die Paradoxien eines Gegenstandszugriffs, der zugleich analytisch und historisch sein muß, nicht pragmatisch behandelte, hat zweifellos auch damit zu tun, daß es sich um einen Konflikt innerhalb der Wirtschaftswissenschaft handelte, die selbst erst ihre disziplinäre Eigenart gegenüber den allgemeinen Sozial- und Staatswissenschaften behaupten mußte. Nach der „Emanzipation" der Ökonomie und damit auch der

---

102 Arthur Spiethoff, The "Historical" Character of Economic Theories, in: Journal of Economic History 12, 1952, S. 131–139.

103 Rondo Cameron, Economic History, Pure and Applied, in: The Journal of Economic History 36, Heft 1, 1976, S. 3–27. Cameron ist ein klassischer Anhänger der modernen ökonomischen Theorie, für den es nur reine Wirtschaftsgeschichte im Sinne der Datenrekonstruktion oder angewandte Wirtschaftsgeschichte im Sinne der Überprüfung ökonomischer Hypothesen gibt. Solange hiermit kein Ausschließlichkeitsanspruch verbunden ist, ist an derartigen Ansätzen wenig zu kritisieren.

Verselbständigung der Wirtschaftsgeschichte aber sind durchaus pragmatische Lösungen wahrscheinlich.

Die Frage nach systematischen oder historischen Vorgehensweisen, um Erkenntnisse in der Wirtschaftsgeschichte zu gewinnen, ist daher in gewisser Weise falsch gestellt, da sie gerade eine paradoxe Lage erzeugt, in der jede Antwort zugleich auch ihr Gegenteil bedingt. Um langfristigen Wandel erklären zu können, müßte ökonomische Theorie nämlich immer zugleich auch universale Gesellschaftsbeschreibung sein, wäre damit aber folgerichtig auch ihr eigener Gegenstand. Dies führt zwangsläufig in nichtlösbare Paradoxien. Es scheint daher sinnvoll, anders zu fragen. Geht man davon aus, daß die grundlegende Problemstellung der Wirtschaftsgeschichte die Frage nach den materiellen Grundlagen der Gesellschaft im historischen Wandel ist, so kann man schließen, daß das Problem des materiellen Überlebens in der Tat ein universales Problem war und ist, daß die hierauf gefundenen Antworten aber historisch starken Unterschieden unterlagen und unterliegen. Wie groß das Problem ist, korrespondiert eng mit Geographie, Klima und Demographie. Welche Antworten gefunden werden, hängt zunächst ebenfalls von der Geographie, dann von der Ressourcenverfügbarkeit und dem jeweiligen technischen Wissen ab. Bereits hier zeigt sich aber, daß die Produktionsfaktorenausstattung nicht konstant ist, sondern selbst eine konstitutive kulturelle, soziale und institutionelle Dimension besitzt, die ihrerseits wiederum in starkem Maße historisch wandelbar ist. Der von der modernen Ökonomie unterstellte Normalfall der Bearbeitung des materiellen Reproduktionsproblems durch Marktwirtschaft und individuelles Erwerbsstreben ist dann eine historische Lösung dieses Problems, aber eben nur eine unter anderen, abhängig von bestimmten historischen Voraussetzungen und Bedingungen. Marktwirtschaft und Erwerbsstreben sind eben keineswegs die in der Natur des Menschen liegende Lösung oder gar der zu erwartende Zustand, auf den sich die Weltgeschichte evolutionär zubewegt. Der moderne Kapitalismus und seine Theorie sind mithin selbst ein historisches Phänomen mit einer spezifischen Vorgeschichte und spezifischen Ermöglichungsbedingungen, die sich – was empirisch auf der Hand liegt – keinesfalls generalisieren lassen. Auch die in seinem Fall gefundenen ökonomischen Zusammenhänge und Regeln mögen zwar zur Beschreibung des Kapitalismus taugen, lassen sich aber ebensowenig generalisieren, sondern müssen im Rahmen der Geschichte des ökonomischen Denkens ihrerseits als historischer Spezialfall aufgeklärt werden.[104]

Der allgemeine Ansatz der Wirtschaftsgeschichtsschreibung muß mithin umfassender sein als der durch die Moderne geprägte Spezialfall „Kapitalismus" und dessen Theorie. Es bietet sich an, die wirtschaftlichen Aktivitäten innerhalb historisch wandelbarer Gesellschaften nach drei Dimensionen aufzugliedern und deren

---

104 Diese historische Relativierung des modernen Kapitalismus und der modernen ökonomischen Theorie darf im übrigen nicht mit der Frage ihrer normativen Wünschbarkeit vermischt werden. Man kann durchaus für die Moderne plädieren, ohne sie zugleich zum Ziel der Weltgeschichte zu erklären. Mehr noch: erst wenn klar ist, daß die okzidentale Moderne keine selbstverständlich sich durchsetzende Lebensform ist, wird man sie richtig schätzen und ggf. verteidigen. Nur: Die Wünschbarkeit eines Zustandes ist nicht mit seiner wissenschaftlichen Durchdringung identisch oder eng verbunden!

jeweilige Koevolution historisch zu bearbeiten. Diese Dimensionen sind zunächst die vorfindbaren normativen Vorstellungen, die Semantiken des richtigen und sinnvollen Handelns im Bereich der materiellen Reproduktion, sodann zweitens die Dimension der jeweils in bestimmter Weise semantisch ermöglichten Institutionenbildungen sowie schließlich drittens in diesem Rahmen die sich jeweils vollziehenden Praktiken bei der Sicherstellung des materiellen Überlebens. Dieser Zugriff schließt keine Möglichkeit aus, erlaubt aber weitgehende Differenzierungen. So ist durchaus vorstellbar, daß viele Akteure praktisch selbstsüchtig handeln, doch hat dies eine ganz andere Bedeutung in einer Welt, in der der Eigennutz semantisch als böse betrachtet und institutionell sanktioniert wird, als unter den Bedingungen der Moderne, die den Eigennutz semantisch und institutionell adelt, zumindest solange er nicht vernunftwidrig erscheint. Die moderne Wirtschaft wäre dann u. a. das Ergebnis einer spezifischen Koevolution semantischer Vorstellungen von der Natur des Menschen (eigennützig, aber der Vernunft zugänglich) und der sinnvollen Einrichtung der Wirtschaft (Privateigentum, freie Preisbildung, Wettbewerb), der Entstehung und Konsolidierung entsprechender Institutionen (Privateigentum, geschützte Eigentums- und Verfügungsrechte, Sanktionierung marktwidriger Verhaltensweisen etc.) sowie der praktischen Ausnutzung von Erwerbschancen entsprechend der sich erweiternden technischen Möglichkeiten seit dem 18. Jahrhundert, wobei aus einer Möglichkeit zu Beginn heute eine unhintergehbare Existenzbedingung geworden ist, die sich als generalisierbarer Sachverhalt darstellt mit entsprechend generalisierter Selbstbeschreibung, obwohl sie dies gerade nicht ist. Eine derart angelegte Wirtschaftsgeschichtsschreibung würde den modernen Kapitalismus zugleich ernstnehmen und als historisches Phänomen behandeln und entsprechend auch die moderne ökonomische Theorie als sinnvolles Analyseinstrument der Moderne akzeptieren, aber ihre generelle Aussagefähigkeit begrenzen. Moderne Wirtschaftsgeschichtsschreibung ist dann eine Disziplin, die sich ihrer Grenzen bewußt ist und nach Rückversicherung in einer allgemeinen, sozialwissenschaftlich-historisch ausgerichteten Wirtschaftsgeschichtsschreibung strebt, die dem historischen Charakter ihres konstituierenden Problems gerecht wird. In dieser Hinsicht wären dann auch die bislang so scharf gegeneinandergesetzten Zugänge (von der Geschichte oder von der Wirtschaft her) gegenstandslos, da der Zugriff nur von der „Wirtschaft" her erfolgen kann, diese aber als historisches Phänomen zu behandeln ist. Die konstitutive Paradoxie erscheint damit in pragmatisch gemildertem Licht und erweist sich durchaus produktiv,[105] da sie stets zu neuen Herausforderungen beiträgt.

---

105 Zum produktiven Umgang mit Paradoxien, also von der Beobachtung selbsterzeugten performativen Selbstwidersprüchen generell NIKLAS LUHMANN, Die Wissenschaft der Gesellschaft, Frankfurt a. M. 1994.

DIE ZUKUNFT DER WIRTSCHAFTSGESCHICHTE

von Georg Brodnitz

Seit geraumer Zeit können wir im Gebiete der Nationalökonomie ebenso wie in der Rechtswissenschaft eine zunehmende Bewegung gegen die historische Richtung beobachten. „Der Glaubenssatz, daß nur die Vergangenheit das Verständnis der Gegenwart erschließe, wird nicht mehr ungeprüft hingenommen, wie ehedem. Die rege Tätigkeit, die auf dem Gebiete der historischen Detailforschung nach wie vor entfaltet wird, vermag über die Gleichgültigkeit und das Gefühl der Uebersättigung, das in weiten Kreisen der Gebildeten eingekehrt ist, nicht hinwegzutäuschen." Diese Worte eines Juristen[1] stellen auch die Quintessenz dessen dar, was man seitens der Gegner den historisch orientierten Staatswissenschaftlern vorwirft. Und wenn er erklärt, die antihistorische Richtung entspringe „dem Drange nach Befreiung aus der erdrückenden Fülle des Stofflichen und Tatsächlichen", so berührt er sich fast wörtlich mit dem Nationalökonomen, dem die Einwirkung der historischen Betrachtungsweise zumindest auf den Unterricht bedenklich erscheint: „Tatsachen! Wurde die Losung auch in den Seminaren, die statistische Tabelle, die ‚realistische' Schilderung unser Evangelium. Dagegen trat die theoretische Durchdringung des Stoffes, besonders auch das Studium der älteren Meister augenfällig zurück".[2]

Stimmt die Opposition gegen die historische Richtung auf dem Gebiete der Jurisprudenz und in der Nationalökonomie im Grundton überein, so ist ihr Ziel doch verschieden. Während die Juristen eine Erneuerung in der Rechtsfindung erstreben, sei es durch stärkere Betonung der kritisch-dogmatischen Richtung, sei es in der Gestalt der extremen Forderungen der Freirechtsschule, wird bei den Nationalökonomen erstrebt die Sonderung der Wirtschaftswissenschaft von Politik und Ethik.[3] Bei unbefangener Würdigung [|146] wird man diesen Bestrebungen einen berechtigten Kern nicht absprechen können. Ja es ist nur natürlich, wenn nach Jahrzehnten ergebnisreichster historischer Forschung das Pendel nach der anderen Seite schwingt, wenn die Theorie, die zergliedernde, ordnende Betrachtung des Stoffes in stärkerem Maße ihren Platz an der Sonne verlangt. Auch der Anhänger der historischen Richtung wird keinen Widerspruch erheben, wenn man bezweifelt, daß „die Wirtschaftsgeschichte und die rein historische Betrachtung der wirtschaftlichen Erscheinungen eine Methode des Verständnisses dieser und also ein für sich hinreichendes Mittel volkswirtschaftlicher Erkenntnis und ein Ersatz der Theorie und der systematischen

---

[1] WIELAND, Die historische und die kritische Methode in der Rechtswissenschaft [Leipzig 1910], S. 5.

[2] WAENTIG in der Einführung zu seiner Sammlung sozialwissenschaftlicher Meister, Bd. 1 [= A. R. J. TURGOT, Betrachtungen über die Bildung und die Verteilung des Reichtums, Jena 1903], S. III.

[3] STEPHINGER, Der Grundgedanke der Volkswirtschaftslehre [Stuttgart 1910], S. 50.

Behandlung sei". Wenn in dieser Form Front gemacht wird gegen die einseitigen Uebertreibungen der historischen Methode unter gleichzeitiger Betonung, daß Ablehnung der historischen Methode nicht gleichbedeutend sei mit Geringschätzung der Wirtschaftsgeschichte oder mit Mangel an historischem Sinn, wenn ferner anerkannt wird, die Wirtschaftsgeschichte sei unzweifelhaft ein vorzügliches Mittel, um die Erkenntnis wirtschaftlicher Erscheinungen zu vertiefen und den Gesichtskreis zu erweitern, daß sie auch vorzügliche Dienste leisten könne, um die Abstraktion der Theorie zu korrigieren und deren Form mit konkreter Anschauung und wirklichem Leben zu füllen,[4][1] so wird man hierin nur eine Wahrung berechtigter theoretischer Interessen sehen können. Man wird es zweifellos mit Freude begrüßen, wenn der „einseitig verbogene Stab" der nationalökonomischen Wissenschaft eine Korrektur erhält, allerdings eine Korrektur durch positive Leistungen, nicht bloß durch negierende Kritik.[5][2]

Wenn wir so an sich die Berechtigung der an der historischen Richtung geübten Kritik bis zu einem gewissen Maße durchaus anerkennen, so können wir uns doch nicht dem Eindruck verschließen, daß man in der Opposition zum Teil über das Maß hinausgegangen ist, ja daß in ihr eine Gefährdung der ruhigen Fortentwicklung unserer Wissenschaft liegt. Was zunächst die Spezialfrage anlangt, den Vorwurf der Vermischung ethisch-politischer Anschauungen mit nationalökonomischer Wissenschaft, so glauben wir, daß man hier der *historischen Schule schlechthin* mancherlei in die Schuhe schiebt, was sich zwanglos aus vorübergehenden zeitlichen und persönlichen Verhältnissen erklärt. Es ist selbstverständlich, daß eine so eigenartige Zeit, wie die Periode der erwachenden Sozialreform und des Staatssozialismus nicht spurlos an den Vertretern der nationalökonomischen Theorie vorübergehen konnte. Und wenn [|147] man meint, es sei ein Fehler der ganzen historischen Schule, daß man wirtschaftliche Fragen derart nach ein für allemal feststehenden Grundsätzen beurteilen wolle, daß die Nationalökonomie schließlich vielfach zu einer „anmaßlichen normativen Wissenschaft" geworden sei, so sei nur daran erinnert, daß schon Bruno Hildebrand ausdrücklich betont, die nationalökonomische Wissenschaft erkenne an, „daß jede Zeit ihre neuen Richtungen und neuen Bedürfnisse gebärt, daß jeder erklommene Höhepunkt neue Blicke auf ungeahnte Gebiete und neue Zielpunkte eröffnet, denen Volk und Staatsregierung gemeinsam entgegenzuringen haben, und daß alle ökonomischen Zustände einer Zeit und eines Volkes den Maßstab

---

4[1] ANDREAS VOIGT in den Schriften des Deutschen volkswirtschaftlichen Verbandes, Bd. 2 [= Die Vorbildung für den Beruf der volkswirtschaftlichen Fachbeamten, Berlin 1907], S. 316. So sagt ja auch SCHMOLLER (Handwörterbuch der Staatswissenschaften VII² [Jena 1901], S. 562): „Die Schilderungen der Wirtschaftsgeschichte wie der allgemeinen Geschichte, sofern sie Volkswirtschaftliches erzählt, sind nicht nationalökonomische Theorie, sondern Bausteine zu einer solchen." Vgl. auch seine Ausführungen in seinen Jahrbüchern [= Jahrbuch für Gesetzgebung, Verwaltung und Volkswirtschaft 7], 1883, S. 978 und andererseits BÖHM-BAWERK in Conrads Jahrbüchern [= Jahrbücher für Nationalökonomie und Statistik], N. F. 20 [1890], S. 78.

5[2] Vgl. hieran BÜCHER in der Zeitschrift für die gesamte Staatswissenschaft [65], 1909, S. 714 und GUSTAV COHN, ebenda [66], 1910, S. 1 ff.

ihres eigenen Wertes oder Unwertes in sich selbst tragen".[6][1] Es ist bezeichnend, daß man heute bereits von einer „orthodoxen a-ethischen Richtung" sprechen kann.[7][2] Sollte das Richtige nicht vielleicht in der Mitte liegen, etwa wie es Lexis andeutet, wenn er schreibt: „Die Streitfrage zwischen Freihandel und Schutzzoll läßt das sittliche Empfinden unberührt, aber der übermäßigen Ausnutzung kindlicher Fabrikarbeiter ist in allen Kulturländern durch die Macht des von der Wissenschaft geweckten öffentlichen Gewissens ein Ende gemacht worden."[8][3]

Aber sehen wir hiervon ab, so scheint uns die große Gefahr der neuen Richtung darin zu liegen, daß sie in verstärktem Maße selbst in Fehler verfällt, die sie der historischen Richtung vorhält. Dieser macht man zum Vorwurf, daß sie nach Erkennung der Mängel der abstrakten Schule es unversucht gelassen habe, sie um- und fortzubilden. „Trotz der hervorragenden wissenschaftlichen Leistungen des Historismus bleibt es doch wahr, daß er dem Klassizismus auf *wissenschaftlichem* Gebiete einen entscheidenden Kampf nicht einmal angeboten, viel weniger einen solchen Kampf ausgefochten hat."[9][4] Würden wir aber den heutigen Bilderstürmern blindlings folgen, so wäre zu befürchten, daß wir nicht zu einer Korrektur der historischen Schule gelangten, sondern zu einem verhängnisvollen Bruch, der es uns unmöglich machen würde, auch die *anerkannten* Früchte langer Vorarbeiten einzuheimsen. Und auf diese Gefahr glauben wir um so mehr hinweisen zu müssen, als das Ausland entschiedene Neigung verrät, sich unsere Vorarbeiten zunutze zu machen und auf sie gestützt uns zu überflügeln.

Es ist ja schon auf dem Hochschullehrertage des Jahres 1909 darauf hingewiesen worden, die deutschen Universitäten müßten auf der Hut sein, um nicht von jüngeren tat- und kapitalkräftigeren Schwestern überholt zu werden. Man dachte hierbei wohl vorwiegend an die Naturwissenschaften und ihre Förderung in den Vereinigten Staaten. Wir in unserer Wissenschaft haben von Amerika un- [|148] *mittelbar* noch nichts zu befürchten. Zwar hat sich in den Vereinigten Staaten die wirtschaftshistorische Forschung einer gewissen Vorliebe auch in der Zeit zu erfreuen gehabt, in der man in England noch ganz auf den Pfaden Ricardos wandelte.[10][1] So besteht an der Harvard-Universität eine eigene Professur der Wirtschaftsgeschichte, die zeitweilig von W. J. Ashley bekleidet wurde.[11][2] Den Umfang, den die wirtschaftshistorischen Vorlesungen im Lehrplane Harvards gegenwärtig einnehmen, kann den deutschen

---

6[1] HILDEBRAND, Die gegenwärtige Aufgabe der Wissenschaft der Nationalökonomie, in diesen Jahrbüchern [= Jahrbücher für Nationalökonomie und Statistik 1, 1863], S. 146.

7[2] SOMBART auf der Wiener Tagung des Vereins für Soz.-Pol. 1909, in: Verhandlungen [des Vereins für Sozialpolitik, München, Leipzig 1910], S. 567.

8[3] LEXIS, Allgemeine Volkswirtschaftslehre [Leipzig 1910], S. 26.

9[4] ADOLF WEBER, Die Aufgaben der Volkswirtschaftslehre als Wissenschaft [Tübingen 1909], S. 30.

10[1] Ueber die Anfänge der im Folgenden geschilderten Entwicklung vgl. G. COHN, Die heutige Nationalökonomie in England und Amerika, in: Schmollers Jahrbuch [= Jahrbuch für Gesetzgebung, Verwaltung und Volkswirtschaft 13], 1889.

11[2] Ashley schrieb seine Englische Wirtschaftsgeschichte in der Zeit seiner Tätigkeit an der Universität Toronto (Canada). Daß auch an ihr wirtschaftshistorische Interessen gepflegt werden, beweisen die University of Toronto Studies: History and Economics, z. B. der Ergänzungsband 1907: Roman Economic Conditions to the Close of the Republic, von E. H. OLIVER.

Wirtschaftshistoriker mit einem gewissen Neide erfüllen. Das letzte Vorlesungsverzeichnis führt auf unserem Gebiete auf: Wirtschafts- und Finanzgeschichte der
Vereinigten Staaten; Moderne Wirtschaftsgeschichte Europas; Wirtschaftsgeschichte
Europas im Mittelalter; Englische Wirtschaftsgeschichte. Außerdem in zweijährigem
Turnus Wirtschaftsgeschichte des Altertums und Wirtschaftsgeschichte der Vereinigten Staaten mit besonderer Berücksichtigung der Zollfrage. Allerdings muß man
beachten, daß Harvard mit *dieser* Ausgestaltung des wirtschaftshistorischen Studiums auch in den Vereinigten Staaten noch allein steht. Immerhin nennt aber auch
z. B. Yale eine 3-stündige Einführungsvorlesung in die Wirtschaftsgeschichte, eine
2-stündige Vorlesung für Fortgeschrittnere und 3-stündige Uebungen zur Wirtschaftsgeschichte der Vereinigten Staaten mit schriftlichen Arbeiten.

Die wissenschaftlichen Ergebnisse dieser Bemühungen waren allerdings bis vor
Kurzem nicht sehr schwerwiegend. Gewiß finden sich in den Publikationen der
American Economic Association, in den Columbia University Studies in Political
Science und den Johns Hopkins Studies ebenso wie in den beiden Organen Harvards,
dem Quarterly Journal of Economics und den Harvard Economic Studies, zahlreiche
wertvolle Beiträge zur Wirtschaftsgeschichte verschiedener Länder. Und Farnam
erwähnt deshalb in seinem Abriß der Entwicklung nationalökonomischer Studien in
Amerika[12][3] mit Recht, wenn auch vielleicht etwas zu optimistisch: „Ganz besonders
ist aber die Wirtschaftsgeschichte, vor allem die der Vereinigten Staaten, in den
letzten 30 Jahren gepflegt worden. Bisher haben wir auf diesem Gebiete hauptsächlich monographische Untersuchungen von begrenzten Teilen, aber auch einige zu-
sammenfassende Werke über einzelne Staaten oder Staatengruppen, und ein paar,
allerdings ziemlich gedrängte, Wirtschaftsgeschichten der Vereinigten Staaten."

Aber von einer irgendwie einflußreichen Stellung einer „historischen Schule"
konnte bislang in Amerika keine Rede sein. Man [| 149] hatte schon Schwierigkeiten
genug, um bei der Begründung der American Economic Association die Gegensätze
zwischen den mehr „englisch" und den mehr „deutsch" gerichteten Nationalökonomen zu überbrücken. Bezeichnend ist es, daß aus den Statuten folgender Passus
nachträglich entfernt wurde, den man 1885 aufgenommen hatte: „Wir glauben, daß
die Nationalökonomie als Wissenschaft sich noch auf einer frühen Stufe der Entwicklung befindet. Indem wir die Arbeit der früheren Volkswirtschaftslehrer wert-
schätzen, erwarten wir die weitere Entwicklung der Wissenschaft nicht sowohl von
der abstrakten Spekulation, als von dem historischen und statistischen Studium der
tatsächlichen Bedingungen des ökonomischen Lebens." Immerhin bezeichnet die
Vereinigung jetzt als ihren Zweck „the encouragement of economic research, especially the historical and statistical study of the actual conditions of industrial life",
und ihre Jahresversammlung pflegt neuerdings wieder regelmäßig gemeinsam mit
der American Historical Association abgehalten zu werden.

In den letzten Jahren ist nun unverkennbar ein stärkeres Vordringen der historischen Richtung zu beobachten. Symptomatisch für eine Aenderung in den Anschauungen der amerikanischen Nationalökonomen war es, daß sie sich 1904 auf dem

---

12[3] Schmoller-Festgabe (Die Entwicklung der deutschen Volkswirtschaftslehre im 19. Jahrhundert
    [hg. von S. P. ALTMANN u. a., Leipzig 1908]), XVIII, S. 19.

Weltwissenschaftskongreß zu St. Louis von Johannes Conrad ein Referat erstatten
ließen über die Bedeutung der Wirtschaftsgeschichte.[13][1] Indem Conrad nachdrücklich für den Wert wirtschaftshistorischer Forschung – die allerdings die Nationalökonomie nicht ersetzen könne – eintrat, schloß er mit den Worten: „American
students could do us, science, and their own country no greater service than by de-
voting themselves to the historical investigation of their own economic life. We
surely on our side shall not fail behin them in the corresponding study of European
economic history. But here also comparison and cooperation in the labor of the two
halves of the world will prove exceedingly fruitful and even decisive for progress."

Der Appell Conrads kam gerade zur geeigneten Zeit. Denn 1903 hatte die Carnegie Institution einen Fonds von 30 000 $ zu Zwecken der deskriptiv-historischen
Wirtschaftsforschung begründet, dem sie 1906 weitere 17 500 $ hinzufügte.[14][2]
Unter Leitung von Carroll D. Wright, der nach seinem Tode durch Prof. Farnam
ersetzt wurde, arbeitete man unter Mitwirkung besonders der akademischen Vertreter der Nationalökonomie einen Plan aus, dessen Ausführung einer Reihe von Sub-
kommitees überlassen wurde. Diese, die von Universitätsprofessoren geleitet wer-
den, lösten die ihnen [|150] übertragenen Aufgaben durch Heranziehung zahlreicher
jüngerer Kräfte: 1906 arbeiteten 135 Nationalökonomen mit, 1907 bereits 185 und
1908 sogar 204. Jeder von ihnen hat ein besonderes Thema historisch-deskriptiv zu
behandeln. So sind, um ein Beispiel zu erwähnen, Arbeiten im Gange – und zwar
jede getrennt – über das Bankwesen in Indiana, Minnesota, Jowa, Ohio, Missouri,
North Carolina, New Hampshire, Pennsylvania, Florida, Wisconsin, Alabama,
Tennessee, Illinois, Louisiana, Kentucky, Oregon, Kansas. Da in ähnlicher Weise,
teils nach territorialer, teils nach sachlicher Gliederung alle Zweige der amerikanischen Volkswirtschaft behandelt werden, kann man ermessen, welch ungeheures
Material hier zusammengebracht wird. Es wird also in verhältnismäßig kurzer Zeit
das geleistet werden, was bei uns die jüngere historische Schule mit ihrer monogra-
phischen Detailarbeit für uns geschaffen hat. Und dazu hat man in Amerika den
Vorteil, daß man nach *einem* Plane und nach *einheitlichen Direktiven* vorgeht.

Bisher liegen, abgesehen von zahlreichen Zeitschriftenartikeln, 130 Arbeiten
vor. Wie uns aus akademischen Kreisen Amerikas versichert wird, ist seit dem Beginn der Unternehmung die Zahl der wirtschaftshistorischen Doktorarbeiten ungemein gestiegen. In dieser Anziehung, die hier auf die heranwachsende Generation
ausgeübt wird, liegt eine außerordentliche Stärkung der historischen Richtung überhaupt. Die Carnegie Institution zahlt den einzelnen Mitarbeitern Zuschüsse, die für
amerikanische Verhältnisse allerdings sich in mäßiger Höhe bewegen, da sie in
keinem Falle über 500 $ hinausgehen. Immerhin werden hierdurch längere Unter-
suchungen und Studienreisen ermöglicht. War doch die Bearbeiterin der österreich-

---

13[1] Der deutsch gehaltene Vortrag findet sich in englischer Uebersetzung in dem Kongreßbericht:
    Congress of Arts and Science. Universal Exhibition, St. Louis 1904, hg. von HOWARD J. ROGERS,
    Bd. 2, S. 199: Economic History in Relation to Kindred Sciences.

14[2] Über die Einzelheiten vgl. die Berichte (Yearbooks) der Carnegie Institution of Washington,
    und die Verhandlungen der American Economic Association 1904 [in: Papers and Proceedings
    of the annual meeting of the American Economic Association 17], Teil 2, S. 160).

ungarischen Einwanderung ein Jahr in Europa, um an Ort und Stelle die heimischen
Verhältnisse dieser Einwanderer zu beobachten. So ist es natürlich, daß die Mitarbeit
an dem ganzen Unternehmen sehr geschätzt wird und zur Folge hat, daß Amerika
in Zukunft über eine ungleich größere Zahl von historisch geschulten und interessierten Nationalökonomen verfügen wird, als jemals früher. Werden auch manche
von ihnen sich später doch wieder den noch immer vorherrschenden theoretischen
Forschungen zuwenden, die übrigen werden sicher nicht unfruchtbar bleiben und an
der Fortentwicklung der Wirtschaftsgeschichte und der Zusammenfassung der bisherigen Detailarbeit weiterarbeiten.

Eine ähnliche Entwicklung, deren Ergebnisse aber schon schärfer hervortreten,
spielt nun auch in England. Zwar gab es im Heimatlande der abstrakten Nationalökonomie auch zur Zeit der unbestrittenen Herrschaft Ricardos historische Materia-
liensammler, wie Leone Levy und Porter. Ueber sie ging wesentlich erst Thorold
Rogers hinaus, dessen Forschungen in den Einzelheiten ihrer Ergebnisse zwar viel-
bestritten, aber doch von großem Einfluß geworden sind. Die Forderung einer hi-
storisch-realistischen Nationalökonomie knüpft dann an an Cliffe Leslees Ruf:
„Zurück zu Adam Smith" [|151] und an Ingrams Programm vom Jahre 1878[1][1] an.
Ihre Wünsche wurden fast unvorbereitet erfüllt von Arnold Toynbee, in dem uns „ein
Meister realistischer Analyse und großen historisch-philosophischen Sinnes entge-
gentritt".[16][2] Und auf ihn folgten Ashley und Cunningham, der zuerst den großen
Wurf einer umfassenden englischen Wirtschaftsgeschichte wagte.[17][3]

Aber das waren doch Ausnahmen. Ganz überwiegend blieb England in wirtschaftshistorischer Hinsicht auf die Arbeiten ausländischer Nationalökonomen angewiesen. Dankbar hat man auch in England die großen Verdienste anerkannt, die
sich zumal die deutsche historische Schule erworben hat.[18][4] Während die englische
Rechtsgeschichte Namen wie Stubbs, Maitland, Dicey, Sir Henry Sumner Maine
aufzuweisen hat, um nur einige zu nennen, blieben Vertreter der Wirtschaftsgeschichte die Ausnahme. Und hierin trat erst eine Aenderung ein durch die überaus
weittragenden wirtschaftlichen Fragen, vor deren Lösung England sich in den letzten Jahren gestellt sah. Der Kampf um die freihändlerische Richtung hat zu einer
Scheidung der Geister geführt und hat den Wert einer umfassenden historischen
Schulung hervortreten lassen. Es ist bezeichnend, daß Ashley damals noch von Adolf
Wagner sagen konnte: „As compared with most of our English economists he is very
historical."[19][5] Alfred Marshall, selbst ein Anhänger der herrschenden freihändleri-
schen Richtung, nahm es in die Hand, zunächst den akademischen Unterricht in

---

15[1] INGRAM, The present Position and Prospects of Political Economy [in: Journal of the Statistical
       and Social Inquiry Society of Ireland 7, 1876–1879, S. 3–29].

16[2] SCHMOLLER, Grundriß I² [Leipzig 1900], S. 121.

17[3] In England selbst sieht man RICHARD JONES (1790–1855) als den ersten Vertreter der historischen
       Richtung an. Allerdings beschränkte er sich mehr negierend auf die Opposition gegen Ricardo.
       Von der geplanten Gegenschrift „Distribution of Wealth" ist nur 1831 die Einleitung erschienen.
       Vgl. hierzu NICHOLSON in der Cambridge Modern History X [Cambridge 1907], S. 783, und
       COHN, a. a. O. [wie Anm. 5], S. 15.

18[4] z. B. MARSHALL, Volkswirtschaftslehre, Deutsche Ausgabe [Stuttgart 1905], S. 58.

19[5] Political Economy and the Tariff Problem, in: Compatriots' Club Lectures 1, 1905, S. 251.

Cambridge zu reformieren. In den Arbeitsplan, den er für das arg vernachlässigte volkswirtschaftliche Studium ausarbeitete, nahm er auch die Wirtschaftsgeschichte auf, die sich allerdings nur auf das 19. Jahrhundert erstrecken sollte; vorwiegend sollten England und die englisch sprechenden Völker, daneben Frankreich und Deutschland berücksichtigt werden.[20][6] Die Anregungen, die von Marshall ausgingen, wurden zunächst in den neugegründeten Zentren der wissenschaftlichen Ausbildung akzeptiert. Die Universität der Hauptstadt richtete an der London School of Economics zwei Lehrstellen für Wirtschaftsgeschichte ein, die Victoria-Universität in Manchester gab dem Vertreter der Nationalökonomie, Prof. Chapman, einen Dozenten für [|152] das gleiche Fach bei, und nun hat Oxford als erste Universität Großbritanniens eine Professur für Wirtschaftsgeschichte errichtet, die L. L. Price, einem Schüler Marshalls, übertragen wurde. Es ist zu erwarten, daß Cambridge bald folgen wird, und der Anklang, den diese neue Richtung gefunden hat, wird bewiesen durch das Vorgehen des All Souls College in Oxford, das durch Errichtung einer Fellowship die materielle Basis für weitere Ausbildung der Wirtschaftsgeschichte geliefert hat.

Man hatte in England eingesehen, daß auch für die wirtschaftshistorische Forschung die Worte gelten, die man für die rechtshistorische geprägt hatte: In these days of international science, we must be invaders or invaded, and if we will not dump we must not complain of dumping; no tariff can protect us.[21][1]

Aus der Rede, mit welcher der erste Professor der Wirtschaftsgeschichte sein Amt an der Universität Oxford antrat,[22][2] spricht der berechtigte Stolz auf die Anerkennung, die seine Forschung hierdurch gefunden hat. Er betont, daß heute die Stellung der Wirtschaftsgeschichte in England doppelt gesichert sei: Sie habe nicht nur die Anerkennung der Gelehrtenkreise als besonderer Zweig wissenschaftlicher Forschung gefunden, sondern es sei ihr auch gelungen, in steigendem Maße das Interesse der weiteren Kreise auf sich zu lenken. Die Wirtschaftsgeschichte sei auch in der Lage, den Erwartungen zu entsprechen, die man an sie stelle. Denn ihre Grundzüge seien für England festgelegt, so viele Einzelfragen auch der Klärung bedürften. Um die Bedeutung dieser Worte voll zu würdigen, erinnere man sich, daß Ashley in *seiner* akademischen Antrittsrede vom Jahre 1894 die Wirtschaftsgeschichte noch geradezu ein „unbebautes Feld" nennen konnte.[23][3]

Aber gerade weil die Wirtschaftsgeschichte so ihre volle Anerkennung gefunden hat, warnt Price davor, in der historischen Forschung die einzige Methode der nationalökonomischen Wissenschaft zu sehen. Und indem er dem bisherigen alleinigen Vertreter der Nationalökonomie an der Universität Oxford, dem auf gerade entge-

---

20[6] MARSHALL, The New Cambridge Curriculum in Economics [London 1903], S. 32, dazu BROD-NITZ, in den Jahrbüchern für Nationalökonomie, 3. Folge, 27 [1904], S. 89. Seither ist die Wirtschaftsgeschichte auch Examensgegenstand in der Staatsprüfung für den Zivilbeamtendienst in England und Indien geworden.

21[1] [F. W. MAITLAND], The Laws of the Anglo-Saxons, in: Quarterly Review 200, 1904, S. 139–157, hier: 149.

22[2] L. L. PRICE, The Position and Prospects of the Study of Economic History, Oxford 1908.

23[3] ASHLEY, Das Studium der Wirtschaftsgeschichte (Beilage der Münchner Allgem. Zeitung Nr. 189), 1894.

gengesetztem mathematisch-abstraktem Standpunkt stehenden Professor Edgeworth die Dankbarkeit für seine Leistungen bekundet, schließt er sich ausdrücklich dem Urteil Marshalls an, daß es in der Nationalökonomie eine exklusive Methode nicht gäbe.

Diese unbefangene Stellungnahme und die Förderung, die man der wirtschafts-historischen Forschung im Unterricht zuteil werden läßt, äußert ihre heilsamen Folgen schon in den Publikationen der jüngeren Generation. Auf dem Gebiete der Agrargeschichte haben wir bald nacheinander drei wertvolle Arbeiten zu verzeichnen.[24][4] Eine [|153] Londoner Dissertation wie Abrams „Social England in the Fifteenth Century"[25][1] zeigt, daß man selbst vor einem so umfassenden Thema nicht zurückschreckt und es auch durch eine jüngere Kraft zwar nicht erschöpfend behandeln, aber wesentlich fördern lassen kann. Vor allem symptomatisch erscheint uns das Vorgehen Vinogradoffs, der mit seinen „Oxford Studies in Social and Legal History" in ausgesprochener Anlehnung an deutsche Vorbilder eine Sammelstätte staatswissenschaftlicher Arbeiten historischer Richtung begründet hat.[26][2]

Ein Beweis für die fortschreitende Schätzung der Wirtschaftsgeschichte ist auch der Umfang, in dem man sie in der Cambridge Modern History berücksichtigt hat, die doch ein Gesamtbild vom heutigen Stande der englischen Geschichtsforschung geben soll.[27][3] Ja es will uns sogar scheinen, als wenn sich ganz neuerdings in der englischen Geschichtsschreibung eine Richtung bemerkbar macht, die in der Beto-nung der wirtschaftlichen Momente zu weit geht. Wenigstens haben die letzten Schriften des unlängst verstorbenen Welsford diesen Eindruck hervorgerufen.[28][4] Um die Wandlung in den Anschauungen, die hierin liegt, richtig einzuschätzen, muß man sich erinnern, daß J. R. Green in der Vorrede zu seiner Short History of the English People, die vor etwas über 25 Jahren erschien, besonders betonte, daß er eigentlich zum ersten Male die sozialen und wirtschaftlichen Momente der Entwick-lung voll berücksichtige.

So sehen wir also, wie in den Vereinigten Staaten ebenso wie in England die wirtschaftshistorische Forschung, gestützt auf die Fülle unserer Vorarbeiten, aufblüht und gefördert wird in einer Zeit, in der man sie bei uns in den verschiedensten Rich-tungen zu diskreditieren suchte. Gerade nun deshalb, weil wir der Reaktion einen berechtigten Kern zuzusprechen geneigt sind, erblicken wir *hierin* doch eine Gefahr. Es ist zu befürchten, daß durch einseitige Betonung der Theorie uns die Früchte jahrzehntelanger historischer Arbeit verloren gehen, die jetzt noch der Zusammen-

---

24[4] SLATER, The English Peasantry and the Enclosure of Common Fields, London 1907. – A. H. JOHNSON, The Dissappearance of the Small Landowner, Oxford 1909. – CURTLER, A Short Hi-story of English Agriculture, Oxford 1909.

25[1] London, Routledge and Sons 1909. – Wir führen nur einige Erscheinungen der allerjüngsten Zeit auf. Vollständigere Angaben finden sich bei PRICE, a.a.O. [wie Anm. 22], S. 23 und bei ASHLEY in der Schmoller-Festgabe [wie Anm. 12], XV, S. 18.

26[2] Vgl. unsere Anzeige in diesen Jahrbüchern [= Jahrbücher für Nationalökonomie und Statistik, 3. Folge, 39, 1910], S. 705.

27[3] Vgl. besonders Bd. I [Cambridge 1902] und X [Cambridge 1907].

28[4] J. W. WELSFORD, The Strength of Nations [New York u. a. 1907], und: The Strength of England. A Politico-Economic History of England, with a Preface by W. CUNNINGHAM [New York 1910].

fassung zu einem Ganzen harren. Man hat ja den Standpunkt der jüngeren historischen Schule ausdrücklich dahin präzisiert, daß sie ein starkes Bedürfnis zur Spe-
zialuntersuchung der einzelnen Epochen, Völker und Wirtschaftszustände empfinde,
daß sie zunächst wirtschaftgeschichtliche Monographien verlange.[29][5] Diesem Wun-
sche ist reichlich genüge geschehen. Aber wir werden uns nicht verhehlen dürfen,
daß wir auch heute nach jahrzehntelanger *wirtschaftshistorischer Einzelforschung*
noch nicht eine *Wirtschaftsgeschichte* haben. Wenn Schmoller betont, das die deut-
sche [|154] Wirtschaftsgeschichte durch die Arbeiten von Nitzsch, Arnold, Inama-
Sternegg und Lamprecht eine Fundamentierung besitze, wie kaum ein anderes
Volk,[30][1] so ist es doch offenkundig, daß wir einen zusammenfassenden Aufbau auf
diesem Fundament nicht einmal für Deutschland, geschweige denn für andere Länder besitzen. Diese Zukunftsaufgabe wird uns aber erschwert, wenn erst eine längere
Unterbrechung in den Traditionen der historischen Forschung eintritt. Bleiben die
Resultate früherer Forschung ohne Zusammenfassung, so wird es uns schwer sein,
das Versäumte wieder einzuholen und anderen Nationen wird die Ernte zufallen, die
wir angebahnt haben.[31][2] Die Leidtragenden werden aber nicht nur die Anhänger der
historischen Forschung sein, sondern ebenso die abstrakten Theoretiker, denen beim
Mangel des historischen Korrektivs die längst erkannten Fehler der klassischen
Nationalökonomie aufs neue drohen.

Ein Ausweg aus diesem Dilemma scheint uns nun in dem Versuch zu liegen,
beiden Richtungen den gebührenden Platz an der Sonne zu verschaffen, und dieser
Versuch wird zu verknüpfen sein mit einer Reform des Lehrsystems. Wie die Dinge
heute liegen, halten wir ganz überwiegend an der Dreiteilung des ganzen nationalökonomischen Lehrstoffes fest, die aus einer Zeit stammt, in der die nationalökonomischen Vorlesungen mit historischem Material noch recht wenig belastet waren.
Alles das, was sich dann in den folgenden Jahrzehnten an wirtschaftshistorischen
Einzelerkenntnissen ansammelte, wurde nun in die bestehenden Vorlesungen hineingearbeitet. So entstand eine vollkommene Vermengung von Systematik und
Wirtschaftsgeschichte, die ja teilweise ganz bewußter Weise vollzogen wurde. So
wird im Berliner Vorlesungsverzeichnis angekündigt: „Praktische Nationalökonomie
oder Volkswirtschaftspolitik (preußisch-deutsche Wirtschaftsgeschichte der Neuzeit)".[32][3] Und Schmoller präzisiert seine Auffassung dahin,[33][4] daß „die spezielle
Nationalökonomie historisch und praktisch-verwaltungsrechtlich ist; sie erzählt die
neuere volkswirtschaftliche Entwicklung Westeuropas oder eines einzelnen Landes
nach Perioden oder Hauptzweigen der Volkswirtschaft."

29[5] SCHMOLLER, Grundriß I² [Leipzig 1900], S. 119.
30[1] Ebenda.
31[2] In dem Sammelwerk „Die Kultur der Gegenwart" [hg. von PAUL HINNEBERG, Leipzig ab 1906]
     wird uns dankenswerter Weise auch eine „Allgemeine Wirtschaftsgeschichte" in Aussicht ge-
     stellt. Hält sie sich im Rahmen der bisherigen Bände, so wird es sich aber nur um eine Darstel-
     lung der Grundzüge handeln können.
32[3] Schmoller sagt in seinem Jahrbuch [= Jahrbuch für Gesetzgebung, Verwaltung und Volkswirt-
     schaft 11], 1887, S. 593: „Ich lese seit 1872 die praktische Nationalökonomie nur als deutsche
     Wirtschaftsgeschichte vom 17. bis 19. Jahrhundert; die ältere deutsche Wirtschaftsgeschichte
     habe ich in den ersten Jahren meines Berliner Aufenthaltes daneben besonders gelesen."
33[4] Handwörterbuch der Staatswissenschaften VII² [Jena 1901], S. 548.

Auf die Dauer erscheint dies deshalb nicht unbedenklich, weil eben zu leicht bei
der Verbindung der historisch-genetischen Darstellung mit der systematischen die
eine oder die andere Richtung zu kurz kommt. In der Praxis hat es dahin geführt –
und darin [|155] scheint uns mit ein Grund für die gegenwärtige Opposition zu
liegen – daß vielfach eine volle Entwicklung der Vorlesungen in systematischer
Hinsicht nicht möglich war. Man mache sich nur einmal klar, wie wenig Berücksichtigung in der Volkswirtschaftspolitik manche wichtigen Fragen dadurch finden,
daß die Darstellung der Urproduktion und des Gewerbewesens durch das Einbeziehen der historischen Entwicklung belastet ist. Wie oft kommt es vor, daß die Wirt-
schaftszweige und ihre Probleme, die – sit venia verbo – „mehr am Ende stehen",
nur knapp gestreift werden – unter Hinweis auf Spezialvorlesungen, die keineswegs
immer gehalten werden.

Kann hierin eine Aenderung eintreten? Wir meinen, in diesem Falle könnte uns
die Rechtswissenschaft sehr wohl als Vorbild dienen. Es fällt heute niemand ein, die
Rechtsgeschichte hineinzuarbeiten in die systematischen Vorlesungen. Zwar wird
bei der Erörterung der einzelnen Rechtsinstitute regelmäßig auch der historische
Werdegang berührt, die Rechtsgeschichte als solche ist aber als Sondergebiet anerkannt.[34][1] Wie anders liegen die Verhältnisse in der Nationalökonomie. Die Erhe-
bungen, die man für die Jahre 1904–1906 gemacht hat,[35][2] weisen auf allen deutschen Universitäten 1318 Vorlesungsstunden in den Staatswissenschaften auf, davon
entfallen auf die Wirtschaftsgeschichte 19 und hiervon allein wieder auf die Universität München 10.[36][3] Universitäten wie Berlin, Leipzig, Straßburg, um nur die
größten zu nennen, haben keinerlei Vorlesungen über Wirtschaftsgeschichte. Auch
an keiner der technischen Hochschulen ist sie vertreten, wohl aber an den Handels-
hochschulen Berlin und Frankfurt mit je 2, Aachen sogar mit 8 Stunden. Wir sind
also einige Jahrzehnte nach Hildebrand, Roscher und Knies nicht viel weiter, als
unsere westlichen Nachbarn. „Sans doute l'histoire économique n'est pas ignorée
en France. Mais d'abord il faut remarquer que c'est l'histoire des *doctrines* qui est
en honneur beaucoup plus que celle des *faits*. C'est ainsi que dans toutes les Facul-
tés de Droit il y a, pour les étudiants en doctorat, un cours obligatoire sur ‚l'Histoire
des Doctrines' – il y en a un aussi à la Sorbonne – mais il n'existe dans nos Univer-
sités aucune chaire consacrée à l'histoire des faits et des institutions et cette étude
ne figure point dans les programmes des examens."[37][4]

Trotz dieser offenkundigen Vernachlässigung der Wirtschaftsgeschichte wird
ihre Notwendigkeit für den akademischen Unterricht allerseits zugegeben. Als der
Verein für Sozialpolitik im Jahre 1907 auf seiner Magdeburger Tagung die berufs-
mäßige Vor- [|156] bildung der volkswirtschaftlichen Beamten behandelte und

---

34[1] OTTO FISCHER, Ziel und Methode des rechtsgeschichtlichen Unterrichts, in: Jherings dogmati-
        sche Jahrbücher 54 [1909], S. 325.
35[2] Schriften des Deutschen volkswirtschaftlichen Verbandes, Bd. 2 [wie Anm. 4], S. 23.
36[3] Brentano liest im Sommer ein 5-stündiges Kolleg: Wirtschaftsgeschichte (Ueberblick über die
        Entwicklung der Volkswirtschaft und ihrer Organisation seit dem Untergang des römischen
        Reichs bis ins 19. Jahrhundert). *Daneben* wird außerdem eine Vorlesung über Spezielle Natio-
        nalökonomie gehalten.
37[4] GIDE in der Schmoller-Festgabe [wie Anm. 12], XVI, S. 22.

damit die Frage des nationalökonomischen Studiums und seiner Ausgestaltung überhaupt aufrollte, gelangte ja auch die Stellung der Wirtschaftsgeschichte zur Erörterung. In den Gutachten, die man über die Vorbildungsfrage von akademischen Lehrern einzog, wird überwiegend auch der Wirtschaftsgeschichte gedacht.[38][1] So rechnete sie Herkner zu den Disziplinen, die zu hören sind, Lexis hielt zur Vervollständigung der allgemeinen wissenschaftlichen Bildung des Studierenden der Volkswirtschaftslehre für erforderlich: „Geschichtliche Studien, insbesondere neuere Politische und Kulturgeschichte, abgesehen von der mit der Volkswirtschaftslehre verbundenen Wirtschaftsgeschichte." Auch Eckert hielt unter allen Umständen die wirtschaftshistorische Durchbildung für notwendig. Karl Bücher, der das Referat in der Hauptversammlung erstattete, stellt in seinen Leitsätzen an die Spitze der Spezialkollegs, die er für Volkswirte für notwendig erachtet: 1) Geschichte der wirtschaftlichen und sozialen Theorien; 2) allgemeine Wirtschaftsgeschichte. Allerdings sagt er dann erläuternd: „Es wird indessen doch vor dem Glauben zu warnen sein, daß wir es hier überall schon mit Disziplinen zu tun hätten, die bis zur vollständigen Lehrhaftigkeit durchgebildet sind. Als ich die Worte ‚allgemeine Wirtschaftsgeschichte' geschrieben habe, hat mir mein Gewissen einen gewaltigen Ruck in den Ellenbogen gegeben, weil ich mir gesagt habe, es ist das, wie gegenwärtig die Dinge liegen, eine Forderung, die außerordentlich schwer zu erfüllen sein dürfte. Meiner Meinung nach sollte vorläufig dieser historische Stoff möglichst hineingearbeitet werden in die speziellen Vorlesungen über einzelne Zweige der praktischen Nationalökonomie."[39][2] Es will uns scheinen, als wenn hier aus Bücher die pessimistische Stimmung spricht, in der er sich der historischen Schule gegenüber wegen ihres Verzichtes auf die Mittel der begrifflichen Zergliederung, der psychologisch-isolierenden Deduktion befindet. Er erklärt es ja offen, daß sie sich hierdurch vielfach „den Weg zu einer wissenschaftlichen Beherrschung jener historischen Erscheinungen versperrt habe. Das massenhaft zutage geförderte wirtschaftsgeschichtliche Material ist darum zu einem guten Teil ein toter Schatz geblieben, der erst seiner wissenschaftlichen Nutzbarmachung harrt."[40][3]

Mit dem Festhalten an der herkömmlichen Einteilung stimmt Bücher durchaus mit Schmoller überein, der schon früher sagte: „Die beiden in Deutschland üblichen Teile der Volkswirtschaftslehre stellen berechtigte Gegensätze dar; sie ergänzen sich im Stoff und in der Methode; ihre Nebeneinanderstellung im Unterrichte und in den Lehrbüchern hat sich bewährt. Es liegen keine Anzeichen vor, daß sie einer anderen Behandlung und Abteilung Platz machen werden; [|157] sie erfüllen ihren Zweck um so besser, je mehr der eine Teil auf breitester philosophischer, der andere auf historischer und verwaltungsrechtlicher Grundlage und praktischer Weltkenntnis ruht."[41][1] Und neuerdings hat sich auch Ashley ausdrücklich im Sinne Büchers ausgesprochen:[42][2] „I seem to observe a certain tendency to what I should regard as an

38[1] Schriften des Deutschen volkswirtschaftlichen Verbandes, Bd. 2 [wie Anm. 4], S. 291, 296, 285.

39[2] Schriften des Vereins für Sozialpolitik, Bd. 115, S. 24, 36.

40[3] Entstehung der Volkswirtschaft, 7. Aufl. [Tübingen 1910], S. 87.

41[1] Handwörterbuch der Staatswissenschaften VII² [Jena 1901], S. 548.

42[2] Schmoller-Festgabe [wie Anm. 12], XV, S. 20.

unfortunately sharp division for academic purposes, between economic theory and economic history. There is an inclination to regard each as a specialism unconcerned with the other and represented by a different expert; or, if sometimes combined in one person, kept in separate compartments of the brain. It is inevitable and salutary that some economists should be much more historical, others much more theoretic, in their interests. But a complete divorce either of narrative history or of pure theory from the conception of historic evolution would seem to be equally undesirable."

Trotz alledem aber möchten wir meinen, daß das doppelte Ziel – einmal die Erzielung der „Lehrhaftigkeit" der Wirtschaftsgeschichte, andererseits die wissenschaftliche Beherrschung des vielfach toten Materials – nur erreicht werden kann, wenn vollkommene Klarheit von Anfang an darüber herrscht, daß *Wirtschaftsgeschichte* nicht identisch ist mit *historisch fundamentierter Theorie*. Und diese Erkenntnis muß schon durch die Gliederung des Unterrichts erweckt werden.

Es scheint nicht unbedenklich, daß man in Deutschland darauf verzichtet hat, das ungeheure wirtschaftshistorische Material, das sich in den letzten Jahrzehnten angesammelt hat, allmählich zu einer Wirtschaftsgeschichte zusammenhängender Art zu verarbeiten. Vielmehr fühlte man, wo man über Detailforschungen hinausging, immer wieder den Drang zur systematischen Fassung, die dann mit den historischen Ergebnissen fundamentiert und korrigiert wurde. Aber einmal wurde man dabei oft genug weder in theoretisch-systematischer noch in historischer Hinsicht ganz befriedigt, so daß ein Zwitter entstand. Dann aber machte sich zuweilen unangenehm fühlbar, daß man eben nur Details zur Verfügung hatte, d.h. also Material bald über diese, bald über jene Frage, bald aus dem Inland, bald aus dem Ausland. Und wie es Karl Marx verhängnisvoll wurde, daß er sich einseitig auf englische Verhältnisse stützte, so ist neuerdings das so hervorragende deutsche Material andern zum Schaden geworden, die ohne weiteres voraussetzten, daß aus ihm allein schon die Entwicklung nicht nur *unserer* Volkswirtschaft, sondern der *modernen Volkswirtschaft schlechthin* sich herauslesen lasse. Dabei hat schon Roscher in seinem Programm von 1843 gesagt: Um aus der Masse der Erscheinungen das Gesetzmäßige herauszufinden, sind möglichst viele Völker in wirtschaftlicher Hinsicht miteinander zu vergleichen. Wir haben heute nicht mehr das Ver- [|158] trauen, das „Gesetzmäßige" herausfinden zu können. Aber unzweifelhaft könnten wir unsere Wissenschaft wesentlich fördern, wenn wir dem von Roscher angedeuteten Gedanken einer „Vergleichenden Wirtschaftsgeschichte" näherkämen.

Sollen wir nun nicht den Mut haben, dieses Ziel ins Auge zu fassen? Sollen wir nicht dasselbe wagen können, wie die Engländer, die bei ungleich geringeren Vorarbeiten die großen Grundzüge der Wirtschaftsgeschichte ihres Landes für festgelegt ansehen und auf dieser Basis sie zum akademischen Lehrgegenstande machen? Konnte doch Hasbach unter Zustimmung Schmollers schon vor nahezu 25 Jahren schreiben: „Wenigstens eine große Vorlesung über den Gang der allgemeinen Wirtschaftsgeschichte müßte gehalten werden. Wie vieles auf diesem Gebiete noch der Aufklärung harren mag, so ist doch nicht zu verkennen, daß ein für den Anfänger genügendes Verständnis der Entwicklung der menschlichen Wirtschaft aus den Bruchstücken mannigfaltiger Forschung schon heute gewonnen werden kann." Aber Hasbach war zu optimistisch, wenn er hinzufügte: „In Zukunft wird wohl die Wirtschaftsgeschichte einen größeren Raum an den deutschen Universitäten behaupten; es werden verschiedene Vorlesungen historischen Inhalts gelesen werden; vielleicht mag die Volkswirtschaft jedes großen Kulturvolkes ein Gegenstand akademischer Lehrtätigkeit werden." Dieser Punkt tritt jedoch vorläufig in der Erörterung zurück: „es handelt sich an erster Stelle darum, daß die Wirtschaftsgeschichte einen anerkannten Platz im Studiengange des jungen Nationalökonomen erlange."[43][1]

Wir sind heute noch nicht weiter, als zu jener Zeit. Aber als *Endziel* muß wohl auch Bücher eine selbständige Stellung der Wirtschaftsgeschichte vorschweben, da er seine Vorschläge nur „vorläufig" und „wie die Dinge gegenwärtig liegen" gemacht hat. Es sei ihm unbedenklich zugegeben, daß die „Lehrhaftigkeit" der Wirtschaftsgeschichte noch nicht zweifelsfrei ist, aber – docendo discimus. Können wir heute vielleicht auch erst die Grundlinien ziehen, so wird sich eben gerade hierdurch ergeben, wo die weitere Detailarbeit gefordert wird, um das Bild deutlicher zu gestalten, und wohin sie geleitet werden muß, um dem großen Ganzen zum Nutzen zu gereichen.

Wird so die Wirtschaftsgeschichte selbst gefördert und dem Ziele einer vollen Lehrhaftigkeit nähergebracht, so würde auch der Theorie und ihrem Studium Vorteil hieraus erwachsen.[44][2] Wie die Verhältnisse heute liegen, erhält der Studierende zwar einen Ueberblick über die agrarhistorischen Epochen von der Grundherrschaft bis zur Gegen- [|159] wart, er erhält daran anschliessend oder in einer weiteren Vorlesung auch eine Uebersicht über die Gewerbegeschichte, aber eine Vorstellung über das zeitliche Nebeneinander, eine Kenntnis der Aufeinanderfolge ganzer Wirtschaftsepochen wird man nur zu oft vermissen, und man wird sie nur durch eine Darstellung nach historischen und nicht nach systematischen Gesichtspunkten erreichen. Um so besser wird aber dann die systematisierende Darlegung ausgebaut werden und dem Studierenden auch für seine eigenen späteren Arbeiten klar gemacht werden können, daß er, wie oben betont, nicht die Wirtschaftsgeschichte mit der historisch fundamentierten Theorie durcheinander bringen dürfe.

Es liegt uns fern, für die Nationalökonomie etwa nach Art einzelner Juristen eine vollkommene Trennung von Dogmatik und historischer Forschung und Methode zu fordern.[45][1] Nur ein stärkeres Betonen der verschiedenen Aufgaben beider und eine andere Lehreinteilung erscheint uns wünschenswert, um beiden ihr volles Recht zuteil werden lassen zu können.

Man wird uns allerdings einwenden, daß es dem akademischen Lehrer ja unbenommen sei, an die Stelle der Dreiteilung der Vorlesungen eine Vierteilung durch Hinzufügung der Wirtschaftsgeschichte treten zu lassen, wenn ihm dies richtig und erforderlich erscheine. Man würde damit aber die praktischen Schwierigkeiten über-

---

43[1] Ueber eine andere Gestaltung des Studiums der Wirtschaftswissenschaften, in: Schmollers Jahrbuch 1887 [wie Anm. 32], S. 589, 593.

44[2] Vgl. auch FISCHER a.a.O. [wie Anm. 34], S. 327: „Ich möchte im Gegenteil die Historiker und insbesondere Wirtschaftshistoriker auf dem Gebiete der rechtsgeschichtlichen Forschung nicht bloß als Gehülfen, sondern als vollberechtigte Genossen ebenso freudig und bereitwillig anerkennen, als dieses für das Gebiet der Rechtsphilosophie hinsichtlich der Fachphilosophen geschehen ist."

45[1] Vgl. WIELAND, a.a.O. [wie Anm. 1], S. 15, und FISCHER, a.a.O. [wie Anm. 34], S. 337.

sehen, die einem einseitigen Vorgehen im Wege stehen. Nachdem Generationen hindurch die Meinung Platz greifen mußte, die Nationalökonomie werde durch die „drei großen Vorlesungen" repräsentiert, wird einen Wandel in den Anschauungen und vor allem die Neigung, auch ein viertes Kolleg für notwendig zu erachten, der Einzelne bei den Studierenden kaum erreichen. Dazu wird es einer mehr oder minder allgemeinen Aenderung des Vorlesungsplanes und vor Allem der Prüfungsanforderungen bedürfen. Aus diesem Grunde haben wir die Frage der Zukunft der Wirtschaftsgeschichte zur Diskussion gestellt. Und diese Erörterung kann wohl umso unbefangener geführt werden, als die methodische Prinzipienfrage unberührt bleibt. Auch wer uns hinsichtlich unserer Forderungen *für die Wirtschaftsgeschichte* zustimmt, wird *für die Nationalökonomie* doch die nicht-historische *Methode* vertreten können, die eben die historischen Ergebnisse nur als Korrektiv benutzen will.

Akzeptiert man unsere Vorschläge, so würde in Zukunft der nationalökonomische Lehrplan – abgesehen von der Finanzwissenschaft, die ihren bisherigen Platz unverändert beibehält – dahin umzugestalten sein, daß neben den *allgemeinen* Teil ein *rein wirtschaftshistorischer* tritt, und erst auf beiden basierend würde die Volkswirtschaftspolitik als „volkswirtschaftliche Kunstlehre"[46][2] aufzubauen sein. Im Grunde ziehen wir mit dieser An- [|160] ordnung nur die praktische Konsequenz aus der Auffassung, die Dietzel[47][1] vertreten hat: „Vom Standpunkt des theoretischen wie des praktischen Bedürfnisses aus gesehen, erscheint die Wirtschaftsgeschichte als gleich unentbehrlich. Nur durch ihre, am Konkreten arbeitende Forschung kann das wirtschaftliche Sein der Gegenwart und Vergangenheit voll verstanden, nur durch sie die künftige Entwicklung, wenn auch bloß in den Umrissen, erschlossen werden. Wie sehr auch die Vorarbeit der Wirtschafts*theorie* solches Verständnis erleichtert, so würden deren abstrakt-hypothetische Kausalformeln doch niemals vermögen, die Wirklichkeit voll zu erklären. Und weiter: die Wirtschafts*politik* kann nur arbeiten, wenn die Wirtschaftsgeschichte ihr den Boden bereitet hat. Um das wirtschaftliche Sein unserer Zeit zu beeinflussen, bedarf es der Hilfe einer Wissenschaft, welche nicht das Handeln konstruierter „Wirtschaftsmenschen", wie die Wirtschafts*theorie*, sondern das Handeln konkreter Individuen beobachtet und erklärt, wie die Wirtschafts*geschichte*." Dietzel zerlegt die theoretische Wirtschaftswissenschaft in Wirtschafts*geschichte* und Wirtschafts*theorie* oder theoretische Sozialökonomik. In der Praxis würden dieser Einteilung die beiden von uns vorgeschlagenen Vorlesungen – nach dem heute üblichen Sprachgebrauch: theoretische Nationalökonomie und Wirtschaftsgeschichte – entsprechen. Sie stünden auch im Einklang mit der Auffassung, die Philippovich vertritt:[48][2] „Wirtschaftsbeschreibung

---

46[2] LEXIS, Allgemeine Volkswirtschaftslehre [wie Anm. 8], S. 26.

47[1] Theoretische Sozialökonomik [Leipzig 1895], S. 62. – DIETZEL unterscheidet an einer späteren Stelle (Conrads Jahrbücher [3. Folge] 14 [1897], S. 707) einen Theoretischen Teil (Wirtschaftsgeschichte und Wirtschaftstheorie) und einen Praktischen Teil (Wirtschaftsethik und Wirtschaftspolitik).

48[2] Grundriß der politischen Oekonomie I⁸, S. 37. – Unsere Einteilung wäre auch geeignet, die von STEPHINGER (Zur Methode der Volkswirtschaftslehre [Karlsruhe 1907], S. 120) gerügte Zusammenhanglosigkeit zwischen *Gliederung des Stoffes* und *logischer Einteilung* (Empirie – Theorie – Politik) zu vermeiden.

und Wirtschaftsgeschichte, Wirtschaftstheorie und Wirtschaftspolitik sind die vier durch die Natur ihrer Aufgaben ermöglichten Teile der Wirtschaftswissenschaften."

Wir nehmen damit zum Teil frühere Vorschläge Hasbachs[49][3] wieder auf. Aber was er damals verlangte – Zerlegung der Wirtschaftswissenschaften in sechs Vorlesungen: Technik, Wirtschaftsgeschichte, theoretische Nationalökonomie, Verwaltungsrecht, schwebende Fragen der Wirtschafts- und Sozialpolitik, Politik, und weiter Errichtung staatswissenschaftlicher Fakultäten an vier preußischen Universitäten unter Einziehung der Professuren für Nationalökonomie und Verwaltungsrecht an den übrigen – nahm auf die tatsächlichen Verhältnisse zu wenig Rücksicht. Deshalb konnte ihm Schmoller, trotz ausdrücklicher prinzipieller Zustimmung, doch entgegenhalten: „Wir dürfen bei unserer ganzen Vorlesungstätigkeit ja überhaupt nicht vergessen, daß wir dieselbe nicht bloß nach dem inneren Bedürfnis und dem Wesen unserer Wissenschaft, sondern danach einzurichten haben, wer die Zuhörer sind. … Mit diesem Bedürfnis [|161] einerseits und der Entwicklung der eigenen Wissenschaft andererseits gilt es sich abzufinden. Jede allgemeine und plötzliche Aenderung ist da schwierig. Sie muß sich langsam von innen heraus vollziehen."

Dieser Moment scheint jetzt gekommen zu sein und eine Lösung in unserem Sinne würde zugleich dem schwebenden Streite seine Schärfe nehmen. Der allgemeine und der historische Teil würden beherrscht von dem, was ist. Der praktische Teil *kann* neben der lex lata auch die lex ferenda behandeln: wer strenger urteilt, wird sie auch hier unberücksichtigt lassen, wer anders denkt, wird den *politischen* Charakter *dieser* Vorlesung stärker betonen. Wie weit man hierin gehen will, ist cura posterior, ebenso wie die Frage der zeitlichen Reihenfolge der Vorlesungen oder ihre weitere Zerlegung in Unterabteilungen.

Gegenüber früheren Vorschlägen scheint uns der unsrige den Vorzug der Einfachheit zu haben. Er nimmt mehr Rücksicht auf das gegenwärtig Erreichbare, denn er verlangt nicht etwas vollkommen Neues, sondern nur eine neue Anordnung und einen Ausbau des bisher Geschaffenen.

Die Lehrhaftigkeit der Wirtschaftsgeschichte, ihr systematischer Ausbau, die Anbahnung einer „Vergleichenden Wirtschaftsgeschichte" ist das von uns erstrebte Ziel. Bedenken wir: neben der *politischen* haben sich Verfassungs- und Rechtsgeschichte ihren Platz erobert; die Lehrhaftigkeit der Kirchen- wie der Kunst- und Literaturgeschichte ist unbestritten. Sollen wir zur Wirtschaftsgeschichte nicht das gleiche Zutrauen hegen dürfen?

Und noch ein Weiteres bedenke man. Ashley hat mit Recht gesagt,[50][1] die historische Forschung jeder Epoche bekomme den entscheidenden Impuls von den herrschenden Strömungen *ihrer* Zeit: die Chroniken der Ritterzeit, die religionshistorischen Schriften in der Periode der Religionskämpfe, die Blüte der Politischen Geschichte im 19. Jahrhundert beweisen es. Sprechen dann nicht die Zeichen *unserer* Zeit für die Wirtschaftsgeschichte?

49[3] Vgl. den oben erwähnten Aufsatz in Schmollers Jahrbuch 1887 [wie Anm. 32].
50[1] ASHLEY, Surveys, Historic and Economic [London 1900], S. 22.

ZUR METHODOLOGIE
DER WIRTSCHAFTSGESCHICHTE

von Alfons Dopsch

Die Wirtschaftsgeschichte hat in den letzten fünfzig Jahren einen gewaltigen Aufschwung genommen. Nicht nur ihrem Umfang und ihrer Ausdehnung nach, daß die Zahl der auf diesem Gebiete erschienenen Bücher und Abhandlungen sehr beträchtlich gestiegen ist, daß sie immer neue Zweige des Wirtschaftslebens einbezogen hat, – unzweifelhaft groß sind auch die Fortschritte in der Ausbildung der Methodik selbst.

Das lehrt ein kurzer Rückblick auf die Entwicklung der Wirtschaftsgeschichte besonders in Deutschland. Praktiker haben sie begründet: Justus Möser und K.G. Anton. Für ersteren dienten die Agrarverhältnisse seiner Osnabrückschen Heimat, wie er sie in der zweiten Hälfte des 18. Jahrhunderts vor sich sah, als Ausgangspunkt, und er meinte, daraus die ältesten Formen der germanischen Wirtschaft unmittelbar ablesen zu können.[1] K.G. Antons „Geschichte der Teutschen Landwirtschaft" (1799) will „gleichsam die Archäologie unserer Landwirtschaft" bieten, welch letztere ihm praktisch vertraut war. Wir finden mitunter ganz brauchbare Beobachtungen, die auch an den Quellen gemacht werden. Aber eine Kritik dieser ging ihm noch völlig ab. Er ließ sich vielmehr von den allgemeinen Anschauungen über die freien „Teutschen", die noch immer roh dahinlebten und sich nur um Jagd und Krieg kümmerten, doch im ganzen leiten. Er glaubte noch an eine alte Verfassung, in der alles Gemeingut war, und wollte aus dieser die spätere Entwicklung als Überrest erklären.

Freilich hat Antons Werk auf die Wissenschaft in der Folge nur wenig Wirkungen ausgeübt. Entscheidend für die weitere Ent- [|519] wicklung der Wirtschaftsgeschichte in Deutschland ist vielmehr der Umstand geworden, daß die neue historische Rechtswissenschaft bestimmenden Einfluß darauf gewonnen hat. Von K.D. Hüllmann (1806) und K.F. Eichhorn (1808) an bis auf unsere Tage haben nicht nur Spezialuntersuchungen über einzelne Probleme der Verfassungsgeschichte, wie Hüllmanns „Geschichte des Ursprunges der Stände in Deutschland", den wirtschaftlichen Verhältnissen eingehende Beachtung geschenkt, sondern – was besonders maßgebend wurde – auch die Gesamtdarstellungen der deutschen Staats- und Rechtsgeschichte. Das hatte unleugbare Vorteile im Gefolge. Die Behandlung wirtschaftlicher Vorgänge durch Juristen brachte es mit sich, daß von vornherein eine Präzision der Begriffsbestimmung, eine scharfe Scheidung der verschiedenen Rechte vor allem an Grund und Boden durchgeführt wurde und zunächst die Agrargeschichte eine beträchtliche Förderung erfuhr.

1[1] Vgl. über ihn jetzt K. BRANDI, Der deutsche Staatsgedanke I, 3, 1921: Einleitung.

Zugleich aber führte die rechtsgeschichtliche Betrachtungsweise auch zur Auf-
hellung der Standesrechte, so daß frühzeitig die Wirtschafts- mit der Sozialgeschichte
in enge Verbindung trat, was später freilich auch manch nachteilige Folge zeitigte.

Man kann ohne Übertreibung sagen: jede neue Arbeit auf dem Gebiete der
deutschen Rechts- und Verfassungsgeschichte kam damals direkt oder indirekt doch
auch der Wirtschaftsgeschichte zugute oder trug zu deren Befruchtung bei. Allerdings werden wir heute eine gewisse Einseitigkeit und verschiedene Mängel nicht
verkennen dürfen, die eben dadurch mit bedingt waren. Einmal hinsichtlich der
Quellen, aus denen man schöpfte. Gesamtdarstellungen wie etwa jene K.F. Eich-
horns gingen bis auf die älteste Zeit zurück. Diese „Urzeit" wollte man in den Berichten der römischen Schriftsteller, vor allem Cäsars und Tacitus' erkennen. Auch
das Alter der sog. deutschen Volksrechte wurde damals stark überschätzt und angenommen, daß darin die ursprüngliche Volksverfassung vollkommen zutage trete. Da
die Frühzeit von Tacitus bis auf die Karolinger nur wenige Quellen zu bieten schien,
griff man auf das reichere Material des neunten Jahrhunderts und meinte, ohne
Rücksicht auf die große zeitliche Differenz daraus all das rekonstruieren zu können,
wofür sonst zeitgenössische Quellen fehlten.

Die retrograde Methode war gewissermaßen selbstverständlich und [|520]
wurde immer weiter ausgedehnt, je weniger die Kritik der Quellen ausgebildet war.
Selbst J. Grimm und andere Koryphäen jener Zeit waren der festen Überzeugung,
daß in den sog. „Weistümern" des späten Mittelalters, ja noch jüngerer Zeiten das
uralte Recht der freien Germanen überliefert sei und ohne weiteres aus ihnen geho-
ben werden könne.

Noch von einer anderen Seite her ist die historische Rechtsschule in Deutschland
maßgebend beeinflußt worden. Es ist zur Genüge bekannt, wie sehr die Romantik
jene Studien angeregt und gefördert hat.[2][1] Aber sie trug auch ganz bestimmte Anschauungen über die Zustände bei den alten Germanen gewissermaßen axiomatisch
in jene Forschung hinein. Wie bei J. Möser die Freiheitsidee seiner Tage, so hat bei
Eichhorn die Lehre von der Freiheit und Gleichheit der Gemeinfreien in Deutschland, die Theorie von einer freien Markgenossenschaft als Keimzelle aller späteren
wirtschaftlichen Gebilde und anderes mehr eine führende Rolle gespielt. Da die
Wirtschaftsgeschichte noch keine selbständige Wissenschaft war, erhielt sie durch
die Rechtshistoriker von vornherein eine ganz bestimmte Einstellung und wurde in
eine Bahn gelenkt, die durch das Interesse jener vorgezeichnet war. Die Vorherr-
schaft der Rechtsgeschichte war so mächtig, daß auch die neuen Methoden wirtschaftsgeschichtlicher Erkenntnis, welche alsbald zunächst außerhalb Deutschlands
gefunden wurden, hier keine wesentliche Änderung mehr bewirken konnten.

In Dänemark war ja der Feldmesser Olufsen bereits 1821 daran gegangen, aus
der Flureinteilung der Gegenwart wertvolle Erkenntnismittel für die wirtschaftliche
Entwicklung der Vergangenheit zu gewinnen. G. Hanssen hat diese Methode seit
1835 auch in Deutschland bekannt gemacht. Damit war eine neue Quelle für die
Wirtschaftsgeschichte erschlossen, die später dann durch Aug. Meitzen in großzü-

---

2[1] Vgl. G. v. BELOW, Die deutsche Geschichtsschreibung von den Befreiungskriegen bis zu unse-
      ren Tagen, 1916, S. 6 ff.

giger Weise verwertet wurde und für seine Darstellung der Agrargeschichte Europas geradezu als Hauptgrundlage gedient hat.

Die Bereicherung der Wirtschaftsgeschichte durch Beobachtungen, die empirisch aus der Technik der Flurverfassungen abgeleitet wurden, konnte um so fruchtbarer werden, als diese Forschungs- [|521] richtung alsbald auch den *Hausbau* in den Kreis ihrer Untersuchungen mit einbezog. Hier wie dort wurden die auffallenden Verschiedenheiten in der Form der Einteilung und Veranlagung als spezifische Äußerungen völkischer Zugehörigkeit und bestimmter Wirtschaftstypen aufgefaßt und gedeutet.

Eines freilich unterblieb. Die Neuerkenntnisse wurden nicht zu einer Überprüfung der bis dahin gewonnenen Anschauungen benützt. Da sowohl G. Hanssen wie A. Meitzen von Haus aus keine geschulten Historiker waren, so bezogen sie das, was sie als historischen Unterbau für ihre Auffassungen brauchten, eben von den Rechtshistorikern, die damals vor allem sich damit beschäftigt hatten. Nicht nur dem älteren G. Hanssen, sondern auch noch A. Meitzen lag zudem eine systematische Ausbeutung der überhaupt vorhandenen historischen Quellen der älteren Zeit durchaus ferne, sie vermochten nicht an der Hand dieser die Provenienz, bzw. das Alter bestimmter Wirtschaftsformen späterer Zeiten zu bestimmen.

Die Romantik hat, glaube ich, noch eine weitere verführerische Wirkung ausgeübt. Die Schwärmerei für das Uralte ließ manches, was von der Regel abwich oder absonderlich schien, als „uralt" erscheinen und wurde als Überrest der ursprünglichen germanischen Wirtschaftsweise hingestellt. Die Gehöferschaften im Regierungsbezirke Trier sind eine berühmt gewordene Illustration dazu!

Die Wirtschaftsgeschichte von damals repräsentieren vornehmlich die verschiedenen sehr umfänglichen Werke G. L. v. Maurers, welche seit 1854 herauskamen. Auf ihnen fußen nicht nur der Feldmesser A. Meitzen, sondern auch der Jurist O. Gierke in ihren historischen Aufstellungen. So blieb die von Rechtshistorikern gebotene Darstellung in Deutschland führend.

Sie war lange Zeit hier auch für die *Ortsnamenforschung* richtunggebend, da W. Arnold, der sie für die Siedlungsgeschichte hauptsächlich herangezogen und verwertet hat, ja selbst ein Rechtshistoriker gewesen ist. So kann nicht Wunder nehmen, daß die bekannten Vorstellungen dieser auch hier wiederkehren. Die Ortsnamenforschung Arnolds führte im einzelnen das Bild aus, welches die Rechtshistorie vorbildlich gezeichnet hatte.[3][1] So drehte [|522] sich diese ältere Wirtschaftsgeschichte tatsächlich fort im selben Kreise herum!

Die Wirtschaftsgeschichte der Schriften G. L. v. Maurers ist durchaus einseitig gerichtet. Darüber stimmen heute wohl alle Fachmänner überein. Man bezeichnet ihn gemeinhin als den Vater der sog. grundherrlichen Theorie, die alle wirtschaftlichen Bildungen der späteren Zeit auf die Grundherrschaft zurückführte. Sehen wir näher zu, so wird man dies heute nicht mehr nur als einen Fehler bezeichnen dürfen. Maurer ist Rechtshistoriker und glaubt wie seine Vorläufer an den Agrarkommunismus der Frühzeit, sowie die Freiheit und Gleichheit aller Volksgenossen. Aber er sah

---

3[1]   Man vgl. z. B. das, was ARNOLD, Ansiedlungen und Wanderungen deutscher Stämme, 1875, S. 526 ff. über die germanische Wirtschaft gesagt hat.

auch, daß die historischen Quellen tatsächlich ein ganz anderes Bild gewähren. Diesen Gegensatz wollte er nun damit erklären, daß er eine grundstürzende Umgestaltung sowohl der Grundeigentums- als auch sozialen Verhältnisse annahm. So kam er dazu, die Ausbildung der Grundherrschaft erst in die Zeit zu setzen, in welcher die Masse der erhaltenen Quellen sie überall deutlich ausgebildet zeigt, die Periode der Karolinger.

Ich möchte heute geradezu behaupten, daß diese grundherrliche Theorie G. L. v. Maurers, so wenig sie der Wirklichkeit entspricht, doch einen Fortschritt in unserer Wissenschaft bedeutet. Sie stellt unzweifelhaft eine Annäherung an die durch die Quellen bezeugten Tatbestände dar. Wohl folgte sie noch der Geschichtskonstruktion, welche der Mangel an Quellen über die vorausgehende Periode verursacht hatte, aber sie entfernte sich auch davon in dem Zeitpunkte, als Maurer eine Bruchlinie in den Quellen zu erkennen glaubte.

So läßt sich also hier bereits ein realistischer Zug im Gegensatze zu der romantischen Konstruktion wahrnehmen, die ohne sichere Quellenfundierung entstanden war. Gleichwohl hat diese grundherrliche Theorie der Wirtschaftsgeschichte den Weg ins Freie nicht eröffnet. Im Gegenteile. Da die sog. historische Schule der Nationalökonomie, welche in der Folge wirtschaftsgeschichtliche Studien betrieben hat, jene Theorie großenteils übernahm und auf dieser Basis dann weiterarbeitete, kamen nicht wenige Darstellungen zustande, die ebenso einseitig wie jene gerichtet waren. Die Städte und die Stadtbürger in ihnen, die Gewerbe und der Handel, wie auch die ganze soziale Entwicklung, alles wurde auf die Grund- [|523] herrschaft zurückgeführt und diese sogar als die Keimzelle („Embryo") des Staates betrachtet! Allüberall nahm man unfreie Organisationen an, aus welchen sich erst später allmählich ein Aufschwung zur Freiheit ergeben haben soll. Eine Stufenleiter von der Unfreiheit zur Freiheit, eine Entwicklungstheorie wurde unter deutlichem Einfluß der Naturwissenschaften, besonders der Darwinschen Lehre immer allgemeiner behauptet, wofür das bekannte Buch des Amerikaners Morgan ‚The Ancient Society' (1877) ein markanter Ausdruck ist. In Deutschland stellen G. Schmollers Werke sowie K. Lamprechts erste Schaffensperiode weithin wirksame Denkmäler dieser Richtung dar. Auch die erste Gesamtdarstellung der Deutschen Wirtschaftsgeschichte, welche K. Th. v. Inama-Sternegg (1879) versucht hat, steht ganz unter diesem Einfluß. Und auf diesen Darstellungen wiederum hat K. Bücher sein vielgelesenes Buch „Die Entstehung der Volkswirtschaft" aufgebaut, das selbst eine Stufentheorie in historischer Abfolge von der primitiven bis zur modernen Wirtschaft entwickelt (1893).

Unterdessen hatte sich in Deutschland die Methodik der Geschichtswissenschaft sowie deren Hilfsdisziplinen seit den Befreiungskriegen bereits mächtig entfaltet. Vor allem wurden immer mehr Quellen neu herausgegeben, und zwar nicht nur solche erzählender Art (Annalen, Chroniken, Heiligenleben, Biographien u. a. m.), sondern auch Urkunden, Traditionsbücher, Heberollen und dgl. mehr. Das große Nationalwerk der Monumenta Germaniae historica ist dafür gewissermaßen symptomatisch.

Zugleich aber mit dieser Vermehrung des Quellenmaterials wuchs auch die Zahl der lokal- und territorialgeschichtlichen Forscher. Und gerade durch diese Landes-

und Stadtgeschichten ist auch die Wirtschaftsgeschichte sehr wesentlich gefördert worden.[4][1] Einmal positiv durch die Schilderung der konkreten Verhältnisse in den verschiedenen Teilen Deutschlands. Dann aber auch methodisch; denn es erscheint mir wichtig, daß bei diesen Spezialuntersuchungen nicht so sehr die Urzeit, sondern historisch helle Zeiten den Gegenstand der Forschung bildeten. Daß hier aus dem reicheren Quellenmaterial späterer Perioden gezeigt wurde, wie die Verhältnisse sich allmählich entwickelt haben; daß weniger allgemeine Probleme behandelt wurden, sondern eine sorgfältige deskriptive Me- [|524] thode im einzelnen Platz griff, die doch eine historisch genetische Erklärung der Gegenwart zum Ziele hatte.

Naturgemäß kamen dabei auch verfassungsgeschichtliche Fragen zur Darstellung. Das Aufblühen der Verfassungsgeschichte in Deutschland seit den Tagen von G. Waitz, der zugleich einer der gründlichsten Quellenforscher war, hat sodann jene Richtung angebahnt, die wir heute als „politische" Geschichte bezeichnen und die Bedeutung des Staates sowie der öffentlichen Einrichtungen überhaupt wieder stärker in den Vordergrund rückte. Damit wuchs auch auf wirtschaftsgeschichtlichem Gebiete die Opposition wider die hier dominierende grundherrschaftliche Theorie. Sie fand schon 1871 in dem Urteil R. Sohms einen prägnanten Ausdruck: „Die Ansichten v. Maurers und Gierkes verwandeln das fränkische Reich in ein großes Landgut und die fränkische Reichsregierung in eine Bauernwirtschaft."[5][1]

Es war dann hauptsächlich G. v. Below, der die grundherrschaftliche Theorie auf der ganzen Linie bekämpfte und in seinen zahlreichen Arbeiten nicht nur die städtische Wirtschaft, vor allem das Gewerbe, sondern auch jene des platten Landes und der Territorien behandelt hat. Sie richteten sich vor allem gegen G. Schmoller und seine Schule, später aber gegen G. Seeliger. Indem auch alle Einzelabhandlungen über die verschiedenen Sonderprobleme, welche damit zusammenhängen, einer scharfen Kritik unterzogen wurden, ist vielfach eine bedeutende Klärung erfolgt. Methodisch ist dabei interessant, daß v. Below für diese kritische Überprüfung eben die Ergebnisse der Spezialforschung territorial- wie stadtgeschichtlicher Art benützt, sowie auch jene der neuen Quellenpublikationen ins Treffen geführt hat.

So wurde das, was von allem Anfang ein Vorzug der deutschen Wirtschaftsgeschichte gebildet hatte, die juristische Schärfe begrifflicher Scheidung der verschiedenen dynamischen Kräfte der Wirtschaft, besonders für das Mittelalter aber auch darüber hinaus von neuem akzentuiert. Die innige Verbindung der Wirtschaftsgeschichte mit der Rechts- und Verfassungsgeschichte wurde dauernd aufrecht erhalten; sie kommt in dem neuesten Handbuch der ‚Allgemeinen Wirtschaftsgeschichte des Mittelalters' von R. Kötzschke [|525] (1924) sehr wirksam zum Ausdruck, indem hier den einzelnen Kapiteln jeweils eine verfassungsgeschichtliche Übersicht vorausgeschickt wird.

Wir werden heute freilich auch nicht übersehen können, daß darin zugleich eine gewisse Einseitigkeit, um nicht zu sagen Gefahr für die Wirtschaftsgeschichte gelegen ist. Was bei der Rechtsgeschichte am Platze war, die juristische Konstruktion nach ganz bestimmten, fest umgrenzten Kategorien, soll nicht auch für die Wirt-

---

4[1]   Das betont richtig v. BELOW, a.a.O. [wie Anm. 2], S. 145.

5[1]   Die altdeutsche Reichs- und Gerichtsverfassung, 1871, Vorrede, S. IX.

schaftsgeschichte maßgebend sein und darf auf keinen Fall deren freie Fortentwicklung hemmen.

Es wird nicht zufällig sein, daß dieser Mangel der Wirtschaftsgeschichten gerade
von der nationalökonomischen Seite her nachdrücklich herausgestellt wurde. W.
Sombart hat in seinem großen Werk über den modernen Kapitalismus rundweg erklärt, daß alle umfassenden sog. Wirtschaftsgeschichten bisher nichts wesentlich
anderes als Rechtsgeschichten gewesen seien. Er stellt die Forderung auf, die Wirtschaftsgeschichte solle zeigen, „wie sich die wirtschaftlichen Vorgänge in Wirklichkeit abgespielt haben". Das Problem sieht er darin, „den unermeßlichen Reichtum
der Einzelerscheinung den Leser intensiv erleben zu lassen".[6][1] Sombart hatte offenbar die bestimmte Empfindung, daß gerade dieser Forderung die rechtsgeschicht-
lich orientierten Darstellungen nicht genüge.

Die Forderung Sombarts ist heute um so mehr berechtigt, als gerade in den
letzten Dezennien durch die Nachbarwissenschaften ungeheure Fortschritte gemacht
wurden, durchaus geeignet, die Wirtschaftsgeschichte zu befruchten und zu be-
freien.

Vor allem kommt da die *Geographie* nach mehr als einer Hinsicht in Betracht.
Nicht nur die ältere Richtung der Anthropogeographie, die seit W. H. Riehl und
besonders Fr. Ratzel die Einflüsse der natürlichen Bedingungen, des Bodens und
Klimas, auf die Geschichte immer deutlicher herausgearbeitet hat, sondern auch die
neuere Geopolitik. In ihrem Begründer R. Kjellén kommt die Verbindung der Geographie mit der Staatswissenschaft sichtbar zum Ausdruck. Die Zeitschrift für Geo-
politik, welche K. Haushofer seit 1924 herausgibt, hat gerade die Wirtschaft [|526]
stark betont und bereits zahlreiche wertvolle Abhandlungen gebracht, die dem Wirtschaftshistoriker vielfache Anregung zu bieten vermögen.[7][1]

Bedeutet Geopolitik die Untersuchung der Beziehungen zwischen der politischen Kraft und dem Raum[8][2], so muß sie naturgemäß eine besondere Aufmerksamkeit den ökonomischen Verhältnissen zuwenden, die als eminentes Element dynamischer Wirkung der Räume gelten. Es ist begreiflich, daß bereits mehrfach geradezu
Probleme der Wirtschafts- und Sozialgeschichte von dieser Forschungsrichtung
behandelt wurden.[9][3]

Erscheinen hier von der Geopolitik vielfach neue Gesichtspunkte für die Beur-
teilung auch der Wirtschaftsentwicklung eröffnet, so verdanken wir der geographischen Wissenschaft aber auch neue Erkenntnismittel für Zeiten, die man früher
entweder als ganz dunkle ansah und ihnen daher ratlos gegenüberstand, oder aber
bloß nach relativ späten Berichten der Römer allein beurteilt hat. Lange Zeit war die

---

6[1] Der moderne Kapitalismus I, 1⁴, S. 23 f.
7[1] Vgl. z. B. A. v. HOFMANN, Die Wege der Geschichte Italiens und Deutschlands, in: Zeitschr. f.
      Geopolitik 3, 1926, sowie O. SCHLÜTER, Staat, Wirtschaft und Religion in ihrem Verhältnis zur
      Erdoberfläche, in: Zeitschr. f. Geopolitik 1, 1924.
8[2] So F. HESSE, in: Zeitschr. f. Geopolitik 1, 1924.
9[3] Ich hebe hervor: K. HAUSHOFER, Geopolitische Einflüsse bei den Verkörperungsversuchen von
      nationalem Sozialismus und sozialer Aristokratie; W. VOGEL, Rhein und Donau als Staatsbild-
      ner; GRAF TELEKI, Die weltpolitische und weltwirtschaftliche Lage Ungarns (alle in derselben
      Zeitschrift [wie Anm. 7] 1 und 3).

Vorstellung herrschend, daß Deutschland noch zu Beginn unserer Zeitrechnung ein ganz unwirtliches Urwaldgebiet gewesen sei, das von Sümpfen bedeckt, erst allmählich durch harte Rodung erschlossen werden mußte. Es ist das Verdienst R. Gradmanns,[10][4] gezeigt zu haben, daß schon zur neolithischen Periode, also mehrere tausend Jahre vor Chr. beträchtliche waldfreie Zonen vorhanden waren und dieses Steppenland frühzeitig leicht besiedelt werden konnte. Und galt Thüringen speziell nach der Annahme führender Wirtschaftshistoriker (v. Inama-Sternegg) gewissermaßen als die praktische Illustration für die Richtigkeit der Schilderungen des Tacitus, so hat der Geograph O. Schlüter dargetan, daß gerade das nordöstliche Thüringen beträchtliche Streifen [|527] waldfreien Landes besessen habe, die offen und anbaufähig schon in vorgeschichtlicher Zeit kultiviert worden sind.[11][1]

Die „Urzeit" ist heute nicht mehr so dunkel, als die rechtshistorische Forschung früher angenommen hatte! Denn zu der Klärung, welche die Geographie uns gebracht hat, trug eine neue Großmacht noch weiter sehr wesentlich bei: die *Prähistorie*. Sie hat sich ja bereits einen selbstständigen Platz im Kreise ihrer älteren Schwestern und vor allem eigene Lehrkanzeln an den Universitäten erobert. Man kann die Fortschritte auf diesem Gebiete am besten ermessen, wenn man einen Band des neuen Reallexikons der Vorgeschichte von Max Ebert aufschlägt. Kein Wirtschaftshistoriker kann sie heute mehr unberücksichtigt lassen. Um nur ein Beispiel herauszuheben, das die ganze Einseitigkeit der älteren Wirtschaftsgeschichte drastisch dartut: Auch heute noch wird von einzelnen Verfassungs- und Rechtshistorikern die alte These blind verteidigt, daß Innerdeutschland, nicht nur Thüringen, eine unerschlossene Wildnis ohne jede Kultur in der Frühzeit gewesen sei; diese sei lediglich vom Westen und Süden nach Deutschland gekommen und hier nur kümmerlich weitergeführt worden.[12][2] Darf denn die Rechtsgeschichte an all dem einfach vorbeigehen, was durch die Arbeiten G. Kossinnas und seiner Schüler, sowie durch Nils Åberg und La Baume, ferner zusammenfassend von C. Schuchhardt dargelegt wurde?[13][3] Die Wirtschaftsgeschichte darf es nicht! Die Zeiten, welche Cäsar und Tacitus schildern, erscheinen jung und spät zur wirklichen Urzeit, die Jahrtausende vor unserer Zeitrechnung liegt. Die Germanen aber hatten damals bereits eine beträchtliche Kultur, die keineswegs nur von Westen und Süden her erst geholt werden mußte.

Damit rückt auch die sog. Völkerwanderungszeit in ein ganz anderes Licht. Sie mag die Wiegenzeit der staatlichen Neugestaltung germanischer Völker sein, wirtschaftsgeschichtlich kommt ihr eine ganz andere Bedeutung zu. Hier ist sie der historisch helle End- [|528] punkt von uralten Völkerströmen und Wanderungen aus dem Norden nach Südosten und der Rückstauung solcher von Ost nach West, die zugleich ebensoviele Kulturimporte aus Nord und Ost bedeuten.

10[4] Das mitteleuropäische Landschaftsbild nach seiner geschichtlichen Entwicklung, in: Geogr. Zeitschr. 7, 1901.

11[1] Die Siedlung im nordöstlichen Thüringen, 1903, S. 153 ff., 159 ff.

12[2] So noch 1925 F. Philippi in den Göttinger Gel. Anzeigen, S. 169 und besonders U. Stutz, in: Zeitschr. d. Savigny-Stift f. RG., Germ. Abt. 46, 1926, S. 340, sowie 47, 1927, S. 893.

13[3] Vgl. dessen „Alteuropa", 2. Aufl., 1926, wo auch die andere Literatur zitiert erscheint.

Wie wären diese gewaltigen und uralten Wanderungen ganzer Völker überhaupt möglich gewesen in völlig unwegsamen Länderräumen, wo ob der angeblichen Kulturlosigkeit ja gar nicht die äußeren Möglichkeiten solcher Verschiebungen (Nahrung und Wohnstätten!) gegeben waren?

Man sieht hier, wie sehr mitunter die Wirtschaftsgeschichte und die deutsche Rechtsgeschichte auseinander gehen können! Diese Neuerkenntnisse der Prähistorie können fürderhin um so weniger beiseite geschoben werden[14][1], als sie an der modernen *Sprachwissenschaft* eine sehr starke Stütze erhalten haben. Sie war ja alle Zeit und von Anfang an eine wichtige Hilfswissenschaft der Kulturhistorie und speziell auch der Wirtschaftsgeschichte. In Deutschland schon seit den Gebrüdern Grimm und seit Kaspar Zeuß. Aber während diese ältere Richtung, besonders auch der vergleichenden Sprachwissenschaft (F. Bopp), die Heimat der Germanen im fernen Osten (Zentralasien) sehen wollte, gibt die neue Auffassung, nach welcher das Baltikum der Ursitz der Germanen war, auch ein neues Blickfeld für die Wirtschaftsgeschichte. Die Einflüsse des Nordens müssen demgemäß viel größere gewesen sein, als man früher annahm.

Wie sehr die moderne Sprachwissenschaft mit der Prähistorie Hand in Hand geht und dadurch eben besonders fruchtbar für die Wirtschaftsgeschichte wird, zeigt z. B. das grundlegende Werk von Joh. Hoops über die Waldbäume und Kulturpflanzen im germanischen Altertum. Es hat den Nachweis, daß die Germanen lange vor unserer Zeitrechnung nahezu alle uns bekannten Getreidearten bauten und seßhafte Ackerbauer gewesen sein müssen, zugleich mit steter Berücksichtigung der prähistorischen Boden- [|529] funde geliefert. Die wirtschaftsgeschichtlichen Rückschlüsse, welche sich daraus für die Siedlungs- und auch Grundeigentumsverhältnisse ergeben, für Zeiten, die lange vor Cäsar und Tacitus gelegen sind, wurden noch gar nicht entsprechend gezogen. Eben diese methodischen Fortschritte, müssen auch weiterhin noch festgehalten und andauernd wirksam werden, wenn sie auch solchen Forschern unbequem sein mögen, die eine gründliche Revision der hergebrachten Dogmen scheuen.

Durch die prähistorische Archäologie gewann auch jene der anschließenden Perioden insbesondere der römischen und frühgermanischen Zeit an Bedeutung gerade für die Wirtschaftsgeschichte. Je zahlreicher die Grabungen wurden und je mehr die Wissenschaft vom Spaten zutage fördert, desto mehr Quellen werden auch erschlossen gerade für Zeiten, in denen die schriftliche Überlieferung naturgemäß karg und spröde ist. Überdies treten zugleich auch Wirtschaftsdenkmäler dadurch ans Licht, über die jene überhaupt zu schweigen pflegt. So z. B. die des Hausbaus, der Haus- und Wirtschaftsgeräte, der Flurformen u. a. m.

Die archäologische Forschung hat methodisch auch den Fortschritt ermöglicht, daß die alten Schranken zwischen dem sog. Altertum und dem Mittelalter fallen. Es

---

14[1] In einem 1926 (!) erschienenen Werk über „Die Entstehung des deutschen Grundeigentums" ist die ungeheuerliche Behauptung zu lesen (S. 6 Anm. 1), „die archäologischen Funde seien in ihrem Ergebnis viel zu unsicher, als daß sie einem so klaren und bestimmten Zeugnis wie dem Cäsars gegenüber ins Gewicht fallen würden"!!! VIKTOR ERNST, dessen Verfasser, leistet sich überdies auch noch den Satz (S. 1), die Funde an Altertümern früherer Zeit liefern für diese Frage kaum einen Ertrag.

ist heute ganz unmöglich geworden, über die Frühzeit des Mittelalters ohne Berücksichtigung der archäologischen Erkenntnisse Urteile zu fällen. Fragen wie etwa die Kontinuität des Siedlungswerkes von der Steinzeit bis auf die frühmittelalterliche Periode werden heute immer mehr diskutiert und verändern sehr wesentlich das wirtschaftsgeschichtliche Gesamtbild.

Geradezu mustergültig sind da die Arbeiten des Römisch-Germanischen Zentralmuseums in Mainz unter der zielbewußten Leitung des ebenso rührigen wie fachkundigen Direktors Karl Schumacher. Sein dreibändiges Werk „Siedlungs- und Kulturgeschichte der Rheinlande" faßt die schier unübersehbare Fülle der Einzelergebnisse dieser Forschungen zu einer großen Synthese zusammen und bietet zugleich die reichste Bibliographie über das, was auf diesem Gebiet geleistet worden ist.

Hält man dazu, was die Limeskommissionen in den verschiedenen Ländern vom Rhein bis an die Donau an historischen Erkenntnissen und Verarbeitung des durch die Bodenfunde erschlossenen [|530] Materiales geleistet haben, so sind uns hier Quellen neu zur Verfügung gestellt, welche die noch immer anzutreffende Behauptung von Grund aus widerlegen, daß es für diese frühmittelalterlichen Zeiten keine Quellen gäbe.

Die neue Auffassung von der Selbständigkeit und Bodenständigkeit der germanischen Kultur Inner- und Nordostdeutschlands, welche durch die Archäologie begründet wurde, ist immer mehr auch durch neue Richtungen der *kunstgeschichtlichen Forschung* unterstützt worden. Während man früher alle Kulturgüter vom Süden oder Westen her importiert dachte, tritt jetzt die hohe Bedeutung des Ostens und auch des Nordens immer nachdrücklicher hervor. Es genügt hier aus der großen Masse der Leistungen auf die Namen Ellis H. Minns, Adama van Scheltema, Kondakov, Latyshev, M.J. Rostowzew, Josef Strzygowski und Tallgreen zu verweisen.

Die bedeutsamen Kultureinflüsse, auf welche diese Forscher so nachdrücklich hingewiesen haben, werfen auch ein Licht auf wirtschaftliche Verkehrsbeziehungen. Wir lernen die großen Verbindungslinien kennen, auf welchen von Indien und Persien her über Griechenland (Ostrom) künstlerische Einwirkungen sich geltend gemacht haben. Der Abfluß des Goldes vom oströmischen Reiche zu den Barbaren am Ausgang des 4. Jahrhunderts findet in dem Goldreichtum Schwedens während des 5. Jahrhunderts seine Entsprechung, wie umgekehrt die Menge der römischen und arabischen (kufischen) Münzen an den Gestaden der Ostsee deutliche Zeugen eines lebhaften Kulturaustausches schon am Beginne des Mittelalters darstellen.

Für die Aufdeckung der großen wirtschaftlichen Zusammenhänge mit dem Osten hat gleichzeitig auch die wissenschaftliche Ausbildung der *Papyrusforschung* mitgewirkt.[15][1] Sie lehrte ja nicht bloß die Wirtschaft Ägyptens kennen, sondern leuchtet tief hinein in die gesamte Wirtschaftsgeschichte von der Antike bis ins frühe Mittelalter. Ihre Ergebnisse berichtigen vielfach grundlegende Anschauungen der älteren Forschung, wie z.B. über das Verhältnis von Natural- und Geldwirtschaft, anderseits aber auch über die [|531] soziale Wirksamkeit der Grundherrschaften

15[1] Vgl. besonders L. MITTEIS und U. WILCKEN, Grundzüge und Chrestomathie der Papyruskunde, 1912; sowie auch M. ROSTOWZEW, Studien zur Gesch. des röm. Kolonates, 1910.

(Kolonat), sowie die Feudalisierung der öffentlichen Gewalten. Nicht nur der Reichtum an positiven Neuerkenntnissen wirtschaftsgeschichtlicher Art macht diese Forschungsarbeit so wichtig, sie brachte vor allem auch methodologischen Gewinn: die Befreiung von den alten Schranken rein territorialer, bzw. völkischer Betrachtungsweise. Wohl ist die vergleichende Rechtswissenschaft schon lange gepflegt worden und kann stolz bereits auf stattliche Errungenschaften zurückblicken. Aber die rechtsvergleichende Methode hat ebenso wie die *neuere soziologische Betrachtungsweise* gerade in jüngster Zeit der Wirtschaftsgeschichte immer mehr Neuland erschlossen. Ich will keineswegs die gegen die Soziologie vorgebrachten Bedenken verkennen. Es wird wohl nicht zufällig sein, daß sie gerade von einem Historiker akzentuiert wurden, der an juristische Schärfe der Begriffsbestimmung gewöhnt ist.[16][1]

Ohne Zweifel aber hat doch diese soziologische Methode ihre Berechtigung und ihren Nutzen eben für die Wirtschaftsgeschichte. „Auch in seinem wirtschaftlichen Verhalten ist jedes Individuum durch gesellschaftliche Mächte bestimmt" und zwar nicht nur durch jene des Rechtes und der Sitte, sondern auch in seinen Bedürfnissen, Trieben und Willen. Sind darin aber die Zwecke, bzw. Kräfte der Wirtschaft beschlossen, so können Richtung und Maß der Wirtschaft auch nicht rein persönlich bestimmt sein.[17][2]

Die soziologische Betrachtungsweise hat so mancher Erscheinung der Wirtschaftsgeschichte eben durch die gesellschaftliche Einordnung erst den richtigen Platz angewiesen und als typische Form bestimmter ökonomischer Vorbedingungen erkannt, was man früher als spezifische Eigenart einzelner Völker und Zeiten hingestellt hatte. Ich denke z. B. an die Hauskommunionen, die keine bloß südslavische Einrichtung sind, oder aber die künstlichen „Anbrüderungen", Wirtschaftsgenossenschaften, die ebensowenig eine völkische Eigenart bekunden.

Die Soziologie arbeitet ihrem Wesen nach übervölkisch und kann daher durch ihre Methodik für die Wirtschaftsgeschichte sehr [|532] fruchtbar werden, da diese ja eine Summe von Kräften in ihrer geschichtlichen Dynamik schildern soll, die überall auftreten können, wenn sie auch je nach den verschiedenen Verbindungen, bzw. Hemmungen sich verschieden auswirken.

Ergänzend tritt hier die vergleichende *Ethnologie* hinzu, zumal sie gerade in jüngster Zeit den wirtschaftlichen Verhältnissen immer größere Aufmerksamkeit zugewendet hat.[18][2] Um nur eines herauszuheben, erscheint dadurch die Wirtschaft der primitiven Völker in ganz anderem Lichte, als sie früher von den zünftigen Wirtschaftshistorikern oder gar von K. Bücher gezeichnet wurde. Zu den erfolgreich aufstrebenden Hilfswissenschaften der Wirtschaftsgeschichte tritt neuerdings auch die *Volkskunde* hinzu. Folkloristische Erscheinungen sind ja längst schon verwertet worden, aber die Volkskunde konnte solange keine wirksame Hilfe bieten, als sie vorwiegend noch unwissenschaftlich betrieben wurde. In Sitte und Brauch, in Spie-

---

16[1] G. v. BELOW, Soziologie als Lehrfach, in: Schmollers Jahrb. f. Gesetzgebung, Verw. und Volkswirtsch. 43, 1919, S. 1271 ff.

17[2] Vgl. F. v. WIESER, Grundriß der Sozialökonomik I. Abt., 2. Teil, 2. Aufl. 1924, S. 115.

18[1] Vgl. besonders W. SCHMIDT und W. KOPPERS, Völker und Kulturen I. Gesellschaft und Wirtschaft der Völker (Der Mensch aller Zeiten III), 1924.

len wie in Festen und Trachten des Volkes, im Aberglauben, in Sagen, Mythen und Märchen haben sich nicht selten Überreste alten Rechtes und alter Wirtschaft noch erhalten. Sie gewähren dem Wirtschaftshistoriker mitunter Einblick dort, wo sonst direkte Quellen anderer Art entweder gar nicht oder nur unkenntlich fließen. Aber auch Zusammenhänge können dadurch aufgehellt werden, wenn Übereinstimmungen im Brauchtum auf alte völkische Stammeseigentümlichkeiten weisen oder die Provenienz der Siedlungsgenossen wie auch der Grundherren erkennen lassen. Auch hier wird die bereits in Ansätzen vorhandene vergleichende Volkskunde der Wirtschaftsgeschichte neue Erkenntnismittel liefern.

So ist rings um die alte Wirtschaftsgeschichte, die, wie Sombart richtig betont hat, im wesentlichen doch nur Rechtsgeschichte war, eine Reihe von aufschlußreichen Nachbarwissenschaften emporgediehen, die ihr eine viel breitere Grundlage sichern und weitere Perspektiven eröffnen. Ich möchte geradezu sagen: die Wirtschaftsgeschichte muß neu geschrieben werden! Der Verfasser unserer neusten deutschen Rechtsgeschichte, Hans Fehr, hat bereits hervorgehoben, daß der große Schritt in die internatio- [|533] nale Rechtsvergleichung und in die Ideengeschichte hinein schon getan sei.[19][1]

Die Forschung hat aber nicht nur den Quellenkreis der Wirtschaftsgeschichte sehr beträchtlich erweitert, sondern auch eine Intensivierung durch die *historische Quellenkritik* erfahren. Es ist zur Genüge bekannt, welch große Fortschritte die methodische Behandlung der Geschichtsquellen des Mittelalters in den letzten fünfzig Jahren, besonders auch durch die Monumenta Germaniae historica und die Ausbildung der Urkundenlehre gemacht hat. Freilich, die Quellen der Wirtschaftsgeschichte gewannen davon nahezu keinen Nutzen, denn das große Nationalwerk hat diese bis heute noch immer nicht in sein Arbeitsprogramm aufgenommen, obwohl wiederholt Anregungen dazu gegeben worden sind.[20][2]

Die ältere Schule der Wirtschaftsgeschichte war auch dieser Methodik gar nicht mächtig, sondern verwertete vornehmlich nur den redenden Teil der Geschichtsquellen, unbekümmert um deren Charakter. Sie vermochte auch gar nicht die richtige chronologische Bestimmung einzelner Denkmäler, die bloß in Abschriften jüngerer Zeit überliefert sind, vorzunehmen. Niemand ahnte z. B., daß in den späteren Klosterurbaren zum Teile auch Bruchstücke karolingischer Reichsgutsurbare verwertet sind. Es ließen sich hier ähnlich wie bei den Urkunden im engeren Sinne Vorurkunden herausschälen, d. h. also ältere Quellen, die uns für weiter zurückliegende Zeiten ganz neue Aufschlüsse gewähren.

Was ich aber als die Hauptsache betrachte: daß wir heute die einzelnen Quellen auch der Wirtschaftsgeschichte auf ihre spezifische Eigenart prüfen, deren Ursprung und Zweck genau umgrenzen und daraufhin auch deren Verwertung vornehmen. Naturgemäß ist deren Überlieferung nur fragmentarisch und gewiß nicht selten von Zufälligkeiten abhängig. Sehr viel ist verloren gegangen, was einst doch vorhanden war. Welche Überraschung für die ältere Wirtschaftsgeschichte bedeutete nicht die

---

19[1] Deutsche Rechtsgeschichte, 2. Aufl. 1925, S. 363. Zu § 8.
20[2] So vom 8. Deutschen Historikertag in Salzburg Sept. 1904, wo auf meine Anregung hin die Herausgabe der deutschen Hof- und Dienstrechte des Mittelalters beschlossen worden ist.

Auffindung des Steuerverzeichnisses der deutschen Reichsstädte vom Jahre 1241!
– Das Testimonium ex silentio, welches besonders von den Rechts- [|534] histori-
kern immer wieder ins Treffen geführt wurde, darf heute nur gut der allergrößten
Vorsicht gehandhabt werden.

Ist durch die kritische Bestimmung der Quellen auch deren Aussagebereich
erkannt, so wird man vieles von ihnen gar nicht erwarten können, was die ältere
Forschung im Sinne eines völligen Mangels dieser wirtschaftlichen Erscheinungen
hat deuten wollen. So z. B. kann man aus den Urbaren selbst des späteren Mittelalters
kaum Nachrichten über die Eigenbauwirtschaft der betreffenden Grundherrschaften
gewinnen. Denn sie wollen in der Regel nur die Zins- und Pachtgüter verzeichnen.

Sehr bedeutsam ist dieser durch den Zweck der Aufzeichnung begrenzte Aussagebereich in sozialgeschichtlicher Beziehung. Die Traditionsbücher z. B. handeln
von den Verhältnissen der Gemeinfreien überhaupt nicht oder nur dann, wenn diese
zu der betreffenden Grundherrschaft in Beziehung traten. Die rechtshistorische
Forschung hat also da zu Unrecht auf eine völlige Depression der Gemeinfreien
schließen wollen.[21][1]

Man wird fürderhin auch davon absehen müssen, aus rein grundherrschaftlichen
Quellen die wirtschaftlichen Verhältnisse der freien Bevölkerung schildern zu wollen. Die ältere Forschung hat bisher die Markgenossenschaft der Gemeinfreien lediglich aus Quellen gezeichnet, die grundherrschaftlicher Provenienz sind und angenommen, die freien Markgenossenschaften könnten nicht anders organisiert gewesen sein als die späteren grundherrschaftlichen, welche man sich ja als jüngere
Ableger jener vorstellte. Man hat dabei, scheint es, den ungeheuren Widerspruch gar
nicht beachtet, der mit solcher Methodik gegenüber der grundlegenden Annahme
sich auftut, daß die freien Markgenossenschaften doch eben durch die Grundherrschaften zersetzt, zerstört und zu etwas ganz anderem, nämlich Hofgenossenschaf-
ten, umgewandelt worden seien.

Noch viel wichtiger erscheint sorgfältigste Quellenanalyse für die *Handels- und
Verkehrsgeschichte*. Die bisher geübte philologisch-statistische Methode, daß man
die direkten und positiven Berichte der Quellen über Einzelerscheinungen des Han-
dels und Verkehrs zusammenstellte und aus deren geringer Zahl sofort den [|535]
Schluß zog, der Handel könne z. B. in der Karolingerzeit deshalb nur ganz unbedeu-
tend gewesen sein, ist durchaus zu verwerfen. Naturgemäß müssen in Heiligenleben
und Märtyrerakten, sowie auch in den von Geistlichen oder Mönchen geschriebenen
Klosterannalen solche Nachrichten äußerst dürftig sein. Wenn wir aber demgegen-
über in den Kapitularien ganz allgemein gehaltene Bestimmungen wider unrecht-
mäßige Ausnützung der Zollfreiheit seitens der Pilger und zum Hofe reisender Be-
amter oder gegen den Nachthandel, sowie den Handel mit Gaufremden finden, so
werden wir solchen generellen Verboten eine umfassende Bedeutung zuerkennen
dürfen und daraus den Schluß ziehen, daß der Handel doch nicht so gering gewesen
sein könne, da derartige gesetzliche Bestimmungen nur auf Grund eines allgemeinen
Bedürfnisses verständlich werden.

21[1] So H. BRUNNER, DRG. I², S. 299 f. und 354. – R. SCHRÖDER, DRG., 6. Aufl., S. 235. – U. STUTZ,
in: Zeitschr. d. Savigny-Stiftg. f. RG., Germ. Abt. 20, S. 326.

Wenn wir überdies auf Reichstagen (Frankfurt 794 und Nymwegen 806) ebenso allgemein gehaltene Verbote gegen den Getreide- und Weinwucher erlassen sehen und hören, daß die Händler die Früchte bereits auf dem Halme zusammenkauften, um nachher bei kärglicher Ernte die Preise willkürlich steigern zu können, so eröffnet auch ein einziges von solchen Quellenzeugnissen, ich möchte sagen, geradezu flächenartige Beleuchtung und erscheint mir wenigstens viel wirksamer als eine doch nur ganz hinkende Statistik. Es wird m.E. hier ganz klar: diese Quellen dürfen nicht bloß gezählt, sondern müssen auch gewogen werden!

So wertvoll die *statistische Methode* für die spätere Zeit des Mittelalters und ganz besonders für die Neuzeit unzweifelhaft ist, so versagt sie durchaus für die ältere Periode; denn für diese fehlen nicht nur die Quellen, um ihrer Zahl nach ein genügendes Substrat gewinnen zu können, es ist auch deren spezifischer Charakter vielfach gar nicht danach angetan, daraus statistische Behelfe abzuleiten. Der Statistiker v. Inama-Sternegg hat für die Karolingerzeit die statistische Methode anwenden wollen und damit viel Beifall geerntet. Jedoch muß nachdrücklich betont werden, daß seine Zusammenstellungen völlig unbrauchbar sind, da hierbei gar nicht auf die Eigenart der benützten Quellen geachtet wurde. Aus Urbaren und Traditionsbüchern können wir überhaupt keine „Preise" gewinnen, weil die grundlegende nationalökonomische Voraussetzung hier gar nicht gegeben ist, daß die in solchen Quellen [|536] erwähnten Kauf- oder Rückkaufsummen das Ergebnis von Angebot und Nachfrage auf freiem Markte darstellen.[22][1]

Auch die Statistik, welche verschiedene Wirtschaftshistoriker aus Traditionsbüchern, Urbaren und Urkunden geistlicher Grundherrschaften über die Frequenz von Kauf- und Verkaufsgeschäften im Immobiliarverkehr aufgestellt haben, bietet tatsächlich kein zutreffendes Bild der einst wirklich vorhandenen Verhältnisse; denn die noch vorhandenen Verkaufsurkunden sind nur ein sehr geringer Teil der einst wirklich abgeschlossenen Rechtsgeschäfte dieser Art und zudem hatte gerade die Kirche infolge zahlreicher Traditionen wenig Anlaß zu kaufweiser Erwerbung von Grund und Boden.[23][2]

Für die so wichtige Frage, ob noch in der Karolingerzeit reine Naturalwirtschaft geherrscht habe oder auch geldwirtschaftliche Erscheinungen doch in größerer Zahl schon nachweisbar seien,[24][3] wird eben wieder der Quellenkritik ein entscheidendes Wort zukommen. Hält man sich vor Augen, daß es im Wesen der fränkischen Darlehensurkunde (cautio) gelegen war, mit Erfüllung der Schuld vernichtet zu werden, so wird man von vornherein sehr zahlreiche Beispiele urkundlicher Überlieferung für Gelddarlehensgeschäfte in jener Zeit gar nicht erwarten können.[25][4]

Selbst für die spätere Zeit des Mittelalters, wo die Quellen ja bereits viel reichlicher erhalten geblieben sind, wird diese kritische Methode noch viel ernstlicher

---

22 [1] Vgl. meine Ausführungen in „Die Wirtschaftsentw. d. Karolingerzeit" II², S. 242 ff.

23 [2] Vgl. ebd. S. 255 ff.

24 [3] W. Lotz (Sitz.-Ber. d. Bayr. Ak. d. Wiss., Phil. hist. Kl. 1926, 4. Abh.) führt einen Kampf gegen Windmühlen, wenn er sich dagegen wendet, daß die charakteristische Wirtschaftsverfassung im karolingischen Reiche eine vollentwickelte geldwirtschaftliche Verkehrswirtschaft gewesen sei. – Das wird kein Vernünftiger behaupten wollen, am allerwenigsten ich …

25 [4] Vgl. meine „Wirtschaftsentwicklung der Karolingerzeit" II², S. 284.

angewendet werden müssen. Verschiedene Forscher haben den Übergang zur Geldwirtschaft, welche man als die chronologisch spätere Entwicklungsphase zu betrachten pflegt, aus der Beobachtung entnehmen wollen, daß in einzelnen Urbaren des
13. Jahrhunderts Fakultativsätze bei den einzelnen Zinsen und Fronden angeführt
werden, d.h. entweder in natura oder in Geld geleistet werden konnte. Nichts ist
irriger als diese [|537] Auslegung! – Dieselbe Erscheinung läßt sich bereits in den
sog. Volksrechten vom 6. bis 8. Jahrhundert, sowie in Urbaren der Karolingerzeit
ebenso nachweisen.[26][1]

Für die *Geldgeschichte*, ein allerdings wissenschaftlich noch ganz vernachläs-
sigtes Kapitel der Wirtschaftsgeschichte, wird man diese methodische Scheidung
der Quellen nach ihrer Provenienz, Charakter und Zweck erst recht zu beachten
haben, falls die nationalökonomische Verwertung dieses Materials zutreffend eingestellt werden soll.

In allerjüngster Zeit wird die Wirtschaftsgeschichte noch von einer ganz anderen
Seite her vertieft. Immer mehr sind mit dem Aufblühen der *Geistesgeschichte* auch
die starken Impulse erkannt worden, welche die geistigen Strömungen auf die Wirtschaft ihrer Zeit ausüben. W. Sombart hat durch sein großes Werk über den modernen Kapitalismus, das sich immer mehr zu einer Geschichte des gesamteuropäischen
Wirtschaftslebens von seinen Anfängen bis zur Gegenwart ausgestaltet hat, geradezu
eine neue Methode begründet, indem er den einzelnen Kapiteln seiner Darstellung
jedesmal Ausführungen über die Wirtschaftsgesinnung voranstellte. Er will vor allem
den Geist, der je eine bestimmte Wirtschaftsepoche beherrscht hat, aus dem heraus
das Wirtschaftsleben in dieser Epoche gestaltet worden ist, aufsuchen und in seiner
Wirksamkeit verfolgen.[27][2] Der Geist im Wirtschaftsleben bildet auch einen Grund-
gedanken der anderen Werke Sombarts, insbesondere des „Bourgeois", das geradezu
den Untertitel trägt: „Zur Geistesgeschichte des modernen Wirtschaftsmenschen."

Am bekanntesten sind die Darlegungen Max Webers über die protestantische
Ethik und den Geist des Kapitalismus geworden, die speziell den Einfluß der Religion, bzw. Ethik auf die Wirtschaft in scharfsinniger Weise für die neuere Zeit untersucht haben.

Neben ihm kommt Ernst Troeltsch doch eine selbständige Bedeutung zu, der
seine Fr'üharbeiten zur Sozialethik des Protestantismus dann immer mehr ausgedehnt
hat, um sie schließlich in dem großen Werke „Die Soziallehren der christlichen
Kirchen und Gruppen" geschlossen zu vereinigen.

Im ganzen genommen, wird auch bei dieser kurzen Überschau die [|538] große
Mannigfaltigkeit der Betrachtungsweise zutage getreten sein, welche die moderne
Wirtschaftsgeschichte fürderhin berücksichtigen muß. Je mehr der Wirtschaftshistoriker die verschiedenen Nachbarwissenschaften heranzuziehen und für seine Zwecke
auszubeuten vermag, desto mehr wird die grundlegende Forderung auch erfüllt
werden können, daß die Wirtschaftsgeschichte zeigen solle, wie die Verhältnisse in
Wirklichkeit sich gestaltet haben.

---

[26][1] Vgl. ebd. S. 263 ff., sowie meine „Grundlagen" II², S. 532 ff.
[27][2] Der moderne Kapitalismus I, 1⁴, 1921, S. 24.

So wertvoll die alten Grundlagen rechtsgeschichtlicher Darstellung andauernd sein können, die neue Wirtschaftsgeschichte muß auf einer viel breiteren Grundlage aufbauen, wenn sie nicht verknöchern oder rückständig werden will. Ein schönes Beispiel fruchtbarer Zusammenarbeit bietet die Rechts- und Wirtschaftsgeschichte der antiken Periode. Ein Gleiches wird auch für die mittelalterlichen Zeiten notwendig sein. Die Wirtschaftsgeschichte muß im Zusammenhang mit der Kulturgeschichte überhaupt arbeiten, sie läßt sich auch nicht mehr ohne Berücksichtigung der Geistesgeschichte darstellen. Tür und Tore auf!

ECONOMIC THEORY AND ECONOMIC HISTORY

by Werner Sombart

I am prompted by the account of my work in the second number of the *Economic History Review* to attempt an exposition of my views. The criticism contained in it represents a standpoint which is commonly adopted by professional historians, but it is one which in my opinion is utterly mistaken, and its continual repetition explains why research in economic history, when conducted by professional historians, must be considered on the whole as barren, in spite of some valuable individual contributions. I think it necessary to draw attention to this mistaken view, and to indicate what I consider to be the correct method of approach to the subject.

The erroneous conceptions prevalent among historians spring from a misunderstanding of the correct relationship between theory and history. They rest on the mistaken idea that history can be approached without theory; and occasional attempts are even made to banish all theory from the investigation of historical reality. My own works or those of Max Weber are not considered historical works at all: they are "intensely constructive almost to the point of being unhistorical". Of my *Modern Capitalism* a reviewer has written: "Sombart thought he would be able to combine constructive theory with history, but the attempt presents insoluble problems, for the sake of which he had only too often to squeeze historical facts into ill-fitting theoretical schemes." The aim of the real historian, on the contrary, is "to describe things as they were". Why is this view essentially wrong? Are theory and history really opposed, and does one harm or exclude the other? Are they not both required? Is it not necessary that one should complement the other, and must not their combination be indispensable to any adequate investigation of real life? What is the relation of theory to history? The following pages are an attempt to answer these questions.
[|2]

I.

It is of primary importance for the historian to realize that, whether he is dealing with the conduct of an individual, or a political situation, or a number of successive events, he is concerned not with isolated facts but with connected systems (*Ganze*). In and for themselves neither Cromwell, nor Magna Carta, nor the World War can be considered objects of history. They are mere links in a chain, mere units in a series. Only as parts of a greater whole, and in relation to that whole, do they acquire any meaning. History has for its subject-matter an infinite number of such "wholes" or connected systems. We can limit them in point of time – *e.g.*, the Renaissance – or in point of content – *e.g.*, Banking (speaking here of Banking *qua* Banking); or we can take geographical boundaries into account – *e.g.*, the City of London. The historian, then, must bear in mind that he has to deal with these complex "wholes" and with the causal connections in which the actual facts of history have taken shape, and to consider that the value of a historical fact depends upon its relation to one of such "wholes". Each of the latter, moreover, is a subordinate part of, and obtains significance from, some greater and more comprehensive "whole". Ultimately we might expect to reach the all-embracing "whole" of Universal History and approach the riddle of human existence. But history is not equipped for handling so vast, so intangible a problem. The significance of human history is a question which philosophy alone is qualified to answer. Science dare not be so ambitious. Science must be content to investigate the significance of, and the relations prevailing between, those groups of phenomena which are accessible to experience. For its purposes those great projections of the human mind into which the whole sphere of culture can be divided, the culture systems, as Dilthey has called them, are fundamental. They are the independent ultimate forms in which the human mind has manifested itself. Such culture systems or culture spheres are the State, Law, Economic Organization, Religion, Art, Philosophy, Science, Speech. Every historical fact must finally be assigned its place in these great culture systems and acquire its ultimate significance in relation to one of them.

One result of the modern spirit is that particular fields of inquiry are segregated. These culture systems have come to be studied by special sciences. We have a group of systematic sciences – the cultural or moral sciences – which seek to objectify the human spirit. These sciences are different modes of one rational inquiry; different modes of obtaining an intellectual grasp of the facts; parts of one endeavour to [|3] understand and to describe them. Such are the systematic sciences of Politics, Law, Economics, Art, etc. We call these systematic cultural sciences the "theory" of Politics, Law, Economics, and so on. Since it is the task of the historian to look upon a particular fact as merely a link in a chain, to regard it in relation to some greater whole, ultimately in relation to one of the great objective systems, it follows that he must acquaint himself with these systems, and acquire a thorough understanding of their fundamental elements and their interrelations. Such an understanding can be gained only from the systematic cultural sciences, which, as we have seen, develop the "theory" of the particular culture systems. In other words, the writer of history who desires to be more than a mere antiquarian must have a thorough *theoretical* training in those fields of inquiry with which his work is concerned. I need not add, of course, that he must be adequately equipped for handling his own special subject, must be skilled in the technique of his craft, and in particular must have a knowledge of sources and ability to criticize them. But technical equipment alone does not make a historian. If this is his sole qualification, he is destined to remain a mere "hodman", performing only the most menial offices. Theoretical training alone makes the true historian. No theory – no history! Theory is the pre-requisite to any scientific writing of history.

II.

If the writing of history is to have any lasting value, it must be based on a solid knowledge of theory – a statement which is as true now as it was when history first emerged as a science. Take Thucydides or Polybius. Both were thoroughly versed in the principles of politics and strategy. It is a complete mistake to imagine that even political history can be written without a theoretical basis. I admit that in this case the necessity for a theoretical foundation is less obvious than in other provinces of history, yet there can be no doubt that a foundation is necessary. Surely a political historian must be such intimately acquainted with the various forms of government and the various powers in the state. It is difficult to imagine him incapable of distinguishing a monarchy from a republic or ignorant of the different conditions underlying different political institutions. A sound training in the theory of politics, in political science, is indispensable to the political historian.

In other spheres of historiography we can see even more clearly the imperative necessity of a theoretical training. No historian would presume to write a country's legal history unless he had a mastery of [|4] jurisprudence. If he is to acquire any valuable insight into the actual course of legal development, he must be familiar with every detail pertaining to legislation and the structure of legal systems. It is equally obvious that the ecclesiastical historian must have a knowledge of religious systems. How could he presume to write ecclesiastical history without having first studied theology? Can we think of a military historian who is unacquainted with the elements of strategy and tactics or is ignorant of the various forms of army organization? In other words, a military historian must be proficient in military theory. It follows, then, that theory is indispensable to the historian, no matter what sphere of human activity we consider. I feel rather ashamed at emphasizing the obvious; yet apparently it is necessary. It seems that there is a sphere of history for which my postulate, that the historian must be conversant with the theory of his special subject, is invalid. This is the sphere of economic history. A representative economic historian tells us (he does not stand alone: indeed, he expresses a widely held opinion) that theory, far from being indispensable, is actually a nuisance to economic history; and, moreover, the way in which economic historians have treated the subject shows that it is possible to manage without economic theory. The position of this department of history must be examined a little more closely.

III.

Many – perhaps most – of the historians who have turned their attention to economic history have lacked a theoretical training, or, to speak accurately, have had little acquaintance with the theories propounded by economic science. Of course, they have had some kind of theory at the back of their minds – even the most primitive historian would be unable to write history without some understanding of the way in which the events he describes are linked together. But the theory could hardly be described as scientific: it was little better than the loose notions of everyday life. It is precisely in connection with economic affairs that loose notions of this kind are influential. Every man knows – or imagines that he knows – what a peasant or a craftsman is; what is the meaning of trade and commerce; what are markets and fairs; what is to be understood by capital or wages. If the historian happens to be related to a stockbroker he will know enough about stock exchanges and banks to be able to write their history. There are historians who believe that, with a few vague and ambiguous notions of this kind – good enough for everyday life – they are fully equipped and qualified to write economic history. The result has been exactly what we should expect. The inadequate equipment of economic [|5] historians is responsible for those innumerable, almost valueless, compilations which constitute the bulk of the contributions to the subject. Even as compilations these works cannot be commended, for their authors are deficient in the understanding of principles. Without such an understanding, which only a theoretical training can impart, it is impossible to produce even a good compilation. Facts are like beads: they require a string to hold them together, to connect them. But if there is no string, if there is no unifying idea, then even the most distinguished authorities cannot help producing unsatisfactory work. The massive volumes of Thorold Rogers furnish an admirable illustration. What infinite industry is embodied in them! But do they really constitute an economic history or merely a history of agriculture and prices? That is impossible: the statement of the problem is wrong: there is no such thing as a history of prices. Price is a phenomenon which in itself means nothing, and, as a symptom, means something different at different stages of economic development: it must be interpreted in the light of contemporary conditions. Such an interpretation is wanting in Rogers's work: his running commentary on his statistics is nothing more than an indiscriminate accumulation of technical notes; there is no string, no unifying idea to connect them. He also wrote a work in which he sought to make a general survey of economic life, but he was unable to produce more than a few detached essays. The lack of theoretical training was responsible for the failure of this eminent investigator, or perhaps, in his case, it would be more accurate to say that what knowledge of theory he did possess was utterly misleading.

It would be a mistake to assume that economic history has been handled only by writers who have been denied the advantage of a theoretical training. We have many works, built upon a sound theoretical foundation, which can legitimately be regarded as belonging to economic history. Their authors, however, have been versed not in economic but in political, constitutional, or some other kind of theory. The bulk of economic history has not been written from an economic standpoint. This has been emphasized by Alfred Dopsch [in diesem Band S. 57–72], who has supplied a whole series of examples in an interesting essay on the methodology of economic history (the *Festschrift für Götz*, Leipzig). In my opinion, however, this dependence of economic history on theories elaborated for quite different purposes is far more extensive than Dopsch seems to realize. I will mention only the main instances of this dependence. (1) Many contributions to economic history are influenced by political history and are based upon political theory. Traces of this can be seen in the chapters devoted to economic development in the "general" histories. Economic factors are [|6] regarded merely in relation to politics, and stress is laid only on their importance for political development and their dependence on political institutions. No attempt is made to define or employ economic terms with any degree of exactitude. This type of economic history is well exemplified in Ranke's treatment of economic questions. Most of the local historians adopt a similar method. In writing the history of a town, for instance, they are content merely to determine the way in which trade has influenced its growth. Few of them know anything about the nature of trade, the functions which it performs, or the conditions under which it thrives. (2) Let me now say a word about historians who have approached economic history with an institutional bias. Usually they are writers who have started as legal historians and have then extended their investigations to economic problems. They have produced works of the highest quality, such as would have been impossible without a preliminary training in legal theory. Von Maurer is representative of this school in Germany, as Ashley is in England. A mere glance at the chapter headings of Ashley's brilliantly written *Introduction to English Economic History and Theory* is enough to reveal his strong institutional bias. This has determined the arrangement and disposition of his material. A reader of Ashley might be pardoned if he obtained the impression that economic life was dependent upon economic ordinances and could not exist apart from them. I admit that the constitutional historians have considerably extended our knowledge of economic history, and that a study of constitutional forms may often help us to a more profound understanding of their economic content. Yet this dependence on an alien science is unfortunate for the study of economic history. Writers who adopt a legal standpoint tend to neglect the specifically economic aspects of the problems they discuss. The history of towns (especially the history of the mediaeval town) furnishes an excellent example of the pernicious consequences which inevitably follow from treating economic history in the way I have indicated. A few years ago we had every conceivable variety of town history – geographical, topographical, constitutional, etc. Only one type of town history was wanting. There was no *economic* history of the town. There were people who fondly imagined that they had written the economic history of the town, but they were labouring under a delusion. Let me recall the controversy between the "seigniorial" and the "market" school. The holders of the "market" theory imagined that they were paying particular attention to economic factors when they traced the origin of the town to the granting of market privileges. They failed to realize that they were thereby adopting not an economic but a juridical standpoint. They failed to [|7] realize the connection between the town and economic activity. They failed to realize that there are many aspects from which the town can be regarded, and that one of these aspects is *economic*. They even maintained the monstrous thesis that a legal document could be responsible for the "foundation" of the town. It would be no exaggeration to say that up to the present we have no economic history of the subject. The explanation is simple. The indispensable prerequisite for any such history is an economic *theory* of the town: and we have no theory. I have endeavoured myself to fill the gap and, since I wrote, there are signs that an economic history of the town is beginning slowly to emerge.[1] (3) Yet a third attempt, one with a theoretical basis,

1[1] See my Modern Capitalism, last edition: Munich, Leipzig 1928, I, ch. ix.

has been made to order and systematize the facts of economic life so as to render possible the writing of economic history. Categories elaborated for the purposes of economic policy have been adopted, and it is from the standpoint of economic policy that the facts are surveyed and disposed. To this method we owe two note-worthy efforts to compose a comprehensive economic history: the great works of W. Cunningham and E. Levasseur. These authors are concerned, however, with the economic policy rather than the economic life of their respective countries, and it is considerations of economic policy which determine their attitude towards their sub-ject-matter. Often they adopt a purely political standpoint. If we examine the titles of Cunningham's sections – Feudalism, Representation and Legislation, Lancaster and York, the Tudors, the Mercantile System, Laissez Faire, etc. – we realize that he is mainly interested in the influence which economic policy exerts upon economic life rather than in economic life itself. The way in which human beings have actually satisfied their wants, their various systems of production and distribution, the changes which they have experienced, the conditions and causes determining these changes – about subjects of this kind we learn very little from his monumental work. He is concerned with the legal system, the legislation, the regulations, etc., which have affected economic life. Much the same can be said of Levasseur's great book. Neither Cunningham nor Levasseur can, in the strict sense of the term, be designated an economic historian. Their standpoint is that of the historian of economic policy. I admit, however, that their theoretical position, though essentially different from that of the economic historian, has much in common with it. [|8]

IV.

How can we explain the unfortunate situation in which economic historians find themselves, apparently without any hope of extrication? Are they themselves to blame? Did they enter on their task without due consideration? I think not. The blame rests entirely upon the economic theorists. They failed to provide a body of useful economic theory – that is to say, theory which would have guided and advanced economic historians in their approach to their special subject. Let us consider the types of economic theory which the analytical thinkers had elaborated and offered to the economic historians.

There were the doctrines of the dominant political economy – on the one hand the classical theory, on the other the marginal utility theory. Both had built up elaborate systems. Neither was capable of serving the economic historian as a guide. Neither can be regarded as belonging to the cultural sciences. They represent rather perversions of the natural sciences. They apply to economic questions analogies drawn from the natural sciences, and they seek economic principles which have universal and uniform applicability under every variety of conditions. They take no account of the historical forces which affect the working out of economic principles, but deal with economic phenomena as though they were substances like those which the physical scientists study, as though they were parts of a connected system and had been subject in the past to the same laws which govern them today and will govern them in the future. An economic theorist of the old school had lost all sense of historical reality. This was what I had in mind a little earlier in saying that Thorold Rogers was not so much unversed in economic theory as indoctrinated with a wrong theory. He was an orthodox member of the classical school, and thus could see in the economic history of the past nothing more than a series of regrettable deviations from the right path. The economic historian has been unfortunate in another respect. The traditional political economy – influenced by analogies drawn from physical science – confined economic science to the theory of economic equilibrium. This remark applies to the marginal utility theorists quite as much as to the classical school. There was no discussion of economic production or economic organization or economic motive as we find them in everyday life. The economic theorist moved in an unreal, abstract world. He concentrated his attention upon the exchange operations of "economic men". He failed to reap the abundant harvest offered by the manifold variety of actual life, and thus deprived the economic historian of indispensable material. The *best* or, rather, the only good [|9] economic theory supplied economic history with a foundation which can only be described as utterly unsound.

The traditional political economy was not the only theory available to the economic historian. There were others. Unfortunately they were equally useless to him. Consider, for instance, the economic categories, to which the mercantile theorists gave prominence – the categories of "National Economy" (*Volkswirtschaft*) which, though rejected by the classical school, were used again and again to illuminate aspects of economic development. These categories give the economic historian no assistance whatever in his attempt to reach a significant arrangement and classification of his material. He is peculiarly interested in differentiating between economic epochs, in emphasizing their concrete and specific features, and in determining their place in history; but for these purposes, as will be shown later in greater detail, the categories of national economy are useless. If we examine the idea of national economy more closely, we find that it is unsuitable for distinguishing, describing, and correlating in any satisfactory way the data of economic history. It is void of all content, though I admit that it does lead to one serviceable point of view – it is essentially the idea of the organism recommended by Kant. But this does not carry us very far. It is no more than a mere point of view, a mere "provisional" idea. The conception, taken by itself, fails to indicate in any way what kind of organism is constituted by national economy. The abstract conception of an organism does not enable the zoologist to make any progress in his investigations, so long as he does not know whether he is dealing with a mammal or an insect. The economist cannot hope to understand the economic world so long as he does not know anything about its actual content. It is obvious that the conception of national economy tells him nothing at all about this. The notion of an "association of individual economic units, constituted to share a common life, within a national whole", gives no information about the character of this association or the principle upon which it is based; yet it is precisely such information that we seek. An association of this kind can assume many forms. A national economy can rest on a handicraft quite as well as on a capitalistic or a socialistic basis. An idea which is to help us to systematize must enable us to perceive clearly the distinctive features which actually characterize a given complex of economic conditions and contacts; must enable us to assign a group of economic facts to its correct place in history. The idea of national economy does not satisfy this all-important requirement.

The categories of national economy are thus useless for the purposes of economic history. Other attempts to reach a scientific [|10] classification of the mass of economic facts have been made by the economic historian, who has not always exhibited a sound critical power of discrimination. None of these attempts, though they have found favour with him, can be described as successful. We can label them comprehensively as "stage theories". These "stage theories" are related to the condition of production. The philosophers of the Ancient World sought to classify and systematize the manifold variety of economic life by differentiating between periods or peoples according to the dominant form of production. This is, in fact, the oldest method. We find it applied as early as Aristotle, who in his *Politics* considers the different kinds of lives men lead,[1] and contrasts money-making with the natural mode of acquiring property as exemplified in the lives of nomads, husbandmen, brigands, fishers and hunters (νομαδικός, γεωργικός, ληστρικός, ἁλιευτικός θηρευτικός βίος). This classification is very popular in the sociological literature of the eighteenth century. Nations of hunters, shepherds, and husbandmen precede the "civilized" nations, among whom manufacturers and commerce have developed. In Adam Smith's *Wealth of Nations* this classification plays a great part.[2] In Germany it was first used by Friedrich List, who expanded it to five periods: (1) Period of hunters; (2) Period of shepherds; (3) Period of agriculturists; (4) Period of agriculture and manufacture; (5) Period of agriculture, manufactures and trade. Its most elaborate form can be seen in Gustav Schönberg's *Handbuch der politischen Ökonomie*.[3] Schönberg adopts as his differentia the "condition of production". He distinguishes six types: (1) Hunters; (2) Fishers; (3) Shepherds or nomads; (4) Settled, pure agriculturalists; (5) Craftsmen and traders; (6) Industrial peoples. In distinguishing the different types, he examines "the character and the extent of the contribution made to the satisfaction of wants by each of the three factors of production: labour, nature and capital". But this so-called "condition of production" is not an idea which serves to give mental unity to the chaos of scattered particulars with which the economic historian is concerned. It is valueless for the formulation of systems. The phrase "condition of production" is employed in different senses in its application to different types. When he is dealing with hunters or shepherds or husbandmen, Schönberg is perfectly definite in his criterion, which is the predominant tendency of production, the chief source of sustenance; but though clear it is wrong. It is quite inadmissible to regard economic life in its totality as nothing more than a function of this criterion. If (as is the case) slavery prevails among shepherds as well [|11] as among husbandmen, then the dominant mode of occupation cannot determine the whole structure of economic life. I admit, however, that the term "condition of pro-

---

2[1] Politics 1,8.
3[2] Book V: Of the Revenue of the Sovereign or Commonwealth [first edition: 1776], ch. i.
4[3] Third edition, [Tübingen] 1890, pp. 27 ff.

duction" has a certain significance as a criterion for classifying primitive economic activities; but it has no significance for the higher types of economic organization. Nor is it used throughout in exactly the same sense. It is treated as being identical with "condition of economic life" – a phrase of wide implications. A nation in which handicraft, trade and industry have developed can no longer be characterized by reference to a dominant tendency of production. "Production" is something very different from what it was among primitive folk. Among the higher types reference would have to be made to the legal arrangements, the social classes, the division of labour, the technical processes, the systems of distribution, the size of the industrial units, and soon – in short – to every feature which we deem essential to the adequate understanding of economic life. The problem is to find some general conception which will enable us to unify these particular features. Schönberg fails to solve this problem. If "condition of production" is regarded as synonymous with "condition of economic life" it cannot enable us to systematize the latter.

Karl Bücher has tried to construct a "stage theory" in another way, and his theory has been exceedingly popular with historians, who regard it as the solution of the problem. It is, in fact, the only economic theory with which the majority of our economic historians are acquainted, and they cling to it uncritically as to a dogma. Bücher seeks to differentiate economic organizations according to "the length of the route which the goods traverse in passing from producer to consumer". He distinguishes, as we know, three periods of economic history: (1) The period of independent domestic economy; (2) the period of town economy (production to order); (3) the period of national economy. Bücher's system, firmly based though it may seem, rests on weak foundations. I gave my reasons for this opinion some years ago. Even if we assume that the differentia adopted by Bücher is correct, yet his criterion – "the length of the exchange-route" – is not in the least suitable for characterizing all the aspects of economic life as they appear at a given period. It fails to guide us "right into the heart of national economy" and to reveal its essential features. On the contrary, it relates to comparatively subordinate matters. Moreover, the theory is wrong; it conflicts with the facts. The "length of the exchange route" does not vary in the economic systems which Bücher seeks to distinguish, and obviously cannot serve as the differentia. Let me quote from my earlier criticism of him. "The best way for me to explain my contention will be [|12] to select examples. In the Middle Ages the cloth which the town clothier sold at markets and fairs (or, as I am prepared to add, to merchants), the products of the old small iron industry of the Mark, the silver of the mines, had to travel on their way to the consumer a route which was no longer and no shorter than that taken by the same products on their way from the factory to the tailor, locksmith or jeweller. Yet conditions then were far different from conditions today. The route which the overcoat or pair of boots, made to measure, travels on its journey from the capitalist producer to the consumer is no longer today than its route in the Middle Ages. Krupp's or similar firms which supply the State or the local authorities, or any modern railway works, furnish examples of real production to order in its pure form. Nor are these exceptional cases. They represent (as Bücher knows quite well) significant tendencies in modern economic evolution. Are the efforts to dispense with the middlemen, and bring the producer into direct contact with the consumer, leading us back to the organization of the mediaeval town? Or may not production to order belong to economic periods having no other common feature? Whether bread comes from a small master-baker or a capitalist or a co-operative or an army bakery, it has an equally long route to travel on its way to the consumer. Are we, therefore, justified in regarding as the same these four essentially different economic organizations? Consider the scale of production under modern conditions. How could it be brought into Bücher's scheme? If a society organized on socialist principles were to carry on production and retain the modern specialization of labour, the route which many products would have to travel on their way from producer to consumer would be as long as it is today. Cannot economic systems be distinguished if the route which their product has to travel, before it is consumed, happens to be the same, even when they are in other respects essentially different? Of course, Bücher might answer that in a socialist State goods would not be produced for sale at a profit as they are today; but this answer would serve only to confirm my criticism, for in emphasizing production for sale at a profit he would be applying a different criterion from that of the 'length of exchange route'. From whatever side it is approached, Bücher's theory is demonstrably untenable." I should like to add to my remarks on the last point that no fault can be found with the sketch of the different economic systems which concludes Bücher's famous lecture. He outlines their salient features in a way which often compels our admiration; but he seems to be unconscious that he is thereby abandoning his main thesis, that "the length of the exchange route" is the criterion to be used in formulating his system. No connection can be traced between this criterion and the special features which he [|13] notes in the different economic organizations; the division of labour, the function of money, of capital, of income and property accumulation, the professional classification, the position of trade, the importance of credit, etc. One is forced to ask: What is the differentia which he adopts if it is not the "length of the exchange route" after all?

In conclusion, I should like to mention one more attempt to divide economic development into stages: Bruno Hildebrand's division into Natural, Money, and Credit economy. The weakness of this series of stages is obvious, yet its inadequacy is not generally recognized. Historians, in particular, cling to it with all the obstinacy of dilettantes. Against this series the same objections can be urged as those which I have established against Bücher's theory. Even if it were sound, it would emphasize not the essential but the superficial characteristics of the different economic systems. Actually there is no doubt at all of its unsoundness. The contrast which demands emphasis is not that between the natural and the money economy but that between the economy which is self-sufficing and the economy which is not. Moreover, money economy and credit economy cannot be distinguished. This has often been pointed out by earlier critics. Gustav Cohn, for instance, wrote: "The threefold division is untenable. It neglects the essential function of money … namely the function of a standard of value. This function is unaffected whether or not credit is granted in the transaction of an exchange. The real contrast, which emerges, would be that between 'cash' and 'credit' economy. In both cases a money economy prevails. Moreover, Hildebrand's threefold division implies that an increase of 'exchange against credit' is a concomitant of economic progress. This is incorrect. In an advanced economic system the granting of credit becomes a special business, having no connection with the exchange of goods – a special business, which enables the purchaser to buy for cash. Even a slight acquaintance with modern business life in England, America, etc., would confirm this statement."[5][1]

V.

I have tried to fill the gap which the economic theorists have left. The general conception which I employ in order to distinguish, describe and correlate economic phenomena is that of the economic system. I will now give an outline of my theory, but for a complete exposition I refer the reader to a previous work.[6][2] A general conception that [|14] will enable us to classify economic phenomena must be derived directly from the notion of "economy", the essentials of which it must comprise, collate and connect – and not merely in their abstract form, not merely as ideas, but in the concrete, as definite historical facts. These requirements are satisfied by the general conception which I employ – the economic system. By an economic system I understand a mode of satisfying and making provision for material wants, which can be comprehended as a unit, wherein each constituent element of the economic process displays some given characteristic. These constituent elements are the following: (1) The economic outlook or the economic spirit. By this I mean the sum total of the purposes, motives, and principles which determine men's behaviour in economic life. (2) Man is naturally a social animal. Economic actions necessarily affect many people. Methods of organizing the actions of these people and of regulating their relations to each other must be contrived. Each cannot be allowed to obey his uncontrolled subjectivity. Each must know what he may expect of others and what others expect of him. The relations between them must be governed according to forms external to and independent of the particular individuals affected. An impersonal system of regulation, an objective order, is the second element of the economic process. This can be comprehensively described as the form of economic life. (3) Let me turn now to the actual production of goods. For this purpose expedients must be contrived, tools and machines must be invented and applied, if we are to mould external nature to our will. These technical contrivances constitute the substance of the economic process. Cotton-spinning, for instance, is an economic activity. In connection with it we can think of the aims of the cotton-spinner and the principles which guide his actions – whether his object is to make money or merely to make shirts for himself, whether he conducts his business on rational or on traditional lines. Or we can think of his relations with his workers and his customers. For instance, when he is making contracts he has to follow certain rules, imposed upon him by the legal system under which he happens to live. Or we can think of the whole process of cotton-spinning – the preparation of the raw material, the application to

[5][1] Grundlegung [der Nationalökonomie, Stuttgart 1885], §§ 337.
[6][2] See my paper: Die Ordnung des Wirtschaftslebens, Second Edition, revised, [Berlin] 1927.

it of tools or machinery, the packing and dispatch of the finished product, and so on.

I am now in a position to define the concept of "the economic system" more precisely: it is the mode of providing for material wants, regarded as a unit which is (1) animated by a definite spirit, (2) regulated and organized according to a definite plan, and (3) applying a definite technical knowledge. This concept of the economic system actually satisfies all the requirements which we can make of an ultimate [|15] idea that is to form the basis of a system. The earlier attempts at systematization sought to provide such an idea by emphasizing single prominent characteristics, but these attempts were far less serviceable. They were able to distinguish only single aspects of economic life, whereas the concept of "the economic system" is wide enough to comprehend every aspect. On the other hand, it is definite enough to grasp the historical concreteness of economic life, and thereby it proves itself far superior, for the purpose of framing a system, to purely formal ideas such as that of national economy. Finally, it is general enough to be applied to every conceivable economic institution from the most primitive to the most highly developed.

The significant forms which economic life can assume are limited (1) by the fact that the forms which each constituent element of the economic process can assume are limited; (2) by the fact that the possible significant combinations of the forms which each constituent element can assume are limited. Hence the number of economic systems is limited. In the following list the conceivable possibilities of variation are surveyed, and I believe that it is comprehensive.

A. Spirit (Economic outlook): (1) The principle of satisfying natural want – the money-making principle. (2) Traditionalism – Rationalism. (3) Solidarity – Individualism.
B. Form (Regulation and Organization): (1) Restriction – Freedom. (2) Private enterprise – Public ownership of the means of production. (3) Democracy – Aristocracy. (4) Compactness – Looseness. (5) Production for use – Production for the market (*Verkehrswirschaft*). (6) Individual concerns – Socialized concerns.
C. Technical methods: (1) Empirical – Scientific. (2) Stationary – Revolutionary. (3) Organic – Non-organic (mechanical, inorganic).

To the different economic systems of my theoretical classification correspond the different economic epochs (economic periods) of history. By an economic epoch I mean a stretch of time during which an economic system is actually realized in History, or during which economic life reveals the features belonging to a definite economic system. In the succession of the economic systems certain regular sequences can be observed. These sequences are based on psychological laws in so far as there are immanent in a given economic system forces which are responsible for the emergence of its successor. The way in which economic aristocracy has been followed by economic democracy and economic democracy by economic aristocracy shows this most plainly. The course of economic history is clearly marked by the alternation of these two types, and there seems to be something inevitable in this continual interchange. It may be that here we can formulate an "evolutionary tendency". The following are the historical facts, [|16] which reveal (at least for European economic life) this rhythm of a regular alternation between the two. (1) Economic Democracy: the primitive economic arrangements prevailing in Europe; (2) Economic Aristocracy: the economic arrangements prevailing among the nomad shepherds; (3) Economic Democracy: the village community; (4) Economic Aristocracy: the manorial system; (5) Economic Democracy: the handicraft system; (6) Economic Aristocracy: capitalism. It seems as though this aristocratic period is in its turn to be succeeded by a democratic one. There are certainly unmistakable signs pointing that way – the growing influence of the Trade Unions, the progress made by the Co-operative movement, the increasing restriction which protective legislation imposes on economic freedom, the new conceptions of public administration which have permeated both central and local authorities, etc.

We cannot think of human beings making organized provision for their material wants apart from some economic system. Thus every economic system must come into being within the framework of some other. When an economic system begins to develop, some other system must already be in existence. (It is natural to ask: How did the first economic system develop? We might just as well ask: How did man become man, how did he "evolve" from the animal? This question belongs to metaphysics and is unimportant for our special subject.) There are periods when a particular economic system can be observed in a comparatively pure form, when it leaves its mark upon every branch of economic activity. This is the epoch in which the system reaches its climax. Before the climax is reached, it has to pass through an early epoch, and the early epoch of one economic system constitutes the late epoch of another. When an economic system first appears, or is beginning to decay and to lose its distinctive vitality, we can speak of a "mixed" period, a transition period, and contrast it with a period of full development, or a "pure" period. I have illustrated this attempt to classify different epochs in the case of the Capitalist system, in which I have distinguished the epochs of early, full, and late Capitalism (*Frühkapitalismus, Hochkapitalismus, Spätkapitalismus*), and my terminology has been widely accepted (in German).

This idea of the "economic system", and a theory of economic life based upon it, enable us to approach the study of economic history with every prospect of obtaining fruitful results. Economic history has not had at its disposal a body of theory constructed to meet its special requirements. It has been dependent upon theories originally formulated in alien spheres of culture; and it is to save the economic historian from the two extreme perils which menace him – on the one [|17] hand, the absence of any systematic theory of his own, on the other, the acceptance of principles framed to deal with subjects of a different nature – that the concept of an "economic system" is put forward. I have myself ventured aloft in the machine which I have constructed, and I feel that it has come through the test adequately. In the three volumes of my principal work, *Modern Capitalism*,[7][1] I have sought to give "a systematized historical account of European economic life in its entirety, from its beginnings to the present day". I have not, however, succeeded up to the present in obtaining recognition as a historian. People are beginning – though slowly – to familiarize

7[1] [cf. note 1].

themselves with my theory, but my work is regarded as being only theoretical, and is not considered to be a contribution to history as well. The reviewer of my book is merely expressing a widely held opinion when he says, "This capitalism of his is an abstract conception, the object of a theory. Capitalism as an object of experience has not found in him its historian, and the further his work progresses the more apparent this fact becomes. ... His exposition of the decisive period of *Hochkapitalismus* is still a very different thing from an *historical* account of modern economic development."[8][2] The question at issue is not, of course, whether my book is good or bad. It is possible that my contribution to the subject is inadequate. Yet this critic, like many others, holds a very favourable opinion of my work. He writes: "It must be conceded to Sombart that he has, indeed, been able brilliantly to analyze the phenomena of capitalism which are common to all Europe; but ..." and then he points out, as I have mentioned above, that my book is not a *history* of Capitalism. But what is it, if not a *history*? I must propound a few more considerations of a general character to make clear the error into which my critic has fallen.

VI.

I have dealt with the contrast between theory and history. Let me turn now to the contrast between "general" and "special" history. It is important to be clear about the following point: all history is concerned to portray the *individual*. It seeks to record the actual, the concrete event. The actual can never be completely expressed in terms of a general significance. History seeks to delineate the ever-individual reality in its individuality. History (in contrast to theory) is limited by considerations of space and time. We must, however, distinguish the *individual* from the *special* case. What has once been done can never be undone – and in this respect it remains [|18] individual – even if it is done again a thousand times in the same or, rather – for exact repetition is impossible – in a similar manner. Such an event which occurs over and over again, given certain conditions, may be called a representative (*kollektives*) event. We must be quite clear about this: all history and particularly economic history has to deal mainly not with the special case, but with events and situations which recur, and recurring exhibit some similarity of feature – instances which can be grouped together, given a collective label, and treated as a whole. On the other hand, what relates exclusively to a *single* person, or a *single* occurrence, or a *single* example, can form the subject only of a monograph in the narrow sense of the term – an account of a single special case. Thus I can write a history of the Bank of England, or a history of the House of Rothschild, or a history of a particular peasant's holding, or of a particular craftsman. But in economic history, as we know, works of this character are exceptional. Studies of the first type predominate. They can, it is true, exhibit a remarkable diversity: we can have, for instance, a history of London banks, a history of English note-issuing banks, a history of English banking, a history of British banking, a history of European banking. The time-framework also can vary

8[2] [cf. note 1], II, p. 325.

considerably. Moreover, the degree of generality which can be observed depends upon whether the historian confines his attention merely to *one* sphere of economic life or extends it to several; whether he treats of trade or of trade and traffic, or of economic history as a whole. The standpoint alone can enable us to decide whether a subject is to be regarded as particular rather than general. In relation to English banking, a history of the London banks must be regarded as particular. And yet a history of the London banks belongs to the first type mentioned above. It deals with the fate of a number of particular businesses, conceived as a unity, the parts of which need not be mentioned separately. Regarded from this standpoint, what is the relation of my work to the ordinary type of historical survey? Its distinctive feature is this: in considering economic phenomena I seek general characteristics and I carry my search as far as it legitimately can be carried. I restrict myself to the culture of the nations of Southern and Western Europe (the nations which, since the period of the Migrations, have made Europe's history), and to that of North America. Had I not observed this restriction, I should have been overwhelmed by an unwieldly mass of facts, utterly lacking coherence and continuity. To write a history of "Capitalism" is impossible: all we can hope to do is to write a history of "Modern Capitalism". Keeping, then, within the limits I have prescribed, I disregard the individual peculiarities of the various nations. The question I ask is: What economic pheno- [|19] mena, which lead to the development of "Modern Capitalism" and are essential to it, can be regarded as common to *all* European nations? I am convinced that this way of stating the question is right. I would go even further, and say that unless they take account of it, specialized investigations into the economic fate of particular groups have little prospect of being fruitful. I do not mean that my work excludes specialized research, whether it relates to a whole country, a particular village, or a particular industry. On the contrary, it makes such research far more fruitful. Only when we understand what European economic history is can we write German, French, or English economic history. My procedure has resembled that of the mathematician, who takes out the letter recurring in all values and places it before a bracket, so that he says $a(b+c+d \ldots)$ instead of $ab+ac+ad$. ... I have taken European economic histories – the product of European and national elements – sought for the European factors, and traced the peculiar forms which they have assumed. Every historian who reflects on this procedure must recognize its justification as an adjunct to historical research in the narrower sense. There must be an end of the suggestions about my "squeezing historical facts into ill-fitting theoretical schemes", and about the unhistorical character of my work. I shall always be grateful to those who detect mistakes in points of detail. But it is well to be quite clear as to what constitutes a "mistake" in a work such as mine. My statements of fact may occasionally be inaccurate; my surveys of events may occasionally be a little too concise; perhaps I may not always present events in their exact chronological order – but I do not regard myself in these cases as making "mistakes". For my purposes it is quite unimportant whether it was Anton or Jacob Fugger who did business with the Emperor, whether the Banque de Belge (the first bank of its kind) was founded in 1833 or in 1835. What is important is that the case adduced should be *typical* and should be assigned to the appropriate period. It is my earnest contention that such a treatment of the past is also *History*.

It is general history in the widest interpretation of the term. And general history is necessary to complement the monograph and the highly specialized study.

I claim for my work that it makes a contribution both to theory and to history. I trust that it may help to end the baseless hostility prevailing between economic theory and economic history. Theory and history are not enemies. It is time that theorists and historians realized that work of permanent value can only be produced from their co-operation. To emphasize this, and thereby to vindicate my own life's work, are the objects of this essay.

WIRTSCHAFT UND POLITIK IM ZEITALTER DES MODERNEN KAPITALISMUS

von Otto Hintze

Werner Sombart hat seinem großen Werke über den modernen Kapitalismus, das ich an anderer Stelle ausführlich zu würdigen versucht habe,[1][[1]] eine antikritische Auseinandersetzung von prinzipiellem Charakter folgen lassen,[2][[2]] in der er das Verhältnis von Wirtschaftstheorie und Wirtschaftsgeschichte erörtert, in dem Sinne, daß die enge und notwendige Verbindung beider als eine grundsätzliche Forderung aufgestellt wird, was aber zugleich für ihn auch eine Emanzipation der Wirtschaftsgeschichte von der politischen Geschichte und eine saubere Trennung der Gebiete von Wirtschaft und Politik in der historischen Betrachtung bedeutet. Ich fühle mich zwar durch seine Ausführungen nicht persönlich betroffen – die Vorwürfe, gegen welche diese gerichtet sind, namentlich den, daß er die Geschichte durch theoretische Konstruktionen vergewaltige, habe ich keineswegs erhoben; aber aus rein sachlichem Interesse sehe ich mich doch dadurch veranlaßt, meine abweichende Meinung über das Verhältnis von Wirtschaft und Politik im Zeitalter des modernen Kapitalismus hier noch einmal in kurzer Zusammenfassung darzulegen. Sombart nimmt mit Recht das Verdienst für sich in Anspruch, zum erstenmal die Epochen der Wirtschaftsgeschichte nach den verschiedenen aufeinanderfolgenden Wirtschaftssystemen bestimmt zu haben, während bisher die Epochen des staatlichen Lebens auch [|2] zugleich zur Gliederung der Wirtschaftsgeschichte verwandt worden waren, wie z. B. bei uns von Schmoller und Bücher, aber auch durchweg in der englischen und französischen Wirtschaftsgeschichte. Mir scheint aber, daß dabei der theoretische Gesichtspunkt gegenüber dem eigentlich historischen zu stark geltend gemacht wird, als daß ein Historiker sich mit dieser vollständigen und grundsätzlichen Trennung von Wirtschaft und Politik abfinden könnte. Bei einer vorwiegend theoretischen Betrachtung bezieht man allerdings die geschichtlich-gesellschaftlichen Erscheinungen auf die getrennten Kultursysteme der Wirtschaft, der Politik, der Religion usw. und auch der Historiker gewinnt ein volles Verständnis von ihnen erst durch die Eingliederung in die dadurch gegebenen Zusammenhänge. Aber neben dieser theoretischen Einstellung ist ebenso wohlberechtigt eine eigentlich historische, d.h. „kulturhistorische", welche in den erlebenden und handelnden Subjekten der Geschichte, mögen die nun einzelne Menschen oder menschliche Verbände, z.B. Völker, sein, in jedem Moment die lebendige Einheit erkennt und betont, zu der in der

---

1[[1]] Hist. Zeitschr. 139, 1929, 457 ff.
2[[2]] Economic History Review 2/1, Jan. 1929.

Wirklichkeit die Beziehungen auf die von uns nur theoretisch unterschiedenen Kultursysteme zusammenlaufen. Wirtschaft und Politik, Religion und Kunst, Wissenschaft und Technik hängen überall, nicht nur in der Wurzel, sondern in allen Phasen ihrer Entwickelung zusammen; sie zeigen überall durchgehend den gleichen „Stil"; ihre lebendige Einheit bildet das, was man als „Kultur" im weitesten Sinne (mit Einschluß der „Zivilisation") bezeichnen kann. Besonders eng aber ist der Zusammenhang zwischen Wirtschaft und Politik, die man daher auch wohl zu der engeren Einheit der „Zivilisation" im Unterschied von der „Kultur" im engeren Sinne, der Kultur des rein geistigen Lebens, zusammenfaßt. Wer die Geschichte eines Volkes darstellt, wird seine wirtschaftliche und seine politische Entwicklung zwar unterscheiden, aber doch nicht so, daß er eine Wirtschaftsgeschichte ohne innere Verbindung neben die politische Geschichte stellt, sondern so, daß er in den verschiedenen Phasen der Entwicklung den Zusammenhang des wirtschaftlichen und des politischen Lebens zur Anschauung bringt als zwei Seiten oder Aspekte eines und desselben historischen Lebensprozesses. Darin sehe ich den tiefsten Unterschied einer vorwiegend theoretisch und einer vorwiegend kulturgeschichtlich orientierten Geschichtsbetrachtung, daß die eine zum Gegenstand eine Abstraktion hat, [|3] wie z. B. die Wirtschaft oder der Kapitalismus, die andere aber eine lebendige menschliche Einheit, z. B. ein Individuum oder ein Volk. Nun sind freilich die Abstraktionen, um die es sich hier handelt, von besonderer Art: es sind anschauliche Abstraktionen, die wir mit H. Maier „Typen" nennen wollen, im Gegensatz zu den „Begriffen" in der Naturwissenschaft. Typische Formen des wirtschaftlichen Lebens, wie z. B. der moderne Kapitalismus, führen aber leicht die Vorstellung eines lebendigen menschlichen Trägers mit sich, so z. B. bei Sombart die Vorstellung des abendländischen, genauer genommen des „romanisch-germanischen" Völkerkreises der neueren Zeit. Darum ist es nicht ohne Berechtigung, wenn er den modernen Kapitalismus als ein „historisches Individuum" betrachtet; aber streng genommen ist er doch nur eine isolierte Lebensäußerung dieses Individuums. Gerade die Kategorie der Individualität würde eine Ergänzung des wirtschaftlichen Segments zu der runden Totalität voller Lebenswirklichkeit verlangen, womit die spröde Scheidung von Wirtschaft und Politik sich nicht vereinigen läßt. Was ist es denn, was die „Wirtschaftssysteme" zugleich zu „Wirtschaftsepochen" macht? Es ist die Tatsache, daß diese Abstraktionen eine Seite oder einen Aspekt des allgemeinen historischen Lebensprozesses in einer bestimmten Phase darstellen. Darum glaube ich auch, daß eine Gliederung der Wirtschaftsgeschichte nach Wirtschaftssystemen keineswegs in Widerspruch zu der hergebrachten Gliederung nach den großen Epochen der politischen Geschichte zu stehen braucht. Sie gibt ihr nur einen schärferen und klareren ökonomischen Sinn. Insofern bedeutet sie gewiß einen sehr erheblichen wissenschaftlichen Fortschritt. Aber dieser Fortschritt wird keineswegs preisgegeben durch die Anerkennung der Tatsache, daß ein unverkennbarer durchgehender Parallelismus besteht zwischen den wirtschaftlichen und den politischen Epochen der Geschichte; und diesen Parallelismus möchte ich eben für das Zeitalter des modernen Kapitalismus und des modernen Staatslebens hervorheben.

Max Weber hat einmal gesagt, daß in dem geschlossenen nationalen Staat Garantien für den Fortbestand des Kapitalismus enthalten seien. Ich halte das für durchaus richtig, wenn auch Schumpeter versucht hat, den Kapitalismus in einen inneren Gegensatz zum Nationalismus zu stellen; und ich finde, daß Sombart diesen – ich möchte sagen: schicksalhaften Zusammen- [|4] hang nicht zu seinem vollen Recht hat kommen lassen, wie er denn bei seinem Ausblick in die Zukunft des Kapitalismus die politischen Voraussetzungen für seinen Fortbestand überhaupt nicht erwähnt. Seine Ansicht über das Problem hat er dahin zusammengefaßt: daß der moderne Staat und der moderne Kapitalismus aus einer gemeinsamen geistigen Wurzel stammen, daß aber nach ihrer Sonderung voneinander jedes seine besondere eigengesetzliche Entwicklung habe, daß diese Entwicklung zwar eine gleichläufige sei, mit vielen gegenseitigen Beeinflussungen und Wechselwirkungen, daß aber nicht davon die Rede sein könne, daß eines von beiden bloß eine Funktion des andern sei. Diese Generalklausel befriedigt mich nicht ganz, weil sie die fortdauernde Einheit der Kulturentwicklung vernachlässigt. Es kommt darauf an: 1. wie die gemeinsame geistige Wurzel zu denken ist, und 2. wie die weiteren historischen Zusammenhänge in den verschiedenen Stadien der Entwicklung zu beurteilen sind. Mir scheint, daß dabei die Eigengesetzlichkeit der ökonomischen Entwicklung zu stark betont wird, so daß die Einwirkung des staatlichen Faktors zu kurz kommt. Es bleibt zwar wahr, was Sombart sagt: daß weder der Kapitalismus den modernen Staat hervorgebracht habe, wie die Marxisten öfter behauptet haben, noch der moderne Staat den Kapitalismus, trotz der merkantilistischen Wirtschaftspolitik und der liberalen wirtschaftlichen Reformgesetzgebung des 19. Jahrhunderts. Aber ebenso wahr scheint mir, daß die Entstehung und Ausbildung des Kapitalismus unverständlich bleiben müßte ohne die Einsicht in ihre Bedingtheit durch den Gang der Staatenbildung und den Geist der Politik in den letzten vier Jahrhunderten. Diese letztere Wahrheit gerät in Gefahr verdunkelt zu werden durch die allzu scharfe Absonderung der wirtschaftlichen Entwicklung von der politischen und durch die allzu starke Betonung der Eigengesetzlichkeit des wirtschaftlichen Lebens. Die Einheit der Zivilisationsgeschichte kommt nicht zu ihrem Recht, die doch auch Sombart durch die Annahme einer gemeinsamen geistigen Herkunft des modernen Staates und des Kapitalismus grundsätzlich anerkennt.

　　Wir fragen nun zunächst, wie diese gemeinsame geistige Herkunft zu denken ist. Sombart sagt: Der Geist des Kapitalismus stammt aus demselben Geist, der am Ende des Mittelalters den neuen Staat, die neue Religion, die neue Wissenschaft und Tech- [|5] nik hervorgebracht hat. Es ist offenbar der Geist der Renaissance, den er meint. Er zitiert Faustens Geist, um den Unendlichkeitsdrang zu kennzeichnen, auf den es dabei hauptsächlich ankomme. Das ist gewiß plastisch und prägnant gesprochen, aber vom Standpunkt der „verstehenden Soziologie" befriedigt es mich nicht, zumal in fast mythisch-poetischer Weise ausgeführt wird, wie dieser Geist sein Werk vollbringt. Gehen wir auf den Grund, so ist dieser Geist des Kapitalismus, der in der Wurzel mit dem Geist des modernen Staates zusammenhängt, nur eine Substanzialisierung des sozialpsychischen Prozesses, durch den das neue kapitalistische Wirtschaftssystem hervorgebracht wird. Dieser Prozeß aber besteht darin, daß einzelne Privatunternehmer, vom Gewinnstreben getrieben, an den Marktchancen sich orientierend, in Konkurrenz unter einander ohne einen gemeinsamen Plan Waren produzieren, die dazu bestimmt sind, den Güterbedarf einer größeren Marktgesamtheit zu decken, und die hergestellt werden in Betrieben, die von den Unternehmern auf der Grundlage des von ihnen besessenen Kapitals, und unter Verwendung freier, aber besitzloser Lohnarbeiter organisiert worden sind. Haben sie Erfolg, so reizt der erhebliche Gewinn, der ihnen zuteil wird, zur Nachfolge, bis ihr Verfahren sich allgemein verbreitet und die älteren Wirtschaftssysteme in den Hintergrund drängt. Dabei kommt es also sehr wesentlich auf den Erfolg an, der zur Nachahmung reizt; dieser ist abhängig in erster Linie davon, daß ein dringender gesellschaftlicher Bedarf zu befriedigen ist, zugleich aber auch von einer Reihe von objektiven Kulturbedingungen, die nicht ohne Zutun der staatlichen Gewalt erfüllt werden können. Die erste und wichtigste dieser Bedingungen ist die Gewährleistung eines Maßes von Sicherheit und Rechtsschutz, ohne den die kapitalistische Kalkulation überhaupt nicht möglich sein würde; dazu kommt der Ausbau der Verkehrswege, der Straßen, Eisenbahnen, Schiffahrtslinien, die Einrichtung von Post, Telegraph usw. Das alles kann nicht ohne Zutun der öffentlichen Gewalten bewirkt werden. Auf diesen Verkehrsmöglichkeiten und der Gewährleistung von Sicherheit und Rechtsschutz aber beruht die Einrichtung und das Funktionieren dessen, was man einen Markt nennt. Die Ausdehnung und Organisation des Marktes ist bestimmend für die Entstehung des Kapitalismus. Wie dem lokalen Markt das Handwerk entspricht, so dem erweiterten Markt die kapitalistische Unter- [|6] nehmung. Ohne Zutun des Staates entstehen aber die erweiterten Märkte nicht. Sie sind eine Begleiterscheinung des Fortschritts der Staatenbildung. Darin liegt ein fundamentaler Zusammenhang zwischen dem modernen Staat und dem Kapitalismus, der sich durch alle Stadien ihrer Entwicklung geltend macht. Das hat auch Sombart schon gesehen, aber meiner Meinung nach nicht genügend gewürdigt, wovon gleich noch die Rede sein wird.

Aber auch abgesehen von dieser nahen Verknüpfung zwischen dem modernen Staat und dem Kapitalismus hat der soziale Prozeß, durch welchen der Kapitalismus entsteht, eine innere soziologische Verwandschaft mit dem, durch welchen das politische System der neuen Staatenwelt entsteht, sei es durch Neugründung, wie in den deutschen und italienischen Stadt- und Territorialstaaten, sei es durch Umbildung der alten großen Staatengebilde, wie in Frankreich und England.

Auch dieser Prozeß der modernen Staatenbildung läßt sich als eine Unternehmung betrachten, eine politische Unternehmung neben der wirtschaftlichen. Sie hat mit dieser gemeinsam den Umstand, daß sie aus der individuellen Initiative einzelner Führer hervorgeht, die von vielen Zentren aus ohne gemeinsamen Plan, in Konkurrenz oder Rivalität miteinander sich betätigen, indem sie politische Betriebe organisieren. Während bei dem wirtschaftlichen Führer, dem Unternehmer, das Streben nach Gewinn und Reichtum den unmittelbaren Antrieb gibt und den Richtpunkt des Handelns bildet, ist es bei dem politischen Unternehmer, dem Fürsten oder Staatsmann, das Streben nach Herrschaft und Macht. Aber auch hier kann solches Streben auf die Dauer nur in dem Maße erfolgreich sein, wie es gelingt, zugleich gewisse lebenswichtige Bedürfnisse der Allgemeinheit zu befriedigen, also gesellschaftlichen Lebenszwecken zu dienen. Bei der wirtschaftlichen Unternehmung handelt es sich um die Herstellung oder Verteilung von Waren zur Deckung des jeweils dringendsten gesellschaftlichen Bedarfs an Gebrauchsgütern. Bei der politischen Unternehmung handelt es sich um die Schaffung und Bereitstellung von

Machtmitteln zur Gewährleistung von Sicherheit und Rechtsschutz. Es waltet in beiden Fällen eine eigentümliche Heterogonie der Zwecke, die für die soziologische Struktur der modernen Zivilisation überhaupt charakteristisch ist: indem die Führer in Wirtschaft und Politik zunächst nur ihre eigenen Interessen im Auge haben: Erwerb von Geld oder von [|7] Macht, fördern sie doch zugleich auch allgemeine Interessen: nämlich die Bedarfsdeckung an gesellschaftlich notwendigen Gebrauchsgütern und die Gewährleistung von Sicherheit und Rechtsschutz, ohne die auch das wirtschaftliche Leben nicht bestehen kann. Geld kann auf die Dauer nur verdient werden, indem zugleich ein dringender gesellschaftlicher Bedarf befriedigt wird; und Macht kann nur erworben und festgehalten werden, indem zugleich Sicherheit und Rechtsschutz gewährleistet wird. Und umgekehrt: die Befriedigung des Bedarfs an gesellschaftlich notwendigen Gebrauchsgütern findet nur statt durch die konkurrierende Produktionstätigkeit vieler einzelner Privatunternehmer; und eine Gewährleistung von Sicherheit und Rechtsschutz in dem Ausmaß, wie sie die moderne Zivilisation braucht, findet nur statt durch die Organisation des politischen Lebens von vielen einzelnen rivalisierenden Machtzentren aus. Die Gegensätze dazu, die dem modernen Leben fremd sind, wären: Planwirtschaft und Universalstaat. Diese Gegensätze muß man im Auge haben, um die Eigentümlichkeit der modernen Zivilisation und die soziologische Verwandtschaft von Politik und Kapitalismus zu verstehen. Es handelt sich in beiden Sphären des sozialen Handelns im Grunde um die Uebereinstimmung der soziologischen Struktur des Zweckzusammenhanges zwischen der individuellen Leistung der Führer und dem gesellschaftlichen Nutzeffekt ihrer Leistung: auf der einen Seite das Streben nach Gewinn oder nach Macht als der direkte Impuls der individuellen Leistung der Führer in Wirtschaft und Staat; auf der andern Seite die gesellschaftliche Bedarfsdeckung und die Gewährleistung von Sicherheit und Rechtsschutz als der gesellschaftliche Nutzeffekt dieser individuellen Leistung. In diesem eigentümlichen Verhältnis können wir überhaupt den soziologischen Grundzug der abendländischen Zivilisation erkennen, der wohl mehr ein Produkt der gemeinsamen Geschichte des Abendlandes, als eine ursprüngliche Rassenanlage seiner Völker darstellt: es ist die individuelle Initiative der Führung durch viele Einzelpersonen, die die Gesellschaft von Grund aus umgestaltet; die persönliche Aktivität und Verantwortlichkeit zahlreicher Führer, die den Betrieb in Staat und Wirtschaft rational zu organisieren und intensiv zu steigern verstehen, während in den orientalischen Kulturen, wie in China mit seiner Sippenverfassung oder in Indien mit seinem Kastenwesen und allen daran hängenden magischen oder sakralen [|8] Bindungen und Hemmungen das extensive Wachstum der Völker nicht von einer entsprechenden Intensivierung und Rationalisierung des sozialen Lebens begleitet war, weil ein individuelles aktives und reformatorisches Führertum hier nicht zu durchgreifender Wirksamkeit gelangen konnte; die empirisch-traditionellen Wirtschafts- und Gesellschaftsformen behaupteten hier vielmehr unter dem Schutze der Sippenverfassung und des sakralen Kastenwesens überall das Feld. Im Abendlande dagegen hat, nachdem im Gebiet der Mittelmeerkultur die antike Stadt die Sippen und ihr Sakralrecht mit dem Verbandsrecht der Bürgergemeinde verschmolzen hatte, in den binnenländischen Gebieten während des Mittelalters die große Kulturmacht der christlichen, insonderheit der römisch-katholischen Kirche einen durchgreifenden sozialen Strukturwandel hervorgebracht, indem sie im Bunde mit den großen Monarchien die Sippenverfassung bei allen Völkern des Abendlandes als die Zufluchtstätte heidnischer magischer und sakraler Gebräuche und Superstitionen zerstörte oder wenigstens ganz zurückdrängte. Alles, was mit Magie und Sakralwesen zusammenhing, wurde von der Kirche absorbiert, die es zum Teil mit ihrem Kultus verschmolz, indem sie es ethisierte und rationalisierte. Dadurch wurde aber das profane Leben der abendländischen Völker weitgehend von all den magischsakralen Bindungen und Hemmungen befreit, die in den orientalischen Kulturen einer Rationalisierung und Intensivierung des wirtschaftlichen und sozialen Handelns im Wege standen. Die Kirche übernahm zunächst selbst die Leitung bei dem großen sozialen Umbildungsprozeß, der dadurch eingeleitet wurde; und als am Ende des Mittelalters, nach dem Scheitern der Reformkonzilien, die hierarchische Organisation sich mehr und mehr lockerte, und schließlich die Einheit der römisch-katholischen Kirche verloren ging, da trat als Produkt dieses Erziehungsprozesses jene individuelle Aktivität, das Streben nach intensiverem und rationellerem Leben auf allen Gebieten hervor, die den bezeichnendsten Charakterzug in dem Geist der Renaissance und der Reformation bilden.

So sehe ich diesen Geist an, aus dem der moderne Staat und mit ihm auch der moderne Kapitalismus stammt. Mir scheint, daß ihn Sombart nicht ganz zutreffend deutet, wenn er ihn durch den „faustischen Unendlichkeitsdrang" charakterisiert. Und damit hängt auch seine Charakteristik des modernen Staates zusammen, die mir ganz besonders Anlaß zu Widerspruch gibt. [|9] Der moderne Staat im Gegensatz zum mittelalterlichen ist für ihn einfach der absolute Fürstenstaat: der reine Machtstaat nach außen, der alles regelnde Polizeistaat im Innern ohne jedes innere Gemeinschaftsband der beherrschten Bevölkerung. Sein Wesen ist nach Sombart das unendliche Machtstreben, die grenzenlose Ausdehnung: er will erobern, er will herrschen. Das ist natürlich eine idealtypische Konstruktion, die nur die wesentlichen Züge hervorheben soll; aber auch als solche ist sie nicht zutreffend. Der Idealtypus darf doch nicht zur Karikatur werden. Sombart hat sich zu ausschließlich an die Tyrannenstaaten der italienischen Renaissance gehalten; aber trotz der Autorität von Jakob Burckhardt sind die wahren Züge des modernen Staates doch wohl besser an den großen Reichen wie England und Frankreich zu studieren, die ein wesentlich anderes Bild zeigen, unter anderem: Stände, Parlamente, Kommunalverbände. Sombart hat nun freilich diese Charakteristik, die wohl hauptsächlich die Zeit des 16. bis 18. Jahrhunderts im Auge hat, später (im dritten Bande) für das 19. Jahrhundert ergänzt durch die These von der Zwieschlächtigkeit im Wesen des Staates in dieser neuesten Epoche, die durch die liberalen Ideen und ihren nominalistischen Gegensatz gegen den absoluten Staat hervorgebracht wird; aber dabei wird die Hauptsache übersehen, nämlich der Fortschritt zur nationalen Staatsbildung, der sich mit den liberalen Ideen verbindet und das Gegenteil von nominalistischer Auflösung bedeutet. Ueber den Charakter der zwischenstaatlichen Politik bringt Sombart auch hier nichts Neues; und gerade gegen deren Charakteristik muß Widerspruch erhoben werden. Das Charakteristische in der modernen Politik liegt nicht in dem Streben nach unbegrenzter Machtausdehnung, sondern vielmehr in dem Streben nach besserer Arrondierung und stärkerer Konsolidierung der Staaten. Es gibt zwar immer

Mächte (erst Spanien, dann Frankreich), deren imperialistische Politik des Strebens nach der Universalmonarchie beschuldigt wird; aber das Charakteristische ist, daß sie damit nicht durchdringen. Das Staatsleben hat doch im ganzen mehr einen intensiven und rationalen Zug als einen solchen zu abenteuerlicher Expansion. Auch die Kriegführung trägt vom 16. bis 18. Jahrhundert einen methodischen, vorsichtig operierenden Charakter. Die modernen Heere sind keineswegs unbeschränkt vermehrbar, wie Sombart meint, sondern sie sind ein sorgsam geschontes Kriegsinstrument. Politik und Krieg- [|10] führung haben zwar seit Napoleon, wo nicht mehr die Dynastien, sondern die Nationen als Träger der imperialistischen Machtpolitik erscheinen, einen größeren Aktionsradius und zeigen eine bedeutende Energiesteigerung; aber das Wesen des modernen Staatslebens, im großen gesehen, ist doch auch dadurch nicht verändert worden. Es mag sein, daß die Macht an sich immerfort nach Ausdehnung trachtet, daß sie sich nicht selbst beschränkt, sondern nur von einer anderen Macht beschränkt werden kann. Aber die Struktur des europäischen Staatslebens bringt es eben mit sich, daß jede Macht in ihrer Ausdehnung sehr bald beschränkt wird. Hier entsteht statt einer Universalmonarchie, wie im Altertum, ein System der großen Mächte, das trotz aller Störungen immer wieder zu einem Gleichgewicht der Macht hinstrebt. Hier entsteht eine Staatengesellschaft mit einem latenten Solidaritätsgefühl, das sich trotz aller Rivalitätskämpfe immer wieder geltend macht. Dieses Solidaritätsgefühl stammt offenbar aus der tausendjährigen Glaubens- und Kulturgemeinschaft der christlichen Kirche, insbesondere der römisch-katholischen Kirche im Abendlande. Es ist die wichtigste Grundlage des modernen Völkerrechts geworden, das gewissermaßen als eine säkularisierte Umbildung jener Kultur- und Glaubensgemeinschaft erscheint. Weil aber jede Macht bald wieder in ihre Schranken zurückgewiesen wird, ist sie gezwungen, ihre Kräfte nach innen zu richten, den Staatsbetrieb intensiv und rational auszubauen und sich mit Abrundung und Konsolidierung ihres Gebietes zu begnügen. Das ist der wahre Charakter des modernen Staatslebens. In ihm herrscht eine beständige Rivalität der einzelnen Staaten untereinander, die zwar zu häufigen Kriegen führt, aber in der Regel nicht zu der dauernden Unterwerfung eines Volkes unter das andere, nicht zur Alleinherrschaft einer Macht. Eben dadurch wird die Rivalität zu einem habituellen Dauerzustande und sie ruft in allen Völkern des Abendlandes das Maximum von Energie hervor, dessen sie fähig sind. In ihr liegt der Zwang zu immer weiterer Steigerung der Rationalität und Intensität der staatlichen Betriebe; und dadurch erzeugt sie zugleich ein Maß von Sicherheit und Rechtsschutz in der Welt, wie es früher niemals vorhanden gewesen ist, und wie es eine Grundvoraussetzung des modernen Kapitalismus bildet.

Ein ganz ähnliches Grundverhältnis charakterisiert nun aber auch das Wirtschaftsleben der abendländischen Völker. Auch [|11] das Gewinnstreben waltet nicht schrankenlos; es wird durch Gesetz und Sitte beschränkt, auch nachdem die der christlichen Gesellschaft des Mittelalters entsprechende Wirtschaftsmoral, wie sie etwa in den Schriften des h. Thomas von Aquino niedergelegt ist, sich bis zur Auflösung gelockert hat. Wir finden hier freilich auch das Streben nach dem Monopol, wie im politischen Leben das nach der Alleinherrschaft. Aber auch das Monopol hat in dem wirtschaftlichen Leben des Abendlandes nirgendwo auf die Dauer durchdrin-

gen können. Der Dauerzustand bleibt vielmehr eine rastlose mehr oder minder
scharfe Konkurrenz, die zwar untüchtige Mitbewerber ausstößt, aber doch immer
noch so viele übrigläßt, daß die Gefahr des Monopols vermieden wird. Vielmehr übt
auch hier die beständige Konkurrenz einen Zwang aus zur fortschreitenden Ratio-
nalisierung und Intensivierung der Betriebe; und Sombart hat in eindringlicher,
überzeugender Darstellung gezeigt, daß eigentlich die ganze innere Geschichte des
Kapitalismus darin beschlossen ist. Das ist gerade das Kennzeichen des modernen
Kapitalismus gegenüber dem, was man im Altertum mit diesem Namen bezeichnet
hat. Sombart ist nicht darauf eingegangen, aber Max Weber hat gezeigt, in welcher
eigentümlichen Verbindung der antike Kapitalismus mit dem antiken Staatsleben
steht, wie er von der privaten Ausbeutung politischer Herrschaftsverhältnisse in
Provinzialverwaltung, Steuer- und Domänenpacht lebt, und wie hier die schranken-
lose wirtschaftliche Ausbeutung der Sklavenarbeit in Plantagen und Bergwerken
durchaus der schonungslosen politischen Unterdrückung der Besiegten entspricht,
die in den Kriegen der griechischen Städte und der römischen Republik regelmäßig
zu Boden- und Menschenraub führt und dadurch dem Sklavenkapitalismus stets neue
Nahrung gibt, während gefährliche Gegner und Konkurrenten durch Zerstörung
ihrer Städte, wie Kathago und Korinth, gewaltsam beseitigt werden; bis schließlich
die Entwicklung damit endet, daß dieser monopolistische Kapitalismus in der Uni-
versalmonarchie durch die Bureaukratisierung des Staatsbetriebs und durch uner-
schwingliche staatliche Lasten erdrückt wird. Diesen Gegensatz der Antike muß man
vor Augen haben, um die Eigenart des neuen Staats- und Wirtschaftslebens zu verstehen, das den Wurzelboden des modernen Kapitalismus bildet.

Sombart unterscheidet drei Epochen in der Geschichte des modernen Kapitalis-
mus: 1. den Frühkapitalismus, vom Ausgang des [|12] Mittelalters bis in die zweite
Hälfte des 18. Jahrhunderts reichend; das ist die Epoche, die man früher – wenn auch
nicht ganz passend – mit dem Namen des Merkantilismus bezeichnet hat; 2. den
Hochkapitalismus, die anderthalb Jahrhunderte vom Ende des 18. bis zum Weltkrieg
des 20., die Epoche, die man bisher schlechtweg als die des Kapitalismus zu bezeichnen pflegte; 3. den Spätkapitalismus, in den die Welt seit dem großen Kriege
eingetreten ist. Es ist eine Einteilung, die offenbar von der Kunstgeschichte entlehnt
ist und auch auf andere historische Gegenstände angewandt werden könnte. Sie
beruht, wie mir scheint, auf der Anwendung der idealtypischen Methode. Die hoch-
kapitalistische Epoche ist die, in welcher der Idealtypus des Kapitalismus (das, was
Sombart den „kapitalistischen Geist" nennt), voll realisiert ist; als Frühkapitalismus
wird die Epoche bezeichnet, in welcher die Annäherung an dieses Ziel schrittweis
stattfindet durch Abwandlungen des mittelalterlichen handwerklichen Wirtschaftssystems mit seinem Prinzip der bürgerlichen Nahrung; Spätkapitalismus heißt die
Epoche, wo die Entwicklung sich wieder von dem Idealtypus entfernt, einem neuen,
unbekannten Ziele entgegen. So verstanden hat die Einteilung ihr gutes Recht. Ich
halte sie für eine bedeutende wissenschaftliche Errungenschaft. Aber es verbindet
sich damit die biologische Analogie der Lebensalter, und diese bringt einen Neben-
sinn mit sich, der unvermeidlich zu einer Fehlerquelle werden muß. Der Frühkapitalismus erscheint als die Jugend, der Hochkapitalismus als das Zeitalter der Reife
und Vollkraft, der Spätkapitalismus als das des herannahenden Alters und des Ver-

falls. Diese Analogie macht sich sehr eindringlich geltend und muß meines Erachtens abgelehnt werden, so nahe sie liegen mag und so oft sie auf andere historische Gegenstände angewandt worden sein mag. Für unsere Frage kommt es nun aber darauf an, ob diese Epocheneinteilung irgendwie auf dem Verhältnis zwischen Staat und Wirtschaft beruht. Sombart sucht einen solchen Zusammenhang möglichst auszuschließen. Sein Bestreben ist es ja gerade, die Wirtschaftsgeschichte aus den Fesseln der politischen Geschichte zu lösen, sie rein auf sich zu stellen, und also auch die Epochen des Kapitalismus aus seinem eigenen immanenten Entwicklungsprinzip, nicht nach historisch-politischen Gesichtspunkten zu bestimmen. Mir scheint dagegen, daß eins das andere nicht ausschließt, daß vielmehr beides sich gegenseitig fordert und unauflöslich zusammenhängt. [|13]

Allerdings achtet Sombart selbst bei den verschiedenen Epochen neben der Technik auch immer auf den Staat als eine der Grundlagen des Kapitalismus. Aber er faßt da den Staat immer nur als ein in sich geschlossenes, isoliertes System von Einrichtungen ins Auge, nicht die Staatengesellschaft oder das Staatensystem als ein Ganzes mit seinen Interessenkonflikten und Rivalitätskämpfen, also nicht das, was wir als Machtpolitik oder Imperialismus bezeichnen können. Er hat mehr nur die Statik, nicht die Dynamik des Staatslebens vor Augen. Gerade aber diese Dynamik des Imperialismus spielt eine wichtige Rolle bei der Entwicklung des Kapitalismus.

Die Entstehung des Kapitalismus hat ja Sombart selbst in Verbindung mit dem großen allgemeinen Kulturprozeß gebracht, durch den die mittelalterliche Welt sich in die moderne verwandelt hat. Dieser Prozeß vollzieht sich auf dem Hintergrund der Auflösung dessen, was wir den hierokratischen Imperialismus des Mittelalters nennen können, und des Uebergangs zu dem neuen Imperialismus der modernen Staaten, zunächst in der Form des dynastischen Imperialismus. Ferner datiert Sombart den Anfang der spätkapitalistischen Epoche von dem Weltkrieg von 1914. Auch dies letzte Stadium ist also eingeleitet durch katastrophale politische Veränderungen, deren Charakter noch nicht mit Sicherheit zu bestimmen ist; ich möchte sie als den Uebergang von der nationalistischen zu einer föderalistischen Epoche des Imperialismus bezeichnen. Sollte eine säkulare politische Veränderung solcher Art nicht auch eine Rolle bei dem Uebergang vom Frühkapitalismus zum Hochkapitalismus spielen? Mir scheint, daß das in der Tat der Fall ist, und daß dieser Uebergang historisch zusammenhängt mit dem Uebergang von der Epoche des dynastisehen zu der des nationalistischen Imperialismus.

Die Grenze zwischen den beiden Epochen des Kapitalismus ist natürlich eine fließende. Sie liegt nach Sombart zwischen dem Ende des 18. und der Mitte des 19. Jahrhunderts, umfaßt also einen Zeitraum von fast 100 Jahren. Es ist die Zeit, in der die liberalen Ideen, die Exponenten der englischen, der amerikanischen und der französischen Revolution in das Staats- und Wirtschaftsleben eingedrungen sind. Aber deren Einfluß auf den Kapitalismus schlägt Sombart sehr gering an. Er betont dafür um so stärker die neuen technischen Erfindungen, die das Maschinenzeitalter eingeleitet haben. Er hebt darunter namentlich die Er- [|14] findung des Zeugdrucks hervor, die einen Massenartikel für die Baumwollindustrie Englands geschaffen und damit den Weg zum Großbetrieb eröffnet hat, und daneben auch das neue Koksverfahren, das die Eisengewinnung im Hüttenbetrieb erst auf die Höhe gebracht und damit erst den Maschinenbau im großen ermöglicht hat – beides Erfindungen aus der zweiten Hälfte des 18. Jahrhunderts.

Aber man wird dagegen geltend machen können, daß alle diese technischen Errungenschaften nicht zur vollen Auswirkung gelangen konnten ohne die großen Veränderungen, die gleichzeitig in der Staatenbildung, Gesetzgebung und Politik sich vollzogen haben. Es ist hier wie mit der Bedeutung der Erfindung des Schießpulvers für die Umgestaltung der Kriegführung; diese Erfindung konnte erst historische Bedeutung gewinnen, nachdem disziplinierte taktische Infanteriekörper geschaffen worden waren.

Alle die politischen und sozialen Veränderungen aber, die der neuen Technik erst historische Bedeutung verliehen haben, hängen mehr oder minder unmittelbar mit den Revolutionen in England, Amerika und Frankreich zusammen, so daß man von einer auch für den Kapitalismus bedeutsamen Umwälzung durch die hundertjährige Epoche der Revolutionen sprechen kann. Das ist nun freilich eine Ansicht, die von Sombart auf das schärfste bekämpft wird. Es ist eine seiner nachdrücklichsten Behauptungen, daß die Revolutionen schlechthin gar nichts zur Beförderung des Kapitalismus geleistet haben, daß sie für die Abgrenzung zwischen der Epoche des Früh- und des Hochkapitalismus überhaupt nicht in Betracht kommen.

Die Schärfe dieser Behauptung erklärt sich wohl zum Teil aus seinem Kampf gegen das, was er als die Revolutionslegende von Marx bezeichnet, nämlich gegen die Theorie, daß der Kern aller Revolutionen im Klassenkampf zu suchen sei. Diese Theorie ist in der Tat einseitig und muß insofern abgelehnt werden. Aber man darf dabei doch nicht übersehen, daß in den Revolutionen sich große, säkulare Umwälzungen der Gesellschaftsordnung vollzogen haben, die auch für das Wirtschaftsleben keineswegs ohne Bedeutung sind: in England die Begründung einer förmlichen Klassenherrschaft der Gentry, d. h. also der vermögenden ländlichen und städtischen Grundbesitzer, in Frankreich die Umwandlung der feudalen Gesellschaftsordnung in die staats- [|15] bürgerliche Rechtsgleichheit, die eigentlich erst die Arena für die modernen Klassenkämpfe geschaffen hat, in Amerika ein individualistisches, auf Rechtsgleichheit, aber auch auf Grundbesitz beruhendes soziales System, das zunächst die Sklaverei noch nicht unbedingt ausschloß.

Die sichtbarste Wirkung der Revolutionsära ist die Einführung der Gewerbefreiheit in Verbindung mit Freizügigkeit und Niederlassungsfreiheit. In England ist sie freilich nicht mit einem Schlage durch die Revolution selbst erfolgt, aber infolge der durch die Revolution hervorgebrachten Veränderung im sozialen und politischen Leben stetig und unaufhaltsam im Laufe des 18. Jahrhunderts durchgedrungen. In Frankreich ist sie mit der Revolution selbst ins Leben getreten, und auf dem ganzen Kontinent steht sie in engerem oder loserem Zusammenhang mit dem Vorbild der französischen Revolution. Man hat in ihr von jeher eine Grenze gegenüber dem gewerbepolizeilichen, bevormundenden Merkantilsystem gesehen. Auch Sombart kann natürlich nicht umhin, ihre Bedeutung anzuerkennen. Er tut es freilich nur in dem Sinne, daß sie Hindernisse weggeräumt habe, die dem Unternehmungsgeiste des Kapitalismus im Wege standen. Aber es gibt noch andere Zusammenhänge zwischen der Politik und dem Kapitalismus in der Revolutionsära. Man darf, wenn man von den Revolutionen spricht, nicht bloß die inneren Vorgänge in den betroffenen Staaten ins Auge fassen. Mit den Revolutionen, die hier in Betracht kommen, sind zugleich auch große außenpolitische Bewegungen und Veränderungen verbunden gewesen, die für Wirtschaftsleben und Kapitalismus von der größten Bedeutung gewesen sind. Die englische Revolution von 1689, die den Hauptgegner Ludwigs XIV., Wilhelm III. von Oranien, auf den englischen Thron brachte, bedeutet zugleich die Eröffnung des großen hundertjährigen Kampfes mit Frankreich, durch den die „expansion of England", die Begründung der englischen See- und Kolonialherrschaft im 18. Jahrhundert erfolgt ist. Die amerikanische Revolution von 1776 brachte den Krieg mit England um die Unabhängigkeit mit sich; sie war nicht bloß entsprungen aus dem verletzten politischen Rechtsgefühl der Kolonisten, sondern auch aus der Empörung über die englische Kolonialpolitik, die die Entwicklung einer eigenen amerikanischen Industrie und Handelsschiffahrt nicht dulden wollte. Es war nicht nur ein Kampf um die politische Freiheit, sondern auch [|16] um die Zukunft des amerikanischen Kapitalismus. Mit der französischen Revolution aber verband sich die große durch den Namen Napoleons bezeichnete Kriegsepoche, die das ganze politische System Europas umgestürzt und dauernd verändert hat, und zwar in der Richtung auf nationale Staatenbildung. Zugleich hat der Ausgang des Krieges mit England damals eine gewaltige Erweiterung des britischen Weltreiches mit sich gebracht. Die Bedeutung dieser Tatsache für die Entstehung eines Welthandels liegt auf der Hand; und ohne diesen wäre der Aufschwung zum Hochkapitalismus kaum zu denken. Aber auch für die Ausbildung und Konsolidierung der großen nationalen Märkte, die eine wichtige Vorbedingung für den hochkapitalistischen Uebergang zum Großbetrieb darstellen, sind die Revolutionen in England, Amerika, Frankreich von entscheidender Bedeutung gewesen. In England pflegt man zwar zu lehren, daß die nationale Wirtschaft und Industrie sich seit den Zeiten Richards II. herausgebildet habe. Aber was ist da mit „national" gemeint? Es ist das Gebiet des mittelalterlichen Klein-England, sogar noch ohne Wales bis auf Heinrich VIII., von Schottland und Irland ganz zu schweigen, die bis zur puritanischen Revolution wirtschaftlich wie kirchlich und politisch durchaus als Ausland gelten. In der puritanischen Revolution hat sie Cromwell zum erstenmal zusammengefaßt als commonwealth of England Shottland and Ireland. Nach der Restauration (1660) fiel diese Union, nach der auch schon die Stuarts gestrebt hatten, wieder auseinander. Die drei Länder bildeten nach unserer deutschen Terminologie „territorialstaatliche" Märkte, und die Schiffahrtsgesetze Englands wandten sich gegen Schottland und Irland ebenso rücksichtslos wie gegen Holland und Frankreich. Erst nach der Revolution von 1689, unter der Aegide des Parlaments, das nun die Regierung in die Hand bekommen hatte, gelang die dauernde Union mit Schottland, indem 1707 die kapitalistischen Klassen von hüben und drüben sich verständigten und Schottland nun selbst an dem Nutzen der Navigationsakte teilnahm. So ist erst Großbritannien ein einheitlicher Markt geworden, und 1801, während des Krieges mit Frankreich, wurde dann auch Irland aus politischen und wirtschaftlichen Gründen in diese Union einbezogen. Nun erst bildete das ganze englisch sprechende Inselreich eine handels- und wirtschaftspolitische Einheit, einen großen geschützten Markt für die heimische Industrie. Die Krone hatte [|17] vergeblich nach einer solchen Union gestrebt. Es gehörte erst die

Revolution und die durch sie herbeigeführte Herrschaft des Parlaments dazu, um sie möglich zu machen und die Widerstände dagegen zu überwinden.

Dieser vergrößerte Markt blieb hier wie anderswo noch lange durch hohe Einfuhrzölle geschützt. Die merkantilistische Gewerbepolizei wurde viel früher abgebaut, als der merkantilistische Zollschutz, ganz den Interessen der kapitalistischen Klassen entsprechend. Auch die Kolonialpolitik diente noch lange diesen Interessen, die im Parlament jetzt einen starken Einfluß ausübten. Ohne die brutale Gewaltkonkurrenz, die die hochentwickelte ostindische Textilindustrie systematisch unterdrückte, wäre es der englischen Baumwollindustrie kaum möglich gewesen, für ihre Fabrikate den Weltmarkt zu erobern.

In Frankreich ist der große nationale Markt ganz offensichtlich und unmittelbar eine Errungenschaft der Revolution gewesen. Auch hier war das Ancien Regime trotz Colberts Reformen nicht über ein Konglomerat von territorialstaatlichen Marktgebieten hinausgekommen; nur das Gebiet der „cinq grosses fermes" hatte ein einheitliches Zollregime gehabt. Und auf die Schutzzölle hat auch hier die Industrie noch lange nicht verzichten können.

In Amerika ist es die zweite Revolution von 1787, die mit der neuen Verfassung auch erst ein einheitliches amerikanisches Marktgebiet geschaffen hat. Daß sich damals der neue Gedanke einer amerikanischen Nation gegen die Souveränität der 13 Einzelstaaten auf revolutionärem Wege durchgesetzt hat, ist heute die allgemeine Ueberzeugung aller amerikanischen Verfassungshistoriker. Die Männer von Annapolis und von Philadelphia, die diese zweite Revolution durchgeführt haben, sind aber zugleich von politischen und wirtschaftlichen, insbesondere auch kapitalistischen Motiven geleitet gewesen. Es kam ihnen nicht nur darauf an, den Staat, sondern auch das Eigentum und seinen freien Gebrauch sicherzustellen. Sie wollten nicht bloß die politische Union aus Gründen der Staatsnotwendigkeit, sondern auch den freien Handelsverkehr in diesem ganzen Gebiet, an Stelle des damals herrschenden beständigen Handelskrieges zwischen den einzelnen Staaten, der mit dem Verkehr, namentlich auf den Flüssen, auch den Aufschwung der kapitalistischen Wirtschaft hemmte. Unter ihnen sind typische Vertreter des kapitalistischen Geistes; [|18] vor allem Franklin, aber auch Madison und selbst Washington, der einer der größten Grundbesitzer der Union war und auch persönlich ein Interesse daran hatte, daß die freie Schiffahrt auf dem Potomac und auf den Nebenflüssen des Ohio hergestellt würde, weil er sein Vermögen großenteils in Ländereien des Nordwestgebietes angelegt hatte. Die neue Verfassung ließ den Einzelstaaten die Befugnis, den Handel innerhalb ihres Gebietes zu regeln; aber die zwischenstaatliche Handelspolitik wurde in die Hände des Kongresses der Union gelegt. Es ist sehr interessant, wie sich hier Politik und Technik verbunden haben, um dem Einheitsprinzip zum Durchbruch zu verhelfen. Auf die Technik der Transportmittel kommt es für den Kapitalismus nicht weniger an, als auf die industriellen Maschinen. Eben in den Tagen der Philadelphiakonvention, am 22. August 1787, führte der Urmacher und Mechaniker John Fitch den Mitgliedern der Konvention auf dem Delaware sein neu erfundenes Dampfboot vor; und unter dem Eindruck dieser Erfindung hat damals Madison schon in der Versammlung der Hoffnung Ausdruck gegeben, daß das Prinzip der Handels- und Verkehrseinheit in Zukunft völlig durchdringen werde. In allen später darüber entstandenen Streitfällen hat der Oberste Gerichtshof denn auch konsequent im Sinne des Einheitsprinzips entschieden. So ist in dieser zweiten Revolution die Grundlage geschaffen worden für den großen amerikanischen Binnenmarkt, der einen enormen Aufschwung des Kapitalismus ermöglicht hat.

Auch bei uns in Deutschland, wo es keine große Revolution gegeben hat, hängt dennoch der kapitalistische Aufschwung des 19. Jahrhunderts mit der allgemeinen Revolutionsära zusammen. Der Zollverein, der die wichtigste Vorbedingung dazu erfüllte, wäre unmöglich gewesen ohne die von der französischen Revolution ausgelöste Tendenz zur nationalen Staatsbildung und ohne die Erschütterungen der napoleonischen Kriegsära samt der darauf folgenden territorialen Rekonstruktion der deutschen Staaten, namentlich Preußens, und der Begründung des deutschen Bundes.

Also: die Entstehung der großen nationalen Märkte und ihre Verflechtung zu einem Weltmarkt sind nicht durch wirtschaftliche Entwicklung allein, sondern auch durch politische Aktionen herbeigeführt worden, und diese stehen in enger Verbindung mit den großen Revolutionen in England, Amerika und Frankreich! [|19] Das ist eine fundamentale Tatsache für die Beurteilung des historischen Zusammenhanges zwischen Staat und Wirtschaft, zwischen Politik und Kapitalismus!

Ich möchte aber auch noch im einzelnen zeigen, wie tiefgreifend die Revolution in England und in Frankreich die Entwicklung des Kapitalismus beeinflußt hat. Ich sage: beeinflußt, nicht befördert; denn die in den Aeußerungen von Sombart angedeutete Fragestellung, ob die Revolutionen den Kapitalismus befördert haben, ist zu eng. Es handelt sich um komplizierte Zusammenhänge, in denen fördernde und hemmende Einwirkungen sich miteinander verbinden.

In England kann man freilich ziemlich unumwunden von einer Beförderung des Kapitalismus durch die Revolution reden; das möchte ich gegenüber der nachdrücklichen Behauptung des Gegenteils durch Sombart durch einige Hinweisungen begründen. Es handelt sich in erster Linie um den kommerziellen und den agrarischen Kapitalismus, in zweiter aber auch um den industriellen. – In England gehen die Revolutionen mitten durch die Epoche des Merkantilismus; aber der Merkantilismus vorher trägt einen anderen Zug als nachher. Der Merkantilismus der Tudors und Stuarts war fiskalisch und monopolistisch, dazu mit einem autoritären christlichsozialen Zuge behaftet, der namentlich durch den Erzbischof Laud repräsentiert wird. Der Merkantilismus des Parlaments nach 1689 dagegen war so, wie ihn die kapitalistisch interessierten Schichten wünschten. Das Hauptprinzip vor der Revolution war die Thesaurierung von Edelmetall zu politischen Zwecken. Darum war auch die Ausfuhr von Silber verboten. Man hatte zwar schon vor der Revolution zugunsten der Ostindischen Compagnie von diesem Ausfuhrverbot abgesehen, weil zu hoffen stand, daß die mit dem ausgeführten Silber erkauften Waren im Ausland zu einem viel höheren Preise abgesetzt werden könnten. Aber es war eine Ausnahme von der Regel, die bestehen blieb. Erst nach der Revolution von 1689 und infolge des Vertrauens der kapitalistischen Schichten in die Staatsleitung, die ja seit der Umwälzung an das Parlament gekommen war, hat sich das geändert. Mit der Begründung der Bank von England (1694), die auf dem Vertrauen dieser Schichten beruhte und mit dem daran anknüpfenden neuen System des Staatskredits, das die

Reichtümer des Landes jederzeit zur Verfügung der Regierung stellte, wurde mit dem Prinzip der The- [|20] saurierung gebrochen, und nun erst wurde das Prinzip der Handelsbilanz zum Gradmesser des nationalen Wohlstandes. Von da an datiert ein gewaltiger Aufschwung des Außenhandels. Die großen Whigfamilien, die in der Aristokratie vornehmlich das Geldinteresse vertraten, beteiligten sich jetzt an den überseeischen Unternehmungen. Unter der parlamentarischen Regierung eines Walpole und Pitt erfolgte die große koloniale Expansion Englands, deren Hintergrund der Krieg mit Frankreich bildete, der seit 1689 entfesselt war. – Noch deutlicher tritt die Wirkung auf die ländlichen Verhältnisse zutage. Unmittelbar nach der Revolution, 1689, wird die Corn Bounty Act durchgeführt, die eine Exportprämie für Getreide im Interesse der Landwirte, allerdings zugleich auch eine Stabilisierung der Preise einführte und so lange in Wirksamkeit geblieben ist, wie England überhaupt Getreide ausführte, d. h. bis in die 70er Jahre des 18. Jahrhunderts. Der Getreidepreis hob sich und blieb leidlich stabil. Das reizte zum stärkeren Anbau von Getreide und brachte die „Einhegungen", d. h. die Gemeinheitsteilung und Zusammenlegung der Grundstücke wieder in Gang. Seit 1707, namentlich aber in der zweiten Hälfte des 18. Jahrhunderts, seit 1760, wo die Tories an der Regierung waren, die mehr das Landinteresse vertraten, gegenüber dem Geldinteresse der Whigs, wurde durch lokale Abmachungen, aber auch durch zahlreiche Privatbills des Parlaments die Gemeinheitsteilung und Zusammenlegung der Grundstücke vorgenommen, und zwar durchaus im Interesse der größeren Besitzer und zum Schaden der kleinen Bauern, die dabei keinen genügenden Ersatz für die nun fortfallenden Weidegerechtsame erhielten, auf denen ihre Wirtschaft bisher beruht hatte. Die Kleinbauern konnten sich gegenüber den zu intensivem und rationellem Betrieb übergehenden Großgrundbesitzern nicht halten; sie wurden ausgekauft, gingen in die Kolonien, namentlich nach Kanada, oder in die Industrie. Es entstanden Latifundien, die nun in großen Pachtungen rationell bewirtschaftet wurden. So entwickelte sich in England der Agrarkapitalismus, als eine Folge davon, daß die kapitalkräftigen Schichten politisch das Heft in die Hand bekommen hatten. Von dem Bauernschutz, der unter den Tudors noch geübt worden war, als infolge der lukrativen Wollpreise die Einhegungen zur Schafzucht überhand zu nehmen drohten, war jetzt keine Rede mehr. Das war eine offenbare Wirkung der Revolution. Und sie erstreckte [|21] sich auch auf den industriellen Kapitalismus. Denn jetzt begann in England die Landflucht der besitzlosen kleinen Leute, der Zug nach der Stadt und in die Industriebezirke. Die Friedensrichter hörten auf, die Löhne von Zeit zu Zeit zu bestimmen, wie es ihnen eigentlich oblag. Diese Lohnfestsetzungen hatten ursprünglich den Sinn von Maximallöhnen gehabt. Jetzt wäre es, bei dem starken Angebot von Arbeitskräften und den hohen Lebensmittelpreisen, an der Zeit gewesen, sie im Sinne von Minimallöhnen umzustellen. Aber es geschah nicht, weil die Friedensrichter zu der landbesitzenden Klasse gehörten, die ein Interesse an niedrigen Löhnen hatte. Als während des Krieges mit Frankreich die Kornpreise immer höher stiegen und die Löhne immer tiefer sanken, kam man auf den Ausweg, seit 1795 den Landarbeitern eine komplementäre Armenunterstützung zu zahlen. Das ist dann jahrzehntelang üblich geblieben. Die Industrie aber, die nun auch von den bisherigen Beschränkungen der Freizügigkeit und des gewerblichen Berufswechsels befreit wurde, konnte mit billigen Löhnen arbeiten;

die Baumwollindustrie konnte die neuen Maschinen ausnutzen und die indische Konkurrenz aus dem Felde schlagen. Damals hat sie den Weltmarkt erobert.

Ganz anders waren die Wirkungen der Revolution in Frankreich. Die ökonomischen Verhältnisse während der Revolution sind lange im Dunkel geblieben. Erst seit 1908 hat eine besondere große Quellenpublikation begonnen darüber Licht zu verbreiten.[3][1] Sie ist noch unvollständig; das Bedeutendste für unsere Zwecke ist der Band von Georges Bourgin über das Gemeinheitsteilungsgesetz von 1793. Es enthält allerdings nur die Vorbereitung des Gesetzes, nicht die Art seiner Ausführung. Aber was darüber sonst bekannt ist, zeigt doch deutlich, daß die Revolution in Frankreich den sich auch hier entwickelnden Agrarkapitalismus im Keime erstickt hat. Trotz des Ideals der „grande culture", das schon die Physiokraten vertreten hatten und das in England realisiert war, ist in Frankreich der kleine Bauernstand geflissentlich geschützt und erhalten worden. Henri Sée[4][2] hat darauf hingewiesen, daß er damals noch so zahlreich war, weil das feudale System, das bis zur Revolution festgehalten wurde, ihn trotz aller [|22] Bedrückungen doch auch konserviert hat. Und die Revolution, wie gesagt, hat ihn vor der Aufsaugung durch einen Agrarkapitalismus bewahrt. Das ist der große Unterschied in der sozialen Struktur zwischen Frankreich und England (auch zwischen Frankreich und Deutschland, namentlich Preußen, wenn auch in geringerem Maße. Denn ein großer Teil des kleinen Bauernstandes ist ja auch bei uns durch die Regulierung seit 1816 geopfert worden). In Frankreich gab es keine Landflucht wie in England, keinen solchen Andrang billiger Arbeitskräfte in die Industrie. Der Bauer blieb auf seiner Scholle sitzen, die Industrie entwickelte sich nur langsam. Die neuen Gesetze der Revolution über Freizügigkeit und Gewerbefreiheit, der größere nationale Markt sind ihr natürlich auch zugute gekommen, aber sie haben keine so rapide Entwicklung wie in England zur Folge haben können. Das Gleichgewicht zwischen Ackerbau und Industrie wurde in Frankreich nicht gestört; das ist noch heute ein wesentliches Moment der politischen Stärke für Frankreich. Die alte Legende, als ob die Revolution den zahlreichen Bauernstand in Frankreich geschaffen habe, hat also doch ihren guten Sinn: sie hat ihn zwar nicht geschaffen, aber sie hat ihn erhalten und von den feudalen Lasten befreit; sie hat den agrarischen Kapitalismus abgewandt. Das ist eine eminente Wirkung auf den Kapitalismus im ganzen, allerdings nicht eine fördernde, sondern eine hemmende.

Auch die eigenartige Neigung zur Ausbildung eines politisch orientierten, spekulierenden Finanzkapitalismus in Frankreich verstärkt sich als Folge der Revolution. Die Assignatenwirtschaft hatte die Währung ruiniert und eine allgemeine Verwirrung in den Geldverhältnissen geschaffen. Die Napoleonischen Kriege mit ihren Kontributionen haben dieses Uebel wieder geheilt. Die Finanzgeschäfte, die damit und mit den Armeelieferungen verbunden waren, haben während der langen Kriegszeit dem Kapitalismus eine eigenartige Richtung gegeben. Bank und Börse traten in den Vordergrund. Die Spekulation hatte ein weites Feld. Diese Eigenart ist dem französischen Kapitalismus geblieben; sie hat in den Reparationsbedingungen

---

[3][1] Collection des documents inédits sur l'histoire économique de la Révolution, 1908 ff.

[4][2] La France économique et sociale au XVIIIe siècle, Paris 1925, und: La vie économique et les classes sociales en France au XVIIIe siècle, Paris 1924.

des Versailler Diktats einen charakteristischen Ausdruck gefunden. Sie durchdringt auch das ganze Kolonialsystem Frankreichs. Der Kapitalismus ist hier viel näher mit der Machtpolitik verbunden, viel mehr politisch orientiert, als in England und Deutschland oder Amerika. Auch das ist eine Wirkung der Revolution. [|23]

Das Ergebnis dieser Betrachtungen ist, daß ein enger Zusammenhang zwischen Staat und Wirtschaft in allen drei Epochen des Kapitalismus vorhanden ist, daß er aber in jeder von ihnen eine besondere Gestalt hat. Die erste Epoche, die des Frühkapitalismus, ist in der Hauptsache identisch mit dem, was man früher als das Zeitalter des Merkantilismus zu bezeichnen pflegte. Man braucht dieses Wort bloß auszusprechen, um die besondere Gestalt des Zusammenhanges von Staat und Wirtschaft, von Politik und Kapitalismus in dieser Epoche zu kennzeichnen: es handelt sich hier zwar nicht um die Schöpfung der kapitalistischen Wirtschaftsform durch den Staat, aber um die Herstellung der Grundlage, auf der sie sich entwickeln konnte, und um ihre nachdrückliche Beförderung und Ausnutzung durch den Staat. Die Ausbildung des Kapitalismus wurde im Staatsinteresse gefördert als ein unentbehrliches Mittel zur politischen Macht. Das Heer und die Thesaurierung von Edelmetall stehen dabei im Vordergrund. Das hat Sombart sehr eindrucksvoll zur Darstellung gebracht. Aber es handelt sich dabei nicht bloß um Förderung durch planmäßige politische Maßregeln, sondern zugleich um die Erfüllung einer Bedingung, ohne die der Kapitalismus sich niemals hätte entwickeln können: nämlich um die Schaffung eines größeren Marktes, zunächst eines territorialstaatlichen. Die Größe des Marktgebietes ist für das innere Wesen des Kapitalismus nicht ohne Bedeutung. Die Erweiterung des lokalen Marktes zu einem größeren territorialstaatlichen, wie etwa das alte Kleinengland, bedeutet den Uebergang vom Handwerksbetrieb zur kapitalistischen Unternehmung; aber der eigentliche Großbetrieb kann sich erst auf der höheren Stufe eines umfassenden nationalen Marktgebiets, wie etwa Großbritannien und Irland, entwickeln. Daher der Uebergangscharakter dieser Epoche, der sich auch in der Regulierung der Konkurrenz und der Protektion der kapitalistischen Unternehmungen äußert. Es ist die Zeit des Erziehungsschutzzolls und der Reglementierung der Gewerbe. Der Einfluß der kapitalistischen Unternehmer auf den Staat ist in dieser Epoche sehr gering, der Einfluß der Staatsgewalt auf sie um so größer. Der Zusammenhang zwischen Staat und Wirtschaft kann in dieser Epoche als kapitalpolitische Protektion bezeichnet werden. Die Pflege des Kapitals und der kapitalistischen Interessen steht durchaus im Vordergrund. [|24]

In der zweiten Epoche verändert sich das Verhältnis bis zur Umkehrung. Der erstarkte Kapitalismus, der jetzt über einen großen nationalen Markt verfügt und zum Großbetrieb hinstrebt, streift die ihm vom Staat auferlegten Hemmungen ab; er verzichtet noch keineswegs auf den Zollschutz – der Freihandel bleibt eine von England ausgehende, auf besonderer Konstellation beruhende Episode 1860–76. Aber er befreit sich von vielen Eingriffen des Staates und gewinnt mit der Gewerbefreiheit größere Selbständigkeit. Und er beginnt in steigendem Maße die Gesetzgebung, Verwaltung und Politik zu beeinflussen. Man kann den Zusammenhang zwischen Staat und Kapitalismus in dieser Epoche am besten durch die enge Verbindung mit dem nationalen Prinzip charakterisieren, das geradezu einen ökonomischen Sinn annimmt. Der nationale Staat wird zu einer wirtschaftlichen Interessengemeinschaft. Es ist die eigentliche „national-ökonomische" Epoche. Wie in der vorigen Epoche des Absolutismus, so ist in dieser der Parlamentarismus die vorherrschende Form des staatlichen Lebens; der Parlamentarismus aber ist die Handhabe des Kapitalismus zur politischen Förderung seiner Interessen. Soweit diese Interessen auf Ausdehnung der staatlichen Machtsphäre gehen, spricht man von „Imperialismus". Der Imperialismus ist auf der einen Seite die Fortsetzung der alten „Kolonialpolitik", die schon in der Epoche des Frühkapitalismus eine bedeutende Rolle spielt neben der Ausbildung des inneren Marktes; sie ist aber auf der andern Seite zugleich auch eine Fortsetzung der alten Machtpolitik der Großstaaten, nur auf der erweiterten Grundlage der Weltpolitik, die der Verflechtung der nationalen Märkte zu einem die Erde umfassenden Weltmarkt entspricht. Das Muster ist die Ausbildung des britischen Kolonialbesitzes zu einem durch die Seeherrschaft in sich verbundenen Weltreich (was natürlich keineswegs den Sinn von „Universalreich" hat). Es ist unzweifelhaft richtig, daß die kapitalistischen Interessen auf die Ausbildung solcher Weltreiche von großem Einfluß gewesen sind. Sombart hat dieser Frage kein besonderes Interesse entgegengebracht. Er begnügt sich damit, festzustellen, daß der Imperialismus nicht einfach eine Funktion des Kapitalismus ist, wie die Marxisten behaupten. Dieser Meinung bin ich auch. Aber ich möchte doch betonen, daß der Kapitalismus in doppelter Richtung von Einfluß auf den Imperialismus gewesen ist: einmal durch das Interesse des Industrie- [|25] kapitalismus, der ein möglichst gesichertes Gebiet für den Bezug von ausländischen Rohstoffen und für den Absatz von Fabrikaten wünscht, ganz besonders aber durch das Interesse des Finanzkapitalismus, der große Investitionen in exotischen Ländern vornimmt, z.B. für Anlage von Fabriken, Plantagen, Bergwerken, Handelsplätzen und Häfen mit regelmäßigem Schiffsverkehr, für Bau von Eisenbahnen, Telegraphen und andern elektrischen Anlagen. Dazu bedarf es eines Maßes von Sicherheit und Rechtsschutz, wie es ihm die exotische Staatsgewalt in der Regel nicht zu verschaffen imstande ist. Bei aller Anerkennung dieses Einflusses der kapitalistischen Interessen ist aber daran festzuhalten, daß der Imperialismus seine Existenz nicht nur solchen Einflüssen verdankt, daß er ebenso wie die Kolonialpolitik, von der er abstammt, einen wesentlich politischen Ursprung hat. Das wird ganz deutlich, wenn wir den Imperialismus von Staaten wie Rußland und Frankreich ins Auge fassen, der nicht in erster Linie durch wirtschaftliche Interessen ins Leben gerufen ist. Aber auch der britische Imperialismus ist älter als die kapitalistische Expansion und ebenso der amerikanische, dessen Vorläufer die Monroedoktrin gewesen ist.

Der Begriff des Imperialismus, wie er heut im Schwange geht und wie ihn auch Sombart verwendet, bedarf übrigens einer kritischen Prüfung und wesentlichen Veränderung, um wirklich brauchbar zu sein. Man versteht gewöhnlich darunter, wie Sombart es definiert, die Ausdehnung der Machtsphäre eines Staates über die Grenzen des Mutterlandes hinaus. Aber das ist die Definition eines Kolonialreiches, nicht eine solche des Imperialismus. Wäre diese Begriffsbestimmung zutreffend, so wären die Niederlande, Belgien und Portugal klassische Beispiele des Imperialismus. Denn hier ist die Machtsphäre weit über die Grenzen des Mutterlandes hinaus erweitert. Man braucht aber diese Beispiele nur anzuführen, um zu sehen, was bei ihnen zu dem, was wir eigentlich unter Imperialismus verstehen, mangelt. Es ist vor

allem die Stellung und die Politik einer Großmacht neueren Stiles, d.h. einer Welt-
macht. Die gewöhnliche Auffassung, die auch Sombart teilt, haftet zu sehr an der
statisch-substantiellen Vorstellung eines Kolonialreiches, ich möchte sagen: an dem
geographischen Kartenbild. Sie muß ersetzt werden durch eine dynamisch-funktio-
nelle Vorstellung, nämlich die einer Großmachtpolitik von modernem Zuschnitt,
einer Weltmachtpolitik. [|26] Imperialismus ist nichts anderes als die Fortsetzung
der alten Großmachtpolitik, wie sie lange im europäischen Staatensystem sich be-
tätigte, jetzt in den größeren Dimensionen des modernen Weltstaatensystems. Ein
überseeisches Kolonialreich ist nicht unbedingt dazu nötig, wie das Beispiel von
Rußland und Amerika beweist.

In dieser Fassung gewinnt der Begriff des Imperialismus erst seine richtige
weltgeschichtliche Perspektive. Schon der Name weist darauf hin. Er knüpft an das
römische Imperium an, die vierte und letzte der großen Weltmonarchien des Altertums. Die Struktur des modernen Staatslebens bringt es allerdings mit sich, daß es
sich heute nicht um einen die ganze zivilisierte Welt umfassenden Universalstaat
handelt, sondern um mehrere miteinander konkurrierende und rivalisierende Welt-
reiche. Was wir heute Imperialismus nennen, ist also nur die letzte, bisher höchste
Staffel der modernen staatlichen Machtpolitik, eng verbunden mit dem Kapitalismus,
aber nicht einfach eine Funktion von ihm. Es hat mit dieser Bezeichnung die gleiche
Bewandtnis wie mit der des Kapitalismus. Diese wurde üblich für die neueste Phase
der kapitalistischen Entwicklung, nachdem Marx die geniale Entdeckung eines kapitalistischen Wirtschaftssystems gemacht hatte, eben in dem Moment, wo es sich
voll zu entfalten begonnen hatte. Was man damals Kapitalismus schlechtweg nannte,
nennt Sombart heute Hochkapitalismus. Ebenso wie er zu diesem Hochstadium
ergänzend ein Stadium des Frühkapitalismus konstruiert hat, so muß man auch zu
dem heutigen voll entfalteten Imperialismus ein Vorstadium ergänzend hinzufügen:
das ist die früher sogenannte Politik der großen Mächte, die man mit Fug und Recht
als Frühimperialismus bezeichnen kann. Dieser Frühimperialismus wurde getragen
von den großen europäischen Dynastien, die das System des Gleichgewichts der
Macht begründet haben. Schon zur Zeit Heinrichs VIII. sprach man in England von
einer Wage, in deren beiden Schalen das Gewicht des Hauses Frankreich und Habs-
burg schwankte; wobei England das Zünglein an der Wage sein sollte. Später waren
es Frankreich und England, die um den Vorrang stritten, und das System der großen
Mächte erweiterte sich durch den Zutritt von Rußland und Preußen zur Pentarchie.
Das war das Zeitalter des dynastischen Imperialismus, das mit dem des Frühkapita-
lismus auf das engste verwachsen war. Ihm ist das Zeitalter eines nationa- [|27] li-
stischen Imperialismus gefolgt, wo die Nationen, die alten und die neu gebildeten
wie Deutschland und Italien, die Träger imperialistischer Bestrebungen geworden
sind. Es beginnt mit der großen kolonialen Expansion Englands im 18. Jahrhundert
und kommt mit Napoleon zu voller Entfaltung. Es hat das ganze 18. Jahrhundert
hindurch Europa beherrscht und steht in engster Verbindung mit der Epoche des
Hochkapitalismus. Der Eintritt außereuropäischer Nationen wie Amerika und Japan
erweitert den alten europäischen Schauplatz zu dem der modernen Weltpolitik, und
seit dieser Zeit ist es üblich geworden, von Imperialismus zu sprechen. Aber es ist
nur die letzte, höchstgesteigerte Phase einer langen Entwicklung. Die Rivalität der

Weltmächte, keineswegs bloß ihre kapitalistische Konkurrenz, hat zu der großen
Krisis des Weltkrieges geführt, der bei der engen Verbindung von Politik und Wirt-
schaft, ebenso eine neue Phase des Imperialismus wie des Kapitalismus einleitet.
Wir könnten sie Spätimperialismus nennen, entsprechend dem Spätkapitalismus
Sombarts. Ich ziehe vor, sie als die des föderalistischen Imperialismus zu bezeich-
nen. Denn wie früher die Dynastien und dann die Nationen, so sind seine Träger
heute große, mehrere Nationen umfassende föderalistische Gebilde wie das Britische
Reich, ein allerdings erst im Entstehen begriffenes „Panamerika", Sowjetrußland.
Namentlich an dem Britischen Reich wird der föderalistische Charakter der neuen
größeren politischen Bildungen deutlich. Strebten die englischen Imperialisten noch
zu Anfang des 20. Jahrhunderts nach einem festeren wirtschaftlichen und politischen
Zusammenschluß des Empire zu einem einheitlichen Bundesstaat, so ist seit dem
Kriege entschieden, daß die Entwicklung andere Bahnen einschlägt, nämlich die,
welche zu einem föderalistischen Gebilde führen, das heute mehr Staatenbund als
Bundesstaat ist. Es wäre sehr falsch, das als ein Zeichen der Auflösung zu deuten;
es ist vielmehr ein Zeichen für die allgemeine Richtung, die die Weltstaatentwick-
lung in unseren Tagen eingeschlagen hat. Die panamerikanischen Bestrebungen und
die Föderation der russischen Sowjetrepubliken bewegen sich in der gleichen Richtung. Auch das europäische Problem muß unter diesem Gesichtspunkt betrachtet
werden. Vorläufig dient der sogenannte Völkerbund den europäischen Siegermäch-
ten, wenigstens Frankreich und England, als ein Mittel, die Besiegten und die Neu-
tralen im Zaum zu halten und ihren eigenen imperialistischen Be- [|28] strebungen
dienstbar zu machen. So ist er recht eigentlich ein Instrument des föderalistischen
Imperialismus. Aber innerhalb dieses weiteren Rahmens zeigt das System der soge-
nannten Regionalverträge deutlich das Bestreben Frankreichs und Italiens, einen
föderativen Block von Staaten unter ihrer Führung zu schaffen. Auch die Wirren in
China werden als die Geburtswehen einer solchen föderalistischen Großstaatsbil-
dung zu beurteilen sein, die wohl deswegen noch nicht zum Ziele gelangt ist, weil
die kapitalistischen Großmächte ein Interesse daran hatten, diesen Prozeß zu stören,
der ihnen einen furchtbaren Konkurrenten erstehen lassen könnte.

In dem Zusammenhang von Staat und Kapitalismus tritt in dieser jüngsten Epoche auffällig eine wieder stärker gewordene Einwirkung des politischen Faktors
hervor. Schon die Zeit des Wettrüstens vor dem Kriege hat den staatlichen Einfluß
gestärkt. Die anwachsende proletarische Bewegung und die Gefahren des Klassen-
kampfes, die eine sozialpolitische Gesetzgebung überall auf die Bahn brachten, hat
im gleichen Sinne gewirkt. Unter den Anzeichen einer Umwandlung des kapitalistischen Geistes, die Sombart aufführt, nehmen die, welche auf sozialpolitischen
Rücksichten beruhen, einen breiten Raum ein; sie sind nicht von selbst aus dem
kapitalistischen Geist hervorgegangen, sondern beruhen zum guten Teil auf der
Einwirkung staatlicher Gewalten. Vollends die Verschlingung der Wirtschaft durch
den Krieg, die ungeheure Vernichtung von Kapital, die nachhaltige Schwächung der
Kaufkraft auf den meisten Märkten hat die frühere Aktivität und Selbständigkeit des
Kapitalismus stark eingeschränkt. Ein sozialpolitischer Zug charakterisiert das Verhältnis von Staat und Wirtschaft noch stärker als schon vor dem Kriege. Die Anfänge
übernationaler Kartellbildung folgen dem föderalistischen Zuge der Staatsbildung.

Alles in allem liefert die Kriegszeit und das Jahrzehnt, das seitdem verflossen ist, keinen Beweis für eine von Staat und Politik ganz abzulösende eigengesetzliche ökonomische Entwicklung des Kapitalismus. Sie zeigt vielmehr, daß beide unauflöslich zusammenhängen, daß sie nur zwei besondere Seiten oder Aspekte einer und derselben historischen Entwicklung darstellen.

POUR UNE ÉCONOMIE HISTORIQUE

von Fernand Braudel

Les résultats acquis par les recherches d'histoire économique sont-ils assez denses déjà pour qu'il soit licite de les dépasser, en pensée du moins, et de dégager, au delà des cas particuliers, des règles tendancielles? En d'autres termes, l'ébauche d'une économie historique attentive aux vastes ensembles, au général, au permanent, peut-elle être utile aux recherches d'économie, aux solutions de larges problèmes actuels, ou, qui plus est, à la formulation de ces problèmes? Les physiciens, de temps à autre, rencontrent des difficultés dont les mathématiciens, seuls, avec leurs règles particulières, peuvent trouver la solution. Aurions-nous, historiens, à faire une démarche analogue auprès de nos collègues économistes? La comparaison est trop avantageuse sans doute. J'imagine que si l'on voulait une image plus modeste et peut-être plus juste, on pourrait nous comparer, historiens, à ces voyageurs qui notent les accidents de la route, les couleurs du paysage, et que des ressemblances, des rapprochements conduiraient, pour sortir de leurs doutes, chez des amis géographes. Nous avons le sentiment, en effet, au cours de nos voyages à travers le temps des hommes, d'avoir deviné des réalités économiques, stables celles-ci, fluctuantes celles-là, [|124] rythmées ou non … Illusions, reconnaissances inutiles, ou bien travail déjà valable? Nous ne pouvons en juger seuls.

J'ai donc l'impression qu'un dialogue peut et doit s'engager entre les diverses sciences humaines, sociologie, histoire, économie. Pour chacune d'elles, des bouleversements peuvent s'ensuivre. Je suis prêt, par avance, à accueillir ces bouleversements en ce qui concerne l'histoire et, par conséquent, ce n'est pas une méthode que je serais désireux ou capable de définir, dans ces quelques lignes que j'ai acceptées, non sans appréhension, de donner à la *Revue économique*. Tout au plus voudrais-je signaler quelques questions que je souhaiterais voir repenser par des économistes, pour qu'elles reviennent à l'histoire transformées, éclaircies, élargies, ou peut-être à l'inverse, ramenées au néant – mais, même dans ce cas, il s'agirait d'un progrès, d'un pas en avant. Il va sans dire que je n'ai pas la prétention de poser tous les problèmes, ni même les problèmes essentiels qui auraient avantage à subir l'examen confronté des deux méthodes, l'historique et l'économique. Il y en aurait mille autres. J'en livrerai ici, simplement, quelques-uns qui me préoccupent personnellement, auxquels j'ai eu l'occasion de rêver, tout en pratiquant le métier d'historien. Peut-être rejoindront-ils les préoccupations de quelques économistes, bien que nos points de vue me paraissent très éloignés encore les uns des autres.

I

On pense toujours aux difficultés du métier d'historien. Sans vouloir les nier, n'est-il pas possible de signaler pour une fois ses irremplaçables commodités? Au premier examen, ne pouvons-nous pas dégager l'essentiel d'une situation historique quant à son devenir? Des forces aux prises, nous savons celles qui l'emporteront. Nous discernons à l'avance les événe- [|125] ments importants, ceux qui auront des conséquences, à qui l'avenir finalement sera livré. Privilège immense! Qui saurait, dans les faits mêlés de la vie actuelle, distinguer aussi sûrement le durable et l'éphémère? Pour les contemporains, les faits se présentent trop souvent, hélas, sur un même plan d'importance, et les très grands événements, constructeurs de l'avenir, font si peu de bruit – ils arrivent sur des pattes de tourterelles, disait Nietzsche – qu'on en devine rarement la présence. D'où l'effort d'un Colin Clark ajoutant aux données actuelles de l'économie des prolongements prophétiques vers l'avenir, façon de distinguer, à l'avance, les coulées essentielles d'événements qui fabriquent et emportent notre vie. Toutes choses renversées, une rêverie d'historien! …

C'est donc la troupe des événements vainqueurs dans la rivalité de la vie que l'historien aperçoit du premier coup d'œil; mais ces événements, ils se replacent, ils s'ordonnent dans le cadre des possibilités multiples, contradictoires, entre lesquelles la vie finalement a fait son choix: pour une possibilité qui s'est accomplie, dix, cent, mille se sont évanouies et certaines, innombrables, ne nous apparaissent même pas, trop humbles, trop dérobées pour s'imposer d'emblée à l'histoire. Il faut pourtant tenter de les y réintroduire, car ces mouvements perdants sont les forces multiples, matérielles et immatérielles, qui à chaque instant ont freiné les grands élans de l'évolution, retardé leur épanouissement, parfois mis un terme prématuré à leur course. Il est indispensable de les connaître.

Nous dirons donc qu'il est nécessaire aux historiens d'aller à contre-pente, de réagir contre les facilités de leur métier, de ne pas étudier seulement le progrès, le mouvement vainqueur, mais aussi son opposé, ce foisonnement d'expériences contraires qui ne furent pas brisées sans peine – dirons-nous *l'inertie*, sans donner au mot telle ou telle valeur péjorative? C'est, en un sens, un problème de cette sorte qu'étudie Lucien Febvre dans son *Rabelais*, lorsqu'il se demande [|126] si l'incroyance à qui un grand avenir est réservé – je dirais, pour préciser l'exemple, l'incroyance réfléchie, à racines intellectuelles –, si l'incroyance est une spéculation possible dans la première moitié du XVIᵉ siècle, si l'outillage mental du siècle (entendez son inertie face à l'incroyance) en autorise la naissance et la formulation claire.

Ces problèmes d'inertie, de freinage, nous les retrouvons dans le domaine économique, et, d'ordinaire, plus clairement posés sinon plus aisés à résoudre. Sous les noms de capitalisme, d'économie internationale, de *Weltwirtschaft* (avec tout ce que le mot comporte de trouble et de riche dans la pensée allemande), n'a-t-on pas décrit des évolutions de pointe, des superlatifs, des exceptions souvent? Dans sa magnifique histoire des céréales dans la Grèce antique, Alfred Jardé, après avoir songé aux formes « modernes » du commerce des grains, aux négociants d'Alexandrie, maîtres des trafics nourriciers, imagine tel berger du Péloponèse ou de l'Épire, qui vit de son champ, de ses oliviers, qui, les jours de fête, tue un cochon de lait de son propre troupeau … Exemple de milliers et milliers d'économies closes ou à demi closes, hors de l'économie internationale de leur temps et qui, à leur façon, en contraignent l'expansion et les rythmes. Inerties? Il y a encore celles qu'à chaque âge imposent ses moyens, sa puissance, ses rapidités, ou mieux ses lenteurs relatives. Toute étude du passé doit nécessairement comporter une mesure minutieuse de ce qui, à telle époque précise, pèse exactement sur sa vie, obstacles géographiques, obstacles techniques, obstacles sociaux, administratifs … Pour préciser ma pensée, puis-je confier que si j'entreprenais l'étude qui me tente – de la France des guerres de Religion, je partirais d'une impression qui paraîtra peut-être, au premier abord, arbitraire, et dont je suis sûr qu'elle ne l'est pas. Les quelques courses que j'ai pu faire à travers cette France-là me l'ont fait imaginer comme la Chine entre les deux guerres mondiales: un immense pays où les hommes se perdent d'autant mieux que la [|127] France du XVIe siècle n'a pas la surabondance démographique du monde chinois, mais l'image est bonne d'un grand espace disloqué par la guerre, nationale et étrangère. Tout s'y retrouve villes assiégées, apeurées, tueries, dilution des armées flottantes entre provinces, dislocations régionales, reconstructions, miracles, surprises … Je ne dis pas que la comparaison se maintiendrait longtemps, jusqu'au bout de mon étude. Mais que c'est de là qu'il faudrait partir, d'une étude de ce climat de vie, de cette immensité, des freinages innombrables qu'ils entraînent, pour comprendre tout le reste, y compris l'économie et la politique.

Ces exemples ne posent pas le problème. Ils le font apparaître cependant dans quelques-unes de ses lignes maîtresses. Toutes les existences, toutes les expériences sont prisonnières d'une enveloppe trop épaisse pour être brisée d'un coup, limite de puissance de l'outillage qui ne permet que certains mouvements, voire certaines attitudes et novations idéologiques. Limite épaisse, désespérante et raisonnable à la fois, bonne et mauvaise, empêchant le meilleur ou le pire, pour parler un instant en moraliste. Presque toujours, elle joue contre le progrès social le plus indispensable, mais il arrive aussi qu'elle freine la guerre – je songe au XVIe siècle avec ses luttes essoufflées, coupées de pauses – ou qu'elle interdise le chômage en ce même XVIe siècle, où les activités de production sont émiettées en organismes minuscules et nombreux, d'une étonnante résistance aux crises.

Cette étude des limites, des inerties – recherche indispensable ou qui devrait l'être pour l'historien obligé de compter avec des réalités d'autrefois auxquelles il convient de rendre leur mesure véritable –, cette étude n'est-elle pas aussi du ressort de l'économiste dans ses tâches les plus actuelles? La civilisation économique d'aujourd'hui a ses limites, ses moments d'inertie. Sans doute est-il difficile à l'économiste d'extraire ces problèmes de leur contexte ou historique, ou social. A lui de nous dire, cependant, comment il faudrait les formuler au mieux, ou alors qu'il [|128] nous démontre en quoi ce sont là de faux problèmes, sans intérêt. Un économiste que j'interrogeais récemment me répondait que pour l'étude de ces freinages, de ces viscosités, de ces résistances, il comptait surtout sur les historiens. Est-ce bien sûr? N'y a-t-il pas là, au contraire, des éléments économiquement discernables et mesurables souvent, ne serait-ce que dans la durée?

II

L'historien traditionnel est attentif au temps bref de l'histoire, celui des biographies et des événements. Ce temps-là n'est guère celui qui intéresse les historiens économistes ou sociaux. Sociétés, civilisations, économies, institutions politiques vivent à un rythme moins précipité. On n'étonnera pas les économistes qui, ici, nous ont fourni nos méthodes, si à notre tour nous parlons de cycles, d'intercycles, de mouvements périodiques dont la phase va de cinq à dix, vingt, trente, voire cinquante années. Mais là encore, de notre point de vue, ne s'agit-il pas toujours d'une histoire à ondes courtes?

Au-dessous de ces ondes, dans le domaine des phénomènes de tendance (la tendance séculaire des économistes), s'étale, avec des pentes imperceptibles, une histoire lente à se déformer et, par suite, à se révéler à l'observation. C'est elle que nous désignons dans notre langage imparfait sous le nom d'histoire structurale, celle-ci s'opposant moins à une histoire événementielle qu'à une histoire conjoncturale, à ondes relativement courtes. On n'imagine les discussions[1] et les mises en demeure que pourraient réclamer ces quelques lignes.

Mais supposons ces discussions dépassées et, sinon [|129] définie, du moins suffisamment appréhendée cette histoire de profondeur. Elle est aussi une histoire économique (la démographie avec, à travers le temps, ses télé-commandements, en serait une bonne, voire trop bonne démonstration). Mais on ne saurait enregistrer valablement les larges oscillations structurales de l'économie que si nous disposions d'une très longue série rétrospective de documentation – et statistique, de préférence. On sait bien que ce n'est pas le cas et que nous travaillons et spéculons sur des séries relativement brèves et particulières, comme les séries de prix et de salaires. Cependant n'y aurait-il pas intérêt à envisager systématiquement le passé bien ou peu connu par larges unités de temps, non plus par années ou dizaines d'années, mais par siècles entiers? Occasion de rêver ou de penser utilement?

A supposer qu'il y ait des entités, des zones économiques à limites relativement fixes, une méthode géographique d'observation ne serait-elle pas efficace? Plus que les étapes sociales du capitalisme, par exemple, pour paraphraser le beau titre d'une lumineuse communication d'Henri Pirenne, n'y aurait-il pas intérêt à décrire les étapes géographiques du capitalisme, ou, plus largement encore, à promouvoir systématiquement, dans nos études d'histoire, des recherches de géographie économique – en un mot, à voir comment s'enregistrent dans des espaces économiques donnés, les ondes et les péripéties de l'histoire? J'ai essayé, sans y réussir à moi seul, de montrer ce que pouvait être, à la fin du XVIe siècle, la vie de la Méditerranée. Un de nos bons chercheurs, M. A. Rémond, est sur le point de conclure des études sur la France du XVIIIe siècle et de montrer comment l'économie française se détache alors de la Méditerranée, malgré la montée des trafics, pour se tourner vers l'Océan: ce mouvement de torsion entraînant, à travers routes, marchés et villes, d'importan-

---

1[1] Ne serait-ce que de grammaire, ne vaudrait-il pas mieux dire: *conjoncturel* et *structurel*?

tes transformations. Je pense aussi qu'au début du XIXe siècle encore,[2][|130] la France est une série de Frances provinciales, avec leurs cercles de vie bien organisés, et qui, liées ensemble par la politique et les échanges, se comportent l'une par rapport à l'autre comme des nations économiques, avec règlements selon les leçons de nos manuels, et donc déplacements de numéraire pour rééquilibrer la balance des comptes. Cette géographie, avec les modifications que lui apporte un siècle fertile en novations, n'est-ce pas, pour le cas français, un plan valable de recherches et une façon d'atteindre, en attendant mieux, ces nappes d'histoire lente dont les modifications spectaculaires et les crises nous dérobent la vue?

D'autre part, les perspectives longues de l'histoire suggèrent, de façon peut-être fallacieuse, que la vie économique obéit à de grands rythmes. Les villes glorieuses de l'Italie médiévale dont le XVIe siècle ne marquera pas brutalement le déclin établirent très souvent leur fortune, à l'origine, grâce aux profits des transports routiers ou maritimes. Ainsi Asti, ainsi Venise, ainsi Gênes. L'activité marchande suivit, puis l'activité industrielle. Enfin, couronnement tardif, l'activité bancaire. Épreuve inverse, le déclin toucha successivement, à de très longs intervalles quelquefois, – et non sans retours – les transports, le commerce, l'industrie, laissant subsister, longtemps encore, les fonctions bancaires. Au XVIIIe siècle, Venise et Gênes sont toujours des places d'argent.

Le schéma est trop simplifié, je n'affirme pas qu'il soit parfaitement exact, mais je tiens à suggérer ici plus qu'à démontrer. Pour le compliquer et le rapprocher du réel, il faudrait montrer que chaque activité nouvelle correspond au renversement d'une barrière, à une gêne surmontée. Il faudrait indiquer aussi que ces montées et ces descentes ne sont pas des lignes trop simples, qu'elles sont brouillées, comme il se doit, par mille interférences parasitaires. Il faudrait montrer aussi que ces phases successives, des transports à la banque, ne surgissent pas par rupture brusque. Au point de départ, comme une graine qui contient une plante virtuelle, chaque économie urbaine impli- [|131] que à des stades divers toutes les activités, certaines encore à l'état embryonnaire. Enfin, il y aurait danger évident à vouloir tirer une loi d'un exemple et, à supposer que l'on arrive à des conclusions au sujet de ces États en miniature que furent les villes italiennes du Moyen Age (une micro-économie?), à s'en servir pour expliquer, *a priori,* les expériences d'aujourd'hui. Le saut est trop périlleux pour que l'on n'y regarde pas à deux fois.

Cependant, les économistes ne pourraient-ils pas nous aider, une fois de plus? Avons-nous raison de voir dans les transports et ce qui s'y rattache (les prix, les routes, les techniques) une sorte de moteur décisif *à la longue,* et y a-t-il, pour voler un mot aux astronomes, une *précession* de certains mouvements économiques sur les autres, non pas dans la seule et étroite durée des cycles et intercycles, mais sur de très larges périodes?

2[1] Pour suivre ici les travaux en cours d'un jeune économiste, M. François Desaunay, assistant à l'École des Hautes Etudes.

III

Autre problème qui nous paraît capital: celui du *continu* et du *discontinu*, pour parler le langage des sociologues. La querelle qu'il soulève vient peut-être de ce que l'on tient rarement compte de la pluralité du temps historique. Le temps qui nous entraîne, entraîne aussi, bien que d'une façon différente, sociétés et civilisations dont la réalité nous dépasse, parce que la durée de leur vie est bien plus longue que la nôtre, et que les jalons, les étapes vers la décrépitude ne sont jamais les mêmes, pour elles et pour nous. Le temps qui est le nôtre, celui de notre expérience, de notre vie, le temps qui ramène les saisons et fait fleurir les roses, qui marque l'écoulement de notre âge, compte aussi les heures d'existence des diverses structures sociales, mais sur un tout autre rythme. Pourtant, si lentes qu'elles soient à vieillir, celles-ci changent, elles aussi; elles finissent par mourir. [|132]

Or, qu'est-ce qu'une *discontinuité* sociale, si ce n'est, en langage historique, l'une de ces ruptures structurales, cassures de profondeur, silencieuses, indolores, nous dit-on. On naît avec un état du social (c'est-à-dire, tout à la fois, une mentalité, des cadres, une civilisation et notamment une civilisation économique) que plusieurs générations ont connu avant nous, mais tout peut s'écrouler avant que ne se termine notre vie. D'où des interférences et des surprises.

Ce passage d'un monde à un autre est le très grand drame humain sur lequel nous voudrions des lumières. Quand Sombart et Sayous se querellent pour savoir quand naît le capitalisme moderne, c'est une rupture de cet ordre qu'ils recherchent, sans en prononcer le nom et sans en trouver la date péremptoire. Je ne souhaite pas que l'on nous donne une philosophie de ces catastrophes (ou de la catastrophe faussement typique qu'est la chute du monde romain, qu'on pourrait étudier comme les militaires allemands ont étudié la bataille de Cannes), mais une étude à éclairage multiple de la discontinuité. Les sociologues en discutent déjà, les historiens la découvrent; les économistes y peuvent-ils songer? Ont-ils eu l'occasion, comme nous, de rencontrer la pensée aiguë d'Ignace Meyerson? Ces ruptures en profondeur tronçonnent un des grands destins de l'humanité, son destin essentiel. Tout ce qu'il porte sur son élan s'effondre ou du moins se transforme. Si, comme il est possible, nous venons de traverser une de ces zones décisives, rien ne vaut plus pour demain de nos outils, de nos pensées ou de nos concepts d'hier, tout enseignement fondé sur un retour illusoire à des valeurs anciennes est périmé. L'économie politique que nous avons, tant bien que mal, assimilée aux leçons de nos bons maîtres, ne servira pas à nos vieux jours. Mais justement, de ces discontinuités structurales, même au prix d'hypothèses, les économistes n'ont-ils rien à dire? à *nous* dire? [|133]

Comme on le voit, ce qui nous paraît indispensable pour un rebondissement des sciences humaines, c'est moins telle ou telle démarche particulière que l'institution d'un immense débat général – un débat qui ne sera jamais clos, évidemment, puisque l'histoire des idées, y compris l'histoire de l'histoire, est elle aussi un être vivant, qui vit de sa vie propre, indépendante de celle des êtres mêmes qui l'animent. Rien de plus tentant, mais de plus radicalement impossible, que l'illusion de ramener le social si complexe et si déroutant à une seule ligne d'explication. Historiens, nous qui, avec les sociologues, sommes *les seuls* à avoir un droit de regard sur *tout* ce qui relève de l'homme, c'est notre métier, notre tourment aussi, de reconstituer, avec des temps différents et des ordres de faits différents, l'unité de la vie.

« L'histoire, c'est l'homme », selon la formule de Lucien Febvre. Encore faut-il, quand nous tentons de reconstituer l'homme, que nous remettions ensemble les réalités qui s'apparentent et se joignent et vivent au même rythme. Sinon le puzzle sera déformé. Mettre face à face une histoire structurale et une histoire conjoncturale, c'est gauchir une explication, ou, si l'on se retourne vers l'événementiel, tailler une explication en pointe. C'est entre masses semblables qu'il faut chercher les corrélations, à chaque étage: premier soin, premières recherches, premières spéculations. Ensuite, d'étage en étage, comme nous pourrons, nous reconstituerons la maison.

THE INTERRELATION OF THEORY
AND ECONOMIC HISTORY

by Walt Whitman Rostow

I

I do not much hold with ardent debate about method. A historian's method is as individual – as private – a matter as a novelist's style. There is good reason for reserve – even reticence – on this subject, except insofar as we seek to share each other's unique professional adventures and to listen occasionally, in a mood of interest tempered with skepticism, to such general reflections as we each would draw from those adventures.

Moreover, as a practical matter, no good cause is likely to be served by further exhortation to the historian to use more theory or to the theorist to read more history. Progress in this old contentious terrain is made only by meeting a payroll; that is, by demonstrating that something interesting and worth while can be generated by working with historical data within a conscious and orderly theoretical framework, or by adding to the structure of theory through historical generalization. The present paper is thus justified if at all only to the extent that it sets down some tentative and interim personal reflections drawn from practical work; for I take it to be agreed that man has open to him no alternative but to use theoretical concepts in trying to make sense of empirical data, past or present; I take it to be agreed that, as Keynes said in the preface to the blue Cambridge economics handbooks, "The Theory of Economics ... is a method rather than a doctrine, an apparatus of mind, a technique of thinking" rather than "a body of settled conclusions"; in terms of this definition I take it to be agreed that we all wish to bring to bear in our work the most relevant "technique of thinking" available and would be pleased to use the corpus of received economic theory for all it is worth. The real questions are how, if at all, the theoretical structures developed in modern social science can be used by [|510] the working historian and how, if at all, the historian should link his insights to the bodies of theory developing in the social sciences which surround him.

My own answers to these questions are directly colored by a pleasant but somewhat bizarre education. As a relatively innocent sophomore student of modern history at Yale in the autumn of 1934, I was first introduced to an important philosophical notion. This event can hardly be ranked as revolutionary, since the notion has been part of the received Western tradition for some twenty-five centuries; namely, that human perception works through arbitrary abstract concepts and therefore the reality of what we call facts is not without a certain ambiguity. If historical narration of the most responsible and professional kind was thus shot through with implicit, arbitrary theory, why not make it explicit; and, since I was then beginning to study economics, why not see what happened if the machinery of economic theory was brought to bear on modern economic history.

This line of reflection soon opened up two quite distinct areas for experiment: the application of modern economic theory to economic history; and the application of the modern social sciences to the interaction among the economic, political, social, and cultural sectors of whole societies. I was drawn to this latter area in part because I was repelled by Marx's economic determinism without, however, finding a satisfactory alternative answer to the question he posed – an omission not yet repaired in Western thought.

In one way or another I have been experimenting ever since with these two issues; that is, with the reciprocal relations of economic theory and dynamic economic data and with the effort to analyze whole societies in motion. They have given a private unity to study ranging from the study of the Great Depression after 1873 to the selection of bombing targets in World War II; from the likely consequences of Stalin's death to the pattern of the British take-off in the 1780's and 1790's; from the historical application of the National Bureau method of cyclical analysis to the formulation of some general hypotheses about economic growth.

What I have to say about the reciprocal relations of theory and history flows directly from these and similar exercises. As befits a working paper of this kind the argument will take the form of a few concrete, arbitrary, possibly useful assertions which aim partially to answer these questions from one arbitrary and personal perspective. The assertions are essentially three: first, the problem is the most useful link between theory [|511] and empirical data; second, of the nature of an economic historian's problems he is fated to be mainly a theorist of the Marshallian long period; and third, of the nature of the Marshallian long period, the economic historian can avoid only with great difficulty being something of a general dynamic theorist of whole societies. From these assertions I derive a final proposition; namely, that in our generation the most natural meeting place of theory and history is the study of comparative patterns of dynamic change in different societies, focused around the problems of economic growth.

II

The problem approach to history can have two meanings. It can mean that history is viewed (and rewritten) in the light of contemporary problems of public policy – as, for example, Pigou reviewed the adjustment of the British economy after November 1918 during World War II, or, in the shadow of impending legislation O.M.W. Sprague examined crises under the National Banking Act. Or the problem approach can mean that history is re-examined to throw light on an unresolved intellectual problem of contemporary interest – as, for example, Schumpeter's hypothesis about entrepreneurship in a capitalist society is now being historically tested. The two meanings are generally related because most of the intellectual issues within the social sciences, no matter how antiseptic their scientific form and articulation, are at no great remove from debate over public policy.

Economic history, as a field of academic study, is peculiarly associated with the problem approach in both senses. Thumbing through the files of our journals or the listing of doctoral dissertations one can still detect the series of fighting issues, arrayed in geological layers, out of which we have evolved. There is first the argument over the universal wisdom of free trade in which the German scholars, then Cunningham and Thorold Rogers evoked historical evidence against the repeal of the tariffs.[1] The debate quickly broadened to embrace the legitimacy of state intervention into the workings of the economy, the legitimacy of social welfare legislation, the legitimacy of labor unions. Then economic history was pushed into narrower and more technical areas by the debate over monetary and trade policy (and theory) in the 1920's and by the concern of the 1930's with the cause and cure for the business [|512] cycle. At the same time longer term reflections about the historical evolution and viability of capitalism stirred by the cloudy interwar years – notably those of Schumpeter – opened up the thriving field of entrepreneurial study, bringing *inter alia* a phalanx of economic historians to debate against their naughty muckraking parents (or occasionally against their libertine youth). And it is not too much to say that a good part of the contemporary effort in economic history is directly shaped by the concern with public policy designed to accelerate growth in the underdeveloped regions of the world, which emerged in the decade after World War II.

Although it is no great trick to identify the historical foundations of our respective interests as economic historians, the conventions of academic life tend to conceal our origins in the rude forum of social and political conflict and policy formation. American graduate schools – their methods and their manners – have a peculiar power to denature problem-oriented thought (in either sense) and to tame it to departmentally organized disciplines; for a real problem, involving whole people, rarely if ever breaks down along the lines into which the study of human affairs is professionally fragmented.

In history what begins as an analytic insight of some power and subtlety often ends in the second and third generations as a flow of monographs, high in empirical content, but increasingly divorced from the living problem that opened up the new terrain. Turner's essay on the frontier, for example, has served as the intellectual basis for two further generations' study. The frontier process has now been explored by regions, by states, and occasionally by counties. Few of these empirical exegeses have, however, added anything of analytic importance to Turner's formulation. Despite a massive empirical effort, the great historical watershed of the 1890's – a part (but only a part) of whose meaning Turner sensed – remains still to be dealt with analytically. And it is often true that in general the academic approach to history tends to divest propositions of their analytic content as rapidly as possible and to convert them into respectable, institutionalized specialties within which graduate students can be safely encouraged to write doctoral dissertations, researchable within a year after their general examinations have been completed.

---

1   We can, of course, track our ancestry to Adam Smith, in which case we have done briefs for both sides on the issue of free trade, as indeed we (and other historians) have done on most major issues of public policy.

There is, of course, another side to the medal. However much the historian may be (consciously or unconsciously) guided by abstract conceptions, his profession requires that, for a considerable portion of his working life, he pour over data, sort out reliable from unreliable [|513] sources, and (whatever the philosophical ambiguities) assemble facts. No man can be a historian unless he has at least a touch of the antiquarian about him, unless he derives some simple-minded satisfaction from knowing how things really were in a part of the past. Whatever his loyalty to the creation of generalized knowledge, he must derive some sly pleasure at the exception to the broad historical rule. Moreover, even if one acknowledges that the economic historian's activity should in the end be related to the solution of general problems, and even if one accepts the duty of economic history to contribute to the formation of a wiser public policy, these higher order activities need not concern the economic historian all the time, nor need they concern every economic historian. There is room for students of every bent and taste within our field over the spectrum from pure theory to statistical compilation.

When all this is said, I would still assert that economic history is a less interesting field than it could be, because we do not remain sufficiently and steadily loyal to the problem approach, which in fact underlies and directs our efforts. Take a favorable case: the studies in the transfer problem and in the balance of payments under inflationary conditions, inspired by Taussig. Here clear issues were posed, capable of orderly empirical examination; the results could be brought directly into the main stream of one of the oldest and most mature branches of economic thought, foreign trade theory; and in the post-1919 world of reparations and inflation the results bore directly on major issues of public policy. It is no accident that Taussig's inspiration yielded four of the best works in economic history ever written by Americans; that is, the balance of payments studies of Williams, Viner, Graham, and White. And if it is objected that we all have not been regularly favored with doctoral students of this quality, the answer in part is that economic history has not regularly posed to its students issues as clearly relevant to major problems of theory and public policy.

Take a case closer to us, the modern study of entrepreneurial and business history. All the returns are by no means in. We cannot firmly judge the net contribution to knowledge of the enormous postwar effort in this area. Several things can, however, be said with confidence. First, there has been a considerable amount of low-order effort, where the authors have lost touch with their problem, where the analytic terms of reference derive mainly from a firm's books and where the results can be meaningfully linked to no generally useful bodies of knowledge. Second, the most interesting efforts have been those which sought actively to overcome the built-in tendency to antiquarianism and to re- [|514] late conclusions about entrepreneurship to problems within two quite distinct general bodies of knowledge: either to the process of capital formation as a whole; or to the social structure and values of the society and period whose entrepreneurs were examined. Third, the final evaluation of the worth of this effort is likely to be made not in terms of the number of firms studied – or the empirical gaps "closed" – but in terms of the extent and the character of the problems it solves and the general insights it provides or fails to provide into the workings of economic and social processes that transcend but embrace the field of business history.

What I am asserting, then, is that a heightened and more conscious loyalty to the problem could strengthen in several dimensions the relations between theory and history. The problem helps prevent the historian from becoming the prisoner of a received theoretical hypothesis; for by definition he is dealing with a question un-resolved in theory, policy, or both. At the same time, by giving the historian a point of departure independent of his data, the problem helps prevent him from accepting in a fit of absent-mindedness the categories and analytic concepts built into his data. And, finally, the problem – if it is well and carefully defined – provides an area of common discourse, of useful, professional communication between the historian and the theorist, where results can be compared, where the historian can learn how the theorist poses the question and the historian can teach the theorist how things really worked. And should the latter statement be regarded as a mere verbal courtesy to our profession, it should be recalled that the classical concept of the movement of the terms of trade in consequence of capital flows never recovered from even mod-erately systematic historical inquiry, and that Clapham's pointed questions about empty boxes led directly (on one side of the Atlantic) to the upsetting of perfect competition as the theorist's norm. Seriously undertaken – that is, focused around clearly defined problems of common interest – the relationship between theorists and historians can be a two-way street.

III

Having held up the bright vision of theorist and historian solving problems in cheer-ful, productive collaboration I come to the lion in the path to its attainment: the theorist has generally been uneasy if not awkward if forced to work outside Marshal-lian short-period assumptions; the historian – like the human beings he writes about – cannot [|515] avoid working in a world of changing tastes and institutions, chang-ing population, technology, and capacity.

The difficulty goes deep. The weakness of economic theory derives from its main strength; namely, that it is the most substantial body of useful thought about human behavior that is Newtonian in character. It represents the logical elaboration of a minimum number of basic assumptions that of their nature permit of maximiza-tion propositions and thus permit static equilibrium situations to be rigorously de-fined. Value and distribution theory are essentially an extensive development of one proposition about man, another about his environment; that is, they derive from the laws of diminishing relative marginal utility and from diminishing returns. And these propositions remain essential, even, in modern income analysis, in the elegant world of interacting multiplier and accelerator.[2]

2   The upper turning point in modern business cycle theories, for example, is usually traced back to a short-period rise in saving (reflecting the diminished relative marginal utility of consump-tion with a rise in income); to supply bottlenecks and cost increases (reflecting short-period diminishing returns); to a short- or long-period exhaustion of avenues for profitable investment

In both major branches – value theory and income analysis – long-period factors must be handled on an extremely restricted basis if the structure of theory is to retain its shape. As Marshall perceived, the independence of demand and supply is lost in the long period and with it the powerful tool of static analysis.[3] For a theorist it is fair enough to say, as Marshall did, that a case of increasing return is "deprived of practical interest by the inapplicability of the Statical Method"; but this is a curiously chill definition of practical interest for a historian. Similarly, in modern income analysis, when efforts are made to introduce changes in population, technology, entrepreneurship, and other long-period factors, they are made on so formal and abstract a basis as to constitute very little change from the older conventional assumption that they were fixed and constant. To Keynes's famous dictum – in the long run we are all dead – the historian is committed by profession flatly to reply, Nonsense; the long run is with us, a powerful active force every day of our lives.

Indeed the long series of debates between classical theorists and their more empirical opponents reduces substantially to a difference between those committed to the primacy of short-period factors and those who held that long-period factors might be dominant over particular short [|516] periods of time: so it was between the authors of the Bullion Report and its opponents in explaining the wartime rise in prices; between free traders and the would-be protectors of infant industries, between the opponents and advocates of legal limitation on hours of work; between those who advocated large-scale government intervention to deal with unemployment and those who feared its revolutionary long-run consequences.[4] In one sense this issue is at the core of the ideological race between Indian and Chinese Communist methods for takeoff: will victory go to the system which uses force to constrain consumption and to maximize the short-period volume of investment or to that which creates a long-run setting of human incentives and institutions more conducive to spontaneous self-sustaining growth, designed to yield (through normal plow-backs and a democratically controlled national policy) levels of investment and productivity adequate substantially to outstrip population growth? (I might say parenthetically that whatever the outcome of this competitive historical exercise, the structure of modern income analysis, as applied to economic growth, biases the case unrealistically in favor of the Chinese Communist method.)

Are we to conclude, then, that of the nature of their professions the economic theorist and the economic historian are doomed to work different sides of a street so wide that it is hardly worth shouting across? Should the theorist, equipped with powerful mechanisms for analyzing economies under short-period assumptions, be left to deal with problems where such assumptions are useful and relevant, leaving

---

adequate to sustain full employment (again reflecting diminishing returns); or to some combination of these factors.

3   For further discussion see the author's *Process of Economic Growth*, London 1953, pp. 5–6.

4   This case could, of course, be reversed; that is, it could be regarded as a debate between those who held to classic assumptions and those who faced the long-period reality of inflexible money wage rates. Politically, the Keynesians were the men of the short-period; in theory, the Pigovians.

the historian and other less disciplined but less inhibited investigators to handle the murky world of long-period change? After all, that is roughly the way our textbooks are written and our courses set up; and there is often wisdom in apparently irrational arrangements that persist.

On the whole, I would take the view that such complacent (or pessimistic) conservatism is both inappropriate and unnecessary.

It is inappropriate because whether we look to the underdeveloped areas, caught up in the early stages of the process of growth, or to the industrial societies that have learned to vote themselves chronic full employment, the economic problems of the foreseeable future, both of policy and of intellectual interest, require the systematic understanding and manipulation of long-period factors. This is self-evident in the [|517] underdeveloped areas, where new economic institutions must be created, skills and attitudes appropriate to growth imparted, capacity expanded in appropriate balance, the possibilities of external economies examined and exploited. Even the most classically short-period of economic activities – fiscal policy – must, in the underdeveloped areas, be touched with an acute awareness of changing capital-output ratios, with the need to transfer income flows from traditional to modern sectors, and with other long-period considerations which assume a peculiar urgency in the transition to self-sustaining growth. The industrialized societies are only a little less obviously enmeshed in long-period problems: radical shifts in birth rates, with important consequences for the structure of the population and the working force; radical changes in technology and in the sectoral composition of output; the deepening commitment to make an overt political distribution of resources as among security outlays, social overhead capital, and the private sector; and so on.

In short, if the work of the economist is to be relevant, he must work to an important degree outside the theoretical structures that have mainly interested him since, say, J. S. Mill.

There is, however, no need for pessimism if one looks not merely to the formal structure of theory but also to the total capabilities of economists; and if one looks to the whole long tradition of economic thought, not merely to the theorems of greatest interest in the past several generations. Economists, it is true, receive their contemporary training and develop their professional virtuosity mainly by manipulating a relatively narrow range of propositions; but it has long been in the best tradition of economists to go forth into the world as it is, full of long-period forces; to analyze whole problems; and to prescribe for them. Sometimes those analyses and prescriptions have exhibited the bias of a training disproportionately devoted to the manipulation of short-period forces in static equilibrium situations. On the whole, however, the ablest economists transcended the limits of their most refined tools: from Marshall's testimony on the Great Depression to the Paley Commission Report; from D. H. Robertson's study of industrial fluctuations to the contemporary pilgrimage of Western economists to New Delhi.

Once out in the real world, what relation does economic theory bear to the virtues of economists when they perform virtuously? Are they merely smart fellows, handy to have around when considering a tough practical problem; or does the structure of their formal thought have a [|518] useful as well as an inhibiting effect? Put another way, what are the uses of economic theory in analyzing problems where long-period factors are important, particulary problems in history?

Theory can be useful in three distinguishable ways. First, in defining the problem. Although the best-developed areas of theory take the form of short-period propositions, economics offers an orderly way of looking at and defining the totality of factors at work in an economic system. Formal economics can help map a problem, even if it has little to suggest by way of a solution. It can help pose the questions and set up empty boxes in fields as remote from the main streams of theoretical effort as population change, the generation of new technology, and the quality of entrepreneurship. Although economists may have done little in modern times to analyze long-period factors, they are well trained in listing exhaustively the factors they are assuming fixed; and this is most helpful.

Second, although the nature of long-period change may make impossible the development of a long-period economic theory – for example, a theory of economic growth – it by no means bars the development of important theoretical propositions about long-period change. For example, income analysis has been successfully adapted as a rough-and-ready but indispensable aggregative framework for the planning of economic growth;[5] the classical analysis of factor proportions in the theory of production has been adapted to throw important light on certain growth problems;[6] and, in general, the familiar technique of isolating one variable or relationship in movement, within a system otherwise held constant, while inappropriate for the general treatment of a whole interacting historical process, can be an extremely fruitful partial technique of analysis.[7] In short, there are many more uses for theory in dealing with long-period problems than have yet been developed. Neo-Marshallian pessimism on this score – a conviction that rigor had to be abandoned when the economist departs from the short-period, that there is no middle ground between geometry and description – can easily be overdone.

There is a third role for economic theory and theorists in history; that is, to contribute actively to the systematic organization of knowledge about the past in terms of analytic categories that permit cross-comparison and generalization. This role requires that economists, in addi- [|519] tion to maintaining and developing the Newtonian sectors of their science, begin to take seriously the biological strands in their heritage embedded in the *Wealth of Nations*, evoked in our time by Mitchell's leadership and by Schumpeter's fruitful suggestions. It is only in terms of some such grand conception focused around some clear concrete problems shared between economists and historians that the full possibilities of interrelationship can be developed. And it is to some of its implications – which most obviously bear on the study of economic growth – that I now turn.

---

5   See, for example, The First Indian Five-Year Plan, New Delhi 1951, ch. ii.
6   See R.S. ECKAUS, The Factor Proportion Problems in Underdeveloped Areas, in: American Economic Review 45, Sept. 1955, pp. 539–65.
7   See, for example, T. HAAVELMO, A Study in the Theory of Economic Evolution, Amsterdam 1954.

IV

In one sense it is distinctly anticlimactic to suggest that the major common task and meeting place of economists and historians is the analysis of economic growth; and that the systematic isolation of similarities and differences among national patterns of growth is likely to be the most productive method jointly to pursue. What, after all, have we been doing in recent years? A high proportion of recent articles in the economic history journals has been designed to translate aspects of national economic history into the more universal language of economic growth; and articles on economic growth – in fact or in name – have hit the economic journals like a biblical plague. Papers prepared for special meetings – such as the 1954 conference on capital formation – indicate not merely a convergence of interest among historians, statisticians, theorists, and functional specialists but the beginnings, at least, of an ability to communicate when a problem as relatively clearcut as capital formation is explored.[8] Moreover, comparative analysis of national growth experiences is increasingly a feature of the landscape from, as it were, our little family difficulty with nineteenth-century France and Germany to the study of Brazil, Japan, and India.[9] Indeed, we need look no farther than to the sessions which have preceded us, over the past several days, reflecting the progress under way in providing a statistical bone structure for comparative growth analysis, and to the subject of tomorrow's meeting.

We have found, it might appear, an optimum focus for our efforts as economic historians: economic growth permits us to use in a shapely way much of the cumulative work of our predecessors; it provides a problem area in both policy and problem senses; in the analysis of growth the Marshallian long period, in whose treatment we historians [|520] enjoy a comparative advantage, cannot be ignored; and since by definition growth takes place over long periods of time, the economist must either study history or call us in on a basis of equal partnership at least.

But I would make two final observations before agreeing that the golden age of economic history and of collaboration between theory and history has already arrived.

First, I do not believe that the efforts now going forward, from many technical perspectives, focused around economic growth are going to yield a usable body of biological theory unless a conscious effort is made to develop that theory. I do not believe that the organization, side by side on a country basis of statistical data, industry analyses, entrepreneurial studies, and monographs on technology, with experts in Harrod-Domar models benevolently looking on, is going to yield automatically, by osmosis, the corpus of organized concepts we shall require if the golden age is to come to pass. In the three quarters of a century or so since we created our graduate schools, and the professional study of history and the social sciences, based on German models mixed with native American empiricism, we have managed to

---

8   See Capital Formation and Economic Growth, Princeton: Princeton University Press, 1955.
9   S. Kuznets, W. E. Moore, and J. J. Spengler, Economic Growth: Brazil, India, Japan, Durham: Duke University Press, 1955.

create many barren acres of factually accurate volumes, bearing on interesting issues, in which the authors left the problem of intellectual synthesis to someone else. Ironically this persistent philosophical disease – apparently a disease of modesty and intellectual scruple – has left American academic life, by default, particularly vulnerable to the brilliant, casual, and not wholly responsible insights of a Veblen, a Beard, or a Schumpeter who did not fear to generalize.

The disease can be seen in the state of American history as a whole, not excluding economic history, the latter being a peculiarly shapeless affair; it can be seen in the trailing away without adequate issue of the institutionalist school; it can be seen even in one of the most successful of these native empirical exercises, the National Bureau of Economic Research, whose monographs have enormously enriched our knowledge of limited aspects of the past and present, without, however, fulfilling the grand vision of synthesis among theory, history, and statistics that inspired Mitchell and the institution he founded. Only where the special rigors and risks of synthesis were consciously and boldly faced – as in Abramovitz' study of inventory cycles – can one perceive something of what we have all been hoping for.

I would warn, then, on the basis of our common experience and our ingrained national style, against assuming that theoretical synthesis comes about without special, conscious effort. [|521]

But to what kind of synthesis should we look? What kind of framework is capable of posing researchable questions for historians that, if answered, permit empirical results to be compared and generalized and also permit easy and useful intercommunication with the theorist?

Each answer to this question will inevitably be shaped by unique interests and experiences; mine is affected in particular by the job of trying to teach coherently the story of the evolution of the world economy over the past two centuries. I have leaned, as some of you know, to a concept of historical stages held together by a bone structure of more conventional dynamic theory. In a recent article I suggested that it may be useful to regard the period, after a relatively static traditional society begins to break up, as divisible into stages of preconditions, take-off, and sustained growth. And I have been experimenting in my seminar over the past several years with some subdivisions of the sustained growth stage, notably with substages of technological maturity and of dominance by durable consumers goods and services, both of which are, I believe, capable of reasonably precise definition and approximate historical dating for those societies which have experienced them. (It may be that after the age of durable consumers – when diminishing relative marginal utility has set in sharply for the extra car or portable TV – that babies take over as a leading sector; but it is a bit too soon to lay this down as immutable natural law.) I doubt that stages by themselves in the old German style will serve our purpose; but if we can link them to a modified corpus of conventional economic theory – and especially provide some definitions that are at least conceptually quantitative and permit reasonably accurate dating – we may generate something of intellectual power and utility.

I would certainly not be dogmatic about the forms of synthesis likely to prove most useful; but I would urge with some confidence that, as we gain an increasing knowledge of each other's work, and as the data pile up, we must allocate more time to building and applying a synthesis than we have in the past.

I come now to a final observation. It is quite simply that the explicit analysis of growth is likely to force economic history in somewhat new ways into the analysis of politics, social structure, and culture. A glance at our textbooks indicates that economic historians are not strangers to these fields. Clapham's affectionate and precise evocation of the round of British life at various historical epochs is as good as anything social history affords; and the role of the state in economic life has embedded us all in the study of politics at one time or another. It is, [|522] indeed, possible to criticize much of conventional economic history as too political and social and not sufficiently economic. My point is that the systematic treatment of growth will pose some new problems of relationship between economic and other factors and some old problems in new forms.

The comparative study of periods of preconditioning for takeoff must, for example, focus sharply in most cases around two related questions: the formation of an effective, modern central government capable of exercising fiscal power over old regionally based interests; and the emergence of a group (or usually a coalition) with vested interests in the development of an effective national government and the technical talents and motivation to operate the modern sectors of economy. From postmedieval western Europe to contemporary Egypt and India, from Canada to the Argentine, from Japan to Turkey, the political and social patterns that have accompanied the stage of preconditions have, of course, varied, and yet they have been shot through with recognizable common features. The orderly sorting out of both common features and variations, in their relations to more familiar patterns of economic change, will prove, I believe, an essential aspect of the development of a general biological theory of economic growth. (If we move in this direction we should, incidentally, be able to get much assistance from the current generation of political scientists who are increasingly committed to the study of comparative politics in non-Western societies.)[10] Nor will these extraeconomic concerns end when we have seen our respective countries into sustained growth; for social structure, politics, and culture are not the monopoly of economically underdeveloped areas. As time goes on we shall, I suspect, be studying differences in the sociological bases and political consequences of growth stages dominated by heavy as opposed to light engineering industries, not excluding the significance of the differences within Communist societies; we shall be exploring the social and cultural, as well as the economic anatomy of the durable consumers' and service stages, which we entered in the 1920's and the entrance into which of western Europe and Japan constitutes one of the most surprising and revolutionary features of the postwar decade; and we may even learn a little about the dynamic determinants of the birth rate.

10 See, notably, D. RUSTOW, New Horizons for Comparative Politics, in: World Politics 9, July 1957, pp. 530–49. See also GEORGE McT. KAHIN, GUY J. PAUKER, and LUCIAN PYE, Comparative Politics of non-Western Countries, in: American Political Science Review 49, Dec. 1955, pp. 1022–41.

In short, in accepting economic growth as a central problem we shall, [|523] from one perspective, be forced to become general theorists of whole societies; for the motives of men and the human institutions and activities which bear directly and technically on the rate of increase of output per capita are not narrowly limited. And our loyalty should be to the problem of economic growth, wherever it may take us, not to the bureaucratic confines of economic history or of economics as they are presently consecrated in our graduate schools.

All this talk may seem heady stuff, perhaps appropriate once in a while at an annual meeting, when the members of the club gather away from their desks and filing cards, but not to be taken seriously. By Monday we shall all be back grappling with our familiar piece of the elephant. And in one sense I would agree, recalling my introductory statement that method is not an appropriate subject for serious debate and certainly not for harangue.

In a larger sense, however, the vision of how we should tackle the problem of economic growth, of where economic history fits, and how it should relate to theory are important questions. They are important because, I would guess – as a matter of prediction rather than special pleading – we are in fact going to do something about them over the next generation of work. In many areas of natural and social science the cast of American intellectual life has radically shifted in the past twenty years or so. We are no longer a nation incapable of creating new abstract concepts nor are we as awkward as we once were in dealing with them. The old generalization that Americans derive their basic science and fundamental inventions, intellectual or otherwise, from abroad requires substantial modification. I do not believe that economic history will prove to be exempt from this national process of emergence into intellectual maturity.

The problem of interrelating theory and history around the problem of growth does indeed require for its solution a difficult merger – a merger of our old national gift for the energetic pursuit of fact, with a new sustained and orderly effort to build an intermediate structure of abstraction and generalization. Our still young field of economic history, full of essential knowledge and accumulated wisdom about the way different societies have handled their economic activities, already responding with vigor to the policy and intellectual challenges of the problem of economic growth, can – and I believe will – play a strategic, indeed an indispensable, role in this merger.

ECONOMIC HISTORY – A SCIENCE OF SOCIETY?[*]

by Sidney Pollard

The academic discipline of economic history is, as its name implies, of mixed parentage. In this, as one of the most distinguished living economic historians has remarked recently,[1] it resembles the mule. But while he went on to muse that it was not for him to decide which of the two parent-subjects was equine, and which asinine, I would rather draw attention to another characteristic of this most appropriate animal: its inability to reproduce its own kind.

It is worth noting how recent is the position of Economic History as a discipline in its own right in British universities. When I was first introduced to its teachings, there were only two chairs in the subject outside London and the two older provincial universities: these were in Manchester and Birmingham. It is true that there were several other economic historians to be found disguised as Professors of this or that subject, but this rather serves to underline the point that it was not the lack of distinction among its practitioners, but the lack of regard for the subject, which kept down the number of chairs. Today, Sheffield University is among the majority in having established the chair which I have been greatly honoured to have been asked to occupy.

More important, perhaps, than the status of the teacher, is the place within the curriculum. Here there was virtual uniformity in my student days. Economic History was taught in subsidiary or dependent courses, but never as the core of the teaching, to economists, to historians, or to both. The teaching staff, the specialists, necessarily also bore the marks of this dual carriageway of approach; for they, themselves, had come to Economic History either as historians in search of a soul, or as economists in search of a body. Things have changed very little in most British universities. In Sheffield, also, we intend to continue to provide auxiliary courses to departments close to ours, partly because we feel that our studies will be of value to them, and partly because the stimulus we receive from students of different academic backgrounds seems to lend support to the widely held doctrine that there is fertility in the border areas between two or more major disciplines. We have, however, not been satisfied [|4] with the traditional limits to our rôle. We have gone further, and have raised Economic History to a substantive subject standing on its own; in doing so, and in being able to produce economic historians, we have joined a very small, not to say fringe, minority.

---

[*] This paper prints, with minor alterations, the author's inaugural lecture as Professor of Economic History in the University of Sheffield.

[1] Professor M. M. POSTAN, at the Annual Conference of the Economic History Society, held in Sheffield in 1962.

It should be said at the outset that Economic History has not always occupied its present subordinate position within the economic sciences. Adam Smith, who may be regarded as their founder, made no such distinction in his great work, first published in 1776, between the theorems and their accompanying historical illustrations, from which, indeed, they had often been derived. "There is scarcely a page of *The Wealth of Nations*" as Unwin put it, "where history and theory are sundered from each other".[2] In the next generation, Ricardo's terse language, and his quest for watertight laws, were in the greatest imaginable contrast to the leisured, classical prose and the pragmatic conclusions of the eighteenth-century Scotsman; yet Ricardo also, like his contemporary Malthus, thought in terms of the long-term evolution of societies. In other words, they also possessed a historical perspective.

It was men of the following generation, making their mark about the middle of the nineteenth century, who were, for the first time, faced with the prospect of finding the social system they had set out to describe and to foster, to be in some way at its maturity, so that a look into the future might reveal signs of a decline which they were unwilling to contemplate; it is at times like this that ideologies turn conservative and begin to look for "eternal" laws. By about 1870 the transition was made. In several quarters at once – a sure sign that the need for this re-interpretation was widely felt – the first halting steps were taken towards that "marginal analysis" or neo-classicism which, by concentrating on problems which could be expressed, and solved, in mathematical terms, ultimately transformed "political economy" into economics and relegated Economic History, as indeed every other social science, to auxiliary status.

In Britain, the empirical tradition was strong enough to delay the total victory of the new school for the best part of two generations. The dominant Cambridge economists, Marshall, Pigou, Robertson and Keynes, continued to treat economics as a social science while mastering its mathematics, and their brilliant fruitfulness served to mask the immanent divergence. In Germany, however, where economics was taught in faculties of law or of philosophy, economists were more self-conscious regarding their philosophical foundations, and quickly brought the dualism into the open. [|5]

The powerful school of relativist economists or, as their critics dubbed them, historicists, which developed there in the second half of the nineteenth century, opposed the optimistic view of Say that the "absurd opinions" and "errors" of the past were best forgotten,[3] and held with Karl Knies

> that political economy ... is a result of historical development; ... that its fund of arguments arises out of economic life, and its results must bear the description of historical solutions; that even the "general laws" of political economy are nothing but an historical explanation and progressive manifestation of the truth. It is only the study of historical development, and the advancement to a recognition of an order and regularity within it, which can allow us to reach

2   GEORGE UNWIN, Studies in Economic History, London 1927, p. 18.
3   "Que pourrions-nous gagner à recueillir des opinions absurdes, des doctrines décriés et qui méritent de l'être? ... . Les erreurs ne sont pas ce qu'il s'agit d'apprendre, mais ce qu'il foudrait oublier": J. B. SAY, Cours Complet d'économie politique pratique, 3rd edn., Paris 1852, p. 537.

a full understanding of the economic position of the present and of the direction in which we are moving.[4]

These views found some significant, though curiously neglected echoes in this country. Thus Thorold Rogers discovered as a result of his historical researches "that much which popular economists believe to be natural is highly artificial; that what they call laws are too often hasty, inconsiderate and inaccurate inductions; and that much which they consider to be demonstrably irrefutable is demonstrably false".[5]

The opposition came largely from the marginalists, and was expressed in its most extreme form by the Austrian, Carl Menger. He thought that it was part of the duty of the economist,

> in analogy, though not in identical manner with the natural sciences, to reduce the real appearances of political economy to their simplest and purely typical elements, in order, by isolation, to set out its laws.

Both the natural and the social (or as he called them, ethical) sciences were searching for "real types" and "empirical laws",

> and in the above point of view, at any rate, no *essential* difference between the ethical and the natural sciences exist, but at most only one of *degree*.[6]

The dialectic of this so-called "Methodenstreit" was resolved into an uneasy synthesis by about the outbreak of the first world war, though echoes of the battle could still be heard in the 1950s.[7] [|6]

Meanwhile, however, in Britain, the gentleman's agreement to treat economics as a social study, while exploring the exciting new mathematical possibilities, proved increasingly difficult to sustain. It was shattered in 1932 by a young London economist who proclaimed a new definition of the subject-matter of economics. It was to be no longer in terms of "a study of mankind in the ordinary business of life", which was Marshall's definition, or "the general causes on which the material welfare of human beings depends", which was Cannan's, or more intriguingly, "the relation between unwelcome exertion and the remuneration which induces that exertion", a definition used by Taussig, but was to be in terms of the *manner* of approach: economics, Professor Robbins declared, was concerned with "human behaviour as a relationship between ends and scarce means which have alternative uses".[8]

4   KARL KNIES, Die politische Oekonomie vom geschichtlichen Standpuncte, Braunschweig 1883 (1st edn. 1853), pp. 24, 376, also footnote on p. 23.

5   J. E. THOROLD ROGERS, The Economic Interpretation of History, 7th edn., London 1909 (1st edn. 1888), pp. vi–vii; J. K. INGRAM, A History of Political Economy, Edinburgh 1893, pp. 221–35.

6   Italics in the original. CARL MENGER, Die Irrthümer des Historismus in der deutschen Nationalökonomie, Vienna 1884, pp. 18–19, and Problems of Economics and Sociology, Urbana, Ill. 1963 (first publ. 1882), p. 58.

7   ARTHUR SPIETHOFF, The 'Historical' Character of Economic Theories, in: Jl. Econ. Hist. 12, 1952.

8   ALFRED MARSHALL, Principles of Economics, 8th edn., London 1946 (1st edn. 1890); F. W. TAUSSIG, Principles of Economics, 3rd edn., New York 1911, I p. 14; E. CANNAN, Elementary Political Economy, London 1888 (2nd edn. 1897), p. 1; LIONEL ROBBINS, An Essay on the Nature and Significance of Economic Science, London 1932, p. 15.

At one stroke, by this concentration on relative scarcity, economics was to be taken out of the muddy waters of political overtones, personal value judgments, social pressure and class interests in which real economic life takes place, to be studied in the serene clear waters of universally valid mathematical relationships, like the natural and neutral sciences. Economists could draw up sequences of causes and effects, and it was only at the point of actual decision-making, to be left to others, that political and other practical considerations need be re-introduced. The idea caught the spirit of the time. Extreme though it was, it became absorbed quickly into the textbooks, it was adopted even by some economic historians,[9] and certainly dominated all the formal definitions to which I was introduced as an undergraduate fifteen years later. Nevertheless, it was a hollow victory. There was no danger at that time that anyone would take it seriously, least of all Professor Robbins himself, whose social conscience is second to none. For one thing, men brought up on the broadly-based pre-Robbins curriculum, were conscious of the residue of political bias. As Gunnar Myrdal had written in 1929,

> on the one hand, it is emphasised that economic science only observes social life and analyses what can be expected to happen in different circumstances, and that it never pretends to infer what the facts ought to be. On the other hand, practically every economist draws such inferences. And the various specific economic theories are most of the time arranged for the very purpose of drawing them.[10] [|7]

But secondly, the purpose itself was mistaken. For despite all protestations, one looks in vain in economic textbooks for non-economic instances of relative scarcity, as for example that of a conductor who has to share out a limited time among hosts of desirable orchestral pieces; by contrast, the economic literature of the time was filled with problems of unemployment, or resources which far from being scarce, were only too plentiful.

There was a reason for the almost unanimous acceptance of what was a patently false emphasis and an inadequate definition; it allowed economists to ignore completely the broader social and historical framework, and to concentrate on the more congenial and less dangerous mechanics of manipulating units within it. "A major task of economic analysis", the textbook on which I was brought up stated baldly, "is to explain *why* the price of butter is eighty cents per pound".[11] Far be it from me to question the importance of that task, particularly for people who want to make a profit out of selling butter; but you will find that in the solution, all relationships except those expressed as a price/quantity ratio are omitted. The buyers and sellers could be combines, individuals, slaves, Greeks, Turks or Kalmucks; the time could be war, peace, this century, the last, or the next: the answer, and its significance, is the same in each case.

---

9   ELI F. HECKSCHER, A plea for Theory in Economic History, in: Economic History 1, 1926–9, pp.
      528–9.

10   GUNNAR MYRDAL, The Political Element in the Development of Economic Theory, London 1953
      (1st edn. 1929), p. 5.

11   "And, of course", the author goes on, "why all prices, wages, incomes interest rates, and other
      economic quantities are what they are": KENNETH E. BOULDING, Economic Analysis, 3rd edn.,
      London 1955 (1st edn. 1941), p. 7.

The value of this approach of isolating one problem is evident, and on it is based the reputation of economics as perhaps the most exact, or at any rate the least inexact, of the social sciences. But it depended on a self-denying ordinance, embedded as a standard warning found in all courses and in all textbooks, against the danger of giving economic *advice* on the basis of pure analysis without taking other factors of the concrete social situation into account. As long as economists were compulsorily educated in social and political theory, in history and in related subjects, they were unlikely to suppose that they could ignore this warning. In the past ten or fifteen years, however, the analytical side of the subject, making its burdensome demand on the normal economist's limited mathematics, has become so large, so difficult and so elegant, that he has neither the time nor the inclination to go further afield in his quest for knowledge. He is happy to rummage among Clapham's empty economic boxes;[12] what is worse, he may even imagine that they [|8] are filled. The more unaware he is of the complexities of the social setting, the more confident he becomes that his solutions are alone relevant. Thus we find solemn discussions on the future of the National Health Service oblivious of such unquantifiable values as the gains in security, equality and human dignity created by it; or advice is proffered by economists on steel nationalization in terms solely of profit and loss, forgetful of the fact that the issue is a battleground of ideologies, concerned with the ultimate control over the economy and the location of the responsibility for British industry.

I regret this refining process in the development of economic studies though I, also, am dazzled by some of its achievements. I think that economics has been impoverished by it. I also believe with Professor Parker, that

> economic theory and statistics may suggest explanations of economic change consistent with a hypothesis of economically rational behaviour. But a complete economic history must bring to bear a wide variety of non-quantitative variables and a generous amount of speculation about motivations.[13]

Otherwise we run the danger of measuring the waves, and forgetting the tide. Pope may have been right in his belief that the only proper study of mankind is man; is it old-fashioned to hold that the only proper study of the social scientist is society?

In this odyssey of academic economic teaching, sketched as one-sidedly as I dared, there may be noticed one continuous theme: the steady decline of the reference to the social, concrete historical setting in which economic discussion takes place, ending, at present, in the complete disappearance of the historical dimension. It was thus that Economic History came to occupy the peripheral place in schools of economics which I noted at the beginning.

Of course, this is not the whole story. In parallel with the study of micro-economics, where the tendency to disregard society has gone furthest, there has developed, in a painfully uneasy common harness, the sub-science of macro-economics, based on the categories of Keynes, who himself was blessed with an uncanny his-

---

12 J.H. CLAPHAM, Of empty economic boxes, in: Economic Journal 32, 1922, pp. 305–314.
13 WILLIAM N. PARKER, Introduction to N.B.E.R. Conference on Research in Income and Wealth, in: Trends in the American Economy in the Nineteenth Century, Princeton 1960, p. 5.

torical sense. While some of his successors may be less well endowed, others, particularly in America, have recently turned to the problems of the under-developed countries of the world. Here they operate within vastly enlarged parameters, as they are witnessing not the substitution of some units of resources for others at the margin, but the total transformation of societies from their basic economic and property relations upwards to the top of their cultural and spiritual super- [|9] structures. As they find themselves turning into amateur historians, sociologists and anthropologists, these economists are eager to collaborate with the disciples of other social studies. With them, the economic historian makes his most fruitful and happy contacts; but he must not forget the others at home, blinded by the exuberance of their own science.

If he sees it as part of his task to persuade economics that it is an art as much as a science, is he equally justified in trying to persuade his other parent, history, that it is a science as much as an art? Here is the expression of one extreme view:

> Men wiser and more learned that I have discerned in history a plot, a rhythm, a pre-determined pattern. These harmonies are concealed from me. I can see only one emergency following upon another as wave follows upon wave, only one great fact, ... one safe rule for the historian: that he should recognize in the development of human destinies the play of the contingent and the unforeseen.[14]

It is easy to call this view trivial, or to find amusement by counting the number of occasions on which Fisher refers to the "inevitability" or "necessity" of historic developments in the very work prefaced by this quotation.[15] Here I wish to make only two observations. The first is that there is inherent in this view a danger of which Camus was so terrifyingly conscious:

> those who rush blindly to history in the name of the irrational [he warned] proclaiming that it is meaningless, encounter servitude and terror and finally emerge into the universe of concentration camps.[16]

I, also, fear that those who have given up trying to make sense of the past, must have given up hope for the future. The second is that in practice no one acts upon it. Even Ludwig von Mises, one of the most articulate of the enemies of historical determinism, has to admit that in an undetermined universe,

> no action could be designed, still less put into execution. Man is what he is because he lives in a world of regularity and has the mental power to conceive the relation of cause and effect ... . If you want to attain a definite end, you must resort to the appropriate means; there is no other way to success.[17]

---

14 H. A. L. FISHER, A History of Europe, London 1946, p. v.
15 SIDNEY HOOK, The Hero in History, New York 1943 (repr. 1950), pp. 544–5.
16 ALBERT CAMUS, The Rebel (L'homme révolté), London 1953, p. 215. It is only fair to add that Camus thought little better of the Marxist solution: "the former", he goes on, "never dreamed of liberating all men, but only of liberating a few by subjecting the rest. The latter, in its most profound principle, aims at liberating all men by provisionally enslaving them ... . It must be granted the grandeur of its intentions" (ibid.).
17 LUDWIG VON MISES, Theory and History, London 1958, pp. 74, 177–8.

Professor Popper, if anything a more severe critic still, agrees, in his [|10] own inimitable prose, that causality is a "typical metaphysical hypostatization of a well-justified methodological rule".[18]

I shall return to historical nihilism later, in its guise of the worship of the individual and the accidental, but meanwhile we must assume, with W.H. Walsh, that most historians are desirous of "making sense of" or "understanding" their material.[19] There are many possible approaches. Seligman, writing about the turn of the century,[20] felt he had to deal with the claims of idealistic, of ethical, even of religious conceptions of history, but I think today we need waste little time on these exotic creations of nineteenth-century philosophy. Geopolitical and psychological explanations, though vital for an understanding of the mechanism of concrete historical events, suffer from the fact that a constant cause is called upon to explain a process of change; and an age which has seen men of English and Dutch race, who were, with the Swiss, the first to bring human freedom to Europe, become the last (together with the Portuguese) to deny it in Africa, will have little faith in explanations in terms of national character. Sir John Clapham might have been somewhat optimistic when he supposed, in his inaugural lecture in 1929, "that all historians are now so far in agreement with Marx as to be unable to think of major upheavals and important social changes into which economic causation does not enter";[21] but I think we can at least say that the only types of explanations which command any substantial measure of support in the mid-twentieth century are those which ultimately derive the motive force of historical change from underlying economic developments.

It should be stated at once that an economic, or better, a materialist conception of history does not presuppose that men obey mercenary motives only. It is pleasing, in view of what one hears nowadays about the high ideals of business, to come across this beginning of what is probably the first (manuscript) set of systematic instructions to a British mill manager, dated January 1818: "The first and great object", the owner writes, "to be aimed at by the Manager of the East Mill is PROFIT".[22] But if all historical human action were [|11] so clearly directed towards making money, it would not have needed a Marx to discover it, nor could even a Popper deny it. It is rather that every man's material needs and interests predispose him to certain attitudes which appear subjectively to be of general validity, but can be shown to be objectively selfish. Who would doubt today that the emancipation of women in this century derives directly from their opportunities of economic independence? Yet this is not how it appeared to the generation involved in it. Then, the women were the champions of human liberty, while the Victorian father, thwarted in his habitual petty domineering, was either defending the sanctity of the family, or acting in the girl's

---

18 KARL POPPER, The Logic of Scientific Discovery, London 1959, p. 248.
19 Quoted in PATRICK GARDINER (ed.), Theories of History, London 1959, p. 299.
20 EDWIN R.A. SELIGMAN, The Economic Interpretation of History, New York and London 1961 (1st edn. 1902).
21 J.H. CLAPHAM, The Study of Economic History. An Inaugural Lecture, Cambridge 1929, p. 24.
22 Quoted in DENNIS CHAPMAN, William Brown of Dundee, 1791–1864: Management in a Scottish Flax Mill, in: Explorations in Entrepreneurial History 4, 1952, p. 124.

best interest – a true selfless and Christian gentleman. And conversely, the reason why few of us would today have any sympathy for that father's point of view, and why we would grant women the right to full individual development, or at least to a fuller personality than the nineteenth century was prepared to concede, derives, not from any growth in our belief in liberty as a concept at some high level of theoretical abstraction, but from our unspoken assumption, based on observation, of the ability of woman to maintain her economic independence.

On a broader canvas, we may take as another example the upsurge of the French democrats in 1848, representing the interests of the petty bourgeoisie. Yet even in the heat of battle, in that remarkable piece of polemical journalism, the *Eighteenth Brumaire*, Marx stressed that

> one must not form the narrow-minded notion that the petty-bourgeoisie, on principle, wishes to enforce an egotistic class interest. Rather it believes that the *special* conditions of its emancipation are the *general* conditions under which modern society can alone be saved.[23]

This disposes, I hope, of crude selfish or "economic" motivation; but we must begin at the beginning.

Man, from birth, has certain material needs. Their importance is not an invention by historians who are looking for a convenient theory of history, as Rickert used to allege;[24] their primacy is a physiological fact.[25] In a primitive society, always on the edge of starvation and unable to allow its members the satisfaction of any but the most basic wants, this primacy would scarcely be disputed. [|12] It is, however, equally significant in more highly developed societies, such as ours, although here it operates through the social division of labour and our position within the social structure, or, in other words, the way in which we gain our living.

The critical fact, from our point of view, is the truism that we simply cannot live as isolated individuals. Man on his own would die quickly of starvation and exposure; he must become a member of society. "All human labour is social labour, and the problem of human labour is therefore always sociological" – these are Sombart's words.[26] And, as soon as we are born, in Mr. Carr's phrase, "the world gets to work on us and transforms us from merely biological into social units".[27]

> In the social production which men carry on they enter into definite relations that are indispensable and independent of their will … . The sum total of these relations of production constitutes the economic structure of society – the real foundation, on which the legal and political superstructure arises and to which definite forms of social consciousness correspond … . In broad outline, we can designate the Asiatic, the ancient, the feudal and the modern bourgeois methods of production as so many epochs in the progress of the economic formation of society.[28]

23   KARL MARX, Der Achtzehnte Brumaire des Louis Bonaparte, Berlin 1946, p. 40.
24   HEINRICH RICKERT, Science and History, Princeton 1962 (1st edn. 1898), p. 114. Also see GARDINER, op. cit. [cf. note 19], p. 126.
25   T. B. BOTTOMORE and MAXIMILIAN RUBEL (ed.), Karl Marx, Selected Writings, London 1960, pp. 53–6.
26   WERNER SOMBART, Der Moderne Kapitalismus, 6th edn., Munich and Leipzig 1924 and 1927, I p. 7.
27   E. H. CARR, What is History?, London 1961, p. 25.
28   Quotation from MARX' preface to the Critique of Political Economy, Chicago 1904, pp. 11 and

Put still more tersely, "the hand mill gives you the feudal lord; the steam mill the industrial capitalist".[29] Here is the link between physiological needs and the driving force of history.

History takes in all of man's social activities, including his beliefs and superstitions, his science and knowledge, his political organization, personal eccentricities and artistic achievements. All these act and react on the material and class-oriented bases of life. The other spheres of human endeavour, like churches, theatres, or military affairs or the spheres enumerated by the aged Engels in his famous letter to Conrad Schmidt,[30] including politics, law, religion and philosophy, have a logic and possibly a science of their own, and are not entirely without influence on the economic base; but that influence is minor only, and becomes negligible in a survey of society's general advance.

Perhaps it will now be evident in what sense the economic aspect of [|13] history is primary. We may express it in the generalized form of saying that physical survival is the first essential. More specifically, we may express it by saying that the social productive base provides not only the character or ideal type of each age in the sense of Max Weber or of Spiethoff, but its momentum and direction of change.

It appears from the recent dialogue between Sir Isaiah Berlin and Mr. E. H. Carr,[31] that there are two main, and linked, objections raised against this view of history. The first is that history is made by individuals who are unpredictable; and the second, that for practical as well as epistemological reasons,[32] history cannot be turned into a "science".

The voluminous discussion about the role of the individual in history has always seemed to me slightly off the point. An analogy may help.

I believe that if I took a bar of polished steel round to my colleagues in the University, the members of the Department of Mechanical Engineering might describe it as solid, with a smooth surface, the members of the Department of Metallurgy might describe it as solid, with a very rough surface, and the members of the Department of Physics might describe it as a collection of numerous particles in motion in a largely empty space. Now we do not find them quarrelling about this, and accusing each other of being unscientific: they know quite well that they are each using "microscopes" of different powers of magnification.

Historians are too often at cross purposes because they use different microscopes. On the scale of the individual, the scale appropriate to the biographer, perhaps, the interest lies in the diversity, the caprice, the accidental or contingent, and the emphasis is on the power to make decisions, though even here it would be more

13. Also see the discussion in G. V. PLEKHANOV, In Defence of Materialism, London 1947, pp. 148, 196 ff. and The Materialist Conception of History, London 1940.

29   MARX, La Misère de la philosophie, Paris and Brussels 1847, p. 100.

30   Marx-Engels Selected Correspondence, London 1941 (1st edn. 1934): Engels to Conrad Schmidt, 27 Oct., 1890.

31   See esp. E. H. CARR, What is History?, London 1961; ISAIAH BERLIN, Historical Inevitability, London 1954; and the controversy in the Listener, April/June 1961.

32   LUDWIG VON MISES, Theory and History, London 1958, p. 5.

useful, and more valid, to study all great individuals as the products of their age, and to derive the extent of their influence from the success with which they were able, in Burckhardt's phrase, to "rescue the ideals of their time".[33] On the scale of the political unit, such as the State, regularity and historical causation are much more in evidence than on the individual scale, yet here also I am willing to admit that the accident of personality will produce real and significant variations: it would be too ungallant to deny any power to Cleopatra's nose[34] or, [|14] better, Helen's face, though few historians would follow Sidney Hook in ascribing such major events as the Bolshevik Revolution, and with it the rise of Nazi Germany and the Second World War, to the survival of Lenin in the critical October days of 1917.[35]

The dimension in which I am interested, however, is the dimension of society as a whole. To quote a recent, and unjustly neglected, book by Witt-Hansen:

> In contradistinction to social sciences such as jurisprudence, political economy, historiography ... historical materialism deals with the human society and history as a whole. The subject matter of historical materialism is in fact *social formations* or *economic formations of society*, as exemplified in the capitalist economic formation of society or "capitalist society".[36]

On that scale of magnification, the individual is too small to be caught in my microscope. Even a Peter the Great was as unable to speed up the development of capitalism in Russia as Joseph II was in Austria, and Catherine II was as powerless to affect the basis of serfdom in her dominions as Frederick the Great was in his: yet who was ever more powerful than they? Notice, too, that they were all, clearly, children of their time, and not eccentric utopians. The fortress of holistic determinism has been for so long under siege by Professor Popper's heavy guns,[37] charged with prejudice against its likely predictions, and firing their shells labelled "piecemeal social engineering", that few have the temerity to entrust themselves to its walls. I believe, on the contrary, that it is precisely at the level of whole societies that we can use the laws of the social and the natural sciences to make sense of history, just as it is precisely at the points at which the material needs of society enforce a violent political change, that the political historian is most inclined to accept the validity of historic determinism. At such times, Sidney Hook admits, "the forces unloosed will sweep away anybody who seeks to stop them".[38]

The triviality of the discussion on free will and fatalism in this context should now be apparent. I need not dwell on the fear of Sir Isaiah Berlin – wayward as he is brilliant – that deterministic views breed fatalism.[39] This is just bad observation. They may do so on occasion, but equally no historian can fail to note how many of the most determined actors of history, the Calvins and Cromwells, [|15] the conquer-

---

33 JAKOB BURCKHARDT, Reflections on History, London 1943, p. 186.

34 G. V. PLEKHANOV, The Role of the Individual in History, London 1940, pp. 37–8.

35 SIDNEY HOOK, The Hero in History [cf. note 15], esp. ch. 10; also cf. p. 176.

36 J. WITT-HANSEN, Historical Materialism: The Method, The Theories, Copenhagen 1960, Book I, p. 36. Italics in original.

37 See esp. his The Poverty of Historicism, London 1961 (1st edn. 1957) and Prediction and Prophecy in the Social Sciences, in: GARDINER, op. cit. [cf. note 19].

38 Op. cit. [cf. note 15], p. 113; also, p. 174.

39 ISAIAH BERLIN, op. cit. [cf. note 31], pp. 1, 25–6.

ing early followers of Mahomet and the Bolsheviks under Lenin, were sustained in their remorseless drive precisely by the unquenchable belief that they expressed the will of God, or were on the side of the forces of history.[40] After all, as Fichte observed, everyone chooses the philosophy that suits him best.

As far as free will is concerned, the responsibilities of the individual are not impaired by the fact that societies as a whole obey social laws. Our choice may be limited, but we do have a choice. We may choose, for example, to uphold the social order, or to join forces with those who wish to subvert it. On the other hand, we may not choose to become slave owners, and this is so, not only because the institution of slavery does not exist and cannot now be created, but also, because we are not conditioned to aspire to it. Further, since our freedom of action depends on our power of understanding and controlling our destiny, those who wish to increase that freedom must seek to enhance that understanding. Conversely, those who say that there cannot be any understanding, do not only diminish our hope, but take away our freedom.

Of course, men are less predictable than chemical elements, and the laws of social science are not as accurate as the laws of chemical science, but social scientists have long since learnt to make allowances even for the eccentric, the wayward, and the brilliant. Yet does not this then make a wide breach in the walls of our fortress? If a few can oppose the march of history, why not the many? What if a majority decided to defy and thereby to change the course apparently laid down for them? To answer this, we must turn to the other objection, that history by its very nature can never be a "true" science.

In order to defend a scientific approach to history it is not, of course, necessary to prove that history is exactly like the natural sciences, in methodology, in aim or in exactitude;[41] after all, even the natural sciences differ greatly among themselves in these respects. At the same time, modern science has itself shown a remarkable shift towards the approach of the historian. As Professor Frisch has told us,

> we are no longer faced with a smooth, unbroken chain of events: we are faced with distinct, separate observations. In atomic physics ... there are gaps in what we can know: and there is no longer any strict causality to bridge those gaps.[42] [|16]

Historians, like scientists, are willing to be persuaded by disproof, even if not necessarily by proof. Further, both history and the natural sciences, according to Hempel,

> can give an account of their subject matter only in terms of general concepts, and history can "grasp the unique individuality" of its objects of study no more and no less than can physics and chemistry.[43]

---

40   PLEKHANOV, Individual in History [cf. note 34], pp. 11–12; SIDNEY HOOK, op. cit. [cf. note 15], p. 13.
41   WILLIAM DRAY, Laws and Explanation in History, London 1957, p. 18.
42   O.R. FRISCH, Causality, in: Listener, 16 July 1964, p. 83.
43   C.G. HEMPEL, The Function of General Laws in History, in: Jl. of Philosophy 39, 1942, p. 37.

In both cases, also, the degree of reliability depends, in part, on numbers.[44] I should like to commend the adoption by W. W. Rostow of the scientific notion of "problems of disorganized complexity", in which, "in spite of [the] helter-skelter or unknown behaviour of all the individual variables, the system as a whole possesses certain orderly and analysable average properties".[45]

We need not venture into nuclear physics for an illustration; school-physics will do. Water contained in a vessel placed over a gas burner will boil in due course. Before the process begins, it is quite impossible to predict which molecule will enter the steam phase first, and which will turn into steam last, say, ten minutes later. Any molecule can be in either position. How then can we predict an orderly process of vaporization? What if no molecule, as it were, takes the initial plunge, and all evaporate together a little later? The answer would be, I suppose, first, that unless there are special conditions, with their own laws, present, water does not behave in such a way, and second, that there are other laws of physics which help to explain why it does not. These other laws can be "explained" by others still, and so on backwards, but although the series is constantly being extended, there is no final certainty.[46] These are exactly the answers I should give to the question as to what would happen if a majority of a society behaved erratically with respect to a law of the social sciences.

Of course, if the gas supply were interrupted, or if the vessel leaked, the water might not boil at all; but we would not thereby declare our laws invalid. The historian's laboratory is constantly beset by failing gas supplies and leaking vessels, and it has to be visualized, moreover, situated somewhere in the main hail of Paddington Station where a rush of passengers to the trains periodically [|17] knocks over vessel, burner and laboratory assistant. In other words, accidents are part of the material with which the historian works.

Their importance, however, should not be exaggerated. First, they are, of course, themselves within the orbit of science: Lenin's survival in 1917 and his death in 1924, did not violate any canons of medicine. Secondly, what may appear as an accident to one generation, may fall into a recognized pattern or law for the next: our laboratory assistant may get to know the Paddington time-table, and protect his burner accordingly. The task of the social sciences as a whole, indeed, is to reduce our area of ignorance in exactly this way in order to take appropriate action. But thirdly, as Mr. Carr has reminded us,

> the historian distils from the experience of the past ... that part which he recognises as amenable to rational explanation and interpretation, and from it draws conclusions which may serve as a guide to action.

44   Cf. E. H. CARR, op. cit. [cf. note 31], pp. 43, 55 ff.; ERNEST CUNEO, Science and History, London 1963, pp. 16–17.
45   W. W. ROSTOW, Leading Sectors and the Take-Off, in: ID., The Economics of Take-Off into Sustained Growth, London 1963, p. 2. Cf. also PLEKHANOV's example of the bursting shell, In Defence of Materialism [cf. note 28], p. 217.
46   Cf. DRAY [cf. note 41], pp. 52–3.

And for this, the "accidents" are irrelevant: they are "dead and barren".[47] With this reminder of the purpose of history, we may return to the mainstream of our argument.

It is a curious fact that many historians who see their own society as chaotic and unpredictable, are willing to allow a coherent materialist explanation of history for societies which are distant in time or space. Owen Lattimore's explanation of Asiatic migration, or Gordon Childe's of European pre-history,[48] may be widely accepted, while those of Marx or Sombart, relating to our own society, are not. Yet the opposite position would be much more defensible. I for one, in my ignorance, would be quite willing to be told of a distant culture so fanatical in its religion or its quest for power as to ignore the demands of its material life – though I should also expect to hear of its speedy demise. But it is quite different with western bourgeois society, particularly the later stage of industrial capitalism.

Starting out from some of the more neglected corners of these islands two hundred years ago, it has spread over the absolutism of the European continent and over the liberty of the North American; it has pervaded and defeated the dark and brooding serfdom of Russia, the many-coloured landlord's rule of India, the oriental splendour of China and the chivalry of ancient Japan. Today there is no corner of the world, from the Fiji Islands to the northern Eskimo, from Africa across to Asia and to South America, where societies are not adapting, changing and rebelling, in order to embrace [|18] this new mode of production in the western image. Can there be anyone who bears the appellation of historian, who does not stand in awe before the power and the grandeur of this design?

This march, unlike the spread of Christianity, which proceeded in a similar, though far less successful course, has had no conscious organization behind it. There have been no missionaries, no text societies, no spiritual soup-kitchens. The motive force was the action of millions of men seeking their own private purposes and achieving an unintended social result.

> The bourgeoisie ... has accomplished wonders far surpassing Egyptian pyramids, Roman aqueducts, and Gothic cathedrals, it has conducted expeditions that put in the shade all former Exoduses of nations and crusades ... . It has created more massive and more colossal productive forces than have all preceding generations together ... . The need of a constantly expanding market for its products drives the bourgeoisie over the whole surface of the globe ... by the rapid improvement of all instruments of production, by the vastly easier means of communication, [it] draws all, even the most barbarian, nations into civilisation ... . It compels all nations ... to adopt the bourgeois method of production; it compels them to introduce what it calls civilisation into their midst, i.e. to become bourgeois themselves. In one word, it creates a world after its own image.[49]

47 Op. cit. [cf. note 31], pp. 98, 102.
48 Eg. OWEN LATTIMORE, Studies in Frontier History, London 1962, Preface, pp. 24–6 and The Mainspring of Asiatic Migration, pp. 86 ff. GORDON CHILDE, The Dawn of European Civilization, 3rd edn., London 1939, pp. 14 ff.
49 MARX and ENGELS, Manifesto of the Communist Party, London 1939 (first publ. Jan. 1848), pp. 12–14.

There is here no contrast between the generalizing method of science and the uniqueness of the events dealt with by the historian. Our history contains both. In one sense, it is unique, for no one will again invent the steam engine, or spread its use around the earth: there is a single western bourgeois society with a single chronology. In another, the general process has been repeated again and again, in every country, in every region, in every town.

It is, in turn, from this repetition that the other social sciences draw the observations for their inductive laws: "history", Mill admitted, "does, when judiciously examined, afford Empirical Laws of Society".[50]

Conversely, behind all historical generalizations are the laws and the regularities discovered by the other sciences. Thus we draw from biology the notion that man must have food and shelter to survive; from social psychology the notion that in any human group, some individuals will emerge as leaders, and others will be content to follow; and from economics the notion that, given free competition, the low-cost producer will drive out the high-cost producer. We can then reassemble these generalizations, and apply them to a given historical situation, as for example the modern western world. To [|19] this extent, the historian is, as Popper would have him, "not a producer of general laws, but a consumer of them".[51] These laws furnish the implicit framework within which we attempt to derive the laws of motion of the whole of our society. It is a field in which economics, sociology, particularly as conceived by Comte, Mill and Spencer,[52] as well as other social sciences, necessarily meet; but its cultivation is peculiarly the task placed upon the Economic Historian.

It may be considered relatively easy to survey the development and predict the extension of modern industrial capitalism now, in the second half of this century. It required nothing short of genius to attempt it in the middle of the nineteenth. All of us owe an incalculable debt to the genius of Marx, and it has been a tragic loss for our study of history that his teaching has been so often banished or traduced because his latter-day followers have become closely associated, not merely with one political movement, but with a particular region of the globe; or, to put it differently, because, as he himself could have predicted, historians have been unable to separate his methods from his conclusions which their own position in society made certain they would abhor. Yet to date, no more fertile method has been discovered. The method itself is only a guiding line and not a certain key to success. It did not preserve Marx himself from error, particularly where arithmetical, or rather, differential calculations were involved, as in the doctrine of the increasing misery of the advanced working classes.[53] Yet it allowed him to make some remarkably enduring and widely valid discoveries also. Two of them deserve particular attention: the first

50   J. S. Mill, A System of Logic, in: Gardiner, op. cit. [cf. note 19], p. 88. Also J. B. Bury, The Idea of Progress, London 1921, pp. 308–9.
51   J. G. A. Pocock, History and Theory, in: Comparative Studies in Society and History 4, 1961–2, p. 527. Also Hempel, loc. cit. [cf. note 43], and Dray [cf. note 41], p. 7.
52   See Gardiner, op. cit. [cf. note 19], pp. 79, 85.
53   Cf. Wage Labour and Capital, Glasgow, n. d., p. 22.

is the description of capitalism as essentially an expansive system, and the second is its inevitable need for growing social control.

Both ideas have entered so firmly into our thinking habits that their very familiarity may reduce their potential fruitfulness. For the causes of this expansionist drive, which extends even, as Dr. Eric Williams has recently reminded us, to slavery under capitalism,[54] have been among the most potent in shaping our modern society, and its consequences have included the gradual conquest of the world. Twentieth-century man, like his ancestor in less enlightened centuries, is still essentially parochial, and he does not often realize how exceptional, measured against historical times, are the restlessness, [|20] the instability and the fundamental propensity to change, of our society, which has discovered the secret of perpetual motion or, more accurately, of "self-sustained growth". In Rostow's words: "The innovational process has ceased to be sporadic and is a more or less regular institutionalized part of the society's life."[55] Many of us may feel that it is the discovery of science which is responsible for what Dr. J. H. Plumb has called the "Idea of Progress",[56] and indeed it is true that science, as a method of thinking and acting as well as a cumulative body of knowledge, has, like so many other social phenomena, acquired a momentum of its own, independent of any original material base. This does not mean that we should abandon our solid foundations for an idealism based on science as the demiurge of modern civilization; on the contrary, the original power of science depended directly on the fact that it acted on the material base, and that today, perhaps, it is the material base. If the hand-mill gives us feudalism and the steam-mill gives us industrial capitalism, then the atomic reactor and our science-oriented industry, must be among the determinants of present-day society. Further, there is no doubt that science was sent on its march of conquest, not because of the sudden miraculous arrival of "scientists", but because men were crying out for its aid in the business of gaining a livelihood. And the number of scientists has increased since, in geometric progression, not because we breed men of greater brain power than heretofore, but because the demand for them has also expanded in geometric progression. And the demand will increase, as long as the logic of progress of our western economy requires it. Sooner or later, it may become a fetter or a danger, and then society will find a way of controlling it.

Some there are who think that the moment for control is already here. Its advent may, indeed, be held responsible for the astonishing assimilation of all modern societies, from that of the United States right across the spectrum to that of the Soviet Union, in spite of their superficially centrifugal political systems. It is this striking similarity of development which offers hope for our own survival as an advanced civilization. It needs hardly to be stressed that the social control demanded by today's powers of production presupposes a high degree of historical self-consciousness and that this, in turn, explains the rise and the timing of the historical doctrines discussed here. [|21]

---

54 ERIC WILLIAMS, Capitalism and Slavery, London 1964, p. 7.
55 ROSTOW, op. cit. [cf. note 45], p. xxiii.
56 J. H. PLUMB, The Historian's Dilemma, in: ID. (ed.), Crises in the Humanities, London 1964.

Man is now more aware than ever before of the extent of his powers to control his own destiny. Marc Bloch thought that history was diverting; "otherwise" he reasoned, "why should any historian have chosen his profession?"[57] I would rather think with E. H. Carr, that the function of history is "to enable man to understand the society of the past and to increase his mastery over the society of the present"; and it is this, rather than its internal logical context, which ultimately gives history its scientifically objective standard.[58] In entering upon the occupation of the new chair of Economic History at Sheffield, I do not propose to teach an anarchy of facts. I intend to send young men and women on a quest for a science, a quest which cannot ever be easy, but which must be possible. We can agree at least to this extent with Fustel de Coulanges, that: "History is not the accumulation of all sorts of events which have occurred in the past. It is the science of human societies."[59] I do not, in fact, believe that all attempts made hitherto to derive laws and draw lessons from the study of history have been entirely fruitless, but even if they could be shown to have failed, this would be no reason for abandoning the search, but rather for improving our work, and, in particular, for becoming more proficient in calling to our aid the methods and results of the other social sciences. It is this search which provides historians with their teleology. To seek after perfection, to learn by acting, and to act with knowledge with the whole of society as your hunting ground, are no mean aims. Some may have other, perhaps higher guiding stars in their life; but this is a challenge none of us can ignore.

Basically, all social sciences seek their purpose and find their logic in active intervention in social life, in social melioration. At some point or other, Psychology seeks to integrate man's personality, Sociology seeks to adapt organizations to their purpose, Political Science seeks to reduce the human cost of the exercise of power, and Economics seeks to lessen that part of human misery which arises from want. These are all partial solutions.

It cannot be denied that there are many economic historians whose sole equipment is a hand lens, and that there is a Micro-Economic History, as we have seen that there is a Micro-Economics, and, we [|22] know, a Micro-Sociology, because its imprint appears weekly on the news-stands. Yet they all contribute to a fundamental understanding of Society, which is the understanding of how Society as a whole changes, transforming all its subordinate relationships in the process. It is there that all paths meet, and it is there that the Economic Historian has his post, seeking, listening and learning, and attempting to collect into his feeble hands what little there is of knowledge about the destiny of mankind.

It is a post of great, of frightening, responsibility.

57 MARC BLOCH, Apologie pour l'histoire, ou Métier d'historien, Paris 1949, pp. x–xi.
58 CARR, op. cit. [cf. note 31], pp. 49, 117, 132; MAURICE MANDELBAUM, The Problem of Historical Knowledge, New York 1938, p. 200.
59 Quoted by Riemersma in F. C. LANE and J. C. RIEMERSMA (ed.), Enterprise and Secular Change, London 1953, p. 490.

ECONOMIC HISTORY AND ECONOMICS

by Alexander Gerschenkron

Economic history has been once defined as economic theory applied to the past.[1] There is an important core of truth in this statement. Yet any brief definition of this kind inevitably contains – and conceals – a number of problems which should be made explicit.

First of all, economic history like any other history does indeed deal with the past. But what is the past? Strictly speaking, the present is but a fleeting moment, and a sentence put on paper two seconds ago already belongs to the past. It is only by convention that we refer to the very recent past as the present, which means that the terminal point of the past is blurred, and "history" shades imperceptibly into the "present". In fact, all our knowledge of economic life is historical knowledge and all our empirical data are historical data. In this sense, every economist who is at all concerned with economic reality actually is an economic historian. Why then is there a special discipline called economic history? The obvious answer is that economic historians deal with more remote past. To say this, however, raises further problems. Is there anything special about the "more remote past"? How was it studied and how should it be studied?

If an economic historian embarks on a study, say, of the French glass industry between 1683 and 1685, he is not necessarily doing anything very different from an economist who has written on the development of the textile industry in the United States in the years 1967–1968. [|16] In principle, he has to ask the same type of basic questions. To be sure, in answering these questions he will have to take into account differences in what may be broadly called institutional environment. But a modern economist writing about contemporary industry in a country with a different economic system, say Soviet Russia, will have to face the same problem.

And yet, there is a more profound difference. It is the economic historian who is specifically concerned with the observation of very long periods. Accordingly, the study of processes of long-term economic change is the economic historian's special bailiwick. He is naturally treating developments that occupy many decades, and sometimes centuries, be they changes in the supply of precious metals and the resulting long periods of inflationary or deflationary pressures; or changes in the levels of output and the levels of consumption; or rise to predominance and subsequent fall of certain industries; or the effects of demographic changes upon the economy.

In dealing with these and hundreds of similar problems the economic historian will be applying theoretical concepts in order to organize and theoretical models in

---

1   This, despite some slight ambiguity in the phrasing, I take to be the meaning of Sir John Hicks when he wrote: "Economic history is just the applied economics of earlier ages" [4, p. 9].

order to understand his material. Thus, to give an example, in dealing with the price revolution of the 16th century, which was characterized by a fall in real income of wage earners, he will use the "inferior good" reasoning in order to explain the changes in the relative price structure. In explaining the vicissitudes of an industry over long periods, he will, among other things, try to understand as much as possible about the nature of, and changes in, its production function. In so doing, he will vindicate the definition of economic history as quoted in the first paragraph of this chapter. But the likelihood is that he will have to do a good deal more. And this raises further problems.

As we look at the history of economic history we find, perhaps surprisingly, that for a long time most of its adepts were not at all economists, but lawyers and historians. Both groups were able to make important contributions to the young discipline. The learned men of jurisprudence brought to it the discerning sharpness of juridical minds in studying laws and edicts, contracts and treaties. The historians unearthed many sources and applied to them the critical canons of historical research. But it was also the historians who injected into the discipline a host of methodological problems, most of them confusing and inhibiting rather than clarifying and facilitating the task of studying economic history. Some of these may be mentioned here, particularly as they affect the treatment of economic history by economists. [|17]

When modern economic historians try to understand past events and sequences of events by applying theoretical models, that is to say, with the help of abstract generalizations, they are told that history is "unique and individual", and that generalizations belong in science rather than in history. Under the influence of this view, even an otherwise very able scientist relatively recently presumed to say: "History is what is left over after the scientist has taken his pick" [1, p. 11]. Thus, history appears as some sort of a residual. The trouble with this view is that when we are finished with generalizations nothing at all remains, except that every event can be uniquely related to the coordinates of time and space, which, however, in themselves are in the nature of generalized systems. And the importance of the precise temporal and spatial determination may be the least important aspect for the *understanding* of a given event. In fact, the position is both biologically and logically untenable, because, as the brain biologists inform us, our "brain functions by fitting inputs against models" [6, p. 86]; and because all scholarly endeavor proceeds by abstraction and generalization. More than a century and a half ago, Goethe urged that "everything factual is already a theory", and a truer word was never spoken.

It is not surprising, therefore, that historians themselves, despite their basic predispositions, cannot remain altogether consistent and are forced to accept generalizations by letting them slip in through Max Weber's concept of "ideal types"; this means constructs involving a "one-sided accentuation of one or more points of view" and a "synthesis of a great many diffuse, more or less present and occasionally absent, concrete individual phenomena ... arranged according to those one-sidedly emphasized viewpoints" [5, p. 90]. Use of such ideal types is then presented as something exceptional, rather ancillary in nature; but in reality all historical work consists of the formation of ideal types, and what customarily goes by the name of facts essentially is nothing but ideal types constructed at a very low level of abstraction. This is particularly clear in economic history where the basic material – i.e., the facts – usually consists of generalized abstractions, such as time series of prices or wages, of incomes or outputs, which represent averages from which trends, or cyclical, or seasonal variations have been eliminated. At times, such data are described as "real types" rather than "ideal types", but actually they fit perfectly the definition of ideal types. The averaging and smoothing techniques constitute precisely the "one-sided accentuation" of which Max Weber spoke, and no point of a time [|18] series so obtained may actually ever represent a real occurrence, that is to say, coincide with anything contained in the primary statistical material. The time series, even though it pictures the "real world" is an abstraction, a generalization; it is an ideal type, if we wish to use that self-conscious, misleading expression. To repeat, therefore, the broad injunctions that are issued against application of theoretical models to economic history are methodologically ill-conceived and cannot be taken seriously.

It is only an emotional elaboration of the self-same view when modern economic historians are charged with "dehumanizing" history, and what they produce is said not to be history at all in the proper sense of the term. This, however, is a statement rather devoid of meaning. Economic history is a study of past events, sequences of events, and interdependence of events in the realm of man's economic activities. As such it always deals with human motivations, sometimes in a more, sometimes in a less abstract and generalizing fashion. But there is no way of excluding those motivations, and accordingly there is no way of "dehumanizing" economic history. If you look at an empirically derived demand curve, say, for iron and steel in the United States between 1840 and 1860, every point at that curve represents nothing but human motivations, the result of economic calculations of individuals. Similarly, a series of wholesale prices over a certain period is the composite result of an immense number of human decisions; and so is in an equally complex way an annual statement depicting a country's balance of payments.

Any such presentation of events in economic history can be more or less aggregative and, by the same token, more or fewer human motivations will be concealed behind the seemingly "lifeless" figures. In other words, there is an infinite variety in the degree of abstraction with which the study of problems in economic history can be approached. The actual way chosen will depend on the taste and special interest of the scholar, and the final judgment must depend on the adequacy of procedures used and the significance of the results obtained in terms of their contribution to our stock of knowledge about past economic phenomena. This is the crucial yardstick and judged by it the outcome may be "rattling good history" or shockingly poor history, but economic history it will be; and authoritarian dictation which tries to tell us in advance what history is and what it is not is incompatible with the very essence of scholarship. For attempts of this sort, however much they may be draped in academic garbs, are in reality nothing else than a [|19] reflection of personal biases and preferences, an expression, that is, of camouflaged likes and dislikes.

And, finally, one more objection raised against modern economic historians must be mentioned. For some time, it was argued that application of economic theory to

economic history implied an attitude of determinism because of the elements of
"necessity" inherent in theoretical models. This was not much of an argument because the alleged determinism of the models was in reality just a set of expectations
to be applied to empirical material. In other words, what necessarily follows from a
model must not be confused with the unscientific notion that the concrete material
was bound to be as it was. But then the critics changed their position and the line of
attack very radically. For they had observed that economic historians, driven by the
logic of analytical concepts, tried to assess the quantitative significance of a given
event in a differential fashion, that is to say, by comparing it with a situation that
would have obtained in the absence of that event. Let us assume, for instance, that
we have determined the rate of industrial growth of a country during a certain period
and want to measure the contribution of a given branch of industry to that rate. We
must, therefore, find the weight of output of that particular industry in total output
and the speed of its growth. But then it may be perfectly natural and useful to ask a
further question, to wit, what would have happened if that given branch of industry
had not come into being and another industry would have developed instead. A
problem that has attracted especial interest in recent years relates to attempts to
measure the effect on gross national product of railroads by assuming that in their
absence recourse would have been had to other less advantageous forms of trans-
portation. Asking such questions has come to be known as "counter-factual history"
or "history in the conditional mood". Obviously it is difficult to charge with determinism scholars who are willing to contemplate a course of events other than the
one that actually took place.

Nevertheless, this way of looking at things has provoked considerable ire on the
part of historians. It is claimed that the well-established historical canons require an
historian to deal with things "as they actually were" (to quote Ranke's so famous
and so misleading phrase), and not with what might have been. What actually happened, it is argued, can be established by the normal rules of historical evidence; by
contrast, what might have been cannot be so ascertained. But the objection is not a
valid one. First of all, most historians [|20] do in reality deal with counter-factual
problems, as for instance, when they explore the errors that have been committed.
To say that it was a mistake for Napoleon to fight in Spain, clearly implies an opinion on what would have happened, had he abstained from engaging in the Spanish
adventure. How can an economic historian who deals with the economic policies of
the Brüning government in Germany during the Great Depression of the 1930s emphasize the fatal nature of the deflation policies pursued, unless by placing them
against the potentiality of fruitful reflationary policies? And, incidentally, it is only
by putting the problem in this fashion that one can advance to the question of Brüning's motivations – the exquisitely "human" question in which the historians claim
to be interested. The truth of the matter is that there are no valid logical objections
to the counter-factual method. The problem is an exceedingly pragmatic one. The
adequacy or inadequacy of counter-factual explorations depends entirely on the
plausibility of the results obtained. And this in turn will vary widely with the nature
of the question at hand. If the question is a relatively simple one; if the period under
consideration is relatively short; and if the number of factors that must be taken into

account is relatively small, then an investigation of what would have happened under different circumstances may be altogether sensible and the results quite convincing. To give an example: If all we want to do is to measure the effect on domestic output of the introduction of a tariff on a single commodity during the following five years, we must try to ascertain what the course of output of that commodity would have been in the absence of the tariff; we would have to ask, for instance, whether in the absence of the tariff some cost-reducing and output-increasing technical progress would have occurred; or whether some of the increases in output were due to a growth of industry which was going on steadily, quite independently of the tariff because of a gradual increase in demand; even in this limited case, the general trends of income within the economy could not be neglected. Still, these explorations are likely to leave us with a much better grasp of the effects of this particular measure. On the other hand, unduly ambitious projects are likely to lead to results that are so uncertain as to be incapable of satisfying our sense of reasoned adequacy. This will be especially the case, if in addition to economic variables, powerful noneconomic variables must be presumed to have affected the course of events. Thus counter-factual questions cannot be rejected *a priori* on any general grounds, but their value must be decided *ad hoc* in the light of the circumstances of each individual project. [|21]

We must conclude, therefore, that methodological considerations of the type discussed in the preceding page are harmful rather than helpful. They tend to inhibit productive research rather than to promote it. At the same time, however, it must be recognized that there is a great deal that economic historians, however modern, can learn from the historians. Social sciences in general have tended to become more and more specialized; among those sciences, economics probably is the most specialized discipline. More and more, scholars tend to remain within the framework of their discipline, and transgressions into other areas are viewed with considerable distrust. It is only the historians who have preserved for themselves the undisputed right to roam fearlessly over the whole area of human action. No economic historian worthy of his salt can avoid doing just that.

It is clear that economic historians must at all times start by asking economic questions. They must explore the nature of economic situations and the facts of economic change. But when it comes to providing answers, that is to say, to interpreting the processes of economic change and looking for causes, it cannot be taken for granted that those answers will be primarily economic answers. The economy after all is an integral part of the total body social, and economic processes are naturally affected by factors which are not economic at all. This is the reason why a great economic historian, Eli F. Heckscher, once even defined economic history as a discipline that is interested "in the interplay of economic and other influences on the actual course of events" [3, pp. 30–31]. Economic theory can be "pure", but economic history cannot, and W.K. Hancock certainly was right when he stressed the basic "impurity" of economic history [2, p. 5].

Naturally, the degree of "impurity" in economic history varied from area to area and from period to period. At some times, the impact of political forces, and in general the role of power, was stronger than in others. No economic historian in dealing with the centuries that are usually described as the epoch of European mercantilism will be able to ignore the role of the state as the strong propelling force in the economic development of the period. Even more clearly, it would be impossible to write the economic history of Soviet Russia, without it becoming predominantly a history of policies of the Soviet government. Whatever economic question one would ask, be it regarding the rate of industrial growth or the composition of output, the size of plants, or the incidence of technological progress, the rate of investment, [|22] or the standards of living – in every case the answer must be given in terms of the specific goals and actions, calculations and miscalculations of the government, and very often in terms of the general nature of the country's political system.

Other areas and periods present different situations. In an era of *laissez faire* policies, when the role of the government was small, there is less occasion for economic historians to concern themselves with questions of power; and such acts of the government as bear upon the economy as often as not can be largely explained in terms of economic interests of individuals and groups. Abolition of the corn laws in England in the 1840s is a good case in point; as, in general, England of the 19th century is one of the most suitable areas for the application of Marxian hypotheses, usually known as materialistic conception of history; just as Soviet Russia is the least suitable area for the purpose. In other words, the primacy of the economic factor in England is counterpoised by the primacy of the political factor in Russia.

Yet one does not have to envisage an extreme situation, where the economy is the handmaiden of the dictatorial power, in order to discover a significant role of the government in shaping economic structures and directing the course of economic change. This is true of much of the 19th century despite its *laissez faire* reputation. In dealing, for instance, with the development of the French economy in the 19th century, explanation of its relative stagnation in the first half of that century must take due note of both the legacy of the Napoleonic administrative structure and the inept and irrational policies of the Restoration and the July Monarchies, particularly in the field of foreign commercial policies. Similarly, gold discoveries and a cyclical upturn are inadequate to explain the economic progress of the 1850s without placing a great deal of emphasis on the economic policies of the Third Napoleon, which in turn stemmed from the specific needs of his dictatorial regime. To give another example: In treating the agrarian reforms of the 19th century, the economic historian must first ask the question as to why agrarian structures were not reformed simply by the free play of the economic forces. In answering the question he will in some cases discover built-in self-perpetuating factors of stagnation which rendered profitable continuation of inefficient methods of production and obviated the pressure for raising the productivity of labor. Then having understood the needs for the reforming government interventions, their particular character and, by the same token, their effects upon the economy should not only be analyzed [|23] in economic terms but must also be related to the timing of the reforms and a scrutiny of the political forces that have originated them.

Nor is, obviously, exercise of political power the only noneconomic factor that economic historians must be concerned with. In studying entrepreneurial behavior or, for that matter, the qualities of the labor force, relationships pertaining to social, intellectual, or religious history are being transformed into integral parts of economic history. Whatever the empirical merits of Max Weber's celebrated hypothesis concerning the impact of Calvinism on the rise of modern capitalism, constructs of this sort are highly pertinent to economic history, even though they are outside the scope of economic theory. The point is precisely that they can supplement theoretical models in a meaningful and fruitful way; that is to say, by providing theoretical conceptions of things that must be taken as givens in economic theory. If the economic historian studies the mode of financing economic development through investment banks of the German type, he has to operate with theoretical models involving credit creation by the banks and processes of forced savings. But such policies by the credit system can be carried out only where the standards of commercial honesty have attained a certain level. Thus, the process of formation of an entrepreneurial milieu within which punctual discharge of obligations has become customary is inseparable from the spread of credit-creating activities of the banks, and indispensable for an appraisal of banking operations of this kind. Very similarly, studies of the formation of the modern labor force, its responses to incentives and the development within it of the qualities of reliability and efficiency are the natural appendix to investigations of changes over time in labor inputs as well as of determinants of investment and of decisions regarding substitution of capital for labor and technological progress.

There is one thing, however, that economic historians must not lose sight of in expanding the scope of their study beyond the narrow sphere of economics. At all times, the justification must be to provide more complete answers to *economic* questions; that is to say, the task is to construct models of changes in data that can be married to the theoretical models in which those data are used. If the so-called entrepreneurial approach to economic history has so far yielded less enlightenment than might have been expected, the reasons lie precisely in the inability or unwillingness of its adepts to extract economically significant data from the rich material at their disposal. Not entirely unlikely, intellectual history is used at times as though it were a [|24] substitute for economic history. This, for instance, is clearly the case with the tacit assumption that the doctrinal history of mercantilism is equivalent to the economic policies pursued in the era of mercantilism. The inevitable result is partly a distorted distribution of emphasis in dealing with those policies, and partly intrusion of material that is irrelevant from the point of view of economic policies.

At present, however, modern economic historians are not likely to fall prey to the dangers just mentioned, since it is precisely application of economic theory and of sophisticated quantitative analysis that stands in the forefront of their interests and preoccupies them to the exclusion of other approaches or amplifications. To appreciate this attitude one has to see it against the background of doctrinal evolutions in economics and beyond it in the general spiritual climate of the times.

The so-called Keynesian revolution no doubt was crucial in this respect. To say this, however, should not mean that earlier use of economic theory in economic history would not have yielded significant results. To illustrate by a simple example: The catastrophe of the Black Death in the 14th century in its one horrible pandemic (to say nothing of the subsequent returns of the plague) must have destroyed about one-quarter of the population. It was observed that, in the event, rents fell and wages rose. The effect was generally attributed by economic historians to the resulting shift in the relationship between the decimated labor force and the constant number of manorial establishments. But guided by theoretical insights they would have been forced to ask further questions concerning the effects of the changed ratio of labor to land and to wonder whether before the plague land was subject to increasing or decreasing returns. Had they done so, they would have been led into studies of changes in land utilization and soon realized that the distributive effects alone could not have been more than a part of the story. In fact, with the help of modern electronic methods (age determination by carbon-14 in conjunction with pollen counts) it has been ascertained now that marginal lands of low productivity or lands located too far from the villages were either changed to pasture or allowed to revert to forest, while the planting of cereals was confined to the most fertile acres. This, incidentally, provides an additional explanation of the protracted decline of grain prices that followed in the wake of the plague. Thus, the lack of quite elementary economic sophistication has long prevented economic historians from addressing the appropriate questions to the material and from obtaining [|25] significant insights into the processes of economic change. An example of this sort incidently demonstrates that, despite frequent assertions to the contrary, fruitful use of economic theory is by no means confined to modern history and can be effectively applied to rather remote periods. Nor was there more than application of traditional – although far from elementary – theory involved in a modern pioneering investigation of the profitability of the slavery economy in the Antebellum South.

Nevertheless, there is little doubt that modern developments in economic theory immensely widened the area of productive application of theory to history. For macroeconomic analysis has proved to be more operational than the traditional theory in the pragmatic sense of being much more readily translatable into empirical data. Attempts to calculate totals of goods and services produced and their subdivisions have, of course, a century-long history, but it was only since the second half of the interwar period that trail-blazing work on the subject was begun, epitomized in the monumental contribution of Simon Kuznets. It is difficult indeed for the present generation, for whom macroeconomic statistics have become the daily bread of professional lives, to believe that only half-a-century ago or so national income was derided by an outstanding economist as an interesting toy, a mere plaything, not to be taken seriously. Naturally, the main impact was upon current statistics, but increasingly data for more and more remote periods have been assembled, and in the process difficult technical problems have been encountered and their solutions advanced. Even more impressive have been the results attained with regard to statistics of output of manufacturing and mining. Walther Hoffmann's continuous series of British industrial output since 1700, the longest such series of existence for any country, demonstrated that with patience and ingenuity meaningful statistical series can be constructed for past periods for which no contemporaneously prepared aggregate data are available. The input-output approach which allows deep insights into the interdependence of the economy, too, has begun to be applied in historical analysis. While the sheer volume of information needed for extensive analysis along these lines may make it difficult to move too far into past times, effective use of the approach already has been made to investigate the role of exports in causing the retardation of British industrial growth in the second third of the 19th century (incidently a fine example of successful counter-factual analysis), or to measure the extent of structural change in the American economy over a somewhat shorter period. Finally, modern economic history has benefited from the enormous improvement in statistical techniques that has [|26] taken place within the last few decades. Sophisticated methods of testing of hypotheses and safeguards against fallacious inferences have greatly increased the reliability of the results obtained.

And yet, it may well be surmised that progress in economic theory and statistics alone might not have sufficed to produce the great reorientation in economic history, if the spiritual climate of our time had not come to be dominated by the concern for economic development of backward countries. Since the end of the Second World War, economic development has become a powerful intellectual movement, comparable perhaps to the great intellectual movements of the 19th century – liberalism and socialism. Its effects upon economics have been profound. Faced with the problems inherent in the transformation of primitive agricultural countries into industrial economies, economists naturally turned to economic history in search for enlightenment from the processes of industrial change that had occurred in the past in the now developed countries. It was this intellectual impetus that caused young and able economists to direct their attention to a discipline which for such a long time had been neglected by the economic profession.

In appraising the effects of this profound change in attitudes and predispositions, it is useful to distinguish between the impact upon economic history and that upon economics. As far as the former is concerned, it would be futile to deny the existence of certain difficulties. Some of them are implicit in what has been said in the preceding pages. Precisely because of the rapid developments in both economic theory and quantitative analysis over recent decades, the study of economics has become more complex and time-consuming than ever before. This means that young economists who have developed an abiding interest in economic history often have had little opportunity to acquire competence in areas of knowledge that lie outside economics proper. Accordingly, problems that call for noneconomic answers to economic questions are at times ignored or dealt with inadequately. On the other hand, there has been a certain tendency in evidence to employ theoretical models that are more complex than is warranted and can be sustained by the available empirical material. The consequence is at best a disturbing diseconomy of means and the raising of promises that remain unredeemed; and at worst unconvincing and misleading results.

Those are indubitable deficiencies. But it would be inappropriate to judge them too severely. To some extent, it must be kept in mind that the modern reorientation of economic history, even though it has its own history and [|27] modern economic historians have their predecessors, is still in its early stages. Much is being learnt and more will be learnt. But a certain one-sidedness no doubt will remain for a long time to come. And this is both natural and all to the good. Considering the great backlog of economic questions that should have been asked a long time ago and to which economic answers are possible, new economic historians have still a great deal to accomplish before diminishing returns will set in. They may never quite satisfy Heckscher's definition of economic history as quoted before. But Heckscher, who among great economic historians had done more than anyone else to marry economic history and economics, would have heartily approved of their efforts. And it is indeed encouraging to see how seemingly well-worked-upon areas of research suddenly reappear as virgin soils which are repaying the labor by a rich harvest. The recent studies in the history of American railroads are perhaps the most exciting instance of this transformation.

The other question concerning the impact of modern developments of economic history upon economics is more difficult to answer. For it raises the thorny problem of "lessons from history" and beyond it the even more fundamental problem of the purpose and value of economic history. One thing should be clear, however. Anyone who thinks that he can extract from past history ready-made propositions which can be instantly applied in the economic policies of today is likely to be sorely disappointed. Research in economic history naturally proceeds in such a way that hypotheses are formed and then the area of their validity is explored. This is so, because in economic history, as in general in the study of things human, no universal but only particular or existential propositions are formed. Accordingly, as likely as not, an economic historian, moving within a given area and period, will push against limits beyond which his hypotheses are no longer applicable and must be either reformulated or abandoned altogether. But if this be so, it is not surprising that results obtained from more or less remote past periods cannot be expected to hold when applied to very different economic, but also social, political, and cultural conditions of the present. This, however, does not mean that economic history has nothing to offer for the solution of modern problems. What it can contribute – and has contributed – are sets of highly relevant questions to be addressed to current material. And this is something that must not be undervalued. In fact, huge as the modern literature on economic development of backward countries has become, it has dealt with few questions that have not been raised in one way or another in the past processes of economic development. [|28] At any rate, modern economic history is able to offer a great deal more elucidation of current problems than could ever be expected from the earlier stages of its evolution.

And yet, important as it is, this pragmatic point of view cannot begin to do justice to the value and purpose of economic history. No creative work in a discipline is possible in continual subservience to utilitarian dictation by practical interest. This is true of economic history as it is of economic theory. At all times, the true purpose of any discipline is the discipline itself. The exploration of a subject – be it the industrial transformation of a large country or changes in the system of cultivation in a small village – must carry its own rewards. But any discipline that has vitality and produces new insights is bound to receive strong stimulating impulses from what moves and excites the spiritual environment of the scholar. And at present this is precisely what the contemporary interest in economic development has done to and for economic history.

REFERENCES

1. BROWN, G. SPENCER, Probability and Scientific Inference, London: Longmans, Green and Co., 1957.
2. HANCOCK, WILLIAM K., Economic History at Oxford, Toronto: Oxford University Press, 1946.
3. HECKSCHER, ELI F., Historieuppfattning, materialisk och annan, Stockholm 1944.
4. HICKS, JOHN R., The Social Framework: An Introduction to Economics, Oxford: Clarendon Press, 1942.
5. WEBER, MAX, The Methodology of the Social Sciences, translated and edited by EDWARD A. SHILS and HENRY A. FINCH, Glencoe, Ill.: Free Press, 1949.
6. YOUNG, JOHN Z., Doubt and Certainty in Science: A Biologist's Reflections on the Brain, Oxford: Clarendon Press, 1951.

DIE NEUE WIRTSCHAFTSGESCHICHTE

Forschungsergebnisse und Methoden

von Robert W. Fogel

Die[1] neue Wirtschaftsgeschichte, manchmal auch ökonometrische Geschichte (econometric history) oder Kliometrik (cliometrics) genannt, wird in Europa nur selten betrieben. Man kann jedoch ohne Übertreibung sagen, daß die Bemühungen, statistische und mathematische Modelle anzuwenden, gegenwärtig im Mittelpunkt amerikanischer Wirtschaftsgeschichte stehen. Der Einfluß dieser Art von Forschung in den Vereinigten Staaten wird durch die Sitzungsberichte der 25. Jahrestagung der Economic History Association veranschaulicht, welche im Journal of Economic History[2] veröffentlicht wurden. Von den zehn größeren Aufsätzen in dieser Nummer wenden drei die neue Wirtschaftsgeschichte an, während ein vierter ihrer Diskussion gewidmet ist. Wenn außerdem die Abhandlungen, die zur Jahresversammlung eingereicht wurden, einen Index der Ausrichtung der jüngsten Generation Wirtschaftshistoriker darstellen, dann ist bemerkenswert, daß sich sechs der sieben Studien der neuen Methode bedienen. Die siebte ist eine mit Hilfe von Computern durchgeführte Untersuchung (einer großen Zahl von Geschäftsunterlagen), die sich zur Aufgabe gesetzt hatte, die Motivation für die Kolonisation Amerikas aufzuzeigen.[3]

Die ökonometrische Geschichtsforschung gewann ihre gegenwärtige Bedeutung mit außerordentlicher Schnelligkeit. Der vielleicht erste deutlich formulierte Ausdruck der neuen Methode ist in zwei Aufsätzen von Alfred H. Conrad und John R. Meyer aus dem Jahre 1957 enthalten.[4] Erst drei Jahre später waren die Arbeiten in der Kliometrik weit genug fortgeschritten, um eine Tagung darüber zu rechtfertigen. Im Dezember 1960 veranstaltete die Purdue University ein Seminar über quantitative Methoden in der Wirtschaftsgeschichte. Obwohl es für die Veranstalter schwierig war, zwanzig Wissenschaftler zu finden, die ein Interesse [|4] daran hatten teilzunehmen, trug das Purdue Seminar viel dazu bei, weitere Untersuchungen über die Anwendung mathematischer und statistischer ökonomischer Modelle in der Ge-

---

1   Vortrag, gehalten im Seminar für Wirtschafts- und Sozialgeschichte der Universität zu Köln am 16. Januar 1968. R.W. FOGEL ist Professor für Wirtschaftsgeschichte an der Universität in Chicago/USA. – Der Vortrag basiert auf dem Manuskript zu dem gleichen Thema, das abgedruckt wurde in der Zeitschrift „The Economic History Review" (2. Ser.) Vol. 19 Nr. 3, 1966.

2   Nr. 25 vom Dezember 1965.

3   Ebenda, S. 680–712.

4   JOHN R. MEYER und ALFRED H. CONRAD, Economic Theory, Statistical Inference and Economic History, in: Journal of Economic History 17, Dezember 1957; ALFRED H. CONRAD und JOHN R. MEYER, The Economics of Slavery in the Ante-Bellum-South, in: Journal of Political Economy 66, April 1958. Beide Aufsätze wieder abgedruckt in: ALFRED H. CONRAD und JOHN R. MEYER, The Economics of Slavery, Chicago 1964.

schichtsforschung anzuregen. Die sechste Tagung fand im Januar 1966 statt. Diesmal
lag das Problem nicht darin, Teilnehmer zu finden, sondern darin, aus einer um ein
Vielfaches größeren Zahl von interessierten Gelehrten nur 30 Teilnehmer auszuwählen.

Noch eindrucksvoller ist die Tatsache, daß viele der führenden amerikanischen
Zentren wirtschaftshistorischer „post-graduate" Arbeit die Ausbildung und Forschung in ökonometrischer Geschichte fördern. Zu den bekanntesten zählen dabei
Alexander Gerschenkrons ‚Economic History Workshop' an der Harvard-Universität, das wirtschaftshistorische Seminar von Douglass North an der Universität von
Washington, das ‚graduate programme' für Wirtschaftsgeschichte an der Purdue-
Universität, das ‚Graduate Programme in Economic History' an der Universität von
Wisconsin, das interdisziplinäre Programm für Wirtschaftsgeschichte an der Universität von Pennsylvanien, das ‚Economic History Colloquium', welches von Berkeley und Stanford gemeinsam getragen wird, William Parkers Seminar für Wirtschaftsgeschichte in Yale und das Forschungsseminar für Wirtschaftsgeschichte an
der Universität in Chicago.

Ich möchte hier nicht den Eindruck erwecken, daß in den Vereinigten Staaten
der neuen Wirtschaftsgeschichte nur Beifall gezollt wird. Die zunehmende Diskussion über die methodischen Implikationen der neuen Arbeitsweise spiegelt die Tatsache beträchtlicher Meinungsverschiedenheiten wider. Einer ihrer Kritiker ist Fritz
Redlich. Er weist darauf hin, daß vieles in der ökonometrischen Geschichte auf
hypothetischen Modellen beruht, welche nie verifiziert werden können, und daß
manche ihrer Methoden anti-empirisch und anti-positivistisch sind. Daraus zieht
Redlich den Schluß, daß die neue Arbeitsweise häufig nicht Geschichte, sondern
„Quasi-Geschichte" hervorbringt.[5] Interessanterweise machen gerade die Merkmale,
die Redlich am meisten kritisiert, nach Georg G.S. Murphy den besonderen Wert
der neuen Forschungsmethode aus. Murphy behauptet, daß Kliometriker durch
strenges Entwickeln von hypothetisch-deduktiven Modellen der Wirtschaftsgeschichte „schwer [|5] anfechtbare Verfahren zur Verfügung stellen und daß sie damit
dem nahekommen, was ein moderner Empiriker erwarten kann".[6]

---

5   FRITZ REDLICH, ‚New' and Traditional Approaches to Economic History and their Interdependence, in: Journal of Economic History 25, Dezember 1965, S. 480–495.
6   GEORGE G.S. MURPHY, The ‚New' History, in: Explorations in Entrepreneurial History (2. Serie)
    2, Winter 1965, S. 132–146.
    Andere Beiträge zur Diskussion über die neue Wirtschaftsgeschichte finden sich bei CONRAD
    und MEYER, The Economics of Slavery, a.a.O. [wie Anm. 4], Kapitel 1 und 2; LANCE E. DAVIS,
    JONATHAN R.T. HUGHES und STANLEY REITER, Aspects of Quantitative Research in Economic
    History, in: Journal of Economic History 20, Dezember 1960, S. 539–547; FRANKLIN M. FISHER,
    On the Analysis of History and the Interdependence of the Social Sciences, in: Philosophy of
    Science 27, April 1960; DOUGLASS C. NORTH, Quantitative Research in American Economic
    History, in: American Economic Review 53, März 1963, S. 128–130; ROBERT W. FOGEL, A Provisional View of the ‚New Economic History', in: American Economic Review 54, Mai 1964,
    S. 377–389; ROBERT W. FOGEL, Railroads and American Economic Growth: Essays in Econometric History, Baltimore 1964, S. 237–249; DOUGLASS C. NORTH, The State of Economic History, in: American Economic Review 55, Mai 1965, S. 86–91; ROBERT W. FOGEL, The Reunification of Economic History with Economic Theory, in: American Economic Review 55, Mai

Zu sagen, daß die Meinungen geteilt sind, bedeutet nicht, daß der amerikanische Flügel unserer Disziplin von selbstzerstörerischem Streit zerrissen wird. Die Debatte ist lebhaft, aber auch freundschaftlich. Sogar ihre schärfsten Kritiker glauben, daß die neue Wirtschaftsgeschichte einen positiven und dauernden Beitrag zur historischen Forschung liefert. Trotz seiner großen Vorbehalte schreibt Fritz Redlich, daß die neuen Forschungsmethoden „da sind und bleiben werden". Er sagt außerdem eine zunehmende Interdependenz zwischen neuer und alter Arbeitsweise voraus.[7]

DIE FORSCHUNGSERGEBNISSE

Der beträchtliche Impuls der neuen Wirtschaftsgeschichte auf die Forschung in den Vereinigten Staaten beruht hauptsächlich auf der Neuartigkeit ihrer Forschungsergebnisse. Wenn die Kliometrik nur eine Bestätigung der Ergebnisse früherer Forschungen geliefert hätte, wären ihre neuen Methoden nur von unerheblicher Bedeutung. Die mit Hilfe der neuen Methode angestellten Untersuchungen haben jedoch einige, [|6] bis dahin allgemein anerkannte Lehrmeinungen der traditionellen Geschichtsschreibung in Frage gestellt. Diese Untersuchungen lieferten auch bisher nicht für möglich gehaltene Erkenntnisse über Gesetzmäßigkeiten und Abläufe, die für die Erklärung der wirtschaftlichen Entwicklung in Amerika unerläßlich sind. Ich kann im Rahmen dieser Abhandlung nicht den vielen ökonometrischen Forschungsarbeiten, die im Laufe der letzten Jahre durchgeführt wurden, gerecht werden. Ich will dennoch versuchen, einige typische Beispiele kurz darzustellen.[8]

DIE SKLAVENWIRTSCHAFT DES SÜDENS

Eine der ersten und bedeutendsten Neuinterpretationen durch die neue Wirtschaftsgeschichte behandelt die Auswirkungen der Sklaverei auf die wirtschaftliche Entwicklung der Südstaaten vor dem Bürgerkrieg. Bis vor kurzem beschrieben die meisten Geschichtsbücher den Vor-Kriegs-Süden als eine wirtschaftlich zurückgebliebene, landwirtschaftliche Region, stagnierend unter dem Joch des Plantagensystems. Man nahm an, daß am Vorabend des Bürgerkriegs Sklaverei unrentabel geworden sei, das System also im Sterben gelegen habe. Sklaverei sei durch den Be-

---

1965, S. 92–98; RALPH ADREANO, New Views on American Economic Development, Cambridge (Mass.) 1965, S. 3–8 und 13–26; JONATHAN R. T. HUGHES, Fact and Theory in Economic History, in: Explorations in Entrepreneurial History (2. Serie) 3, Frühling/Sommer 1966; DOUGLASS C. NORTH, Economic History [in: International Encyclopedia of the Social Sciences VI, ed. by DAVID L. SILLS, S. 468–474].

7   FRITZ REDLICH, ‚New' and Traditional ..., a. a. O. [wie Anm. 5], S. 491–495.
8   Eine repräsentative Auswahl von Arbeiten der neuen Wirtschaftsgeschichte findet sich bei ROBERT W. FOGEL und STANLEY L. ENGERMAN (Hg.), The Reinterpretation of American Economic History, New York 1967 und RALPH ADREANO, New Views ..., a. a. O [wie Anm. 6]. Ein eher populärer und interpretierender Überblick ist die Veröffentlichung von DOUGLASS C. NORTH, Growth and Welfare in the American Past: A New Economic History, Englewood Cliffs 1966.

harrungswillen einer Klasse, die sich seit langer Zeit an ihre besonderen sozialen Institutionen gewöhnt hatte, noch vorübergehend am Leben erhalten worden.[9]

Dieser Ansicht wurde in einem Aufsatz von Alfred H. Conrad und John R. Meyer heftig widersprochen.[10] Sie lehnen die Beweisführung ab, die gewöhnlich herangezogen wurde, um die Behauptung von den abnehmenden Profiten der Sklavenhalter zu unterstützen. Die Behauptung, daß Sklaverei unrentabel war, stützte sich besonders auf den [|7] Umstand, daß die Preise für Sklaven schneller gestiegen waren als die Preise der Güter, die von den Sklaven produziert wurden. Conrad und Meyer zeigten, daß dieses Divergieren nicht unbedingt abnehmende Profite bedeuten mußte, weil die Produktivität der Sklaven so stark gestiegen sein konnte, daß die ursprüngliche Höhe der Gewinne erhalten blieb. Sie weisen außerdem darauf hin, daß vom ökonomischen Standpunkt aus Sklaven ein Anlagevermögen darstellen. Man konnte den internen Zinssatz einer Investition in Sklaven mittels der Standardgleichung für die Kapitalisierung eines Einkommensstroms bestimmen, d. h. man mußte den internen Zinssatz finden, der die Gleichung des Preises für Sklaven mit dem diskontierten Wert des jährlichen Ertrags aus Sklavenarbeit darstellte.

Conrad und Meyer teilten die Sklavenwirtschaft in zwei Bereiche. Der erste wurde durch eine Produktionsfunktion beschrieben, bei der männliche Sklaven einerseits und ihr Output an Hauptprodukten wie Baumwolle, Zucker und Getreide andererseits die Variablen waren. Die zweite Produktionsfunktion betraf den Bereich der Investitionsgüter. Hier wurde angenommen, daß weibliche Sklaven für die Produktion neuer Sklaven verwendet wurden. Conrad und Meyer machten sich daran, gesonderte interne Zinssätze für Sklaven beiderlei Geschlechts zu berechnen. Die Berechnung des Zinssatzes bei den männlichen Sklaven war der einfachere Fall. Zunächst bestimmten sie die durchschnittlichen Kapitalkosten pro Sklave, welche sich sowohl aus dem Preis für den Sklaven selbst als auch aus dem durchschnittlichen, auf den Sklaven fallenden Wert des Bodens, der Tiere und der Ausrüstung zusammensetzten. Anschließend wurden die Bruttoeinnahmen auf der Grundlage der Baumwollpreise und der physischen Produktivität der Sklaven berechnet. Der Nettoertrag ergab sich dann nach Abzug der Unterhalts- und Bewachungskosten. Die durchschnittliche Dauer des jährlichen Nettoertrags wurde mit Hilfe von Sterblichkeitstabellen bestimmt. Aufgrund dieser Berechnungen ermittelten Conrad und Meyer den internen Zinssatz für männliche Sklaven. Sie stellten fest, daß sich vor dem Bürgerkrieg bei der Mehrzahl der Plantagen der Zinssatz zwischen 5 und 8 v. H. bewegte, je nach dem physischen Ertrag je Mann und dem herrschenden Erzeuger-Abgabe-Preis bei Baumwolle. Die Farmen in armen, höher gelegenen Waldgebieten oder in den ausgelaugten Landstrichen nahe der Ostküste erreichten jedoch nur einen Satz von 2 bis 5 v. H. In den fruchtbarsten Gebieten des neuen Südwestens, [|8] dem

---

9   Vgl. HAROLD D. WOODMAN, The Profitability of Slavery: A Historical Perennial, in: Journal of Southern History 29, August 1963, S. 302–325 und STANLEY L. ENGERMAN, The Effects of Slavery on American Economic Growth, in: FOGEL und ENGERMAN (Hg.), The Reinterpretation ..., a. a. O [wie Anm. 8].

10 CONRAD und MEYER, The Economics ..., a. a. O. [wie Anm. 4], Kapitel 3.

Anschwemmungsgebiet und den besseren Gegenden von South Carolina und Alabama stiegen die Sätze im Plantagenbetrieb sogar auf 10 bis 13 v.H.[11]

Die Berechnung des internen Zinssatzes gestaltete sich bei den weiblichen Sklaven etwas schwieriger. Conrad und Meyer mußten nicht nur die Produktivität bei der Feldarbeit berücksichtigen, sondern auch zusätzliche Gesichtspunkte, etwa die Produktivität der Sklavenkinder in der Zeit zwischen Geburt und Verkauf, die Kosten der Mutterschaft und Aufzucht der Kinder und die durchschnittliche Zahl der Nachkommenschaft. Nachdem sie festgestellt hatten, daß sehr wenige Frauen weniger als 5 und mehr als 10 Kinder produzierten, welche so alt wurden, daß sie verkauft werden konnten, errechneten Conrad und Meyer eine Unter- und Obergrenze des internen Zinssatzes von 7,1 bzw. 8,1 v.H. Dadurch waren selbst Farmer aus den armen Gegenden, wo man mit männlichen Sklaven nur 4 oder 5 v.H. verdienen konnte, in der Lage, für ihren Betrieb eine ebenso hohe Rendite zu erzielen wie bei anderer wirtschaftlicher Betätigung. Sie erreichten dies durch den Verkauf der Nachkommenschaft der weiblichen Sklaven an Farmer im Westen und verdienten auf diese Weise eine Rendite von 7 bis 8 v.H. mit der einen Hälfte ihres Sklavenbestandes. Beweise für einen solchen Handel findet man nicht nur in zeitgenössischen Darstellungen, sondern auch in der Altersstruktur der Sklavenbevölkerung. Die Staaten, welche Sklaven vorwiegend abgaben,[12] hatten einen signifikant höheren Anteil an Menschen unter 15 und über 50 Jahren, während in den kaufenden Staaten Sklaven im besten Arbeitsalter vorherrschten.

Von den vielen Untersuchungen über die Sklavenwirtschaft, die von der bahnbrechenden Arbeit von Conrad und Meyer angeregt wurden, [|9] war diejenige von Yasukichi Yasuba die wichtigste. Um nicht nur die Lebenskraft von Teilbereichen des Sklavensystems, sondern auch die seiner Gesamtheit bewerten zu können, schlug Yasuba vor, den auf Sklavenbesitz beruhenden Nettoeinkommensstrom nicht mit dem Preis der Sklaven, sondern mit den Nettoproduktionskosten, d.h. den Kosten ihrer Aufzucht, zu vergleichen. Der Preis eines bestimmten Investitionsgutes wird gewöhnlich nicht sehr lange über den Herstellungskosten liegen.[13] Ungewöhnlich

11 Einen anderen Weg zur Berechnung des Ertrags aus männlichen Sklaven findet man bei ROBERT EVANS JR., The Economics of American Slavery, in: H. GREGG LEWIS (Hg.), Aspects of Labour Economics, Conference of Universities – National Bureau Committee for Economic Research, Princeton University Press 1962, S. 185–243. Wie andere Anlagegüter, so konnte man auch Sklaven mieten. Evans ging davon aus, daß die durchschnittliche jährliche Miete ein guter Anhaltswert für den Nettoertrag einer Investition in Form männlicher Sklaven war. Er verminderte die Jahresmiete für Sklaven eines gegebenen Alters proportional zu der Anzahl der Sklaven, die im Laufe des Jahres starben. Dadurch vermied Evans die Annahme, daß alle Sklaven das durchschnittliche Lebensalter erreichen. Auf diese Weise errechnete er einen Ertrag von über 10 v.H. jährlich für die Mehrzahl der Jahre von 1830 bis 1860.

12 YASUKICHI YASUBA, The Profitability and Viability of Plantation Slavery in the United States, in: Economic Studies Quarterly 12, September 1961, S. 60–67 (wiederabgedruckt bei FOGEL und ENGERMAN, The Reinterpretaton …, a.a.O. [wie Anm. 8]). Unabhängig von YASUBA kam zu einer ähnlichen Ansicht RICHARD SUTCH, The Profitability of Ante-Bellum-Slavery – Revisted, in: Southern Economic Journal 31, April 1963. Vgl. dazu auch die Diskussion zwischen NORTH, Growth and Welfare …, a.a.O. [wie Anm. 8], Kapitel 7 und ENGERMAN, The Effects of Slavery …, a.a.O [wie Anm. 9].

13 In den Produktionskosten ist eine normale Profitrate enthalten.

hohe Gewinne bzw. das Bestehen einer Unternehmerrente wird neue Unternehmen der Investitionsgüterbranche anlocken oder schon tätige Firmen veranlassen, die Produktion solange auszudehnen, bis die Rente verschwindet bzw. bis der Marktpreis der Anlagegüter auf die Höhe der Herstellungskosten gesunken ist.

Auf dem Sklavenmarkt verschob sich jedoch die Nachfragekurve schneller nach oben als die Angebotskurve. Das Nachhinken des Angebots war teilweise wohl eine Folge des Importverbots für Sklaven nach 1808, teilweise auch eine Folge des Umstandes, daß die inländische Angebotsvergrößerung durch biologische und kulturelle Faktoren begrenzt wurde. Als Folge dieser Restriktionen stieg die Rente aus Sklavenbesitz im Laufe der Zeit. Yasuba errechnet, daß bei einem durchschnittlichen Sklavenpreis von $ 736 der Gewinnanteil (capitalized rent) $ 428 betrug. Die Differenz zwischen den beiden Werten sind die Netto-Produktionskosten für Sklaven. Mit anderen Worten: von 1821 bis 1825 lag der Anteil des Gewinns bei 58 v.H. In den Jahren von 1841 bis 1845 betrug der Gewinnanteil am Sklavenpreis 72 v.H., während er in der Periode 1851 bis 1855 fast 85 v.H. ausmachte.

Indem er die Existenz eines hohen und steigenden Anteils der ‚capitalized rent‘ am Sklavenpreis aufzeigen konnte, bewies Yasuba eindrücklich die Stärke des Sklavensystems. Der Umstand, daß Conrad und Meyer eine auf dem Sklavenpreis statt auf den Produktionskosten beruhende Berechnung der Rentabilität vornahmen, bedeutet eine Unterbewertung der Erträge aus der Sklaverei. In der Tat lagen nach ihrer [|10] Berechnung die Sklavenpreise lediglich so hoch, daß jemand, der in der Sklavenwirtschaft Geld anlegen wollte, im Durchschnitt nur die marktübliche Verzinsung erwarten durfte.

Obwohl die Sklaverei ein lebensfähiges ökonomisches System war, hätte sie dennoch das Wirtschaftssystem im Süden durch Verminderung der Sparrate oder durch Unterdrücken des Unternehmertums behindern können. Die Historiker haben lange geglaubt, daß sich die Farmer wegen der Sklaverei extravagante Neigungen zulegen konnten und daß dies zu einer Verschwendung der Einkommen und zu Luxusleben führte. Außerdem wurde angenommen, daß die Sklaverei eine irrationale Bindung an die Landwirtschaft erzeugt habe. Als Folge davon haben die Farmer die Gewinnchancen im gewerblichen Bereich angeblich nicht wahrgenommen.

Die angebliche Stagnation des Vor-Kriegs-Südens ist durch neuere Forschungen bezweifelt worden. Die Arbeiten von Conrad, Meyer, Yasuba und anderen weisen deutlich darauf hin, daß die Entscheidung des Südens, die gewerbliche Produktion zu vernachlässigen, nicht auf absurder Überspanntheit beruhte. Dieses Verhalten erweist sich im Gegenteil als vernünftige Reaktion auf die im Plantagenbetrieb möglichen Gewinne, die beträchtlich über denen lagen, welche auf andere Weise erzielt werden konnten. Untersuchungen, die Richard Easterlin über die regionale Einkommensverteilung vorgenommen hat, ergaben, daß das Pro-Kopf-Einkommen im Vor-Kriegs-Süden so schnell – nämlich mit 1,5 v.H. jährlich – wie in den übrigen Gebieten des Landes gestiegen war.[14]

14   RICHARD A. EASTERLIN, Regional Income Trends, 1840–1950, in: American Economic History, hg. von SEYMOUR E. HARRIS, New York 1961, S. 525–547. STANLEY ENGERMAN, The Economic Effects of the Civil War, in: Explorations in Entrepreneurial History [Nr. 3, Spring Summer 1966, S. 176–199].

Die langsame Entwicklung des Südens während des letzten Drittels des 19. und
der ersten Hälfte des 20. Jahrhunderts hatte seine Ursache nicht in einer Stagnation
während der Sklavenära, sondern in den Verwüstungen des Bürgerkriegs. Wenn die
Vor-Kriegs-Wachstumsraten während der Bürgerkriegszeit erhalten geblieben wären, hätte im Jahr 1870, wie Stanley Engerman zeigt, das Pro-Kopf-Einkommen im
Süden das Doppelte der tatsächlichen Höhe betragen. Der Bürgerkrieg bedeutete
einen so starken Bruch, daß der Süden ungefähr 30 Jahre brauchte, um wieder auf
die Höhe des Pro-Kopf-Einkommens von 1860 zu kommen. Weitere [|11] 60 Jahre
waren nötig, um wieder denselben relativen Anteil am Volkseinkommen pro Kopf
zu erreichen, den der Süden schon einmal am Ende der Vorkriegsära erreicht hatte.[15]
Die Ursache für die Abschaffung der Sklaverei muß man demnach eher in der Forderung nach Moral und Gleichheit suchen als in der Unfähigkeit des Sklavensystems,
hohe wirtschaftliche Wachstumsraten zu ermöglichen.

TECHNOLOGIE UND PRODUKTIVITÄT

Während die Auswirkungen der Sklaverei bei der Interpretation der amerikanischen
Wirtschaftsgeschichte von Wichtigkeit sind, sind sie außerhalb dieses Landes nur
von untergeordneter Bedeutung. Für europäische Wissenschaftler sind dagegen die
Forschungsarbeiten über Technologie und Produktivität von größerem Interesse. Seit
Arnold Toynbee und später Paul Mantoux haben die Wirtschaftshistoriker bis heute
Änderungen in der Technologie, die sich in bestimmten neuen Maschinen und Ver-
fahren niederschlugen, für die conditio-sine-qua-non wirtschaftlichen Fortschritts
gehalten. Jedem Schuljungen wurde beigebracht, daß die industrielle Revolution in
England, Frankreich, Deutschland oder den USA durch Erfindungen wie die Jenny-
Spinnmaschine, den mechanischen Webstuhl, den Flammofen, das Walzwerk, die
Dampfmaschine und die Eisenbahn in Gang gesetzt wurde. Wir haben schon eine
umfangreiche Literatur über die Entwicklung der Maschinen und deren Einsatz,
müssen uns aber noch mit den genauen Auswirkungen bestimmter Erfindungen auf
die Produktivität intensiv auseinandersetzen. Ebenso bedarf der Prozeß der Einführung und Verbreitung einer bestimmten Erfindung noch der genauen Durchleuch-
tung.

Der Lösung dieser und anderer damit zusammenhängender Fragen ist ein beträchtlicher Teil der Forschungen der neuen Wirtschaftsgeschichte gewidmet. Diese
Arbeiten kann man in vier Hauptgruppen unterteilen. Erstens wird der Versuch un-
ternommen, beobachtete Produktivitätserhöhungen zu erklären, d. h. den Anteil der
verschiedenen Produktionsfaktoren an der Produktivitätserhöhung zu bestimmen.
Als Beispiel dafür kann William Parkers Analyse der Weizenproduktion[16] dienen.
Er fand heraus, daß zwischen 1840 und 1911 die Arbeitsproduktivität [|12] im Wei-
zenanbau um mehr als das Dreifache zunahm. Diese Zunahme beruhte zu 60 v.H.

---

15 ENGERMAN, The Economic Effects …, a. a. O [wie Anm. 14].
16 WILLIAM N. PARKER, Productivity Growth in Crop Production, erscheint in Band 30 der Studies
    in Income and Wealth, National Bureau of Economic Research.

auf der Mechanisierung und zu 17 v. H. auf der Veränderung der Produktionsstandorte. Weitere 16 v. H. trug die Wechselwirkung zwischen Mechanisierung und
Standortänderung bei. Die verbleibenden 7 v. H. sind anderen Ursachen zuzurechnen. Die Verbesserung der maschinellen Ausstattung hatte die größten Auswirkungen
bei der Ernte selbst und bei den auf die Ernte folgenden Arbeitsgängen. Parker
schätzt, daß allein 70 v. H. der gestiegenen Mechanisierung bzw. über 40 v. H. der
Steigerung der gesamten Produktivität auf den Einsatz von Mäh- und Dreschma-
schinen zurückzuführen sind.

Es wäre falsch, aus Parkers Studie zu schließen, daß die neue Wirtschaftsgeschichte, ähnlich wie die ältere Literatur, der Beschäftigung mit den technologischen
Änderungen in der maschinellen Ausrüstung den Vorrang einräumt. Parkers Studie
legt das Gewicht nicht auf die Maschinen selbst, ihm kommt es vielmehr darauf an,
die wichtigen Faktoren herauszuarbeiten, die die Produktivitätssteigerung in der
Landwirtschaft verursacht haben. In diesem Sinne ist es auch verständlich, daß für
eine gegebene Periode und eine bestimmte Frucht die Entwicklung zweier Maschinen die Hauptrolle in diesem Erklärungsversuch spielt. Weitere Untersuchungen
brachten vollständig andere Ergebnisse. In der Deutung des 50prozentigen Rück-
gangs der Transportkosten im Seeverkehr zum Beispiel, den Douglass North für die
250jährige Periode von 1600 bis 1850 fand, spielte technischer Fortschritt absolut
keine Rolle. Fast der gesamte Rückgang kann durch zwei andere Faktoren erklärt
werden: durch das Aufhören der Piraterie und durch die Vergrößerung des Marktes.
Der Rückgang des Sklavenhandels verminderte den Mannschaftsbedarf gewaltig,
da Wachpersonal überflüssig wurde. Die Vergrößerung des Marktes senkte die Ver-
schiffungskosten dadurch, daß eine Konzentration des Warenumschlags auf zentrale
Handelsplätze einsetzte. Diese Entwicklung verminderte bei den Schiffen den Anteil
der Liegezeit beträchtlich.[17]

Zur zweiten Gruppe gehören Arbeiten, die das Wachstum einzelner Industrie-
zweige untersuchen und deuten wollen. Eins der besten Beispiele dieser Arbeiten ist
Robert Brooke Zevins Analyse des Wachstums der amerikanischen Baumwollindustrie vor 1860.[18] Wie Zevin [13] zeigt, sind die Jahre von 1816 bis 1833 die inter-
essanteste Periode in der frühen Geschichte dieses Industriezweigs. Während dieser
Zeitspanne nahm die Produktion von Baumwollstoff um das 280fache von 840 000
auf 231 Mio. Yards zu. Unter Vernachlässigung der Schwankungen errechnet Zevin
eine durchschnittliche jährliche Wachstumsrate der Produktion von 17,1 v. H. Dabei
stellt er fest, daß ein Drittel der Zunahme auf einer Vergrößerung der Nachfrage
beruhte. Diese Nachfrageerhöhung wiederum findet ihre Erklärung hauptsächlich
in der Bevölkerungsvermehrung in den Städten und in den westlichen Regionen.
Die übrigen zwei Drittel der Zunahme kamen durch eine Drehung der Angebotskurve nach rechts unten zustande. Zevin erklärt diese Angebotsänderung mit Verbesserungen der Textilmaschinen, mit dem Rückgang der Preise für Rohbaumwolle
und mit einer Zunahme des Bestandes an ausgebildeten Technikern. Dabei war je-

---

17 DOUGLASS C. NORTH, Determinants of Productivity in Ocean Shipping, in: FOGEL und ENGERMAN,
    The Reinterpretation ..., a. a. O [wie Anm. 8].
18 ROBERT BROOKE ZEVIN, The Growth of Cotton Textile Production after 1815, in: FOGEL und
    ENGERMAN, The Reinterpretation ..., a. a. O [wie Anm. 8].

doch die Verbesserung der Maschinen der unwichtigste dieser Faktoren, denn ihr verdankte man eine Zunahme der Textilproduktion von nur 17 v.H. Auf den Preisrückgang bei Rohbaumwolle entfielen 28 v.H., und dem zunehmenden Bestand an Technikern sind die restlichen 22 v.H. zuzurechnen.

Ebenso wie andere Arbeiten zeigt Zevins Studie, daß neue Maschinen und andere industrielle Anlagen nicht als einzige, ja nicht einmal als hauptsächliche Ursache für das Wachstum der großen europäischen und amerikanischen Industrien in den letzten 200 Jahren angesehen werden dürfen. Die intensive Beschäftigung mit der Entwicklung der Maschinen führte zu einer Unterbewertung der Rolle der Nachfrage im Prozeß des industriellen Wachstums. Außerdem wurden dadurch andere Bestimmungsgrößen des Angebots, z.B. die Qualität des Faktors Arbeit, der Bestand an Facharbeitern, die Effizienz industrieller Organisation und steigende Skalenerträge vernachlässigt.[19]

Der dritte Bereich, mit dem sich die neue Wirtschaftsgeschichte besonders beschäftigt, ist die Analyse der Verbreitung technischer Neuerungen. Dieses Problem scheint eins der interessantesten Forschungsgebiete zu sein. Peter Temins Deutung der Ausbreitung von Hochöfen, die mit Anthrazit oder Koks betrieben wurden, ist schon allgemein bekannt geworden.[20] Ein neuerer Beitrag stammt von Paul David und beschäftigt [|14] sich mit den Mähmaschinen.[21] Obwohl Mäher schon um 1830 erfunden wurden, ging ihre Verbreitung zwei Jahrzehnte lang nur sehr langsam vonstatten.

Die ‚erste größere Welle der allgemeinen Annahme‘ der Erfindung kam in der Mitte der fünfziger Jahre des vorigen Jahrhunderts. In der Literatur ist man über die Gründe dieser Zunahme geteilter Meinung. Einige Autoren haben auf das Ansteigen der Weizenpreise und auf die Knappheit an Landarbeitern als Hauptursache hingewiesen. Diese Darstellungen zeigen jedoch nicht den Prozeß, wie die Erhöhung der Weizenpreise zu einer Nachfrageerhöhung bei Mähmaschinen führte.

David zeigt folgendes: Wenn im industriellen Sektor die Angebotskurve für den Faktor Arbeit weniger elastisch ist als für Mähmaschinen, steigt bei zunehmendem Getreidepreis der Lohnsatz für Landarbeiter relativ stärker als der Preis für Mäher. David weist auch darauf hin, daß man Mähmaschinen nicht mieten konnte, sondern kaufen mußte. Obwohl die Kosten eines Mähers pro Jahr unabhängig von der Farmgröße waren, sanken die durchschnittlichen Kosten pro Hektar Erntefläche so lange, bis die Kapazitätsgrenze erreicht war. Im Gegensatz dazu waren die Erntekosten bei Handarbeit pro Hektar konstant, weil für den einzelnen Farmer das Arbeitsangebot vollständig elastisch war. Außerdem traten bei der alten Methode keine steigenden Skalenerträge auf.

19 Vgl. NORTH, Growth and Welfare …, a.a.O. [wie Anm. 8], S. 6–10.
20 PETER TEMIN, A New Look at Hunters Hypothesis about the Antebellum Iron Industry, in: American Economic Review 54, Mai 1964; PETER TEMIN, Iron and Steel in the Nineteenth-Century America, Cambridge/Mass. 1964, Kapitel 3.
21 PAUL DAVID, The Mechanization of Reaping in the Ante-Bellum Midwest, in: HENRY ROSOVSKY (Hg.), Industrialization in Two Systems: Essays in Honor of Alexander Gerschenkron, New York 1966, S. 3–39.

Aus den eben vorgetragenen Überlegungen ergibt sich eine Abhängigkeit zwischen der Farmgröße, bei der es sich gerade noch lohnt, einen Mäher einzusetzen und dem Verhältnis zwischen dem Preis einer Mähmaschine und dem Lohnsatz für Arbeiter (threshold function).

Nach der Bestimmung der Parameter dieser Funktion stellt David fest, daß zu Beginn der fünfziger Jahre das Preisverhältnis zwischen Mähern und Landarbeitern so hoch lag, daß erst bei einem Getreideanbau von über 46 acres je Farm die Anschaffung einer Mähmaschine rentabel wurde. Zu dieser Zeit jedoch lag die durchschnittliche Getreideanbaufläche noch bei ca. 25 acres. In der Mitte der fünfziger Jahre war indessen der Preis eines Mähers im Verhältnis zum Lohnsatz gefallen. Dieser Rückgang verringerte die noch rentable ‚Schwellengröße‘ von 46 auf 35 acres. In derselben Zeit stieg die durchschnittliche Getreidefläche auf ca. 30 acres je Farm. Dadurch wurde innerhalb von fünf Jahren der Abstand zwi- [|15] schen der erforderlichen Mindestgröße und der gegebenen durchschnittlichen Anbaufläche um über 75 v. H. vermindert. Mit der schnellen Verringerung dieses Abstandes läßt sich also die beschleunigte Verbreitung der Mähmaschinen in der Mitte der fünfziger Jahre erklären.

Die letzte Gruppe der Studien über Technologie und Produktivität umfaßt Arbeiten, welche den sozialen Netto-Nutzen (net social benefit) bestimmter Neuerungen untersuchen. Zu dieser Gruppe gehört auch mein Buch „Railroads and American Economic Growth".[22] Wenn man den Netto-Nutzen der Eisenbahnen schätzen will, muß man einen Vergleich zwischen der tatsächlichen Höhe des Sozialprodukts und dem Sozialprodukt anstellen, das sich ohne die Existenz der Eisenbahnen eingestellt hätte. Die Höhe des Sozialprodukts ohne die Existenz der Eisenbahnen kann nicht direkt berechnet werden. Man muß hierzu ein hypothetisch-deduktives Modell konstruieren. Mit Hilfe dieses Modells kann man, unter Berücksichtigung tatsächlich beobachteter Verhältnisse, auf eine Anzahl von Bedingungen schließen, die nicht eingetreten sind. Ich versuchte in meinem Buch, ein solches Modell für das Jahr 1890 zu konstruieren. Das begriffliche Fundament des Modells ist die ‚soziale Ersparnis‘ der Eisenbahnen. Die soziale Ersparnis eines bestimmten Jahres ist definiert als die Differenz zwischen den tatsächlichen Gütertransportkosten eines Jahres und den alternativen Transportkosten für dieselbe Gütermenge und dieselben Entfernungen, aber ohne Benutzung der Eisenbahn. Diese Kostendifferenz ist aber tatsächlich größer als die ‚wahre‘ soziale Ersparnis. Die Struktur der Transporte ohne die Eisenbahnen der Transportstruktur, die tatsächlich vorhanden war, anzugleichen, ist gleichbedeutend mit einem Verbot für die Gesellschaft, sich an alternative technologische Gegebenheiten anzupassen.

Wenn man die Transporte nur auf dem Wasser- oder Landweg ohne Benutzung der Eisenbahn hätte durchführen müssen, könnte dies die Produktionsstandorte derart geändert haben, daß die Transporte billiger durchzuführen gewesen wären. Außerdem war die Zahl und die Lage der Primär- und Sekundarmärkte, über die die Verteilung der Güter lief, sicherlich durch die besonderen Bedingungen des Eisenbahntransportes beeinflusst. Ohne Eisenbahnen wären andere Handelsplätze hinzu-

22 Baltimore 1964.

gekommen, die relative Bedeutung der Märkte, die in beiden Fällen bestanden hätten, hätte sich wahrscheinlich geändert. Durch derartige [|16] Anpassungen wäre der Verlust an Wachstum des Sozialprodukts, der ohne Existenz der Eisenbahnen eingetreten wäre, vermindert worden.

Um die Höhe der sozialen Ersparnis bestimmen zu können, war es erforderlich, sowohl die direkten Zahlungen zu berechnen, die für den Wasser- und Landtransport (ohne Eisenbahn) hätten geleistet werden müssen, als auch die indirekten Kosten des Transports zu ermitteln. Zu diesen indirekten Kosten gehören z.B. die Frachtverluste, die zusätzlichen Aufwendungen, die bei Benutzung langsamer Transportmittel entstehen, und die Kosten, die dadurch verursacht werden, daß die Wasserwege während der Wintermonate nicht benutzt werden können. Mit Hilfe einer Regressionsanalyse wurden die Kostenfunktionen für Lastschiffe ermittelt. Aus diesen Funktionen wurden dann die Frachtraten für den Wassertransport im ‚Ohne-Eisenbahn-Fall‘ bestimmt. Die wirtschaftlichen Verluste, die durch den langsamen Transport und die Unberechenbarkeit des Wetters entstanden wären, wurden quantifiziert durch die Schätzung des zusätzlichen Lagerbestandes, der nötig gewesen wäre, um die normale Lieferbereitschaft aufrechterhalten zu können. Die erwarteten Frachtverluste wurden aus den Versicherungsraten abgeleitet.

Wegen der ungeheuren Menge von Daten, die beachtet werden mußten, war meine Studie auf die soziale Ersparnis begrenzt, die dem Transport landwirtschaftlicher Güter zuzurechnen ist.

Die Höhe dieser Ersparnis wurde für drei verschiedene Fälle der technologischen Anpassung an das Fehlen der Eisenbahnen berechnet. Im ersten Fall wurde das Straßen- und Kanalnetz unterstellt, das 1890 tatsächlich vorhanden war. Im zweiten Fall wurde angenommen, daß das Verkehrsnetz um zumindest 5 000 miles leicht erstellbarer und, wegen des Fehlens der Eisenbahn, besonders rentabler Kanäle erweitert worden wäre. Der dritte Fall unterstellte eine Verbesserung der gewöhnlichen Landstraßen. Im ersten Fall betrug die soziale Ersparnis des Transports landwirtschaftlicher Güter durch die Eisenbahnen $ 373 000 000 oder 3,1 v.H. des Bruttosozialprodukts von 1890. Die Vergrößerung des Kanalnetzes und die Verbesserung der Landstraßen hätten die soziale Ersparnis auf 1,8 v.H. des Bruttosozialprodukts vermindert. In diesem Zusammenhang ist interessant, daß der besondere volkswirtschaftliche Nutzen der Eisenbahn in der Verminderung der Lagerbestände und in einem Rückgang der Straßentransporte lag. Zusammen erbrachten diese beiden Faktoren ca. 80 v.H. der sozialen Ersparnis. [|17]

Albert Fishlows scharfsinnige und vielseitige Arbeit über die Eisenbahnen während der Vorkriegs-Ära enthält eine Schätzung der sozialen Ersparnis für das Jahr 1859.[23] Seine Berechnung erstreckt sich nicht nur auf landwirtschaftliche Güter, sondern auf den gesamten Personen- und Frachtverkehr. Fishlow stellt fest, daß die soziale Ersparnis ungefähr bei $ 175 000 000 oder 4 v.H. des Bruttosozialprodukts lag. Von dieser Gesamtzahl entfällt auf den Transport landwirtschaftlicher Güter ungefähr ein Viertel, auf die übrige Fracht ca. ein Drittel, während der Rest dem

---

23 ALBERT FISHLOW, American Railroads and the Transformation of the Ante-Bellum Economy, Cambridge/Mass. 1965, Kapitel 2.

Personenverkehr zuzurechnen ist. Wenn man Fishlows Ergebnis mit meinem vergleicht, muß man jedoch beachten, daß bei Fishlow keine technologische Anpassung der Volkswirtschaft an den hypothetischen Fall des Fehlens der Eisenbahn stattfindet. Unter Berücksichtigung dieses Umstands ist die Übereinstimmung unserer Ergebnisse sehr groß. Eine Berechnung der sozialen Ersparnis für 1859 unter der Voraussetzung einer begrenzten technologischen Anpassung muß noch durchgeführt werden.

Ich möchte diesen Abschnitt meiner Ausführungen so beschließen, wie ich ihn begonnen habe – mit der Betonung der Unvollständigkeit meines Überblicks über die Forschungsarbeiten der neuen Wirtschaftsgeschichte. Unter den wichtigen Beiträgen, die ich bisher nicht erwähnte, finden sich Arbeiten von Gallman über die Landwirtschaft des Südens, von Jeffrey Williamson über die Bestimmungsgründe der Urbanisierung vor dem Bürgerkrieg, von Stanley Lebergott über die Rolle der Arbeit im wirtschaftlichen Wachstum des 19. Jahrhunderts, von John Bowman über die Agrarkrise des ‚Gilded Age' und von Lance Davis über die Entwicklung der Kapitalmärkte.

DIE METHODEN

Die Betonung des Messens und die Anerkennung der engen Beziehung zwischen zahlenmäßiger Erfassung und Wirtschaftstheorie sind die methodologischen Kennzeichen der neuen Wirtschaftsgeschichte. Die Wirtschaftsgeschichte bediente sich zwar schon immer der quantitativen Betrachtung. Aber viele der älteren Veröffentlichungen, die mit Zahlen- [|18] material arbeiteten, begnügten sich mit der Feststellung und einfachen Klassifizierung von Daten, die Geschäfts- oder Regierungsberichten entnommen wurden. Mit Ausnahme der hervorragenden Bemühungen um die Ermittlung von Preisindizes wurde bis zur Entwicklung der volkswirtschaftlichen Gesamtrechnung wenig getan, um die gegebenen Informationen so zu verarbeiten, daß „genau definierte Begriffe der ökonomischen Analyse"[24] erhellt wurden. Nicht Wirtschaftshistoriker, sondern empirische Theoretiker wie Simon Kuznets in den USA, J. R. N. Stone und Phyllis Deane in England und François Perroux und Jean Marczewski in Frankreich waren die Pioniere der umfassenden statistischen Verarbeitung von Zahlenmaterial, z. B. in volkswirtschaftlichen Gesamtrechnungen. Während die Wirtschaftshistoriker in großem Umfang von Volkseinkommensberechnungen Gebrauch machten, unternahmen sie es zunächst nicht, die Methoden der statistischen Aufbereitung auch im weiten Bereich der eigenen Forschungen anzuwenden. Die meisten Diskussionen der Wirtschaftshistoriker finden im Rahmen der qualitativen Betrachtung statt, wobei quantitative Informationen großenteils nur als Illustration benutzt werden.

Erst die Wirtschaftshistoriker der neuen Schule versuchen, das lange Zeit unterlassene Quantifizieren einzuführen. Sie haben begonnen, die amerikanische Wirt-

---

24 SIMON KUZNETS, Summary of Discussion and Postscript, in: Journal of Economic History 17, Dezember 1957, S. 553.

schaftsgeschichte auf einer sicheren, quantitativen Basis neu zu durchleuchten. Dieses Ziel ist äußerst ehrgeizig, die Widerstände bei der Durchführung aber sind zahlreich. Das schwierigste Problem ist die Menge der zur Verfügung stehenden Daten. Informationen, die sich auf wichtige Institutionen und Prozesse der Vergangenheit beziehen, wurden entweder nie gesammelt oder sind verlorengegangen. In anderen Fällen sind die Daten noch vorhanden, diesmal aber so zahlreich oder ungeordnet, daß ihre Aufbereitung ohne die Hilfe moderner statistischer Methoden unerschwinglich teuer wäre.

Statistische und mathematische Methoden werden also bei den Wirtschaftshistorikern der neuen Schule in großem Umfang angewendet. Das vielleicht am meisten benutzte Werkzeug ist die Regressionsanalyse. Es ist das Hauptmittel, dessen sich Albert Fishlow bei seiner Untersuchung der Eisenbahn-Investitionen während der Vorkriegs-Ära bedient.[25] Jeffrey Williamson benutzt sie häufig bei seiner Untersuchung über die [|19] Urbanisierung.[26] Paul MacAvoy nimmt ein vereinfachtes Regressionsmodell, um die Beziehung zwischen Getreidepreisen und Frachtraten zu bestimmen.[27] Beispiele für die Nützlichkeit anderer mathematischer Methoden bietet William Whitneys Anwendung der Input-Output-Analyse, um die Auswirkungen der Zolltarife auf das Wachstum der Industrie festzustellen.[28] Auch K. Kindahls Anwendung der hypergeometrischen Verteilung kann hier erwähnt werden. Sie diente dazu, aus zwei unvollständigen Verzeichnissen die Gesamtzahl der Staatsbanken festzustellen, die unmittelbar nach dem Ende des Bürgerkriegs arbeiteten.[29]

Einige Historiker behaupten, daß es keinen Zweck habe, ausgefeilte statistische Methoden anzuwenden, weil die vorhandenen Daten zu dürftig seien. In Wirklichkeit verhält sich die Sache oft genau umgekehrt. Wenn die Daten sehr gut sind, reichen gewöhnlich einfache statistische Verfahren. Je dürftiger aber die Zahlenangaben sind, desto aufwendigere Methoden müssen angewendet werden. Oft, das sei zugegeben, erfüllen die verfügbaren Daten nicht die notwendige Qualität für normale statistische Verfahren. In solchen Fällen ist die Fähigkeit des Forschers, solche Methoden auszuarbeiten, die ein außerordentlich wirksames Arbeiten mit den verfügbaren Zahlenangaben ermöglichen, die entscheidende Voraussetzung für den Erfolg. Man muß also eine Methode finden, die es ermöglicht, mit den verfügbaren, knappen Daten eine Lösung des Problems zu erarbeiten.

25 FISHLOW, American Railroads …, a.a.O. [wie Anm. 23], Kapitel 3 und Anhang B.
26 JEFFREY G. WILLIAMSON, Ante-Bellum Urbanization in the American Northeast, in: Journal of Economic History 25, Dezember 1965, S. 592–608; JEFFREY G. WILLIAMSON und JOSEPH A. SWANSON, The Growth of Cities in the American Northeast, 1820–1870 (vervielfältigt).
27 PAUL W. MACAVOY, The Economic Effects of Regulation: The Trunk-Line Railroad Cartels and the Interstate Commerce Commission before 1900, Cambridge/Mass. 1965.
28 WILLIAM G. WHITNEY, The Structure of the American Economy in the late Nineteenth Century, Diss. Harvard University [erschienen 1968].
29 JAMES K. KINDAHL, The Economics of Resumption: The United States, 1865–1879 (unveröffentlichte Dissertation, University of Chicago 1958), veröffentlicht ohne statistischen Anhang unter dem Titel: Economic Factors in Specie Resumption: The United States, 1865–1879, in: Journal of Political Economy 69, Februar 1961.

Wie man mit Hilfe der Wirtschaftstheorie das Datenproblem umgehen kann,
zeigt die Arbeit von Paul David über die Mähmaschinen. Die Anwendung der Regressionsanalyse hätte nach Provinzen getrennte Angaben über den Einsatz von
Mähern bei unterschiedlicher Farmgröße, [|20] den Kaufpreis der Mäher und den
durchschnittlichen Lohnsatz erfordert. Leider standen solche Angaben für die einzelnen Provinzen nicht zur Verfügung. Um das Problem zu überwinden, bediente
sich David der Produktionstheorie. Zunächst stellte er fest, daß ein Farmer keine
Präferenz für eine der beiden Erntemethoden hatte, wenn die Erntekosten pro Hektar
bei Maschineneinsatz oder Handarbeit gleich waren. Sodann weist er darauf hin, daß
es bei einer Ernte, die nur mit Handarbeit durchgeführt wird, weder steigende noch
fallende Skalenerträge gibt. Diese Feststellungen, zusammen mit zwei linearen Ap-
proximationen, führten zu einer Kurve des gerade noch rentablen Mähereinsatzes
bei alternativ großen Anbauflächen. Diese Funktion hatte nur drei Parameter: den
Abschreibungssatz, den Zinssatz und die Substitutionsrate zwischen Mähmaschinen
und menschlicher Arbeitsleistung. Die zur Berechnung dieser Parameter notwendi-
gen Daten standen zur Verfügung.[30] Die Einheit der Verarbeitung von Zahlenangaben und Benutzung der Theorie wird besonders deutlich, wenn man versucht, den
Nettoeffekt von Neuerungen, Verordnungen oder Vorgängen zu ermitteln. Um den
Nettoeffekt solcher Erscheinungen im Verlauf der wirtschaftlichen Entwicklung zu
bestimmen, muß man einen Vergleich anstellen zwischen dem, was tatsächlich geschehen ist, und dem, was ohne Eintreten eines bestimmten Umstandes geschehen
wäre. Da jedoch diese angenommene Situation (counterfactual condition) nie eingetreten ist, konnte sie weder beobachtet werden, noch ist sie in historischen Doku-
menten aufgezeichnet. Um nun bestimmen zu können, was beim Fehlen eines bestimmten Umstandes geschehen wäre, braucht der Wirtschaftshistoriker eine Anzahl
allgemein anerkannter Annahmen (d. h. einige Theorien oder ein Modell), die es ihm
ermöglichen, von einer tatsächlich eingetretenen Situation eine angenommene Situation abzuleiten.

Dies ist genau das Problem, wenn man versucht, die häufige Behauptung zu
beurteilen, daß die Eisenbahnen die Anbaugebiete der kommerziellen Landwirtschaft
der USA erweitert haben. Es kann natürlich nicht bestritten werden, daß die Vergrößerung der Anbaufläche und der Ausbau der Eisenbahnen mehr oder weniger gleichzeitig vonstatten gingen. Daraus folgt jedoch nicht, daß die Eisenbahn die notwendige Bedingung für die wirtschaftliche Nutzung neuer Landstriche war. Um dies
festzustellen zu können, muß eine Methode gefunden werden, mit der man [|21] be-
stimmen kann, wieviel von dem Land, das nach Errichtung der Eisenbahnen bebaut
wurde, auch ohne die Existenz der Eisenbahnen bebaut worden wäre.

Ohne Eisenbahn wäre, wegen der hohen Kosten für den Straßentransport, die
landwirtschaftliche Produktion auf Gebiete innerhalb einer unbekannten Entfernung
von Wasserwegen begrenzt gewesen. Man kann nun mit der Rententheorie die Grenzen rentabler Landwirtschaft bei einem Fehlen der Eisenbahn bestimmen. Die Rente
ist der Betrag, um den der Arbeits- und Kapitalertrag auf einem gegebenen Stück
Land größer ist als der Betrag, der mit denselben Faktoren erwirtschaftet werden

---

30   DAVID, The Mechanization …, a. a. O. [wie Anm. 21], S. 28–39.

könnte, wenn sie an der intensiven oder extensiven Grenze eingesetzt würden. Jedes Stück Land, das in der Lage ist, eine Rente zu gewähren, wird also innerhalb der Anbaufläche bleiben. Selbst im Falle gestiegener Transportkosten wird ein bestimmtes Gebiet auch weiterhin so lange bebaut werden, wie die zusätzlichen Kosten die Rente nicht übersteigen.

Mit Informationen über den Gütertransport zwischen Farmen und Märkten, die Entfernung der Farmen von Eisenbahn- und Schiffsumschlagplätzen, die Entfernung zwischen Umschlagplätzen und Märkten und die Frachtraten für Straße, Schiene und Wasserweg kann man die zusätzlichen Transportkosten berechnen, welche den Farmern entstanden wären, wenn sie versucht hätten, auch ohne Eisenbahn ihr Transportaufkommen zu vervielfachen. In diesem Fall wären die Transportkosten nicht deshalb gestiegen, weil die Wasserfrachten höher als die Eisenbahntarife gewesen wären, sondern weil der Straßentransport zum Schiffahrtsweg gewöhnlich länger als zur Eisenbahnstation war. Mit anderen Worten: Farmen, die unmittelbar an Wasserwegen lagen, wären von dem Fehlen der Eisenbahn am wenigsten berührt worden. Je weiter aber eine Farm vom Wasserweg entfernt gelegen hätte, desto größer wären die zusätzlich erforderlichen Kosten für den Straßentransport geworden. Von einer gewissen Entfernung ab hätten diese zusätzlichen Transportkosten eine Höhe erreicht, die genau der ursprünglichen Bodenrente entsprach. Eine Farm in dieser Lage wäre ein Punkt auf der Grenze des Gebietes rentabler landwirtschaftlicher Produktion. Der gesamte Grenzverlauf kann also durch die Summe der Punkte bestimmt werden, an denen die ursprüngliche Bodenrente aufgezehrt wird durch die Kostenerhöhung auf Grund der Benutzung anderer Transportmittel als der Eisenbahn. [|22]

Man muß aber darauf hinweisen, daß sich auf diese Weise ein in Wirklichkeit zu kleines Gebiet rentabler Landwirtschaft ergibt. Eine Berechnung, die auf der tatsächlich gegebenen Produktionsstruktur beruht, ist für eine Anpassung an den angenommenen Fall fehlender Eisenbahnen nicht geeignet. Ohne ihre Existenz hätte sich als Antwort auf die Änderung in der Struktur der Frachtraten auch die Struktur der landwirtschaftlichen Produktion geändert. Eine solche Anpassung hätte die Transportkosten vermindert und dadurch das Anbaugebiet vergrößert. Die Berechnung ignoriert auch die Auswirkungen auf das Preisniveau, die sich eingestellt hätten, wenn die landwirtschaftliche Produktion in den Gebieten aufhörte, in denen ohne Eisenbahn nicht mehr rentabel gewirtschaftet werden konnte. Wenn man eine relativ unelastische Nachfrage nach landwirtschaftlichen Produkten unterstellt, wären die Preise dieser Güter bei Fehlen der Eisenbahn gestiegen. Der Preisanstieg hätte zu einer intensiveren Landwirtschaft innerhalb des rentablen Gebietes geführt. Der Wert des Landes wäre gestiegen. Dies hätte aber auch ermöglicht, höhere Transportkosten zu tragen. Außerdem wären die Grenzen rentabler Landwirtschaft in eine größere Entfernung von den Wasserstraßen verschoben worden.[31]

Die Methode, welche ich oben darstellte, habe ich benutzt, um die Grenzlinie rentabler Landwirtschaft für das Jahr 1890 zu bestimmen. Es stellte sich heraus, daß

31   Eine ausführlichere Diskussion der theoretischen Grundlagen findet sich bei FOGEL, Railroads …, a.a.O. [wie Anm. 6], Kapitel 3.

mit den in diesem Jahr gegebenen Wasserwegen mindestens 76 v. H. landwirtschaft-
lich genutzten Gebiets auch ohne die Eisenbahnen weiter bebaut worden wären.
Darüber hinaus hätte ein Ausbau des Kanalsystems um 5 000 miles das nutzbare
landwirtschaftliche Gebiet auf 93 v. H. des tatsächlich bebauten Gebiets vergrößert.
Mit Hilfe der Rententheorie kann man auch bestimmen, welche Kanäle gesamtwirt-
schaftlich rentabel gewesen wären. Man kann zeigen, daß ein neuer Kanal vorteilhaft
gewesen wäre, wenn im Jahre 1890 der Wert des Landes, das infolge des Kanals für
die landwirtschaftliche Produktion erschlossen worden wäre, die Kanalbaukosten
um den Wert eines jeden zusätzlichen Straßentransports, der beim Fehlen der Eisen-
bahn erfolgt wäre, überstiegen hätte.[32] [|23]

Nach Fritz Redlich sind die Versuche, mit Hilfe von hypothetisch-deduktiven
Modellen Fragen nach dem ‚Was-wäre-geschehen-wenn' zu beantworten, der unge-
wohnteste und zweifelhafteste methodologische Aspekt der neuen Wirtschaftsgeschichte. Redlich meint, daß das Arbeiten mit hypothetischen Fällen (counter-factual
propositions) der Wirtschaftsgeschichte im Grunde genommen fremd sei. Er glaubt
auch, daß solche Modelle nicht überprüfbar sind und nennt solche Arbeiten ‚Quasi-
Geschichte'.[33]

Wenn wir jedoch die Geschichtsforschung von jenen Arbeiten reinigen wollen,
die hypothetische Modelle anwenden, müßten wir nicht nur neuere, sondern auch
ebenso viele ältere Arbeiten aussondern. Der Unterschied zwischen neuen und alten
Veröffentlichungen liegt nicht in der Häufigkeit, mit der man auf hypothetische Fälle
trifft, sondern in dem Maß, in dem solche Fälle explizit gemacht werden. In der
Wirtschaftsgeschichte alter Art wimmelt es von Aussagen, die auf versteckten hypothetischen Fällen basieren. Sie erscheinen in Diskussionen, in denen entweder
bejaht oder verneint wird, daß Zölle das Wachstum gewerblicher Produktion be-
schleunigt haben. Man findet sie in Aufsätzen, die behaupten, daß Sklaverei die
Entwicklung des Südens verlangsamte. Sie werden vorgetragen in Debatten darüber,
ob die Homestead Act eine gerechte Landverteilung bewirkt hat, oder ob durch die
Eisenbahnen der interregionale Handel zunahm. Schließlich findet man versteckte
hypothetische Fälle immer dann, wenn eine rechtliche, soziale, technologische,
administrative oder politische Neuerung als Ursache für eine Änderung in der wirtschaftlichen Aktivität bezeichnet wird. All diese Argumente implizieren nämlich
Vergleiche zwischen der tatsächlichen Situation des Landes und der Situation, die
ohne den bestimmten Umstand eingetreten wäre.

Die Vertreter der neuen Wirtschaftsgeschichte waren primär nicht darauf aus,
neue hypothetische Fälle zu konstruieren, ihnen kam es vielmehr darauf an, diejenigen, die sie in der traditionellen Wirtschaftsgeschichte fanden, zu verdeutlichen
und zu prüfen. Es ist auch wichtig, darauf hinzuweisen, daß man bei Vergleichen,
die zwischen zwei tatsächlich eingetretenen Fällen angestellt werden, in Wirklichkeit
schon mit hypothetischen Fällen arbeitet. Man betrachte z.B. den arithmetischen
Index [|24] der Produktivität, wie er von John Kendrick berechnet wurde. Diese
Maßzahl der gesamten Faktorproduktivität, jetzt schon älter als zehn Jahre, wird

---

32 Ebenda, S. 79–84 und S. 92–107.
33 Fritz Redlich, ‚New' and Traditional …, a.a.O. [wie Anm. 5], S. 486f.

gewöhnlich als Verhältnis zwischen einem Produktionsindex und einem gewogenen Index des Inputs definiert. Die Gewichte sind in diesem Fall die Anteile der Faktoren an der Wertschöpfung. Albert Fishlow zeigt jedoch in einer genauen Untersuchung, daß das, was nur ein Vergleich zwischen geschichtlichen Tatsachen sein will, in Wirklichkeit ein verhüllter Vergleich zwischen dem tatsächlichen Preis des Outputs und dem Preis ist, der sich ohne Eintreten einer technologischen Neuerung ergeben hätte.[34]

Da angenommene, nicht wirklich eingetretene Fälle Bestandteil der hypothetisch-deduktiven Modelle sind, müssen diese angenommenen Fälle mindestens zweierlei Bedingungen erfüllen. Erstens muß man prüfen, ob der behauptete hypothetische Fall zwingend aus den Prämissen abzuleiten ist. Zweitens ist festzustellen, ob die Behauptungen, die ein Modell enthält, empirisch gesichert sind.[35] Die meisten Neuinterpretationen der ökonometrischen Wirtschaftsgeschichte entstanden aus der Erkenntnis, daß eine dieser Bedingungen oder beide für eine wirklich richtige Interpretation nicht erfüllt wurden. Wie oben gezeigt, widerlegten Conrad und Meyer die Behauptung von Phillips, daß die Sklaverei im Sterben begriffen war, indem sie nachwiesen, daß die Behauptung von einer falschen Voraussetzung ausging. Denn eine Verminderung der Gewinne trat nicht ein, als der Preis für Sklaven stieg und der für Baumwolle fiel. Außerdem kann man, wie ich in einer anderen Veröffentlichung zu zeigen versuchte, den Beweis der Unentbehrlichkeit der Eisenbahnen für die gesamte Wirtschaftsentwicklung nicht damit erbringen, daß man als Beweismaterial den Umstand anführt, es sei der Eisenbahn gelungen, bestimmte Unternehmen auf von ihr erschlossene Regionen zu konzentrieren. Diese Argumentation enthält den logischen Trugschluß, der sich bei Aufbau des Beweises schon fand und gibt so Anlaß zu einem non-sequitur.[36] [|25]

Das oben Gesagte zeigt, daß das grundlegende methodologische Charakteristikum der neuen Wirtschaftsgeschichte in dem Versuch liegt, alle Erklärungen vergangener wirtschaftlicher Entwicklungen in der Form von fundierten hypothetisch-deduktiven Modellen vorzutragen. Das ist nur eine andere Formulierung für die Feststellung, daß die neue Generation die Bestrebungen fortsetzt, die schon lange bestanden, bevor sie sichtbar wurden, nämlich die Deutung der Wirtschaftsgeschichte auf der Basis wissenschaftlicher Methoden. Wenn die Wirtschaftshistoriker der neuen Schule derartig deutliche Fortschritte machen, liegt das teilweise an dem, was sie von ihren Vorgängern an Wissen übernehmen konnten, teilweise aber auch daran, daß sie die Nutznießer wichtiger Fortschritte in der Wirtschaftstheorie, in der Statistik und in der angewandten Mathematik sind.

---

34 ALBERT FISHLOW, Productivity and Technological Change in the Railroad Sector, 1840–1910, Band 30 der Studies in Income and Wealth, National Bureau of Economic Research.

35 Eine dritte Möglichkeit der Verifikation, nämlich die Prüfung der Vorhersagekraft eines Modells, könnte bei der historischen Analyse oft möglich sein. Vgl. dazu FOGEL, Railroads …, a.a.O. [wie Anm. 6], S. 176–189.

36 ADREANO, Railroads and the Axiom of Indispensibility, in: New Views …, a.a.O. [wie Anm. 6], S. 232 ff.

THEORIEPROBLEME DER MODERNEN DEUTSCHEN WIRTSCHAFTSGESCHICHTE (1800–1945)

Prolegomena zu einer kritischen Bestandsaufnahme der Forschung und Diskussion seit 1945

von Hans-Ulrich Wehler

„Keine wirtschaftsgeschichtliche Darstellung ist möglich ohne den Gebrauch theoretischer Begriffe. Wie kann ich Tatsachen beschreiben, ohne sie zu ordnen, und wie kann ich sie ordnen, wenn ich nicht über Gesichtspunkte verfüge, die mir eine Ordnung erst ermöglichen. Wie viele wirtschaftsgeschichtliche Arbeit ist nutzlos vertan worden, weil sie nicht auf der soliden Grundlage einer brauchbaren Systematik ruhte."

Emil Lederer[1]

Im letzten Band des großen „Handwörterbuchs der Sozialwissenschaften" das nun – soeben abgeschlossen vorliegend – auf Jahre hinaus als Nachschlagewerk dienen wird, hat ein bekannter westdeutscher Historiker im Artikel über die „Grundlegung" der Wirtschaftsgeschichte vom Wirtschaftshistoriker gefordert: „Sein Streben muß es sein, Wirtschaftsgeschichte als Geistesgeschichte zu betreiben."[2] Schwerlich hätte man hier ein Postulat aufstellen können, das der [|67] internationalen Diskussion über die Aufgaben moderner Wirtschaftsgeschichte noch schroffer entgegengesetzt wäre und das ihrer ganz ungeachtet noch einmal ein unzeitgemäßes Ziel beschwört. Niemand wird wohl, das sei gleich unmißverständlich gesagt, einer radikalen Eliminierung der Geistesgeschichte aus der Wirtschaftsgeschichte das Wort reden oder

---

1 E. LEDERER, Aufriß der Ökonomischen Theorie, Tübingen ³1931, S. 4. Vgl. zu diesem ganz und gar nicht neuen wissenschaftstheoretischen Problem schon 1854 W. ROSCHER (Grundlagen der Nationalökonomie, Berlin ²⁵1918, S. 83): „Auf die Dauer jedoch ist zum wahren Gedeihen der Wissenschaft das Zusammenwirken beider Seiten (sc. der „abstrakten Lehre" und der „geschichtlichen Spezialforschung") unbedingt notwendig."

2 H. KELLENBENZ, Wirtschaftsgeschichte – Grundlegung, in: Handwörterbuch der Sozialwissenschaften (= HSW) 12, Stuttgart 1962, S. 125. K. äußert sich dort auch ganz unsystematisch (S. 124–41) über einige theoretische Probleme, aber hier kommt es uns nur auf diese Forderung an. Die Kritik von G. BONDI (Zu einigen grundsätzlichen Fragen der Historiographie auf dem Gebiet der Wirtschaftsgeschichte, in: Jahrbuch für Wirtschaftsgeschichte [= JbW] 1965/2, S. 205–23) ist zum größten Teil berechtigt, vgl. ebenda, S. 224–42. Ähnlich verteidigt noch immer H. BECHTEL (Wirtschafts- und Sozialgeschichte Deutschlands, München 1967, passim; DERS., Der Wirtschaftsstil des deutschen Unternehmers in der Vergangenheit, Dortmund 1955) die Theorie von den „Wirtschaftsstilen", die ihre Verwandtschaft mit der Kunstgeschichte nie abgestritten hat, aber einen schon längst überholten Stand der Bildung von Theorien, die schwer verifizierbare Quasi-Invarianzen zugrunde legen, widerspiegelt, vgl. H. ALBERT, Marktsoziologie und Entscheidungslogik, Neuwied 1967, S. 367.

die ganz fundamentale Bedeutung von Ideen und geistigen Leistungen auch in der
Welt der Wirtschaft leugnen wollen, – wie könnte man das auch! Es geht vielmehr
um die Zielperspektiven der modernen deutschen Wirtschaftsgeschichte, ihr wissen-
schaftstheoretisches Fundament „einer brauchbaren Systematik" und ihre Methoden,
damit dann auch um die Schwerpunkte der Forschung, die heute hierzulande gebildet oder vertieft werden sollten. Und im Hinblick darauf wird man nicht um die
Feststellung umhin kommen, daß einerseits bis in unsere unmittelbare Gegenwart
hinein in Deutschland neuzeitliche Wirtschaftsgeschichte von den Fachhistorikern
ganz überwiegend im Geist und mit den Methoden der Jüngeren Historischen Schule
der Nationalökonomie betrieben worden ist, und daß es andererseits für jene leiden-
schaftliche und packende Diskussion, die am intensivsten wohl in den Vereinigten
Staaten von den sog. „Cliometrikern" der „Neuen Wirtschaftsgeschichte" über eine
Historische Ökonometrie,[3] aber auch in Frankreich von der „Anna-[|68]les"- und

---

3   Als charakteristisch hebe ich aus der amerikanischen Debatte hervor: R. W. FOGEL, The New
    Economic History, in: Economic History Review (= EHR) 19, 1966, S. 642–56 [in diesem Band
    S. 157–174]; DERS., The Reunification of Economic History and Economic Theory, in: American
    Economic Review (= AER) 55, 1965, S. 92–98; DERS., A Provisional View of the ‚New
    Economic History', in: AER 54, 1964, S. 377–89; auch DERS., The Specification Problem in
    Economic History, in: Journal of Economic History (= JEH) 27, 1967, S. 283–308. L. DAVIS,
    Prof. Fogel and the New Economic History, in: EHR 19, 1966, S. 657–63; M. DESAI, Some is-
    sues in Econometric History, in: EHR 21, 1968, S. 1–16; P. D. MCCLELLAND, Railroads, Ameri-
    can Growth, and the New Economic History: A Critique, in: JEH 28, 1968, S. 102–23; G. N. v.
    TUNZELMANN, The New Economic History – An Econometric Appraisal, in: Explorations in
    Entrepreneurial History (= EEH) 5, 1968, S. 175–200; J. R. T. HUGHES, Fact and Theory in Eco-
    nomic History, in: EEH 3, 1966, S. 75–100; G. G. S. MURPHY, The „New History", in: EEH 2,
    1965, S. 132–46; R. L. BASMAN, The Role of the Economic Historian in Predictive Testing of
    Proffered „Economic Laws", in: EEH 2, 1965, S. 159–86; D. C. NORTH, Economic History, in:
    International Encyclopaedia of the Social Sciences (= IESS) 6, 1968, S. 468–74; DERS., The
    State of Economic History, in: AER 55, 1965, S. 86–91, vgl. allg. ebenda, S. 86–118; L. DAVIS
    u. a., Aspects of Quantitative Research in Economic History, in: JEH 20, 1960, S. 539–47; J. R.
    MEYER u. A. H. CONRAD, Economic Theory, Statistical Inference, and Economic History, in: JEH
    17, 1957, S. 524–44, auch in: DIES., The Economics of Slavery and Other Studies in Econome-
    tric History, Chicago 1964, S. 3–30; DIES., Statistical inference and Historical Explanation,
    ebenda, S. 31–40. Kritisch hierzu L. M. HACKER, The New Revolution in Economic History, in:
    EEH 3, 1966, S. 159–75; F. REDLICH, „New" and Traditional Approaches to Economic History
    and their interdependence, in: JEH 25, 1965, S. 480–95, DERS., „Quantitative" and „Qualitative"
    Research in Economics, in: EEH 9, 1957, S. 239 f. Vgl. noch: A. GERSCHENKRON, Some Metho-
    dological Problems in Economic History, in: DERS., Continuity in History, Cambridge/Mass.
    1968, S. 40–56; C. VANN WOODWARD, History and the Third Culture, in: Journal of Contempora-
    ry History (= JCH) 3, 1968/2, S. 23–35; A. SCHWEITZER, Economic Systems and Economic Hi-
    story, in: JEH 25, 1965, S. 660–79; B. E. SUPPLE, Economic History, Economic Theory, and
    Economic Growth, in: DERS. (Hg.), The Experience of Economic Growth, New York 1963, S.
    3–46; H. G. J. AITKEN, On the Present State of Economic History, in: Canadian Journal of Eco-
    nomics and Political Science 26, 1960, S. 87–95; W. W. ROSTOW, The Interrelation of Theory
    and Economic History, in: JEH 17, 1957, S. 507–23 [in diesem Band S. 117–128]; sowie
    W. O. AYDELOTTE, Quantification in History, in: American Historical Review (= AHR) 71, 1966,
    S. 803–25. – Von den älteren Diskussionsbeiträgen nenne ich noch: A. P. USHER, The Significance
    of Modern Empiricism for History and Theory, in: JEH 9, 1949, S. 137–55; DERS., The Appli-
    cation of the Quantitative Method in Economic History, in: Journal of Political Economy (=

Perroux-Schule, also von der berühmten 6. Sektion der „École des Hautes Études" und dem „Institut des Science Économie Appliquée", über eine „Histoire Quantitative" geführt wird, noch keine (west- oder ost-)deutsche Parallelerscheinung gibt.[4] [|69]

JPE) 60, 1932, S. 186–209; DERS., The Generalizations of Economic History, in: American Journal of Sociology 21, 1915/16, S. 474–91; T. S. ASHTON, The Relation of Economic History to Economic Theory, in: Economica 13, 1946, S. 81–96; J. M. CLARK, Relations of History and Theory, in: JEH, Suppl. 2, 1942, S. 132–42; S. KUZNETS, Statistics and Economic History, in: JEH 1, 1941, S. 9–16 (auch in: F. C. LANE u. J. J. RIEMERSMA [Hg.], Enterprise and Secular Change, London 1953, S. 407–14); E. HECKSCHER, Quantitative Measurement in Economic History, in: Quarterly Journal of Economics 53, 1939, S. 197–93; DERS., A Plea for Theory in Economic History, in: Economic History, Suppl. des Economic Journal (= EJ) 1, 1926/29, S. 525–34, auch in: LANE, S. 421–30; N. S. B. GRAS, Stages in Economic History, in: Journal of Economic and Business History 2, 1929/30, S. 395–418; DERS., The Rise and Development of Economic History, in: EHR 1, 1927/28, S. 12–34; H. U. FAULKNER, History and Statistics, in: W. F. OGBURN u. A. GOLDENWEISER (Hg.), The Social Scienes and Their Interrelation, Boston 1927, S. 235–41, sowie E. R. A. SELIGMAN, The Economic Interpretation of History, New York [2]1961; C. A. BEARD, Die wirtschaftliche Grundlage der Politik (1922), Stuttgart 1949. – Einen Einblick in die Praxis vermitteln u. a.: R. W. FOGEL u. S. L. ENGERMANN (Hg.), The Reinterpretation of American Economic History, New York 1969; R. ANDREANO (Hg.), New Views on American Development, Cambridge/Mass. 1965; A. FISHLOW, American Railroads and the Transformation of the Ante-Bellum Economy, Cambridge/Mass. 1965; R. W. FOGEL, Railroads and American Economic Growth, Essays in Econometric History, Baltimore 1964; D. C. NORTH, Growth and Welfare in the American Past: A New Economic History, Englewood Cliffs 1966; DERS., The Economic Growth of the United States, 1790–1860, Englewood Cliffs 1961; L. DAVIS u. a., American Economic History, Homewood [2]1965; A. H. CONRAD u. J. R. MEYER, The Economics of Slavery in the Ante Bellum South, in: JPE 71, 1958, S. 95–130, auch in: DIES., The Economics, S. 43–92; L. E. DAVIS, The Investment Market, 1870–1914, in: JEH 25, 1965, S. 355–99. Einen Überblick über die Forschung bis 1962 vermitteln: W. FISCHER, Neuere Forschungen zur Wirtschafts- und Sozialgeschichte der USA, in: Vierteljahrschrift für Sozial- und Wirtschaftsgeschichte (= VSWG) 49, 1962, S. 459–538, vgl. DERS., Die Wirtschaftsgeschichte in den Vereinigten Staaten von Amerika. Bemerkungen zu ihrem gegenwärtigen Stand und ihrer Entwicklungstendenz, in: Zeitschrift für die Gesamte Staatswissenschaft (= ZGS) 119, 1963, S. 377–404, sowie: Recent Contributions to Economic History (L. A. HARPER, American History to 1789, S. 1–24; C. GOODRICH, The United States, 1789–1860, S. 24–43; T. LEDUC, The US 1861–1900, S. 44–63; T. C. COCHRAN, The US, 20th Century, S. 64–75), in: JEH 19, 1959, S. 44–63.

4   Aus den französischen Auseinandersetzungen vor allem: J. MARCZEWSKI, Quantitative History, in: JCH 3, 1968/2, S. 179–91; DERS., Introduction à l'histoire quantitative, Genf 1965; A. SOBOUL, Description et mesure en histoire sociale, in: L'Information Historique 28, 1966, S. 104–9; P. VILAR, Pour une meilleur compréhension entre économistes et historiens, in: Revue Historique (= RH) 233, 1965, S. 293–312; P. CHAUNU, Histoire quantitative et histoire sérielle, in: Cahiers V. Pareto 3, 1964, S. 165–175; J. LHOMME, L'attitude de l'économie devant l'histoire économique, in: RH 231, 1964, S. 297–306; F. BRAUDEL, Histoire et sciences sociales: la longue durée, in: Annales 13, 1958, S. 725–53; DERS., Pour une économie historique, in: Revue Économique 1, 1950, S. 37–44; vgl. W. KULA, Histoire et économie: la longue durée, in: Annales 15, 1960, S. 294–313; W. W. ROSTOW, Histoire et sciences sociales: la longue durée, in: Annales 14, 1959, S. 710–18; C. MORAZÉ, Introduction à l'histoire économique, Paris [3]1952; H. SEE, The Economic Interpretation of History, New York [2]1968. – Die Praxis: J. MARCZEWSKI u. J.-C. TOUTAIN, Histoire quantitative de l'économie française I, Paris 1961; J.-C. TOUTAIN, La population de la France de 1700 à 1959, Paris 1963; J. MARCZEWSKI, Le produit physique de l'économie fran-

Das wirft die Frage nach den historischen Ursachen einer solchen Verzögerung auf. Nur darum handelt es sich, denn unausweichlich wird auch die deutsche Geschichtswissenschaft die Probleme der modernen Wirtschaftsgeschichte, mithin auch die Historische Ökonometrie ganz so diskutieren müssen wie sie der Debatte über die Historische Soziologie seit einiger Zeit wieder Auftrieb gegeben hat. Das Problem wird hier allein an der deutschen wirtschaftsgeschichtlichen Entwicklung des 19. und 20. Jahrhunderts, bzw. seit den sozialökonomischen, technologischen und politischen Revolutionen des ausgehenden 18. Jahrhunderts verfolgt und nur im Hinblick auf die wirtschaftsgeschichtliche Fachhistorie behandelt.

1. Als verhältnismäßig gering wird man das Widerstreben der deutschen Historiker seit der zweiten Hälfte des 19. Jahrhunderts veranschlagen dürfen, sich der neueren Wirtschaftsgeschichte deshalb nicht zuzuwenden, da sie noch [|70] ein Thema ihrer Zeitgeschichte darstelle. Seit Ranke und Droysen haben sie immer wieder politische Zeitgeschichte gelesen und geschrieben und sich keineswegs gescheut, einen Stoff zu behandeln, den heute eher die Politikwissenschaft oder die institutionalisierte Zeitgeschichte für sich beansprucht.
2. Man wird auch das Vertrauen darauf, daß im Sinne der Fächerspezialisierung und Arbeitsteilung die Jüngere Historische Schule der Nationalökonomie – zumeist auch mit den überkommen historischen Methoden – Wirtschaftsgeschichte des 19. Jahrhunderts betreibe, nicht als den ausschlaggebenden Grund ihrer Zurückhaltung bewerten können.

Von vordringlicher Bedeutung für die Erklärung der Tatsache, warum die moderne Wirtschaftsgeschichte so lange eine unterentwickelte Wissenschaftsregion blieb, erweisen sich vielmehr:

çaise de 1789 à 1913, Paris 1965 u. T. J. Markovitch, L'industrie française de 1789 à 1964, Paris 1965 (insgesamt 10 Bde. geplant). J. Marczewski, Some Aspects of the Economic Growth of France, 1680–1958, in: Economic Development and Cultural Change (= EDCC) 9, 1961, S. 369–86; F. Perroux, Prise de vues sur la croissance de l'économie française, 1780–1950, in: Income and Wealth V, hg. v. S. Kuznets, Cambridge 1955, S. 41–78; ders., L'économie du XXe siècle, Paris 1961. Einen Überblick geben: C. Fohlen, Économies et sociétés françaises contemporaines: Approches quantitatives, in: VSWG 54, 1967, S. 325–35; ders., Recherches récentes sur l'économie française au XIXe siècle, in: VSWG 49, 1962, S. 215–25; Vingt-Cinq Ans de Recherche Historique en France, 1940–65, 2. Bd., Paris 1965, S. 425–442. Hingewiesen sei auch auf die Schulen von L. Dupriez in Löwen und L. Zimmerman in Amsterdam. Zur englischen Diskussion vgl. S. Pollard, Economic History, a Science of Society?, in: Past & Present 30, 1965, S. 3–22 [in diesem Band S. 129–144]; W. H. B. Court, Economic History, in: H. P. R. Finberg (Hg.), Approaches to History, London 1962, S. 17–50; C. D. H. Cole, Introduction to Economic History, London 1952; M. Dobb, Historical Materialism and the Role of the Economic Factor, in: History 36, 1951, S. 1–11, dt. in: ders., Organisierter Kapitalismus, Frankfurt 1966, S. 58–73; aus der älteren Debatte: J. Clapham, Economic History as a Discipline, in: Encyclopaedia of the Social Sciences (= ESS) 5, New York 1931, S. 327–30, auch in: Lane [wie Anm. 3], S. 415–20; allg. ESS 3, S. 315–30; ders., The Study of Economic History, Cambridge 1929; G. Unwin, Some Economic Factors in General History, in: ders., Studies in Economic History, hg. v. R. Tawney, London 1927, S. 3–17; ders., The Aims of Economic History, ebenda, S. 18–36.

1. das traditionelle Selbstverständnis der akademischen Fachhistorie als Geschichtsschreibung der Politik und Diplomatie, der Kriegführung und Staatsaktionen, – eine einseitige Auffassung gewiß, die sich aber seit dem Barockzeitalter fest herausgebildet hatte und in Deutschland durch Ranke und die nationalpolitisch-borussische Schule sozusagen besiegelt worden war.

2. wirkte sich das häufig geradezu dogmatisierte Individualitätsprinzip der idealistischen Geschichtsphilosophie und der – trotz Droysens Betonung der „sittlichen Mächte" auf die bedeutenden historischen Persönlichkeiten abgestellte – Verstehensbegriff, wie ihn der klassische Historismus als hermeneutisches Prinzip entwickelt und begründet hatte, für die geschichtswissenschaftliche Erfassung von ökonomischen und sozialen Kollektivphänomen als hemmend aus.

3. läßt sich außer Idealismus und romantischem Persönlichkeitskult, der akademischen Tradition und der spezifischen Hermeneutik auch die in der sozialen Herkunft der meisten deutschen Neuzeithistoriker aus dem protestantischen Bildungsbürgertum – jener Bildungsaristokratie mit ihrer spezifischen Vorstellung von der Übermacht des „Geistes" – tief begründete Abneigung gegen sozialökonomische Theorien in der Geschichtsschreibung als eines der folgenreichsten Hemmnisse bezeichnen.

Diese Abneigung war aufs engste mit der gesellschaftlichen und politischen Frontstellung gegen den Marxismus, sowohl als kritische Theorie wie als Emanzipationsbewegung der Industriearbeiterschaft, verbunden, – wie wenige Historiker z.B. sympathisierten sichtbar mit den maßvollen Sozialreformplänen der „Kathedersozialisten!"[5] – ja, sie entsprang wohl oft dieser Auseinandersetzung oder wurde durch sie aktualisiert und vertieft. Dabei wird man [|71] nicht übersehen dürfen, daß die Theorien von Marx meist in der Form eines zu Polemik verlockenden Vulgärmarxismus bekannt, daß wichtige seiner Schriften noch ungedruckt waren oder übersehen wurden und daß Marx nur höchst selten auf jenem Niveau diskutiert wurde, das in den 1920er Jahren und wieder seit 1945 erreicht worden ist. Manchmal galt auch die Diskussion als schlechthin unerwünscht, so etwa, wenn die Berliner Philosophische Fakultät den Wunsch Otto Hintzes, im Habilitationscolloquium über „Marx' Geschichtsphilosophie" vortragen zu dürfen, nicht erfüllte. Wenn jedoch in der Polemik die „materialistische Theorie" das Angriffsziel bildete, dann stellte dieser Begriff meistens eine Umschreibung für den Marxismus, nur selten für den Darwinismus oder für die positivistisch-utilitaristische Position englischer und französischer Historiker (z.B. Buckles) dar.

Hier liegt die symptomatische und langfristig folgenreiche Bedeutung des Streits um den an der Universität Leipzig lehrenden Historiker Karl Lamprecht. Es waren

5 Vorzüglich darüber jetzt: D. LINDENLAUB, Richtungskämpfe im Verein für Sozialpolitik, 1890–1914, Wiesbaden 1967; J.J. SHEEHAN, The Career of L. Brentano, Chicago 1966. – Vgl. zum Vorhergehenden: H.-U. WEHLER (Hg.), Moderne Deutsche Sozialgeschichte (Neue Wissenschaftliche Bibliothek [= NWB] 10), Köln ²1968, S. 9–15; E. KEHR, Der Primat der Innenpolitik, hg. v. H.-U. WEHLER, Berlin ²1970, S. 1–28, sowie darin: Neuere deutsche Geschichtsschreibung, S. 254–68.

in erster Linie nicht die Vorwürfe, die gegen seine hier und da nachweisbare empirische Ungenauigkeit erhoben werden konnten, nicht die Vorwürfe gegen seine überwiegend Wilhelm Wundts Schriften entlehnte massenpsychologische Theorie, mit deren Hilfe Lamprecht seiner „Kulturgeschichte" ein, wie es ihm schien, tragfähigeres Fundament zu verschaffen hoffte, auch nicht die Vorwürfe gegen die bewußte Rezeption von Elementen des westeuropäischen Positivismus, die den Streit um Lamprecht, der berechtigter Kritik hinreichend Ansatzpunkte bot, so bitter zuspitzten; am Rande der eigentlichen historischen Zunft stehend, nannte ihn Max Weber „einen Schwindler und Scharlatan schlimmster Sorte", für den er im „Archiv für Sozialwissenschaft" „selbst" den „Henker" zu spielen beabsichtigte! Sondern die gewissermaßen tödliche Anklage erhob Georg v. Below, als er den Leipziger Kollegen zwar nicht offen des Marxismus verdächtigte (was auch gar nicht zugetroffen hätte), ihn aber als den Verfechter einer „materialistischen Theorie" abtat. Diese Diskreditierung besaß damals ein Gewicht, das man schwerlich überschätzen kann, sich vielmehr eher mühsam vergegenwärtigen muß. Und nicht zufällig führte ein so erzreaktionärer Konservativer wie v. Below[6] diesen Schlag für die offensichtlich zutiefst erregte Spitzenoligarchie der deutschen Universitätshistoriker.

Wenn sich seit den 1880er Jahren an einigen deutschen Hochschulen Ansätze zu einer Sozial- und Wirtschaftsgeschichte der Moderne gezeigt hatten, – wobei [|72] freilich der absolute Vorrang der Jüngeren Historischen Schule der Nationalökonomie nicht zu übersehen und ihre Hörerzahl unbekannt ist! –, so hat der Ausgang des Lamprecht-Streits, den man auch als eine Art Schattenboxen gegen den Marxismus und das Eindringen sozialökonomischer Theorien in die herkömmliche Geschichtsschreibung charakterisieren könnte, diese zaghafte Entwicklung aufs ganze gesehen unterbrochen. Er bildete gewissermaßen einen Brennpunkt, in dem bestimmte Abwehrhaltungen verschmolzen wurden und nach der Abkühlung gehärtet fortbestanden. Zugleich wurde damit die mit dem Lamprecht-Streit verknüpfte Frage, „ob die traditionelle Bindung der Historie an die Nationalpolitik noch vertretbar war", ob sie unter den neuen Verhältnissen der Hochindustrialisierung „unverändert aufrechterhalten werden konnte" (Schieder), von der Mehrheit der deutschen Historiker im Banne ihrer Traditionen bejaht. Sie hatten bisher den Nationalstaat als Ziel der neueren deutschen Geschichte gerechtfertigt und blieben weiter überwiegend bei nationalhistorischen Themen der Politik und Diplomatie, obwohl das schon damals nicht mehr genügte. Auch in dieser Hinsicht hatte der Lamprecht-Streit schlimme Auswirkungen.[7]

---

6   Vgl. z. B. G. v. BELOW u. H. v. ARNIM (Hg.), Deutscher Aufstieg, Berlin 1925, ein biographischer Sammelband über Rechtspolitiker, der u. a. zeigt, daß v. Below zu denjenigen Historikern gehörte, die nach 1918 völlig unbelehrbar blieben, weiter autoritäre Politik verklärten und die politische und akademische Atmosphäre der Weimarer Republik vergifteten. Wenn H. HERZFELD (Staat und Nation in der deutschen Geschichtsschreibung der Weimarer Zeit, in: DERS., Ausgewählte Aufsätze, Berlin 1962, S. 51) geurteilt hat, der Kriegsausgang hätte eigentlich eine „kopernikanische" Wende der deutschen Historiker bewirken müssen, dann kann man auch von v. Below sagen, daß er sich um kein Grad gewendet hat. Vgl. auch G. v. BELOW, Die deutsche wirtschaftsgeschichtliche Literatur und der Ursprung des Marxismus, in: DERS., Die deutsche Geschichtsschreibung, München ²1924, S. 161–94.

7   Vgl. dazu jetzt G. ÖSTREICH, Die Anfänge der sozialgeschichtlichen Forschung und der Lam-

Um 1900 konnte der Angriff Lamprechts als abgeschlagen gelten. Die deutsche Wirtschafts- und Sozialgeschichte hat danach, soweit sie an den Philosophischen Fakultäten betrieben wurde, jahrzehntelang die Entwicklung der moder- [|73] nen industriellen Welt: des liberalen und organisierten Kapitalismus samt seinen gesellschaftlichen Problemen, kaum mehr verfolgt. Sie hat auch die Lücken, die nun bald nach dem Schwinden der Jüngeren Historischen Schule der Nationalökonomie entstanden, nicht ausgefüllt. Als Georg Brodnitz 1927 für den neugegründeten „Economic History Review" einen sehr instruktiven und ausführlichen Überblick über die deutsche wirtschaftsgeschichtliche Forschung der vergangenen drei Jahrzehnte gab, konnte er nur eine Handvoll Arbeiten zur modernen deutschen Wirtschaftsgeschichte aufführen, ein Ergebnis, das unter anderem auch die historische Fernwirkung des Lamprechtstreits illustriert.[8]

Sowohl die weit verbreitete allgemeine Feindschaft in der deutschen Wirtschaftsgeschichtsschreibung gegenüber expliziten Theorien, besonders aber die Ablehnung sozialökonomischer Theorien mit kritischer Intention, als auch die Scheu vor der Beschäftigung mit dem Hochkapitalismus und seiner Gesellschaft, die beide in besonderem Maße einen klaren Wertstandpunkt abverlangen, lassen sich nicht nur an den verhältnismäßig wenigen bis 1945 erschienenen einschlägigen Monographien und Aufsätzen, sondern auch an den Handbüchern der modernen Wirtschaftsgeschichte ablesen. Die dort behandelte wirtschaftsgeschichtliche Entwicklung blieb theoretisch ziemlich unstrukturiert. Handel, Industrie und Landwirtschaft, Technik-

---

precht-Streit, in: Historische Zeitschrift (= HZ) 208, 1969, S. 320–63; Webers Urteil: W. J. MOMMSEN, Universalgeschichtliches und politisches Denken bei M. Weber, in: HZ 201, 1965, S. 566 f.; G. v. BELOW, Die neue historische Methode, in: HZ 81, 1898, S. 193–273. Vgl. O. HINTZE, Über individualistische und kollektivistische Geschichtssauffassung (1897), in: DERS., Soziologie und Geschichte, Gesammelte Abhandlungen II, Göttingen ²1964, S. 315–22; G. SCHMOLLER, Zur Würdigung von K. Lamprecht, in: Schmollers Jahrbuch (= Sch.J.) 60/3, 1916, S. 27–54; dagegen F. MEINECKE, Zum Streit um die kollektivistische Geschichtsschreibung (1896), in: DERS., Zur Geschichte der Geschichtsschreibung, Werke, Bd. VII, hg. v. E. KESSEL, München 1968, S. 321–30, vgl. S. 331 f.; E. ENGELBERG, Zum Methodenstreit um K. Lamprecht, in: J. STREISAND (Hg.), Studien über die deutsche Geschichtswissenschaft II, Berlin 1965, S. 136–52; T. SCHIEDER, Das deutsche Kaiserreich von 1871 als Nationalstaat, Köln 1961, S. 69; DERS., Die deutsche Geschichtswissenschaft im Spiegel der HZ, in: HZ 189 (= 100 Jahre HZ, 1859–1959), 1959, S. 47–51, 81–101; H. SCHÖNEBAUM, K. Lamprecht, in: Archiv für Kulturgeschichte 37, 1955, S. 265–305; F. ARENS, Über K. Lamprechts Geschichtsauffassung, in: Archiv für Politik und Geschichte 6, 1926, S. 227–44; F. SEIFERT, Der Streit um K. Lamprechts Geschichtsphilosophie, Augsburg 1925; E. J. SPIESS, Die Geschichtsphilosophie von K. Lamprecht, Erlangen 1921; F. EULENBURG, Neuere Geschichtsphilosophie: kritische Analysen, in: Archiv für Sozialwissenschaft 25, 1907, S. 283–337; A. KUHNERT, Der Streit um die geschichtswissenschaftlichen Theorien K. Lamprechts, Gütersloh 1906; s. auch: W. GOETZ, Historiker in meiner Zeit, Köln 1957, S. 296–313; A. M. POPPER, K. Lamprecht, in: B. SCHMITT (Hg.), Some Historians of Modern Europe, Chicago 1942, S. 217–39; zuletzt: K. J. WEINTRAUB, Visions of Culture, Chicago 1966, S. 161–207; F. LÜTGE, K. Lamprecht, in: IESS 8, 1969, S. 549 f. Von LAMPRECHTS „Deutscher Geschichte" s. die beiden Ergänzungsbände: Deutsche Geschichte der jüngsten Vergangenheit und Gegenwart, 2 Bde., Berlin 1912/13.

8   G. BRODNITZ, Recent Works in German Economic History, 1900–1927, in: EHR 1, 1927/28, S. 322–45. Einen ähnlichen Überblick über die Jahre von 1927 bis 1967 könnte man sich nur wünschen, vielleicht in einem der Sonderhefte der HZ oder der VSWG, bzw. des JbW.

geschichte,[9] Bank- und Versicherungswesen, Verkehrs-, Firmen- und Unternehmer-geschichte[10] usw. wurden gleichsam je als [|74] „historische Individuen" behandelt,

9   Auf deren spezielle Probleme soll hier nicht eingegangen werden. Vgl. dazu K. BORCHARDT,
     Technikgeschichte im Lichte der Wirtschaftsgeschichte, in: Technikgeschichte 34, 1967, S. 1–13;
     K. H. LUDWIG, Technikgeschichte als Beitrag zur Strukturgeschichte, in: Technikgeschichte 33,
     1966, S. 105–20; DERS., Grundfragen der Technikgeschichte, in: Geschichte in Wissenschaft und
     Unterricht 15, 1964, S. 75–83; W. TREUE, Technikgeschichte und Technik in der Geschichte, in:
     Technikgeschichte 32, 1965, S. 3–18, und überhaupt diese Zeitschrift als Nachfolgerin (32,
     1965) der von C. MATSCHOSS begründeten „Beiträge zur Geschichte der Technik und Industrie"
     (1–31, 1909–41). Vgl. noch A. TIMM, Kleine Geschichte der Technologie, Stuttgart 1964; C. V.
     KLINKOWSTROEM, Knaurs Geschichte der Technik, München [2]1960; W. G. WAFFENSCHMIDT, Tech-
     nik und Wirtschaft in der Gegenwart, Berlin 1952; auch F. SCHNABEL, Die moderne Technik in
     der geschichtlichen Entwicklung, in: K. RÜDINGER (Hg.), Unser Geschichtsbild, München 1954,
     S. 131–60; und demnächst das Arbeitsbuch von R. RÜRUP (Hg.), Technikgeschichte (NWB),
     Köln 1971. Die kaum übersehbare angelsächsisch-französische Literatur ist jetzt vorzüglich
     verzeichnet in: The Cambridge Economic History of Europe (= CEHE) VI/I, 2, 1965; in Sam-
     melwerken wie: C. SINGER u. a. (Hg.), The History of Technology, 5 Bde., Oxford 1954–58, und
     M. DAUMAS (Hg.), Histoire générale des techniques, bisher 2 Bde., Paris 1962/65.
10   Ihrem Gegenstand nach verfolgt auch die Firmenforschung zumeist noch die Geschichte ein-
     zelner Unternehmungen als „historischer Individuen". Vgl. die Zeitschrift „Tradition", 1,
     1956–13, 1968, dazu D. BAUDIS, Gesicht und Hintergrund der „Tradition", in: JbW 1960/1, S.
     189–202; entsprechend u. a. in den USA: Business History Review (= BHR), 1968 = 42. Bd.;
     in England: Business History (= BH) 1, 1958 bis 11, 1968; in Frankreich: Histoire des Entre-
     prises 1, 1958–8, 1961. Vgl. allg. W. TREUE, Firmengeschichte, in: HZ 172, 1951, S. 535–46;
     DERS., Die Bedeutung der Firmengeschichte für die Wirtschafts- und die allgemeine Geschichte,
     in: VSWG 41, 1954, S. 42–65; L. BEUTIN, Was erwartet die Wissenschaft von der Firmenge-
     schichte?, in: Tradition 1, 1956, S. 62–69, auch in: DERS., Gesammelte Schriften, hg. v. H. KEL-
     LENBENZ, Köln 1963, S. 349–59; L. ZUMPE u. a., Betriebsgeschichte und allgemeine Geschichte,
     in: JbW 1964/2 u. 3, S. 291–504; D. BAUDIS u. a., Der Unternehmer in der Sicht der westdeut-
     schen Firmen- und Wirtschaftsgeschichte, in: Zeitschrift für Geschichtswissenschaft (= ZfG)
     11, 1963, S. 78–103. Aus der angelsächsischen Debatte: R. W. HIDY, Business History, in: IESS
     2, 1968, S. 474–80; der glänzende Sammelband von H. G. J. AITKEN (Hg.), Explorations in En-
     terprise, Cambridge/Mass. 1965; F. E. HYDE, Economic Theory and Business History, in: BH 5,
     1962, S. 1–10; B. E. SUPPLE, The Uses of Business History, in: BH 4, 1962, S. 81–91, dazu H. F.
     WILLIAMSON, in: BH 7, 1965, S. 57 f.; P. L. PAYNE, dass., in: BH 5, 1962, S. 11–21; N. S. B. GRAS,
     Stages in Business History, in: Studi in onore di A. Sapori I, Mailand 1957; zuletzt H. F. WILLI-
     AMSON, Business History and Economic History, in: JEH 26, 1966, S. 407–17. Literaturüber-
     sichten: W. FISCHER, Some Recent Developments of Business History in Germany, Austria, and
     Switzerland, in: BHR 37, 1963, S. 416–36; J. G. B. HUTCHINS, Recent Contributions to Business
     History, The United States, in: JEH 19, 1959, S. 103–21. – Die Kritik individualistischer Zu-
     spitzung trifft genauso auf die Unternehmergeschichte zu. Seit SCHUMPETERS entscheidender
     Anregung auf diesem Gebiet (vgl. zuletzt DERS., Economic Theory and Entrepreneurial History,
     in: Change and the Entrepreneur, Cambridge/Mass. 1949, S. 63–83, auch in: AITKEN, S. 45–64)
     scheint mir trotz gegenteiliger Beteuerungen in den Unternehmerbegriff zuviel von M. Webers
     charismatischem Führertypus unreflektiert eingegangen zu sein (vgl. E. A. CARLIN, Schumpeter's
     Constructed Type: The Entrepreneur, in: Kyklos 9, 1956, S. 27–40), dessen Berechtigung ur-
     sprünglich durch die historischen Erfahrungen der sechs Jahrzehnte vor dem Ersten Weltkrieg
     mit ihren bedeutenden Unternehmerpersönlichkeiten, die auch Schumpeter kannte, bestätigt
     werden konnte. In F. REDLICHS „dämonischer" Unternehmerfigur lebt dieses Element weiter fort,
     vgl. DERS., Der Unternehmer, Göttingen 1964; DERS., Approaches to Business History, in: BHR
     36, 1962, S. 61–70; DERS., A Program for Entrepreneurial Research, in: Weltwirtschaftliches

wobei gar nicht bestritten werden soll, daß dieser Ansatz ihre Entfaltung in der Zeit und die Kontinuität bestimmter Entwicklungen erfaßt, wohl aber: daß er allein genügt.

Die erzählende Darstellung am Leitfaden der Chronologie vernachlässigte [|75] die analytische Untersuchung unter Sachgesichtspunkten (z.B. der doch qualitativ neuen Phase des Organisierten Kapitalismus der Großunternehmen), die Periodisierung anhand politischer Daten überdeckte oft die Orientierung an spezifisch sozial-ökonomischen Markierungspunkten,[11] die verbale Beschreibung besaß den unbezweifelten Vorrang vor quantifizierten, statistisch-mathematisch ausgedrückten Aussagen.[12] Eine Kritik natürlich, die weder den Faktenreich- [|76] tum, noch – z.T.

Archiv (= WA) 78, 1957, S. 57–64; DERS., The Beginnings and the Development of German Business History (Bulletin of the Business History Society – Suppl.), Boston 1952 (dt.: Anfänge und Entwicklung der Firmengeschichte und Unternehmerbiographie. Das deutsche Geschäftsleben in der Geschichtsschreibung [Tradition – Beiheft 1], Baden-Baden 1959), sowie hierzu: F. ZUNKEL, Der Rheinisch-Westfälische Unternehmer, 1834–79, Köln 1962; H. JAEGER, Unternehmer in der deutschen Politik, 1890–1918, Bonn 1967; W. ZORN, Typen und Entwicklungskräfte deutschen Unternehmertums, in: K.E. BORN (Hg.), Moderne Deutsche Wirtschaftsgeschichte (NWB 12), Köln 1966, S. 25–41, sowie L. CECIL, A. Ballin: Business and Politics in Imperial Germany, 1888–1918, Princeton 1967. Beide Disziplinen: Firmen- und Unternehmergeschichte sind fraglos wichtig, ja notwendig und können auch interessant sein, aber sie spiegeln in gewisser Hinsicht das Fortleben älterer individualistischer Wissenschaftstheorien wider und bedürfen daher vor allem der Typologie und des Vergleichs. Der fundamentale Wandel durch den Übergang zum Organisierten Kapitalismus wird, zumal in ihrer derzeit überwiegenden unkritischen Spielart, noch zu selten berücksichtigt.

11 F. LÜTGE, Wirtschaftsgeschichte – Neuzeit. Deutsche Wirtschaftsgeschichte, in: HSW 12, Stuttgart 1962, S. 177–85, periodisiert ganz nach politischen Zäsuren. DERS. (Wirtschaftsgeschichte, Allgemein, in: Religion in Geschichte und Gegenwart 6, Tübingen ³1962, S. 1747–53; hier 1751 f.) behauptet, die Annexion von Elsaß und Lothringen 1870/71 habe „im besonderen den Anschluß der lothringischen Erzgebiete zur Folge" gehabt – diese waren damals wegen des technologischen Entwicklungsstands ganz unwichtig, auch für den Annexionsentschluß, aber die Textilindustrie dieses ostfranzösischen Gebiets wurde zu Recht als Konkurrenz gefürchtet. „Der Übergang zur Goldwährung" habe „zur Einordnung Deutschlands in die neue, zunächst noch von England geführte Weltwirtschaft" geführt, – als wenn nicht die Entwicklung der deutschen Industriewirtschaft das Entscheidende gewesen wäre, wogegen die Goldwährung nur eine äußere Anpassung darstellte. Mitte der 1890er Jahre hätte neben der chemischen und elektrotechnischen Industrie vor allem die optische Industrie den Aufschwung mitbestimmt – aber der Motorenbau stellte den entscheidenden dritten Sektor dar. Auf die Aspekte der Industrialisierung im weiten Sinn, die mit der Revolutionierung der gesellschaftlichen Strukturen, der sozialkulturellen Wertsysteme, der psychischen Dispositionen usw. umschrieben sind, wird hier bewußt nicht eingegangen. Ich bin mir auch wohl bewußt, daß der Begriff der „endogenen" wirtschaftlichen Kräfte fragwürdig ist, da diese endogenen Kräfte im hohen Maße gesellschaftlich mitbestimmt sind, wie eine umfassende Systemanalyse, die außerhalb meiner Kompetenz und Intention liegt, zeigen könnte. Der Begriff wird hier eher polemisch gegen eine primär vom Staat, anstatt von Gesellschaft und Wirtschaft ausgehende Auffassung gebraucht.

12 Vgl. z.B. einmal mit dem nötigen „grano salis": W.F. BRUCK, Social and Economic History of Germany From William II. to Hitler, London 1938 (New York ²1962, einem Münsteraner Nationalökonomen); H. SIEVEKING, Wirtschaftsgeschichte, Berlin 1935; DERS., Grundzüge der Neueren Wirtschaftsgeschichte vom 17. Jahrhundert bis zur Gegenwart, Leipzig ⁵1928; F. OPPENHEIMER, Abriß einer Sozial- und Wirtschaftsgeschichte Europas IV, Jena 1935 (Stuttgart ²1964); R. HÄPKE u. E. WISKEMANN, Wirtschaftsgeschichte II, 1800–1933, Leipzig 1933 (mit

jedenfalls – den informativen Wert solcher Kompendien leugnen will. Das Auffällige aber ist, wie sehr sich diese Tradition auch in den neueren Handbüchern seit 1945 noch einmal behauptet hat.[13]

übler Verbeugung vor den neuen Machthabern); H. CUNOW, Allgemeine Wirtschaftsgeschichte IV, Berlin 1931; H. HERKNER, Die wirtschaftlichen und sozialen Bewegungen von der Mitte des 18. Jahrhunderts bis in die zweite Hälfte des 19. Jahrhunderts, in: Propyläen-Weltgeschichte 7, Berlin 1929, S. 331–406; DERS., Volkswirtschaft und Arbeiterbewegung, in: Propyläen-Weltgeschichte 8, Berlin 1930, S. 387–454; J. KULISCHER, Allgemeine Wirtschaftsgeschichte des Mittelalters und der Neuzeit II, München 1929 ([3]1965); T. MAYER, Deutsche Wirtschaftsgeschichte der Neuzeit, Leipzig 1928; H. PROESLER, Die Wirtschaftsgeschichte in Deutschland, Nürnberg 1928; DERS., Die Epochen der deutschen Wirtschaftsentwicklung, Nürnberg 1927; Grundriß der Sozialökonomik, Tübingen [2]1923–30; M. WEBER, Gesammelte Aufsätze zur Sozial- und Wirtschaftsgeschichte, Tübingen 1924; DERS., Wirtschaftsgeschichte, Berlin 1923 ([3]1958); DERS., Wirtschaft und Gesellschaft, 2 Bde., Tübingen [4]1956; A. SARTORIUS V. WALTERSHAUSEN, Deutsche Wirtschaftsgeschichte, 1815–1914, Jena [2]1923; DERS., Wirtschaft und Technik, Jena 1936; C. HELLFERICH, Deutschlands Volkswohlstand, 1888 bis 1913, Berlin [7]1917; W. GERLOFF, Finanz- und Handelspolitik des Deutschen Reiches, Jena 1913; W. SOMBART, Die deutsche Volkswirtschaft im 19. Jahrhundert, Berlin 1903 (Stuttgart [8]1954); DERS., Der moderne Kapitalismus III/1, 2, Berlin 1928 (zuletzt 1955); L. POHLE, Die Entwicklung des deutschen Wirtschaftslebens im 19. Jahrhundert, Leipzig 1908 ([6]1930); G. NEUHAUS, Deutsche Wirtschaftsgeschichte im 19. Jahrhundert, München 1907. Die erste deutsche Wirtschaftsgeschichte von T. V. INAMA-STERNEGG (Deutsche Wirtschaftsgeschichte, 3 Bde., Leipzig 1879–1901) führt nur bis ins Hohe Mittelalter.

13 Vgl. hierzu: F. F. WURM, Wirtschaft und Gesellschaft in Deutschland, 1848–1948, Opladen 1970; BECHTEL [wie Anm. 2]; A. BRUSATTI, Wirtschafts- und Sozialgeschichte des Industriellen Zeitalters, Köln [2]1968; F. LÜTGE, Deutsche Sozial- und Wirtschaftsgeschichte, Berlin [3]1966; P. H. SERAPHIM, Deutsche Wirtschafts- und Sozialgeschichte, Wiesbaden [2]1966; G. STOLPER u. a., Deutsche Wirtschaft seit 1870, Tübingen [2]1966 (die ergänzenden Abschnitte von K. HÄUSER und K. BORCHARDT unterscheiden sich stark positiv von Stolpers Text). Vgl. auch BORN [wie Anm. 10]; W. TREUE, Wirtschaftsgeschichte der Neuzeit, 1700–1960, Stuttgart [2]1966; DERS., Das wirtschaftliche und soziale Gefüge, in: Historia Mundi 10, Bern 1961, S. 546–652; DERS., Wirtschafts- und Sozialgeschichte Deutschlands im 19. Jahrhundert, in: B. GEBHARDT (Hg.), Handbuch der Deutschen Geschichte III, Stuttgart [8]1960, S. 314–413; W. RÖPKE, Die Weltwirtschaft im 19. und 20. Jahrhundert, in: Historia Mundi 10, Bern 1961, S. 653–79; H. HAUSHERR, Wirtschaftsgeschichte der Neuzeit, Köln [3]1960; A. R. L. GURLAND, Wirtschaft und Gesellschaft im Übergang zum Zeitalter der Industrie, in: Propyläen-Weltgeschichte 8, Berlin 1960, S. 281–336; R. NÖLL V. D. NAHMER, Weltwirtschaft und Weltwirtschaftskrise, in: Propyläen-Weltgeschichte 9, Berlin 1960, S. 353–88; L. SCHWERIN V. KROSIGK, Die große Zeit des Feuers, Der Weg der deutschen Industrie, 3 Bde., Tübingen 1957/59; H. BECHTEL, Wirtschaftsgeschichte Deutschlands III, München 1956; C. BRINKMANN, Wirtschafts- und Sozialgeschichte, Göttingen [2]1953 ([3]1970); B. LAUM, Allgemeine Wirtschaftsgeschichte, Wiesbaden 1951; F. CORNELIUS, Wirtschaftsgeschichte, Stuttgart 1950; H. JECHT, Deutsche Wirtschaftsgeschichte, Salzgitter 1949; oft dogmatisch festgelegt, aber doch lesenswert ist: H. MOTTEK, Wirtschaftsgeschichte II: 1789 bis 1870, Berlin 1964; dagegen ganz überholt: J. KUCZYNSKI, Allgemeine Wirtschaftsgeschichte, Berlin [2]1951; DERS., Die Bewegung der deutschen Wirtschaft, 1800–1946, Meisenheim [2]1948. Auch unter diesem Aspekt scheint mir daher das Urteil von F. REDLICH (Recent Developments in German Economic History, in: JEH 18, 1958, S. 516–530) etwas zu positiv ausgefallen zu sein. Die glänzende Gesamtdarstellung, die D. S. LANDES (Technological Change and Development in Western Europe, 1750 bis 1914, in: CHEH 6/1, 1965, S. 274–601) bis 1945 fortgeführt selbständig (1969) geschrieben hat, hätte ihm m. E. kein deutscher Historiker abnehmen können. Vgl. die knappe, inhaltlich ungleichmäßige, vor allem aber theoretisch unsichere und ver-

Eine grundsätzliche Erörterung dieser neuen, erweiterten Aufgaben der Wirtschaftsgeschichte hat bisher, wie erwähnt, sowohl in der Bundesrepublik als auch in der DDR erst ganz vereinzelt eingesetzt, sofern man sich dabei aus guten Gründen an die gedruckten Äußerungen hält. Und es ist wohl kaum ein [|77] Zufall, daß gerade der brillante Göttinger Agrarhistoriker Wilhelm Abel für „Themen", „die Theorie und Geschichte wieder zusammenzw(i)ngen", plädiert und offen um Verständnis für die Historische Ökonometrie geworben hat.[14] Es [|78] scheint kaum

schwommene Skizze von H. BÖHME, Prolegomena zu einer Sozial- und Wirtschaftsgeschichte Deutschlands im 19. und 20. Jahrhundert, Frankfurt 1968. Man darf auf drei angekündigte neue Handbücher gespannt sein: H. AUBIN u. W. ZORN (Hg.), Handbuch der Deutschen Wirtschafts- und Sozialgeschichte, 2 Bde., Stuttgart 1970/71; H. KELLENBENZ (Hg.), Handbuch der europäischen Sozial- und Wirtschaftsgeschichte, 5 Bde., Stuttgart; K.E. BORN (Hg.), Wirtschaft und Gesellschaft im Industriezeitalter, Sachwörterbuch, 5 Bde., Stuttgart.

14 W. ABEL, Neue Fragen an die Wirtschaftsgeschichte, Göttingen 1962, S. 17, 26; (vgl. DERS. [wie Anm. 19]); allgemein haben sich m.W. nach 1945 sonst nur geäußert: W.G. HOFFMANN, Wachstumstheorie und Wirtschaftsgeschichte, in: Festschrift für A. Müller-Armack, Berlin 1961, S. 147–58; F. LÜTGE, Geschichte, Wirtschaft, Wirtschaftsgeschichte, München 1959 (S. 16: „Daß es nur einer fruchtbaren Anwendung theoretischer Erkenntnisse gelingt, das wirtschaftshistorische Material zum Sprechen zu bringen"); C. BAUER, Wirtschafts- und Sozialgeschichte, in: Staatslexikon 8, Freiburg [8]1963, S. 838–42, auch in: DERS., Gesammelte Aufsätze, Freiburg 1965, S. 1–9; schwach sind: H. RAUPACH, Die veränderte Stellung der Wirtschaftsgeschichte in Deutschland, in: Festschrift F. Lenz, Berlin 1961, S. 257–67; L. BEUTIN, Einführung in die Wirtschaftsgeschichte, Köln 1958; DERS., Die Wirtschaftsgeschichte im 20. Jahrhundert, in: VSWG 43, 1956, S. 239–45; DERS., Die Praxis und die Wirtschaftsgeschichte, Dortmund 1955; W. KRAUS, Das Verhältnis von Wirtschaftsgeschichte und Wirtschaftstheorie, in: VSWG 42, 1955, S. 193–213 (als Nationalökonom); ziemlich wirr ist: A. WINKLER, Methodik der Sozial- und Wirtschaftsgeschichte, Wien 1956. – Die Diskussion in der DDR ist ausgesprochen provinziell; nicht einmal diejenigen Aspekte der Marxschen Theorie, die für die moderne Wirtschaftsgeschichte genutzt werden können, werden eingehend diskutiert, vgl. hierzu: J. KUCZYNSKI, Der Gegenstand der Wirtschaftsgeschichte, in: JbW 1963/1, S. 133–147; DERS., Wirtschaftsgeschichte als Wissenschaft, in: Wissenschaftliche Annalen 4, 1955, S. 385–97; DERS., Zum Problem der Industriellen Revolution, in: ZfG 4, 1956, S. 501–24; H. KOHN, Zur Diskussion über die Wirtschaftsgeschichte als Wissenschaft, in: JbW 1962/3, S. 57–72; W. ROBBE, Der Gegenstand der Wirtschaftsgeschichte, in: JbW 1962/1, S. 95–110; E. GIERSIEPEN, Die deutsche Wirtschafts- und Sozialgeschichte in der Forschungsarbeit der Wirtschaftshistoriker der DDR, in: ZfG – Sonderheft, Berlin 1960, S. 229–44. L. KRIEGER (Marx and Engels as Historians, in: Journal of the History of Ideas 14, 1953, S. 381–403) behandelt sein Problem ganz allgemein. – Aus den älteren deutschen Beiträgen zur Diskussion dieser Problematik von Theorie und Empirie läßt sich nicht mehr allzuviel gewinnen, vgl. etwa: C. BRINKMANN, Wirtschaftstheorie und Wirtschaftsgeschichte, in: Forschungen und Fortschritte 16, 1940, S. 246–48; DERS., The Place of Germany in the Economic History of the 19th Century, in: EHR 4, 1932/33, S. 129–46; W. SOMBART, Economic Theory and Economic History, in: EHR 2, 1929/30, S. 1–19 [in diesem Band S. 175–214]; DERS., Die drei Nationalökonomien, Berlin 1930; R. LIEFMANN, Wirtschaftstheorie und Wirtschaftsbeschreibung, Tübingen 1929; O. HINTZE, Wirtschaft und Politik im Zeitalter des modernen Kapitalismus (1929), in: DERS. [wie Anm. 7] II, S. 427–52; DERS., Der moderne Kapitalismus als historisches Individuum, in: DERS. [wie Anm. 7] II, S. 374–426; DERS., Die Zukunft des Kapitalismus, in: Wille und Weg 4, 1928, S. 110–15; H. NABHOLZ, Über das Verhältnis von politischer und Wirtschaftsgeschichte (1933), in: DERS., Ausgewählte Aufsätze zur Wirtschaftsgeschichte, Zürich 1954, S. 7–17; H. JECHT, Wirtschaftsgeschichte und Wirtschaftstheorie, Tübingen 1928; A. DOPSCH, Zur Methodologie der Wirtschaftsgeschichte, in: Festschrift

einen Zweifel zu leiden, daß mit dieser Forderung: Theorie und Geschichte bewußt wieder stärker zu verbinden, das keineswegs neue Generalthema auch der deutschen Wirtschaftsgeschichte der Moderne angeschlagen ist. Und es wird nun darauf ankommen, wie man zunächst sehr allgemein sagen kann, inwieweit sozialökonomisch fundierte, mit möglichst vielen Prämissen explizit dargelegte, wissenschaftstheoretisch reflektierte Erklärungsmodelle (oder, wenn man so will: Kategorien, Hypothesen, spezielle Theorien) in die wirtschaftsgeschichtliche Forschung eingeführt werden und sich dort bewähren (oder nach dem vorsichtigeren „Popperschen Kriterium": zur Zeit nicht falsifizierbar sind), bzw. modifiziert oder aufgegeben werden müssen.[15]

W. Goetz, Leipzig 1927, S. 518–38; G. v. BELOW, Probleme der Wirtschaftsgeschichte, Tübingen 1926; E. SALIN, Zur Methode und Aufgabe der Wirtschaftsgeschichte, in: Schmollers Jahrbuch 45, 1921, S. 483–505; R. KÖTZSCHKE, Über Wirtschaftsgeschichte, in: Vergangenheit und Gegenwart 9, 1919, S. 209–23; T. SOMMERLAD, Die Wirtschaftsgeschichte und die Gegenwart, Leipzig 1911; DERS., Über Wesen und Aufgaben der Wirtschaftsgeschichte, Halle 1893. – Information über Quellen und Literatur: z.B. H. BUCK, Zur Geschichte der Produktivkräfte und Produktionsverhältnisse in Preußen, 1810–1933 (Spezialinventur des Bestandes des Preußischen Ministeriums für Handel und Gewerbe), 1. Bd., 1. T., Weimar 1966; 2. Bd., Berlin 1960; H. LÖTZKE, Quellen zur Wirtschaftsgeschichte in der Epoche des Imperialismus im Deutschen Zentralarchiv Potsdam, in: JbW 1961/1, S. 239–83; H. EICHENHOFER u. a., Übersicht über Wirtschaftsarchive, in: Der Archivar 13, 1960, S. 291–335; From Weimar to Hitler Germany, 1918–33 (Wiener Library Catalogue Series Nr. 2), London ²1964; H. SCHLEIFFER u. R. CRANDALL, Index to Economic History Essays in Festschriften, 1900–1950, Cambridge/Mass. 1953; sowie die Bibliographien bei Treue [wie Anm. 13]; DERS. (Hg.), Quellen zur Geschichte der Industriellen Revolution, Göttingen 1966, S. 276–81.

15 Zur wissenschaftstheoretischen Problematik vgl. außer der Lit. in Anm. 3, 4 und 14 vor allem J. HABERMAS, Zur Logik der Sozialwissenschaften, Tübingen 1967; K.R. POPPER, Die offene Gesellschaft und ihre Feinde, 2 Bde., Bern 1957/58; DERS., Das Elend des Historizismus, Tübingen 1965; DERS., Logik der Forschung, Tübingen ²1966; DERS., Conjectures and Refutations, London 1963. Scharfsinnige Kritik: A. WELLMER, Methodologie als Erkenntnistheorie. Zur Wissenschaftslehre K.R. Poppers, Frankfurt 1967. Die Sammelbände von E. TOPITSCH (Hg.), Logik der Sozialwissenschaften (NWB 6), Köln 1965 und H. ALBERT (Hg.), Theorie und Realität, Tübingen 1964; DERS. [wie Anm. 2], passim. Vgl. noch J. HABERMAS, Theorie und Praxis, Tübingen 1967; DERS., Diskussion mit Albert in der „Kölner Zeitschrift für Soziologie" 16, 1963–18, 1965, sowie W.G. RUNCIMAN, Sozialwissenschaft und politische Theorie, Frankfurt 1967; A. STERN, Geschichtsphilosophie und Wertproblem, München 1967; P. WINCH, Die Idee der Sozialwissenschaft und ihr Verhältnis zur Philosophie, Frankfurt 1966; M. WHITE, The Foundations of Historical Knowledge, New York 1965; DERS., Toward an Analytical Interpretation of History, in: M. FARBER (Hg.), Philosophic Thought in France and the United States, Buffalo 1950, S. 705–26; H. GADAMER, Wahrheit und Methode, Tübingen ²1965; A. DANTO, Analytical Philosophy of History, Cambridge 1965; I. KON, Die Geschichtsphilosophie des 20. Jahrhunderts, 2 Bde., Berlin 1965; T. ABEL, The Operation Called „Verstehen", in: ALBERT [S. 177–88]; P. LEBRUN, Structure et Quantification, in: C. PERELMAN (Hg.), Raisonnement et démarches de l'historien, Brüssel 1964, S. 29–51; L. GOTTSCHALK (Hg.), Generalization in History, Chicago 1963; S. HOOK (Hg.), Philosophy and History, New York 1963; C. SAMARAN (Hg.), L'histoire et ses méthodes, Paris 1961; R. ARON, Introduction to the Philosophy of History, Bonn 1961; P. GARDINER (Hg.), Theories of History, Glencoe ²1960; DERS., The Nature of Historical Explanation, Oxford 1952; jetzt DERS., The Philosophy of History, in: IESS 6, 1968, S. 429–34; F.M. FISHER, On the Analysis of History, in: Philosophy of Science 27, 1960, S. 147–58; H. MEYERHOFF (Hg.), The Philosophy of History in Our Time, Garden City 1959; L. v. MISES,

Unter diesem Gesichtspunkt darf man die Vorstellung vom sozialwissenschaft-
lichen Experiment nicht zu eng fassen und sich etwa am (nur vermeintlich) [|79]
streng kontrollierbaren sozialpsychologischen Gruppenexperiment orientieren, geschweige denn, sich von vornherein an diesem Begriff stoßen, sondern unter einem
Experiment auch den Versuch verstehen, die Erklärungsreichweite einer speziellen
Theorie, bzw. etwas martialisch ausgedrückt: einer Batterie von Theorien, die auf
ein historisches Problem angesetzt wird, zu testen. Bedenkenswert erscheint hier
auch, daß die Kulturanthropologie seit Radcliffe-Brown den Vergleich bewußt als
Experiment aufgefaßt hat. Nur der Erklärungswert und Informationsgehalt der Ergebnisse entscheiden über den Nutzen derartiger Experimente. Zum Beispiel kann
man vermutlich nur mit Hilfe eines Bündels von Theorien über generatives Bevölkerungswachstum und soziale Mobilität, über wirtschaftliches Wachstum und Konjunkturzyklen, über die sozialen Vorbedingungen und Folgen rechtlicher Reformen
usw. die deutsche Binnenwanderung vor allem im wilhelminischen Kaiserreich und
das Entstehen der großstädtischen industriewirtschaftlichen Ballungszentren ein-
leuchtender erklären oder „verstehen" als bisher. Ein gewisser theoretischer Eklektizismus wird eher normal als die Ausnahme sein; daß überdies mit erhöhten theoretischen Ansprüchen auch ein gewaltig wachsendes Maß empirischer Spezialforschung verkoppelt ist, hat sich bisher fast stets erwiesen.

Aber nur mit Hilfe expliziter Theorien wird der Historiker den prinzipiell unendlichen Kosmos der Ereignisse unter rational-einsichtigen und normativen, be-
gründeten Gesichtspunkten ordnen und „verstehen" lehren können, wobei er sich
der unaufhebbaren Aspekthaftigkeit der geschichtswissenschaftlichen Forschung
bewußt bleiben muß. Das oft voreilig aufgestellte Ideal einer möglichst viele Le-
bensbereiche erfassenden „integralen Geschichtsschreibung" (J. Romein), die der
Komplexität der Diltheyschen „Wirkungszusammenhänge" gerecht werden will,
sollte er nicht aus dem Auge verlieren, sich aber gegenwärtig halten, daß schon der
Anspruch auf vollständige Erfassung „illegitim" und dieselbe „nicht konsequent
vorzustellen" (J. Habermas) ist.

Wo sollten nun von der deutschen Geschichtswissenschaft, soweit sie sich mit
der modernen Wirtschaftsgeschichte als einem der wichtigsten Entwicklungssträngen
der modernen Industriellen Welt befaßt, Forschungsschwerpunkte gebil- [|80] det
werden; an welchen theoretischen Einsichten kann sie sich dabei vorher orientieren?
Damit wird zuerst einmal die Frage nach der Legitimierung solcher Untersuchungen

Theory and History, New Haven 1957; W. DRAY, Law and Explanation in History, Oxford 1957;
J. W. N. WATKINS, Historical Explanation in the Social Sciences, in: The British Journal for the
Philosophy of Science 8, 1957, S. 104–17; DERS., Ideal Types and Historical Explanation, in:
The British Journal for the Philosophy of Science 3, 1952, S. 22–43; M. MANDELBAUM, Societal
Laws, in: The British Journal for the Philosophy of Science 8, 1957, S. 217–22; H. L. MARROU,
De la connaissance historique, Paris ²1955; The Social Sciences in Historical Study, New York
1954; W. H. WALSH, An Introduction to Philosophy of History, London ²1953; M. POSTAN, The
Historical Method in Social Science, Cambridge 1939. Demnächst W. J. MOMMSEN (Hg.), Theo-
rie der Geschichtswissenschaft (NWB), Köln 1971. S. auch die Zeitschrift „History and Theory",
1, 1961–7, 1968, sowie ihre Beihefte. 1, 1961; 3/4, 1964; 7, 1967 mit den Bibliographien zur
Geschichtsphilosophie und Wissenschaftstheorie, vgl. J. G. A. POCOCK, History and Theory, in:
Comparative Studies in Society and History 4, 1961/62, S. 525–35.

bzw. nach ihren Leitperspektiven aufgeworfen. Man kann ja die sozialökonomischen
Systeme moderner Gesellschaften als integrale Bestandteile eines gesamtgesell-
schaftlichen interdependenten Regelsystems bezeichnen, weshalb die isolierende
Untersuchung eines Teilbereiches der Rechtfertigung bedarf. Nachdem die „absolute
Kulturschwelle" (A. Gehlen) der Industrialisierung, jener tiefsten Zäsur in der
Menschheitsgeschichte seit dem Übergang vom Sammlerleben zur Seßhaftigkeit im
Neolithikum, aber einmal überschritten worden ist, läßt sich die buchstäblich fundamentale Bedeutung der industriellen Entwicklung schwerlich mehr bestreiten. In
gewisser Hinsicht ist es seither die Hauptaufgabe der Gesellschaft und Politik (auch
der Geschichtswissenschaft), mit dieser Entwicklung Schritt zu halten, die ökonomischen, sozialen und politischen Entwicklungen möglichst kontrolliert zu synchro-
nisieren und die überaus gefährlichen Verzögerungen, die „lags" der Entwicklung
auf dem gesellschaftlich-politischen Sektor (wie z. B. in Deutschland zwischen 1871
und 1945) zu vermeiden. Deshalb wird man an Max Webers unverändert gültige
Erkenntnis – in seinem berühmten Aufsatz über die „Objektivität" sozialwissenschaftlicher Erkenntnis – anknüpfen können, daß auch die moderne wissenschaftliche Forschung an gewissen „letzten Wertideen" verankert ist; von dort her werden
ihre Probleme und das theoretische Instrumentarium zu ihrer Bearbeitung bestimmt.
Wenn im Laufe der historischen Entwicklung „das Licht der großen Kulturpro-
bleme" weiterziehe, sagte Weber, dann „rüstet sich auch die Wissenschaft, ihren
Standort und ihren Begriffsapparat zu wechseln … Sie zieht jenen Gestirnen nach,
welche allein ihrer Arbeit Sinn und Richtung zu weisen vermögen". Im Sinne einer
solchen normativen Vorentscheidung, die bei Weber zugunsten des individualistisch-
liberalkapitalistischen Systems und bestimmter okzidentaler Kulturwerte gefällt
worden war, wird man heute vom Fernziel des massendemokratischen Sozialstaats,
in dem aber auch der Absolutheitsanspruch der Gesellschaft gegenüber den Individuen abgewehrt und die industrielle Welt humanisiert, mithin auch planrationaler
Kontrolle unterworfen wird, ausgehen dürfen. Die grundlegenden Probleme werden
daher realhistorisch und wissenschaftstheoretisch durch die permanente industrielle
Revolution seit dem ausgehenden 18. Jahrhundert aufgeworfen, die wirtschaftsgeschichtliche Forschung muß ihnen adäquat sein, wenn sie G. Lukács Maxime auch
„das Problem der Gegenwart als geschichtliches Problem" zu begreifen, gerecht
werden will. Gerade hiermit ist auch die wichtige Frage verknüpft, inwieweit die
europäische Industrialisierungsgeschichte einer Art Modellcharakter für die Ent-
wicklungsländer besitzt.[16] [|81]

16   J. ROMEIN, Über integrale Geschichtsschreibung, in: Schweizer Beiträge zur Allgemeinen Ge-
     schichte 16, 1958, S. 207–20; HABERMAS [wie Anm. 15], S. 166, zum Experiment, ebenda, S.
     111; M. WEBER, Die „Objektivität" sozialwissenschaftlicher und sozialpolitischer Erkenntnis,
     in: DERS., Gesammelte Aufsätze zur Wissenschaftslehre, Tübingen [2]1951, S. 214; beißende
     Kritik: H. MARCUSE, Industrialisierung und Kapitalismus im Werke M. Webers, in: DERS., Kultur
     und Gesellschaft II, Frankfurt 1965, S. 107–46. G. LUKÁCS, Geschichte und Klassenbewußtsein,
     Berlin 1923, S. 173; vgl. hierzu Engels an Danielson, 18. 6.1892 (in: K. MARX u. F. ENGELS,
     Werke [= MEW] XXXVIII, Berlin 1968, S. 365): „Alle Regierungen, seien sie noch so selbst-
     herrlich, sind en dernier lieu nur die Vollstrecker der ökonomischen Notwendigkeiten der na-
     tionalen Situation. Sie mögen diese Aufgabe in verschiedener Weise – gut, schlecht oder leidlich
     – besorgen, – sie mögen die ökonomische Entwicklung und ihre politischen und juridischen

Als Orientierungsschema wird man sieben theoretische Einsichten, die der vor Weber bedeutendste deutsche Sozialwissenschaftler des 19. Jahrhunderts frühzeitig gewonnen hat, zugrunde legen dürfen.

I.   Vor der Industriellen Revolution findet in den europäischen Industrieländern eine Agrarrevolution statt. Sie schafft die Voraussetzungen für die Ausbildung moderner landwirtschaftlicher Großunternehmen, die sowohl die rapide wachsende Bevölkerung ernähren, als auch namentlich durch steigenden Export zur Kapitalakkumulation beitragen können. Der politische Status der Landwirtschaft besitzt freilich in den verschiedenen Ländern vor und nach der Industriellen Revolution je unterschiedliche Bedeutung. Die beiden anderen sozusagen revolutionierenden Leitsektoren, die ebenfalls zu einem bemerkenswerten Anstieg des gesamtwirtschaftlichen Wachstums vor der Industriellen Revolution beitragen, nämlich Außenhandel und Verkehrswesen (vor dem Eisenbahnbau), spielen für die deutschen Staaten vermutlich nicht eine so fundamental wichtige Rolle wie unbestritten für Großbritannien und die Vereinigten Staaten.

II. Mit dem Durchbruch der Industriellen Revolution im engeren Sinn (s. u.) entsteht ein permanent expandierendes industriewirtschaftliches System, dessen wichtigster Säkulartrend ein stetiges, auch von Kriegen und Katastrophen auf die Dauer nicht unterbrochenes Wachstum darstellt. Diese kontinuierliche Expansion konstituiert das eigentlich historisch Neue am Industriekapitalismus.

III. Sein Wachstum verläuft aber, sozusagen prinzipiell: seiner Natur nach, ungleichmäßig. Es schreitet sprungartig voran, zaudert, stagniert, prellt wieder vorwärts – kurzum, es ist Schwankungen und Störungen unterworfen, welche die ältere Forschung mit den Theorien der Konjunkturzyklen, die zumindest für die Zeit bis 1914 empirisch nachweisbar sind, zu präzisieren suchte.

IV. Mit der Entwicklung des Industrialismus wächst die Konzentration, der Wettbewerb der relativ gleichwertigen kleinen und mittelgroßen Wirt- [|82] schaftseinheiten der liberalökonomischen Theorie schwindet dagegen zunehmend. An seine Stelle tritt das System des oligopolistischen Organisierten Kapitalismus. Dieser Konzentrationsprozeß läßt sich auf verschiedenen Ebenen verfolgen: jener der Unternehmen, einzelner Branchen, Nationalwirtschaften, übernationaler Zusammenschlüsse, Zollunionen usw., sowie der überseeischen Expansion der Industriestaaten in den je verschiedenen Formen indirekter und direkter Herrschaft.

Konsequenzen beschleunigen oder aufhalten, à la longue müssen sie ihr folgen." – Vgl. K. Borchardt, Europas Wirtschaftsgeschichte – ein Modell für Entwicklungsländer?, Stuttgart 1967, dazu G. Ohlin, Remarks on the Relevance of Western Experience in Economic Growth to Former Colonial Areas, in: Cahiers d'Histoire Mondial 9, 1965, S. 30–38. – Unter veränderten Wertaspekten bleibt mithin das „Kapitalismus"-Problem der jüngeren Wissenschaftler im „Verein für Sozialpolitik" vor 1914 vordringlich, allerdings unter Verzicht auf die anti-Marxsche Fragestellung.

V. Ein unauflöslicher Zusammenhang besteht zwischen der ökonomischen, tech-
    nologischen, sozialen und folglich auch der politischen Entwicklung, die nur
    unter theoretisch begründbaren Gesichtspunkten zerlegt und in ihren einzelnen
    Strömungen isoliert verfolgt werden kann. Dieser Zusammenhang tritt mit dem
    Fortschreiten des industriewirtschaftlichen Wachstums immer deutlicher zu-
    tage.

VI. Zugleich nimmt damit das Bedürfnis nach der sozialen Kontrolle des sich un-
     ablässig entfaltenden Industriesystems zu. Zum Teil vereinigt der Konzentra-
     tionsprozeß Kontrollchancen in der Leitung von Großunternehmen, von Kar-
     tellen und Syndikaten, von nationalen Wirtschaftsbehörden. Der Trend läuft
     auf zunehmende Steuerungseingriffe des Staates hin: nur der moderne Inter-
     ventionsstaat bzw. der als Planungsorgan bereits konzipierte Staat einer zen-
     tralen Verwaltungswirtschaft scheint der ungeheuren Dimension der Probleme
     des unregelmäßigen und auf jeden Fall ungleichmäßigen wirtschaftlichen
     Wachstums mit allen seinen gesellschaftlichen und politischen Konsequenzen
     gewachsen zu sein.

VII. Politisch wird damit die Alternative zwischen autoritären, bonapartischen,
     letztlich auch faschistischen Systemen und massendemokratischen, sozialstaat-
     lichen Gesellschaften aufgeworfen. Die wirtschaftlichen Grundlagen ihrer
     Entstehung und Entwicklung hat die moderne Wirtschaftsgeschichte, nament-
     lich in Deutschland, wo diese Alternative bis 1945 mit fatalen Folgen entschie-
     den worden ist, freizulegen. In historischer Perspektive stellt sich damit erneut
     die Aufgabe, endlich auch die ökonomischen Voraussetzungen des National-
     sozialismus und seine ökonomischen Basis während seiner Herrschaftszeit zu
     untersuchen.

Diese Theorien, die Karl Marx an verschiedenen Stellen seines Werkes, jedoch ko-
härent und in eine umfassende Analyse des Kapitalismus als stetig wachsendes
System eingebettet hat, – eine Analyse, die eine seiner größten Leistungen darstellt –, mögen auf Vorbehalte treffen, die z.T. emotioneller Natur sind und nicht
immer rational artikuliert werden. Entscheidend ist nun auf jeden Fall wie bei allen
sozialwissenschaftlichen Theorien ihr Informationsgehalt, ihre prinzipielle Prüfbar-
keit an Hand von Tatsachen, ihr Erklärungswert und ihre Bewährung in möglichst
verschiedenen sozialkulturellen Prüfungsbereichen. Außerdem mag aber auch einmal an dieser Stelle an das nüchterne Eingeständnis und Autoritätsurteil von Ernst
Troeltsch erinnert werden, daß „die ganze marxistische Fragestellung selbst, soweit
sie aus Beobachtung hervorgeht und [|83] soweit sie von da aus einer lebendigen
Einheit und Wechselwirkung materiellökonomischer und geistiger Tätigkeit nach-
geht, eine wirkliche Entdeckung" sei. „Es bleibt die Tatsache, daß der sozial-öko-
nomische Unterbau ... dem ganzen historischen Leben als festeste und dauerndste,
am schwersten sich wandelnde und mit seinem Wandel alles andere umwälzende
Unterschicht zugrunde liegt". Daher können „die großen Perioden der Kulturgeschichte ... am ehesten mit den Merkmalen dieses Unterbaus charakterisiert werden". „Jedenfalls ist die Abhängigkeit des ideologischen Überbaus weitaus die

Regel." Zu prüfen bleibt immer wieder Troeltschs Resümee, daß „die ökonomisierte Dialektik … eine äußerst fruchtbare Fragestellung und eine Einstellung auf dynamische Lebenszusammenhänge" sei, „die in der letzten Wirkung der Historie ein stärkeres und konkreteres, ein tieferes und breiteres Leben zugleich mit einer sicheren Gliederung mitzuteilen imstande sind".[17]

Besonders die vier ersten angeführten Punkte sollen nun etwas eingehender im Hinblick auf die deutsche wirtschaftsgeschichtliche Forschung seit 1945 behandelt werden.

Ad. 1. Die agrarwirtschaftlichen Vorbedingungen der Industrialisierung treten uns heute besonders eindringlich als eines der Hauptprobleme der „Dritten Welt" der Entwicklungsländer vor Augen, aber der Komplex der sog. „Bauernbefreiung" zwischen 1807 und 1848 läßt sich durchaus auch als ein Aspekt der agrarrevolutionären Vorstufe der Industriellen Revolution in Deutschland [|84] begreifen".[18] Fraglos

17 Vgl. ALBERT [wie Anm. 2], S. 26, 336, 367. Vgl. POLLARD [wie Anm. 4]; B. F. HOSELITZ, K. Marx on Secular Economic and Social Development, in: Comparative Studies in Society and History 6, 1963/64, S. 142–63; K. LÖWITH, M. Weber und K. Marx, in: DERS., Gesammelte Abhandlungen, Stuttgart 1960, S. 1–67; K. KÜHNE, K. Marx und die moderne Nationalökonomie, in: Die Neue Gesellschaft 2, 1955, H. 1, S. 61–65; H. 2, S. 63–66; H. 3, S. 62–67; H. 4, 61–65. Vgl. noch S. AVINERI, The Social and Political Thought of K. Marx, Cambridge 1968; E. MANDEL, Entstehung und Entwicklung der ökonomischen Lehre von K. Marx, 1843–63, Frankfurt 1968; DERS., Marxistische Wirtschaftstheorie, Frankfurt 1968; P. SWEEZY, Theorie der kapitalistischen Entwicklung, Köln 1959; S. TSURU, Essays on Marxiam Economics, Tokio 1956; H. PETER, Die Politische Ökonomie bei Marx, in: W. MARKERT (Hg.), Der Mensch im kommunistischen System, Tübingen 1957, S. 24–38; DERS., Dynamische Theorie bei Marx und Keynes, in: Jahrbücher für Nationalökonomie und Statistik (= JNS) 162, 1950, S. 260–77; J. ROBINSON, Collected Economic Papers, Oxford 1951, S. 133–45; ganz enttäuschend sind: F. R. GOTTHEIL, Marx's Economic Predictions, Evanston 1966; M. WOLFSON, A Reappraisal of Marxian Economics, New York 1966. Weitere Lit. im Anhang zu WEHLER [wie Anm. 33]. – E. TROELTSCH, Über den historischen Entwicklungsbegriff und die Universalgeschichte, in: DERS., Der Historismus und seine Probleme. Gesammelte Schriften III, Tübingen 1922, S. 349f.; vgl. DERS., Aufsätze zur Geistesgeschichte und Religionssoziologie. Schriften IV, Tübingen 1925, S. 11 („… die marxistische Unterbau – Überbaulehre … enthält jedenfalls eine niemals zu umgehende, wenn auch in jedem Einzelfall besonders zu beantwortende Fragestellung"), vgl. S. 21–33, 632–40. Siehe dazu ENGELS' Briefe an C. Schmidt, 5.8.1890 (MEW XXXVII, Berlin 1967, S. 436f.); an J. Bloch, 21./22.9.1890 (MEW XXXVII, Berlin 1967, S. 463–65); an F. Mehring, 14.7.1893 (MEW XLIX, Berlin 1973, S. 96–98); an W. Borgius (bisher irrtümlich H. Starkenburg), 25.1.1894 (MEW XLIX, Berlin 1973, S. 205–7).
18 Vgl. K. MARX, Das Kapital I (7. Abt., Die Akkumulation des Kapitals), in: MEW XXIII, Berlin 1962. Die Bedeutung der Marxschen Einsicht in das Wesen der Agrarrevolution verkennt R. COLLINS, Marx on the English Agriculture Revolution, in: History and Theory 6, 1967, S. 351–381. – P. BAIROCH, Diagnostic de l'évolution économique du tiersmonde, 1900–66, Paris 1967; E. MANDEL, Die Marxsche Theorie der ursprünglichen Akkumulation und die Industrialisierung der Dritten Welt, in: Folgen einer Theorie. Essays über „Das Kapital" von K. Marx, Frankfurt 1967, S. 71–93; J. D. CHAMBERS u. G. E. MINGAY, The Agricultural Revolution, 1750–1880, London 1966; E. J. HOBSBAWM, The Age of Revolution, 1789–1848, London 1962, S. 180–201 (dt.: Europäische Revolutionen, München 1962, Kap. 8); die Lit. in K. BORCHARDT, Probleme der ersten Phase der Industriellen Revolution in England, in: VSWG 55, 1968, S. 1–62; DERS. [wie Anm. 16], S. 16, 20; ROSTOW, Stadien [wie Anm. 22], S. 38 ff., sowie A. GER-

geht das Mittelalter „im Bereich der Agrarverfassung erst mit der Bauernbefreiung
… zu Ende" (Lütge), damit wird auch auf dem Gebiet der Agrarwirtschaft die allgemeine wirtschaftliche und politische Zäsur am Ende des 18. Jahrhunderts unter-
strichen. Die nunmehr sich ausbreitenden oder z. T. erst entstehenden landwirtschaftlichen Großbetriebe dehnten sich zwar auf Kosten des bäuerlichen Besitzes aus,
gestatteten aber moderne Betriebsführung und ermöglichten gesteigerte Produktion,
Versorgung des wachsenden Binnenmarktes und lukrativen Export, vor allem nach
Großbritannien, bis in die Mitte der 1870er Jahre. In Preußen z. B. sank in 50 Jahren,
zwischen 1816 und 1864, das Unland von 40,3 auf 7,1 Prozent der gesamten Bodenfläche, vor allem aber stieg die Ackerfläche um 94 Prozent, d. h. sie verdoppelte
sich (wie die Produktion!) von 26,5 auf 51,4 Prozent der gesamten Bodenfläche!
Diese aus dem Wettbewerb zwischen Gütern und Bauernwirtschaften, aus Rationa-
lisierung, methodischer Bewirtschaftung und materiellen Anreiz besonders im Ex-
portgeschäft hervorgehende Leistung ist heute unbestritten. Aber der Gesichtspunkt:
diese Agrarrevolution als eine Vorstufe der Industriellen Revolution zu analysieren,
sie mithin nicht allein im Rahmen von Agrargeschichte und -verfassung, als Verhältnis von Großagrariern zu Bauern usf., zu studieren, sondern bewußt der Frage nach
den Vorbedingungen der deutschen Industrialisierung unterzuordnen, dieser Gesichtspunkt, der dringend verfolgt werden müßte, ist m. W. bisher noch nicht neueren
Forschungen zugrunde gelegt worden. Freilich handelt es sich um eine schwere,
doch ungemein reizvolle Aufgabe, deren Bearbeitung trotz aller Vorarbeiten eine
ähnliche Pionierleistung bedeuten würde, wie sie Wilhelm Abel mit seinen Studien
über „Agrarkrisen und Agrarkonjunktur" vollbracht hat.[19] [|85]

SCHENKRON, Reflections on Economic Aspects of Revolutions, in: H. ECKSTEIN (Hg.), Internal
War, Glencoe 1964, S. 180–204, auch in: GERSCHENKRON [wie Anm. 3], S. 257–80.

19   F. LÜTGE, Geschichte der deutschen Agrarverfassung, Stuttgart 1963 (^{2}1967), S. 224, vgl. 228,
238, allg. S. 169–239; DERS., Über die Auswirkungen der Bauernbefreiung in Deutschland, in:
DERS., Studien zur Sozial- und Wirtschaftsgeschichte, Stuttgart 1963, S. 174–222; knapp darüber:
H. LINDE, Die Bedeutung der deutschen Agrarstruktur für die Anfänge der industriellen Entwick-
lung, in: Jahrbuch für Sozialwissenschaft 13, 1962, S. 179–95; vgl. DERS., Preußischer Lan-
desausbau, Leipzig 1939; G. IPSEN, Die preußische Bauernbefreiung als Landesausbau, in:
Zeitschrift für Agrargeschichte und Agrarsoziologie (= ZAA) 2, 1954, S. 29–54; H. W. FINCK v.
FINCKENSTEIN, Die Getreidewirtschaft Preußens, 1800–1930, Berlin 1934, S. 22; DERS., Die
Entwicklung der Landwirtschaft in Preußen und in Deutschland, 1800–1930, Würzburg 1960;
J. FRHR. V. D. GOLTZ, Auswirkungen der Stein-Hardenbergschen Agrarreform im Laufe des 19.
Jahrhunderts, naturwiss. Diss. Göttingen 1936; W. CONZE, Die Wirkungen der liberalen Agrar-
reform auf die Volksordnung in Mitteleuropa im 19. Jahrhundert, in: VSWG 38, 1949, S. 2–43;
DERS., Die liberalen Agrarreformen Hannovers im 19. Jahrhundert, Hannover 1947. Vorzügliche
Analyse jetzt im einzelnen von R. KOSELLECK, Preußen zwischen Reform und Revolution,
1791–1848, Stuttgart 1967, T. III. E. KLEIN, Von der Reform zur Restauration: Finanzpolitik und
Reformgesetzgebung des preußischen Staatskanzlers K. A. v. Hardenberg, Berlin 1965; M.-E.
VOPELIUS, Die altliberalen Ökonomen und die Reformzeit, Stuttgart 1968. Vgl. die eindringlichen
Untersuchungen von H. ROSENBERG, Die Pseudodemokratisierung der Rittergutsbesitzerklasse,
in: WEHLER, Moderne Deutsche Sozialgeschichte [wie Anm. 5], S. 287–308; H. ROSENBERG, The
Economic Impact of Imperial Germany: Agricultural Policy, in: JEH, Suppl. 3, 1943, S. 101–7,
dt. in: DERS., Probleme der deutschen Sozialgeschichte, Frankfurt 1969, sowie: G. FRANZ, Geschichte des Bauernstandes, Stuttgart 1970; V. GROPP, Der Einfluß der Agrarreformen des be-
ginnenden 19. Jh. in Ostpreußen auf Höhe und Zusammensetzung der preußischen Staatsein-

Es wäre ein großer Gewinn, wenn es dabei zu vergleichenden Untersuchungen käme. Vor allem der Vergleich der preußischen mit der japanischen Entwicklung sechzig Jahre später drängt sich hier auf. Auch die Reformen der Meji-Zeit gingen ja wie die preußischen Modernisierungsmaßnahmen nach 1807 von der Erfahrung erlittener oder drohender politischer Niederlage und dauernder Demütigung aus. Nur ein im weitesten Sinne wirtschaftlich und politisch reformierter und folglich leistungsfähiger Staat schien Selbstbehauptung und zukünftige Erfolge gewährleisten zu können. Nicht nur die preußische Gewerbe- und Industriepolitik (überhaupt der Gesamtkomplex der „preußischen Reformen"), sondern auch die Agrarpolitik würde durch den Vergleich schärfere Konturen gewinnen; ihr funktioneller Wert ließe sich so noch genauer bestimmen, [|86] zumal, wenn dabei gemeinsame Eigentümlichkeiten des deutschen und japanischen Faschismus hervortreten, wie sie B. Moore unlängst festgehalten hat.[20]

Ad. II. Die Industrielle Revolution ist zu einem verwaschenen Allgemeinbegriff geworden. Sie sei hier im Anschluß an die neueren Wachstumstheorien als jene „spezifische Komprimierung des Industrialisierungsprozesses in einer Periode rasanten Wachstums" (Gerschenkron) enger und damit als brauchbare Periodisierungseinheit verstanden. Damit soll gleichzeitig die Frage nach einer der Sache adäquaten Periodisierung der Entwicklung nach der Industriellen Revolution verknüpft werden.

künfte, Berlin 1967; E. SCHREMMER, Die Bauernbefreiung in Hohenlohe, Stuttgart 1963; W. TREUE, Die preußische Agrarreform zwischen Romantik und Rationalismus, in: Rheinische Vierteljahrsblätter 20, 1955, S. 337–57; G. HELLING, Zur Entwicklung der Produktivität der deutschen Landwirtschaft im 19. Jahrhundert, in: JbW 1966/1, S. 129–41; DIES., Berechnung eines Index der Agrarproduktion in Deutschland im 19. Jahrhundert, in: JbW 1965/4, S. 124–143; E. BITTERMANN, Die landwirtschaftliche Produktion in Deutschland, 1800–1950, Halle 1956. – W. ABEL, Agrarkrisen und Agrarkonjunktur, Berlin [2]1966; DERS., Die drei Epochen der deutschen Agrargeschichte, Hannover [2]1964; DERS., Geschichte der deutschen Landwirtschaft vom frühen Mittelalter bis zum 19. Jahrhundert, Stuttgart 1962, [2]1967; DERS., Agricultural History, in: IESS 1, 1968, S. 215–23. – Über die Folgezeit: H. HAUSDORFER, Die deutsche Landwirtschaft im technischen Zeitalter, Stuttgart 1957; S. v. FRAUENDORFER, Ideengeschichte der Agrarwirtschaft und Agrarpolitik, 2 Bde., München 1957/1958; C. v. DIETZE, Deutsche Agrarpolitik seit Bismarck, in: ZAA 12, 1964, S. 200–215; J. SIROL, Le rôle de l'agriculture dans les fluctuations économiques, Paris 1942, die alle gegen Abel, der leider das ausgehende 19. Jahrhundert nur knapp behandelt und ganz dringend der Ergänzung für die Zeit von 1876 bis 1945 bedürfte, stark abfallen. – C. BRINKMANN, Die Aristokratie im kapitalistischen Zeitalter, in: DERS., Wirtschaftsformen und Lebensformen, Tübingen [2]1950, S. 33–54, bietet nur einen Nachdruck (aus dem „Grundriß der Sozialökonomik" IX/1, Tübingen 1926).

20   Vergleichende Studien: D. S. LANDES, Japan and Europe: Contrasts in Industrialization, in: W. W. LOCKWOOD (Hg.), The State and Economic Development in Japan, Princeton 1965, S. 93–182 (d. h. Vgl. mit Preußen-Deutschland! Dt. in: W. FISCHER (Hg.), Wirtschaftliche und soziale Probleme der frühen Industrialisierung, Berlin 1968, S. 29–117), B. MOORE, Social Origins of Dictatorship and Democracy, Boston [2]1967 (dt.: Soziale Ursprünge der Diktatur und Demokratie, Frankfurt 1968). – Mit England: D. S. LANDES, The Structure of Enterprise in the 19th Century: The Cases of Britain and Germany, in: DERS. (Hg.), The Rise of Capitalism, New York 1966, S. 99–111; DERS., Entrepreneurship in Advanced Industrial Countries: The Anglo-German Rivalry, in: Entrepreneurship and Economic Growth, Cambridge/Mass. 1954, VI. F; A. GERSCHENKRON, Bread and Democracy in Germany, Berkeley 1943, [2]1968.

In diesem Zusammenhang gewinnen die Theorien des ökonomischen Wachstums für die Wirtschaftsgeschichte (und nicht nur für diese) dieselbe grundlegende Bedeutung wie etwa die Theorien des sozialen Wandels für die Sozialgeschichte, – zusammen bilden sie ein theoretisches Gerüst für die moderne sozialökonomische Geschichte.[21]

Der Historiker kann sich verschiedener Wachstumstheorien bedienen und braucht auch deshalb Eklektizismus nicht zu scheuen, da sich von unterschiedlichen Positionen aus in wichtigen Fragen öfters schon ein vorläufiger Konsensus ergeben hat. W. W. Rostows vieldiskutierte Stadientheorie, z. B. die fünf Stufen (der traditionalen Wirtschaft, der Vorstufe des „Take-off", des „Take-off" selber, des Vorstoßes zur wirtschaftlichen Reife und der Ära des Massenkonsums) unterscheidet, fördert zwar den Vergleich von Wirtschaftsentwicklungen, die nur zu lange in national-ökonomischer Verengung studiert worden sind. Überhaupt hat sie die Diskussion mächtig angeregt. Jedoch ist sie auch, wie schon die älteren Stufentheorien (von List, Roscher, Hildebrand, Knies, Schmoller, Bücher, Sombart, Marx u.a.) einem oft zu starren Schematismus und der „Fiktion einer chronologischen Aufeinanderfolge progressiv fortschreitender Stadien" (Rosen- [|87] berg) erlegen. Die Fachkritik ist inzwischen auch der Rostowschen Theorie mit überaus stichhaltigen Argumenten gegen ihre empirische Basis und ihre methodologisch-theoretischen Schwächen entgegengetreten, ja Kuznets, Cairncross, Hagen, Paulsen u.a. haben einen wissenschaftlich fast vernichtenden Frontalangriff gegen Rostows Gesamtheorie geführt.[22]

21 A. GERSCHENKRON, Economic Backwardness in Historical Perspective, Cambridge/Mass. 1962, S. 62; vgl. H. ROSOVSKY (Hg.), Industrialization in Two Systems (Festschrift A. Gerschenkron), New York 1966; zum sozialen Wandel: C. E. BLACK, The Dynamics of Modernization, New York 1967; H. P. DREITZEL (Hg.), Sozialer Wandel, Neuwied 1967; G. K. ZOLLSCHAN u. W. HIRSCH (Hg.), Explorations in Social Change, Boston 1964; vorzüglich ist E. E. HAGEN, On the Theory of Social Change, Homewood 1962, vgl. dazu T. BURNS u. S. B. SAUL (Hg.), Social Theory and Economic Change, London 1967, sowie D. ROTHERMUND, Geschichtswissenschaft und Entwicklungspolitik, in: Vierteljahrshefte für Zeitgeschichte (= VfZ) 15, 1967, S. 325–40.

22 H. ROSENBERG, Wirtschaftskonjunktur, Gesellschaft und Politik in Mitteleuropa, 1873 bis 1897, in: WEHLER, Moderne Deutsche Sozialgeschichte [wie Anm. 5], S. 226. – W. W. ROSTOW, Stages of Economic Growth, New York 1962, dt.: Stadien wirtschaftlichen Wachstums, Göttingen ²1967; DERS., The Process of Economic Growth, New York ²1962; DERS., Leading Sectors and the Take-Off, in: DERS. (Hg.), The Economics of Take-off Into Sustained Growth, London 1963, S. 1–21, vgl. XIII–XXVI; DERS., The Take-off Into Self-Sustained Growth, in: EJ 66, 1956, S. 25–48; DERS., British Economy of the 19th Century, London 1948. Kritik an Rostows Stadien: S. KUZNETS, Notes on the Take-off, in: ROSTOW, S. 22–43, und in: S. KUZNETS, Economic Growth and Structure, New York 1965, S. 213–35; A. K. CAIRNCROSS, Rez., in: EHR 13, 1961, S. 450–58, auch in: DERS., Factors in Economic Development, London 1962, S. 131–44; E. E. HAGEN, The Rostovian Schema, in: DERS. [wie Anm. 21], S. 514–22; A. PAULSEN, Zur theoretischen Bestimmbarkeit der Rostowschen „Stadien", in: Festschrift F. Lütge, Stuttgart 1966, S. 306–324; P. A. BARAN u. E. J. HOBSBAWM, The Stages of Economic Growth, in: Kyklos 14, 1961, S. 233–42; J. HABAKKUK, Rez., in: EJ 71, 1961, S. 601–4; G. OHLIN, Rez., in: EDCC 9, 1961, S. 648–55; P. T. BAUER u. C. WILSON, The Stages of Growth, in: Economica 29, 1962, S. 190–200; H. BAUDET u. J. H. v. STUIJVENBERG, Rostow's Theory on Growth, in: WA 90, 1963, S. 57–78; H. ROSOVSKY, The Take-off Into Sustained Controversy, in: JEH 25, 1965, S. 271–75; W. FISCHER, Stadien wirtschaftlichen Wachstums, in: ZGS 118, 1962, S. 511–16; H. KELLENBENZ, Von der

Aus Gründen operationaler Zweckmäßigkeit wird man aber als Gliederungsschema vier Entwicklungsphasen für unseren Zeitraum fixieren können:

1. die Vorgeschichte der Industriellen Revolution, also etwa in Deutschland Spätmerkantilismus, staatliche Gewerbepolitik und Frühindustrialisierung bis 1834/51.

2. den „Take-off", die Industrielle Revolution im engeren Sinn als Durchbruch der Industrialisierung, als Sprung vom „unterentwickelten" Land zur Industrienation mit permanenter Entwicklung, d. h. mit dem Trend tendenziell stetig steigenden Einkommens pro Kopf nach der Erfüllung einer der allgemein anerkannten Grundbedingungen: die Investitionsrate von fünf auf etwa zehn bis zwölf Prozent des Volkseinkommens zu steigern, in Deutschland also die Zeitspanne zwischen 1835/51 bis 1873. Die zentrale Bedeutung dieses „großen Spurts" (Gerschenkron) ist nicht nur zu Recht von Rostow, sondern auch von bedeutenden Wachstumstheoretikern und -historikern wie Gerschenkron und W. A. Lewis, S. Kuznets und G. Myrdal, P. Baran u. a. hervorgehoben und empirisch nachgewiesen worden.[23] [|88]

3. Unmittelbar verknüpft mit dem Durchbruch zur Industriellen Welt ist die liberalkapitalistische Hochindustrialisierung, die aber schon in eigenartiger Weise mit dem Aufstieg des Interventionsstaats verschränkt ist, in Deutschland die Zeit von 1873 bis 1896. Auf sie folgt

4. die Periode des Organisierten Kapitalismus, des „Corporation Capitalism" der Großunternehmen, der den Interventionsstaat mitträgt und erst recht erfordert. Daß er ein qualitativ neues Moment in der Geschichte des Industriekapitalismus darstellt, hat z. B. auch der junge Schumpeter schon klar erkannt.

Wirtschaftsstufentheorie zu den Wachstumsstadien Rostows, in: ZGS 120, 1964, S. 553–61; Y. S. Brenner, Theories of Economic Development and Growth, New York 1966, S. 165–74. Der beste Überblick über die älteren Stufentheorien: B. F. Hoselitz, Theories of Stages of Economic Growth, in: Ders. (Hg.), Theories of Economic Growth, New York [2]1965, S. 193–238.

23   W. G. Hoffmann, The Take-off in Germany, in: Rostow [wie Anm. 22], S. 95–118, hier 96, 114 (Vorstufe: bis 1830/35; Take-off: 1830/35–1855/60; anhaltendes Wachstum seit 1855–60). Vgl. noch von den Spitzenleistungen der Wachstumsdiskussion: Gerschenkron [wie Anm. 21]; W. A. Lewis, Die Theorie des wirtschaftlichen Wachstums, Tübingen 1956; S. Kuznets, Modern Economic Growth, Rate, Structure, Spread, New Haven 1966; Ders., Economic Growth and Structure, New York 1965; Ders., Six Lectures on Economic Growth, Glencoe 1959; Ders., Economic Change, New York 1953, auch seine Aufsätze in EDCC; G. Myrdal, Ökonomische Theorie und unterentwickelte Regionen, Stuttgart 1959; P. A. Baran, Politische Ökonomie des wirtschaftlichen Wachstums, Neuwied 1967. Die neuere Lit. zum Wachstumsproblem ist bereits schier unübersehbar. Ich verweise nur noch auf die Bibliographien der F.-Ebert-Stiftung: Literatur über Entwicklungsländer, bisher 8 Bde., Hannover 1962–67, sowie auf die vorzüglichen Sammelbände von Andreano u. Supple [wie Anm. 3]; C. P. Kindleberger, Economic Development, New York [2]1965; B. F. Hoselitz, Sociological Aspects of Economic Growth, Glencoe 1960; W. A. Cole u. P. Deane, The Growth of National Income, in: CEHE VI/I, 1965, S. 1–55, die Lit. ebenda, bei Rosenberg, Große Depression [wie Anm. 33]; Wehler [wie Anm. 33]. Auch Mottek und seine Schüler [wie Anm. 27] haben die Industrielle Revolution (1830/35–73) so eng definiert.

Dieses heuristische Periodisierungsschema soll aber nicht nur eine erste „Orientierungshilfe" (O. Hintze) für die Forschung bieten, sondern unbeschadet der fließen-
den Übergänge und der unbestreitbaren Erscheinungen der historischen Verspätung
oder des Vorprellens der Entwicklung auch je eigentümliche Phasen des Wachstums
der kapitalistischen Industriewirtschaft charakterisieren. Daß dabei gemäß dem
unterschiedlichen Entwicklungsgrad eine zeitliche Phasenverschiebung zwischen
den einzelnen Industrieländern (z. B. England, Deutschland, Japan, Rußland) berücksichtigt werden muß, versteht sich von selber. Trotz bemerkenswerter historischer Unterschiede, etwa dem Kartellproblem in England und Deutschland in der
dritten Phase, gilt hier aber im allgemeinen Marx' Urteil von 1867, daß „das indu-
striell entwickelte Land ... dem minder entwickelten nur das Bild der eigenen Zukunft" zeigt; in einem noch recht allgemeinen Sinn werden damit die Chancen
theoretischer Prognose berührt. Mit einer ausschließlich an politischen Wendepunk-
ten orientierten Periodisierung, etwa 1815, 1848, 1871, 1914, 1933, wie sie F. Lütge
im „Handwörterbuch der Sozialwissenschaften" erneut übernommen hat, kann man
jedenfalls der modernen Wirtschaftsentwicklung, die gewiß alles andere als unabhängig von der Staatspolitik verläuft, andererseits aber doch auch endogenen An-
triebskräften folgt und die Politik gerade mitformt, gar nicht gerecht werden.[24]
[|89]
    Wirtschaftsgeschichtliche Arbeiten im Rahmen von Wachstumstheorien erfor-
dern nun in hohem Maße die Quantifizierung sozialökonomischer Daten; so kann
z. B. die Industrielle Revolution in Deutschland zwischen 1835/51 und 1873 nicht
allein verbal als dramatisches Ereignis mit gewaltigen historischen Fernwirkungen
beschrieben werden, sondern schon der neuen Definition des deutschen „Take-off"
liegt u. a. das „W. A. Lewis-Axiom": die erwähnte Veränderung der Investitionsraten
zugrunde. Zwar fehlt es uns an einem so instruktiven Überblick, wie ihn B. Gille
über die statistischen Quellen zur französischen Geschichte (bis 1870) gegeben hat
oder an Materialsammlungen, wie sie amerikanische Sozialwissenschaftler mit den
„Historical Statistics of the United States" und englische mit dem Werk von Deane
und Cole besitzen, aber das 1965 erschienene große Buch von W. G. Hoffmann und
seinen Mitarbeitern über „Das Wachstum der deutschen Wirtschaft" gibt jetzt dem
Historiker ein grundlegend wichtiges Hilfsmittel für die Zeit nach 1850 an die Hand.
Zieht man Hoffmanns Analysen des deutschen Volkseinkommens hinzu, dann sieht
man bereits, wie Entscheidendes die deutsche Wirtschaftsgeschichte der modernen
Wirtschaftswissenschaft verdankt.[25]

24 J. A. SCHUMPETER, Theorie der wirtschaftlichen Entwicklung (1911), Berlin [5]1955; vgl. F. FACI-
    US, Wirtschaft und Staat, Boppard 1959; O. HINTZE, Rez., in: HZ 143, 1931, S. 525; K. MARX,
    Kapital I, in: MEW XXIII, Berlin 1962, S. 12; vgl. Diagnose und Prognose als wirtschaftliche
    Methodenprobleme (Schriften des Vereins für Sozialpolitik [= SVS] NS 25), Berlin 1962; LÜT-
    GE [wie Anm. 11].
25 B. GILLE, Les sources statistiques de l'histoire de France. Des enquêtes du XVIIe siècle à 1870,
    Genf 1964; Historical Statistics of the United States, Washington [2]1961; P. DEANE u. W. A. COLE,
    British Economic Growth, 1688–1959, Cambridge [2]1967; vgl. dazu J. R. T. HUGHES, Measuring
    British Economic Growth, in: JEH 24, 1964, S. 60–82. W. G. HOFFMANN u. a., Das Wachstum
    der deutschen Wirtschaft seit der Mitte des 19. Jahrhunderts, Heidelberg 1965; vgl. D. S. LANDES,
    Industrialization and Economic Development in 19th Century Germany, in: Première Conférence

An Einzeluntersuchungen über die genannten Phasen der Industrialisierung herrscht freilich unleugbar Mangel.

Zu 1. Einige gute Untersuchungen zum Manufakturwesen, besonders diejenigen von Krüger und Forberger in der DDR, von Slawinger und Reuter in der BRD, sind neuerdings entstanden.[26] Zum damit verbundenen Komplex [|90] der Frühindustrialisierung sind aus der Bundesrepublik, deren Historikern der Weg zu wichtigen ostdeutschen Archiven nicht immer offenstand, vor allem die vorzüglichen Arbeiten von W. Fischer zu nennen. Von diesem derzeit vermutlich besten Kenner der deutschen Frühindustrialisierung stammt auch eine auf die staatliche Gewerbepolitik vor 1848 konzentrierte Studie über Baden, während I. Mieck über Berlin gearbeitet und W. Zorn eine wesentlich als Unternehmergeschichte konzipierte Darstellung über die Industrie- und Handelsgeschichte Bayerisch-Schwabens geschrieben hat. Hinzu kommen jetzt die überaus lohnenden Monographien der Schüler von Hans Mottek in Berlin-Karlshorst über die Entwicklung einzelner Industriezweige und Regionen in der Phase der Industriellen Revolution bis 1873, bisher also die empirisch vorzüglich fundierten, wenn auch theoretisch keineswegs dem internationalen Diskussionsstand entsprechenden Bücher von Schröter/Becker, Blumberg und Baar.[27] Im

Internationale d'Histoire Économique, Stockholm 1960, Paris 1960, S. 83–86; DERS., in: CEHE VI/I, 1965. W. G. HOFFMANN u. a., Das deutsche Volkseinkommen 1851–1955, Tübingen 1959, vgl. dazu P. JOSTOCK, The Long-term Growth of National Income in Germany, in: Income and Wealth [wie Anm. 4] V, S. 79–122; E. BENNATHAN, German National Income, in: BH 5, 1962/63, S. 45–53; A. HÖLLING, Das deutsche Volkseinkommen, 1852 bis 1914, wiso. Diss. Münster 1955, MS; durch diese Arbeiten überholt: P. STUDENSKI, The Income of Nations, New York 1958, S. 374–90. Vgl. B. GLEITZE (Hg.), Wirtschafts- und Sozialstatistisches Handbuch, Köln 1960. Zur Einführung in die statistischen Probleme: J. PFANZAGL, Allgemeine Methodenlehre der Statistik I, Berlin 1964; H. KELLERER, Statistik im modernen Wirtschafts- und Sozialleben, Hamburg 1960.

26   R. FORBERGER, Die Manufakturen in Sachsen vom Ende des 16. bis zum Anfang des 19. Jahrhunderts, Berlin 1958; DERS., Zur Auseinandersetzung über das Problem des Übergangs von der Manufaktur zur Fabrik, in: Beiträge zur deutschen Wirtschafts- und Sozialgeschichte im 18. und 19. Jahrhundert, Berlin 1962, S. 171–88; H. KRÜGER, Zur Geschichte der Manufakturen und der Manufakturarbeiten in Preußen. Die mittleren Provinzen in der 2. Hälfte des 19. Jahrhunderts, Berlin 1958; H. GRÖGER, Die Arbeits- und Sozialverhältnisse der staatlichen Porzellanmanufaktur Meißen im 18. Jahrhundert, in: Festschrift H. Kretzschmar, Berlin 1953, S. 166–89. Vgl. damit: O. REUTER, Die Manufaktur im fränkischen Raum, Stuttgart 1961; G. SLAWINGER, Die Manufaktur in Kurbayern, Stuttgart 1966; F. EULEN, Vom Gewerbefleiß zur Industrie. Ein Beitrag zur Wirtschaftsgeschichte des 18. Jh., Berlin 1967. Bei K. HINZE, Die Arbeiterfrage zu Beginn des modernen Kapitalismus in Brandenburg-Preußen, 1685–1806, Berlin [2]1963, handelt es sich um einen Nachdruck der Diss. (bei Hintze) von 1927.

27   FISCHER, Probleme [wie Anm. 20], S. 1–20; DERS., Government Activity and Industrialization in Germany, 1815–70, in: ROSTOW [wie Anm. 22], S. 83–94; DERS., Der Staat und die Anfänge der Industrialisierung in Baden I, Berlin 1962; DERS., Staat und Gesellschaft Badens im Vormärz, in: W. CONZE (Hg.), Staat und Gesellschaft im deutschen Vormärz, 1815–1848, Stuttgart 1962, S. 143–71; DERS., Ansätze zur Industrialisierung in Baden, 1770–1870, in: VSWG 47, 1960, S. 186–231; DERS., Das Verhältnis von Staat und Wirtschaft in Deutschland am Beginn der Industrialisierung, in: Kyklos 14, 1961, S. 337–361; DERS., Innerbetrieblicher und sozialer Status der frühen Fabrikarbeiterschaft, in: F. LÜTGE (Hg.), Die wirtschaftliche Situation in Deutschland und Österreich um die Wende vom 18. zum 19. Jahrhundert, Stuttgart 1964, S. 192–222, auch in: W. FISCHER u. G. BAJOR (Hg.), Die soziale Frage, Stuttgart 1967, S. 215–52. – I. MIECK,

Ver- [|91] gleich mit den bisher genannten Regionalstudien, die endlich auch ältere Arbeiten wie die von Benaerts und Baumont ersetzen, fallen einige andere Arbeiten stark ab.[28] Auftrieb hat dagegen endlich die moderne Städtegeschichte erhalten, wobei vor allem von W. Köllmann wichtige Impulse ausgehen.[29] Nimmt man die anregenden Aufsätze von K. Borchardt, z. B. über den angeblichen, tatsächlich aber schon frühzeitig nicht mehr vorhandenen Kapitalmangel im Deutschland der ersten Hälfte des 19. Jahrhunderts, und von W. G. Hoffmann über das grundwichtige Problem der Kapitalbildung hinzu, so beginnen sich die Konturen eines neuen Bildes dieser frühen Entwicklung schärfer abzuzeichnen, aber unstreitig bleibt doch noch eine weite Terra Incognita auf diesem Forschungsfeld der modernen deutschen Wirtschaftsgeschichte erhalten.[30] [|92]

Preußische Gewerbepolitik in Berlin, 1806–44, Berlin 1965; W. ZORN, Handels- und Industriegeschichte Bayerisch-Schwabens, 1648–1870, Augsburg 1961; DERS., Kleine Wirtschafts- und Sozialgeschichte Bayerns, 1800–1933, München 1962; DERS., Gesellschaft und Staat im Bayern des Vormärz, in: CONZE, S. 113–42. – H. MOTTEK (Hg.), Studien zur Geschichte der Industriellen Revolution in Deutschland, Berlin 1960; A. SCHRÖTER u. W. BECKER, Die deutsche Maschinenbauindustrie in der Industriellen Revolution, Berlin 1962; H. BLUMBERG, Die deutsche Textilindustrie in der Industriellen Revolution, Berlin 1965; L. BAAR, Die Berliner Industrie in der Industriellen Revolution, Berlin 1966; DERS., Probleme der industriellen Revolution in großstädtischen Industriezentren. Das Berliner Beispiel, in: FISCHER, Probleme [wie Anm. 20], S. 529–42; S. SIEBER, Studien zur Industriegeschichte des Erzgebirges, Köln 1967; K. HUTH, Wirtschafts- und Sozialgeschichte des Landkreises Biedenkopf, 1800–1866, Biedenkopf 1962. Vgl. auch die schwache Arbeit von U. P. RITTER, Die Rolle des Staates in den Frühstadien der Industrialisierung: die preußische Industrieförderung in der 1. Hälfte des 19. Jahrhunderts, Berlin 1961, sowie W. O. HENDERSON, The Industrial Revolution on the Continent, London 1961; DERS., The State and the Industrial Revolution in Prussia, 1740–1870, Liverpool 1958, mit den vorzüglichen Studien von J. J. BEER, The Emergence of the German Dye Industry, Urbana 1959; L. F. HABER, The Chemical Industry During the 19th Century, Oxford 1959.

28   P. BENAERTS, Les Origines de la grande industrie allemande, Paris 1933; M. BAUMONT, La grosse industrie allemande et le Charbon, Paris 1928. Vgl. etwa F. LERNER, Wirtschafts- und Sozialgeschichte des Nassauer Raumes, 1816–1964, Wiesbaden 1965; G. LECKEBUSCH, Die Beziehungen der deutschen Seeschiffswerften zur Eisenindustrie an der Ruhr, 1850–1930, Köln 1963; W. HOSTERT, Die Entwicklung der Lüdenscheider Industrie im 19. Jahrhundert, Lüdenscheid 1960; F. KISTLER, Die wirtschaftlichen und sozialen Verhältnisse in Baden, 1849–70, Freiburg 1954; wichtig dagegen: H. KISCH, The Textile Industries in Silesia and the Rhineland, a Comparative Study in Industrialization, in: JEH 19, 1959, S. 541–64; DERS., The Impact of the French Revolution on the Lower Rhine Textile Districts, in: EHR 15, 1962, S. 304–27; N. G. POUNDS, The Ruhr, London 1952; DERS. u. W. N. PARKER, Coal and Steel in Western Europe, London 1957, S. 210–46.

29   W. KÖLLMANN, Sozialgeschichte der Stadt Barmen im 19. Jahrhundert, Tübingen 1960; A. KRAUS, Die Unterschichten Hamburgs in der ersten Hälfte des 19. Jahrhunderts, Stuttgart 1965. Vgl. H. BÖHME, Frankfurt und Hamburg, Frankfurt 1968; P. AYÇOBERRY, Probleme der Sozialschichtung in Köln im Zeitalter der Frühindustrialisierung, in: FISCHER, Probleme [wie Anm. 20], S. 512–28; F. MOGS, Die sozialgeschichtliche Entwicklung der Stadt Oberhausen (Rhld.), 1850–1933, wiso. Diss. Köln 1956; F. BECK, Die wirtschaftliche Entwicklung in der Stadt Greiz während des 19. Jahrhunderts, Weimar 1955; E. DENZEL, Wirtschafts- und Sozialgeschichte der Stadt Wetter, Dortmund 1952; H. HELLGREVE, Dortmund als Industrie- und Arbeitsstadt, Dortmund 1951; H. GREWE, Die soziale Entwicklung der Stadt Essen im 19. Jahrhundert, wiso. Diss. Köln 1949, MS.

30   K. BORCHARDT, Zur Frage des Kapitalmangels in der ersten Hälfte des 19. Jahrhunderts in

Über die einschneidende Gewerbe- und Agrarkrise der 1840er Jahre, die eine der zentralen Vorbedingungen der Revolution von 1848/49 gebildet hat, besitzen wir trotz der intensivierten Vormärzforschung bis heute: 120 Jahre danach, keine Monographie, ja nicht einmal einen kleinen Aufsatz! Dabei läßt sich aus Untersuchungen über die französische und englische Wirtschaftsgeschichte dieses Jahrzehnts die Bedeutung dieser Krise ermessen, die 1837/39 einsetzte und vielleicht schon in ihrem noch vagen, aber erkennbaren globalen Zusammenhang ein Vorspiel für die erste Weltwirtschaftskrise, die diesen Namen wirklich verdient: die Krise von 1857/59, bedeutete.[31]

Deutschland, in: JNS 173, 1961, S. 401–21; vgl. DERS., Regionale Wachstumsdifferenzen in Deutschland im 19. Jahrhundert unter besonderer Berücksichtigung des West-Ost-Gefälles, in: Festschrift F. Lütge, Stuttgart 1966, S. 325–39, auch in: F. LÜTGE (Hg.), Wirtschaftliche und soziale Probleme der gewerblichen Entwicklung im 15./16. und 19. Jh., Stuttgart 1968, S. 115–30; W. G. HOFFMANN, Long-term Growth and Capital Formation in Germany, in: F. A. LUTZ u. D. C. HAGUE (Hg.), The Theory of Capital, New York 1961, S. 118–40. Vgl. R. TILLY, Finanzielle Aspekte der preußischen Industrialisierung, in: FISCHER, Probleme [wie Anm. 20], S. 477–91; DERS., Los von England: Probleme des Nationalismus in der deutschen Wirtschaftsgeschichte, in: ZGS 124, 1968, S. 178–95 (verwechselt Nationalismus mit Etatismus!); DERS., Germany, 1815–70, in: R. E. CAMERON u. a., Banking in the Early Stages of Industrialization, New York 1967, S. 151–82; DERS., The Political Economy of Public Finance and the Industrialization of Prussia, 1815–66, in: JEH 26, 1966, S. 484–97; DERS., Financial Institutions and Industrialization in the Rhineland, 1815–70, Madison 1966, sowie natürlich S. KUZNETS, International Differences in Capital Formation and Financing, in: M. ABRAMOVITZ (Hg.), Capital Formation and Economic Growth, Princeton 1956, S. 19–106. – Zum öfters sehr überschätzten Zollverein nach 1945 nur: W. FISCHER, The German Zollverein, in: Kyklos 13, 1960, S. 65–87; DERS., Der Deutsche Zollverein, die EWG und die Freihandelszone. Ein Vergleich ihrer Motive, Institutionen und Bedeutung, in: Europa-Archiv 16, 1961, S. 105–14. Vgl. A. H. PRICE, The Evolution of the Zollverein, 1815–33, Ann Arbor 1949; W. O. HENDERSON, The Zollverein, Cambridge 1939, ²1959. Eine neue Gesamtdarstellung unter wachstumshistorischen Gesichtspunkten fehlt. – Speziell zum Bildungswesen: K. BORCHARDT, Zum Problem der Erziehungs- und Ausbildungsinvestitionen im 19. Jh., in: Festschrift für H. Ammann, Wiesbaden 1965, S. 380–92; K. H. MANEGOLD, Universitäten und Technische Hochschulen, Berlin 1970.

31 Vgl. einmal W. ABEL, Der Pauperismus in Deutschland, in: Festschrift F. Lütge, Stuttgart 1966, S. 284–298; DERS., Der Pauperismus in Deutschland am Vorabend der Industriellen Revolution, Dortmund 1966; DERS., Agrarkrisen [wie Anm. 19], S. 252–69; T. HAMEROW, 1848, in: L. KRIEGER u. F. STERN (Hg.), The Responsibility of Power (Festschrift H. Holborn), Garden City 1967, S. 145–61; H. BLEIBER, Zwischen Reform und Revolution: Lage und Kämpfe der schlesischen Bauern und Landarbeiter im Vormärz, 1840–47, Berlin 1966; C. JANTKE, Zur Deutung des Pauperismus, in: DERS. u. D. HILGER (Hg.), Die Eigentumslosen, Freiburg 1965, S. 7–47; J. KUCZYNSKI, Studien zur Geschichte der zyklischen Überproduktionskrisen in Deutschland, 1825–66, Berlin 1961, S. 52–109; MOTTEK, Wirtschaftsgeschichte [wie Anm. 13] II, S. 199–201. Vgl. D. EICHHOLTZ, Junker und Bourgeoisie vor 1848 in der preußischen Eisenbahngeschichte, Berlin 1962; DERS., Bewegungen unter den preußischen Eisenbahnarbeitern im Vormärz, in: Beiträge [wie Anm. 26], S. 251–84; E. MOHRMANN, Studie zu den ersten organisierten Bestrebungen der Bourgeoisie in einigen Städten des Rheinlands, in: Beiträge [wie Anm. 26], S. 189–249; H. KUBITSCHEK, Die Börsenverordnung vom 24.5.1844 und die Situation im Finanz- und Kreditwesen Preußens in den 40er Jahren des 19. Jahrhunderts, 1840–47, in: JbW 1962/4, S. 57–78; K. OBERMANN, Die Rolle der ersten deutschen Aktienbanken in den Jahren 1848–56, in: JbW 1960/2, S. 47–75; BÖHME [wie Anm. 37]; G. FRANZ, Die agrarische Bewegung im Jahre 1848, in: ZAA 7, 1959, S. 176–93. W. CONZE (Staat und Gesellschaft [wie Anm. 27]) und KOSELLECK

Zu 2. Über die Trendperiode des deutschen „Take-off" gab es außer Auf- [|93] sätzen dreißig Jahre lang nur die bis heute keineswegs überholte Studie von H. Rosenberg über die erste Phase von 1848–1859; auch die zweite Phase von der ersten Weltwirtschaftskrise bis hin zur zweiten Weltwirtschaftskrise von 1873 ist im Zusammenhang unter spezifisch wirtschaftsgeschichtlichen Aspekten noch immer nicht untersucht worden. Erst die Mottek-Schule und Einzelstudien wie die von J. Schuchardt über die Krise von 1866 oder von H. Böhme über das Verhältnis von Staat und Wirtschaft in der Reichsgründungszeit (1848–79), namentlich über die preußische Banken- und Handelspolitik, haben hier endlich weitergeführt. Der Versuch einer mangels Vorarbeiten ungemein schwierigen Gesamtanalyse der deutschen Industriellen Revolution von 1835/51 bis 1873 ist aber bisher noch nicht in Angriff genommen worden.[32]

Zu 3. Das gleiche Urteil gilt für die Trendperiode von 1873 bis 1896, die wegen ihrer einschneidenden Wachstumsstörungen und -probleme als „Große Depression" bezeichnet und erst unlängst zum Gegenstand einer bahnbrechenden, unter Sachgesichtspunkten analysierenden Untersuchung von H. Rosenberg gemacht worden ist. Mit derselben Phase habe ich mich bei der Entwicklung eines sozialökonomischen Erklärungsmodells für die Geschichte des deutschen Imperialismus in der Bismarckzeit eingehender beschäftigt und bin auch im Hinblick auf den Forschungsstand zu demselben Ergebnis wie Rosenberg gelangt: daß man sich nämlich, von den eigentlichen Quellen der staatlichen und wirtschaftlichen Archive, der Nachlässe, Publizistik usw. einmal abgesehen, überwiegend noch auf ältere wirtschaftsgeschichtliche Arbeiten, bzw. konjunkturhistorische Studien von Wirtschaftswissenschaftlern an-

[wie Anm. 19] gehen auch nicht eingehend auf diese Krisen ein. Vgl. damit E. Labrousse (Hg.), Aspects de la crise et de la dépression de l'économie française au milieu de XIXᵉ siècle, 1846–51, La Roche-sur-Yon 1956; T. J. Markovitch, La crise de 1847/48 dans les industries parisiennes, in: Revue d'Histoire Économique et Sociale 43, 1965, S. 256–68; C. N. Ward-Perkins, The Commercial Crisis of 1847, in: Oxford Economic Papers 2, 1950, S. 75–94, auch in: A. H. Hansen u. R. V. Clemence (Hg.), Readings in Business Cycles and National Incomes, New York 1953, S. 1–20, u. in: E. R. Carus-Wilson (Hg.), Essays in Economic History III, London 1962, S. 263–79.

32 H. Rosenberg, Die Weltwirtschaftskrise von 1857–59, Stuttgart 1934; vgl. H. Wätjen, Die Weltwirtschaftskrise des Jahres 1857, in: WA 38, 1933, S. 356–367; H. Treutler, Die Wirtschaftskrise von 1857, in: Hamburger Überseejahrbuch 1927, S. 301–20; H. Böhme, Wirtschaftskrise, Merchant Bankers und Verfassungsreform. Zur Bedeutung der Weltwirtschaftskrise von 1857 in Hamburg, in: Zeitschrift des Vereins für Hamburgische Geschichte 54, 1968, S. 77–127; J. Schuchardt, Die Wirtschaftskrise vom Jahre 1866 in Deutschland, in: JbW 1962/2, S. 91–141; H. Blumberg, Die Finanzierung … der Aktiengesellschaften, in: Mottek [wie Anm. 27], S. 165–207; G. Bondi (Zur Vorgeschichte der „kleindeutschen Lösung", 1866–71, in: JbW 1966/2, S. 11–33) ist durch H. Böhme (Deutschlands Weg zur Großmacht. Studien zum Verhältnis von Wirtschaft und Staat während der Reichsgründungszeit, 1848–81, Köln 1966, vgl. meine Rez. in: Neue Politische Literatur [= NPL] 14, 1969) absolut überholt. Vgl. Tilly [wie Anm. 30]; Hoffmann [wie Anm. 23]; W. Zorn, Wirtschafts- und sozialgeschichtliche Zusammenhänge der deutschen Reichsgründungszeit, 1850–70, in: HZ 197, 1963, S. 318–42, auch in: Wehler [wie Anm. 5], S. 254–84; M. Müller-Jabusch, So waren die Gründerjahre, Düsseldorf 1957. Demnächst Mottek, Wirtschaftsgeschichte [vgl. Anm. 13], Bd. III.

gewiesen sieht, die erst neuerdings durch die Spezialstudien von Hoffmann, Böhme, Mottek u. a. ergänzt oder überholt werden.[33] [|94]

Zu 4. Zum selben Ergebnis kommt man hinsichtlich des wirtschaftlichen Wachstums in der Aufschwungphase der weltwirtschaftlichen Konjunktur von 1896 bis 1914. Über die kurzen Krisen von 1900 und 1907 muß man sich noch immer in älteren Arbeiten von Loeb, Helfferich, Feiler usw. informieren, Gesamtdarstellungen unter wachstumstheoretischen und -historischen Gesichtspunkten fehlen für alle beiden Vorkriegsjahrzehnte.[34]

Auch die Arbeit auf speziellen Forschungsgebieten dieser Zeit stagniert in der deutschen Wirtschaftsgeschichte ganz oder schreitet doch nur mit Hilfe von Ökonomen voran. So stockt z. B. die deutsche Preisgeschichte des 19. und 20. Jahrhunderts seit 30 Jahren völlig. Nicht viel besser wäre es um die Geschichte der Löhne bestellt, wenn nicht, wie so oft im Bereich der deutschen Wirtschaftsgeschichte, ausländische Wissenschaftler gleichsam einsprängen. Mit den Studien von Gillman, Bouvier u. a. vergleichbare Arbeiten zum Problem der Profitrate fehlen vollständig. Das gilt im allgemeinen auch für die Bewegung der Aktienkurse und Renditen, das ganze Börsenwesen, Zins- und Diskontsätze, für Fragen der In- und Auslandsinvestitionen, der volkswirtschaftlichen Wertschöpfung, der Kapitalbildung und des Kapitalimports. Der grundlegend wichtige Außenhandel ist für den Zeitraum bis 1870 auf alles andere als befriedigende Weise von Bondi behandelt worden. Für die viel wichtigeren hundert Jahre seither gibt es wirtschaftshistorisch nur wenige Vorarbeiten.[35] [|95]

---

33 H. Rosenberg, Große Depression und Bismarckzeit, Berlin 1967 (vgl. meine Rez. in: NPL 14, 1969); vorher Ders. [wie Anm. 22]; Ders., Political and Social Consequences of the Great Depression of 1873–96 in Central Europe, in: EHR 13, 1943, S. 58–73. H.-U. Wehler, Bismarck und der Imperialismus, Köln 1969, wo die ältere Literatur verzeichnet ist. Dagegen ist Hallgarten (Imperialismus vor 1914, 2 Bde., München ²1963) auch in wirtschaftlichen Fragen völlig verschwommen, vgl. meine Rez. in: Kölner Zeitschrift für Soziologie 17, 1965, S. 146–50. Böhme [wie Anm. 32]; Hoffmann [wie Anm. 25 u. 30]; H. Mottek, Die Gründerkrise, in: JbW 1966/1, S. 51–128.

34 Vgl. E. Loeb, Die Berliner Großbanken in den Jahren 1895–1902, in: Die Störungen im deutschen Wirtschaftsleben VI (SVS 110), Leipzig 1903, S. 81–319; K. Helfferich, Der deutsche Geldmarkt, 1895–1902, ebenda, S. 1–80; überhaupt die SVS vor 1914; A. Feiler, Die Konjunkturperiode 1907–13, Jena 1914. Vgl. jetzt H. Nussbaum, Unternehmer gegen Monopole: Über Struktur und Aktionen antimonopolistischer bürgerlicher Gruppen zu Beginn des 20. Jahrhunderts, Berlin 1966.

35 A. Jacobs, Preis-Preisgeschichte, in: HSW 8, Stuttgart 1964, S. 475 f.; vgl. R. Mandrou, Wirtschaftsgeschichte-Neuzeit. Allgemeine Entwicklung, in: HSW 12, Stuttgart 1962, S. 166–77; F. Grumbach u. H. König, Beschäftigung und Löhne der deutschen Industriewirtschaft, 1888–1954, in: WA 79/2, 1957, S. 125–55; vgl. W. Jonas, Zur Geschichte der Löhne und der Produktion im Mansfeldschen, 1788–1944, in: ZfG 2, 1954, S. 370–400. Am detailliertesten G. Bry, Wages in Germany, 1871–1945, Princeton 1960. J. Kuczynski (Die Geschichte der Lage der Arbeiter unter dem Kapitalismus I: Deutschland von 1789 bis zur Gegenwart, Bd. 1–6, 1789–1945, Berlin 1961–66) enthält natürlich viel Material, aber es ist zu oft nicht durchgeformt und bleibt zumeist eine Sammlung von Daten und Exzerpten; überdies ist scharfe Kritik an den statistischen Angaben möglich, vgl. T. Geiger, Die Klassengesellschaft im Schmelztiegel, Köln 1949. – J. M. Gillman, The Falling Rate of Profit, London 1957; J. Bouvier u. a., Le mouvement du profit en France au XIXᵉ siècle, Paris 1965. – K. R. Bopp, Die Tätigkeit der Reichsbank von 1876–1914,

Im Hinblick auf die Freihandels- und Zollpolitik besitzen wir neuerdings die Untersuchungen von Böhme und Lambi, Hardach und Rosenberg, die sowohl die Freihandelspolitik in der Zeit der Industriellen Revolution, als auch vor allen den Übergang zum „Solidarprotektionismus" (Rosenberg) von 1879 mit seinen politischen und gesellschaftlichen Folgen detailliert verfolgen. Über den Ausbau des Schutzzolls von 1885 bis 1887 gibt es aber genausowenig eine Spezialstudie wie über den Rückschlag des Pendels in der Zeit der Caprivischen Handelsverträge, den neuen protektionistischen Vorstoß mit dem besonders für die Innen- und Flottenpolitik bedeutsamen Bülowschen Zolltarif von 1902 und die Außenhandelspolitik der Zwischenkriegszeit.[36] Allein auf das Bankwesen richtet sich seit kurzer Zeit wieder ein erstes Interesse, – nachdem es vor fünfzig Jahren einmal eine blühende Bankgeschichte in Deutschland gegeben hat –, obwohl es leider nur selten wissenschaftlich produktiv wird, sondern meistens hagiographische Unternehmensfestschriften her-

in: WA 72, 1954, S. 34–56, 179–224. Enttäuschend ist K. NELS, Die Bewegung der Kapitalexporte des deutschen Imperialismus, in: JbW 1963/4, S. 57–91; vgl. dazu noch A. VAGTS, M.M. Warburg, ein Bankhaus in der deutschen Weltpolitik, 1905–33, in: VSWG 54, 1958, S. 289–388, sowie H. FEIS, Europe, the World's Banker, New York ²1965. – G. BONDI, Deutscher Außenhandel, 1815–70, Berlin 1958; vgl. S. RICHTER, Die Struktur des deutschen Außenhandels, 1872–92, ök. Diss. Halle 1961, MS; H. RITTERSHAUSEN, Die deutsche Außenhandelspolitik, 1879 bis 1948, in: ZGS 105, 1949, S. 126–68; DERS., Internationale Handels- und Devisenpolitik, Frankfurt ²1955.

36 BÖHME [wie Anm. 32]; DERS., Big-Business Pressure Groups and Bismarck's Turn to Protectionism, 1873–79, in: Historical Journal 10, 1967, S. 218–36; I. N. LAMBI, Free Trade and Protection in Germany, 1868–79, Wiesbaden 1963; DERS., The Protectionist Interests of the German Iron and Steel Industry, 1873–1879, in: JEH 22, 1962, S. 59–70; DERS., The Agrarian-Industrial Front in Bismarckian Politics, in: Journal of Central European Affairs 20, 1961, S. 378–96. – K. W. HARDACH, Die Bedeutung wirtschaftlicher Faktoren bei der Wiedereinführung der Eisen- und Getreidezölle in Deutschland 1879, Berlin 1967; DERS., Die Haltung der deutschen Landwirtschaft in der Getreidezolldiskussion von 1878/79, in: ZAA 15, 1967, S. 33–48; DERS., Beschäftigungspolitische Aspekte in der deutschen Außenhandelspolitik ausgangs der 1870er Jahre, in: Schmollers Jahrbuch 86, 1966, S. 641–54; ROSENBERG u. WEHLER [wie Anm. 33]. – Zur Caprivizeit vorerst J. A. NICHOLS, Germany After Bismarck. The Caprivi Era, 1890–94, Cambridge/Mass. 1958, S. 138–53, 287–307; sowie J. RÖHL, Deutschland ohne Bismarck, Tübingen 1969; noch immer W. LOTZ, Die Handelspolitik des Deutschen Reiches unter Graf Caprivi und Fürst Hohenlohe, in: Beiträge zur neuesten Handelspolitik Deutschlands III (SVS 92), Leipzig 1901, S. 47–218. Zu 1902: E. KEHR, Schlachtflottenbau und Parteipolitik, 1894–1902, Berlin 1930, New York ²1966; G. SCHÖNE, Die Verflechtung wirtschaftlicher und politischer Motive in der Haltung der Parteien zum Bülowschen Zolltarif 1901–2, phil. Diss. Halle 1934; F. W. BEIDLER, Der Kampf um den Zolltarif im Reichstag 1902, phil. Diss. Berlin 1929; A. R. DE CLERY, La politique douanière de l'Allemagne, 1890–1925, Paris 1935; speziell zu Rußland: S. KUMPF, Zu den zollpolitischen Auseinandersetzungen zwischen Deutschland und Rußland in der letzten Periode der Bismarckschen Ära, in: Jahrbuch für Geschichte der UdSSR 8, 1964, S. 143–77; DIES., Bismarcks „Draht nach Russland". Zum Problem der sozial-ökonomischen Hintergründe der russisch-deutschen Entfremdung, 1878–1891, Berlin 1968. J. KUCZYNSKI u. G. WITTKOWSKI, Die deutsch-russischen Handelsbeziehungen in den letzten 150 Jahren, Berlin 1947; L. DOMERATZKY, Tarif Relations Between Germany and Russia, 1890–1914, Washington 1918; C. BALLOD, Die deutsch-russischen Handelsbeziehungen, in: Beiträge zur neuesten Handelspolitik Deutschlands I (SVS 90), Leipzig 1900, S. 273–336.

vorbringt.[37] Gäbe [|96] es nicht die glänzenden Arbeiten von W. G. Hoffmann und seinen Mitarbeitern, von Wirtschaftswissenschaftlern also, und dazu von ausländischen Historikern, so sähe sich die deutsche Wirtschaftsgeschichte auch auf längere Sicht hin einer nach Lage der Dinge kaum zu bewältigenden Fülle von Aufgaben gegenüber. So aber sind ihr grundlegende Ergebnisse und vor allem auch Materialsammlungen von einer benachbarten Disziplin oder von ausländischen Fachkollegen zur Verfügung gestellt worden.

Trotz der leidenschaftlichen Diskussion über den Ersten Weltkrieg, die nunmehr wieder seit 1961 anhält, hat es doch erstaunlich lange gedauert, bis sich das Interesse den sozialökonomischen Fragen zugewendet hat. Bezeichnenderweise stammen auch hier die besten Arbeiten aus Amerika und der DDR. Eine wissenschaftlichen Ansprüchen genügende Gesamtdarstellung, wie sie vor vierzig Jahren einmal die Carnegie-Stiftung angestrebt hat, fehlt indessen auch heute noch.[38]

Ähnlich hat die Wirtschaftsgeschichte der Weimarer Republik, ungeachtet der kaum mehr überschaubaren Literatur, im Windschatten der deutschen wirtschaftshistorischen Forschung gelegen. Weder sind die älteren Untersuchungen über die Konjunkturschwankungen neuerdings ersetzt worden, – obwohl man mit verfeinertem theoretischem Rüstzeug und von breiterer empirischer Basis aus vorgehen könnte, aber nur gelegentlich vorgegangen ist –, noch gibt es viel mehr als ein halbes Dutzend guter Arbeiten über wirtschaftshistorische und -po- [|97] litische Probleme dieser Zeit: sei es über die ökonomischen Folgen des Versailler Friedensvertrags,

37   H. Böhme, Die Gründung und Anfänge des Schaffhausenschen Bankvereins, der Bank des Berliner Kassenvereins, der Direktion der Disconto-Gesellschaft und der (Darmstädter) Bank für Handel und Industrie, in: Tradition 10, 1965, S. 189–212; 11, 1966, S. 34–56; dadurch überholt: Obermann [wie Anm. 31]. Vgl. M. Gehr, Das Verhältnis zwischen Banken und Industrie in Deutschland, 1850–1931, staatswiss. Diss. Tübingen 1960; E. Roos, Das Verhältnis der Banken zur rheinisch-westfälischen Schwerindustrie vom Beginn des 19. Jahrhunderts bis 1875, wiso. Diss. Köln 1953, MS; leider sehr schwach: B. Schulze, Der Diconto-Ring und die deutsche Expansion, 1871–90, phil. Diss. Leipzig 1965, MS. Allg. W. Zorn, Beiträge zur Geschichte der deutschen Banken seit 1950, in: Tradition 1, 1956, S. 69–74; 5, 1960, S. 231–35; vgl. wieder Tilly [wie Anm. 30], und R. E. Cameron, Die Gründung der Darmstädter Bank, in: Tradition 2, 1957, S. 104–31. Die ältere Bankenliteratur bei Wehler [wie Anm. 33].
38   G. F. Feldman, Army, Industry, and Labor in Germany, 1914–18, Princeton 1966; R. B. Armeson, Total Warfare and Compulsory Labor. A Study of the Military-Industrial Complex in Germany During World War I, Den Haag 1964; W. Gutsche, Die Beziehungen zwischen der Regierung Bethmann Hollweg und dem Monopolkapital in den ersten Monaten des Ersten Weltkriegs, phil. Habil.-Schrift Berlin 1967, MS, demn. Gedruckt [Berlin 1967]; R. Andexel, Imperialismus. Staatsfinanzen, Rüstung, Krieg, Probleme der Rüstungsfinanzierung des deutschen Imperialismus, Berlin 1968; A. Schröter, Krieg, Staat, Monopol, 1914–18. Die Zusammenhänge von imperialistischer Kriegswirtschaft, Militarisierung der Volkswirtschaft und staatsmonopolistischem Kapitalismus in Deutschland während des Ersten Weltkriegs, Berlin 1965; demn. 3 Bde der Berliner Akademie zur „Deutschen Geschichte im Ersten Weltkrieg". H. Weber (Ludendorff und die Monopole. Deutsche Kriegspolitik 1916–18, Berlin 1966), W. Richter (Gewerkschaften, Monopolkapital und Staat im Ersten Weltkrieg, Berlin 1959), A. Müller (Die Kriegsrohstoffbewirtschaftung 1914–18 im Dienste des deutschen Monopolkapitals, Berlin 1955) sind dagegen ziemlich enttäuschend. – J. T. Shotwell (Hg.), Wirtschafts- und Sozialgeschichte des Weltkriegs, Deutsche Serie, 12 Bde., Stuttgart 1927–37 (vor allem Lotz, Umbreit, Aerebro, Skalweit, Sarter).

die Wirtschaftspolitik der einzelnen Reichsregierungen oder regionale Fragen.[39] Erstaunlich ist es auch, wie wenig deutsche Wirtschaftshistoriker bisher zur Erforschung einer unübersehbaren Zäsur: der dritten Weltwirtschaftskrise seit 1929 und der ihr folgenden Depression beigetragen haben. Eine Reihe instruktiver Analysen stammt auch hier von Wirtschaftswissenschaftlern, aber erst neuerdings haben W. Conze u. a., K. E. Born, W. Helbich und D. Petzina die Diskussion vorangetrieben.[40] [|98]

39 G. CLAUSING, Die wirtschaftlichen Wechsellagen, 1919–1932, Jena 1933; vgl. damit C. T. SCHMIDT, German Business Cycles, 1924–33, New York 1934, und das immer noch vorzügliche Buch von C. BRESCIANI-TURRONI, The Economics of Inflation. A Study of Currency Depreciation in Post-War Germany 1914–23, London ²1953; R. A. BRADY, The Rationalization Movement in German Industry, Berkeley 1933, sowie C. W. GUILLEBEAUD, The Economic Recovery of Germany, 1933–38, London 1939. – E. WÜEST, Der Vertrag von Versailles im Licht und Schatten der Kritik. Die Kontroverse um seine wirtschaftlichen Auswirkungen, Zürich 1962; D. GESCHER, Die Vereinigten Staaten von Amerika und die Reparationen, 1920–24, Bonn 1956; R. CASTILLON, Les réparations allemandes, 1919–32, 1945–52, Paris 1953; H. RONDE, Von Versailles bis Lausanne. Der Verlauf der Reparationsverhandlungen nach dem Ersten Weltkrieg, Stuttgart 1950; E. WEILL-RAYNAL, Les réparations allemandes et la France, 3 Bde., Paris 1947; HELBICH [wie Anm. 40]. – K. LAURSEN u. J. PEDERSEN, German Inflation, 1918–23, Amsterdam 1964; K. B. NETZBAND u. H. P. WIDMAIER, Währungs- und Finanzpolitik der Ära Luther, 1923–25, Tübingen 1964; R. E. LÜKE, Von der Stabilisierung zur Krise, Zürich 1958; O. BÜSCH, Geschichte der Berliner Kommunalwirtschaft in der Weimarer Epoche, Berlin 1960; P. CZADA u. H. M. BARTH, Ein führender Industriezweig in der Berliner Geschichte der Weimarer Zeit. Die Elektroindustrie, in: Jahrbuch für die Geschichte Mittel- und Ostdeutschlands 15, 1966, S. 1–43; H.-J. WINKLER, Preußen als Unternehmer, 1923–32 (Preussag, Hibernia, Vebag), Berlin 1965; H. H. HARTWICH, Arbeitsmarkt, Verbände und Staat, 1918–33, Berlin 1967.

40 G. KROLL, Von der Weltwirtschaftskrise zur Staatskonjunktur, Berlin 1958; W. GROTKOPP, Die große Krise, 1929/32, Düsseldorf 1954; A. PREDÖHL, Das Ende der Weltwirtschaftskrise, Reinbek 1962; DERS., Die Epochenbedeutung der Weltwirtschaftskrise, 1929–31, in: VfZ 1, 1953, S. 97–118; vgl. dazu G. BONDI, Die Weltwirtschaftskrise im Spiegel westdeutscher Geschichtsschreibung, in: JbW 1965/2, S. 11–25 (aus der DDR liegt aber zu diesen Fragen noch keine einzige brauchbare Arbeit vor). Vgl. W. HOCK, Deutscher Antikapitalismus, Der ideologische Kampf gegen die freie Wirtschaft im Zeichen der großen Krise, Frankfurt 1960. Von einem simplizistischen Erklärungsmodell geht G. W. F. HALLGARTEN (Hitler, Reichswehr und Industrie, 1918–33, Frankfurt 1955; A. Hitler and German Heavy Industry, 1931–33, in: JEH 12, 1952, S. 222–246) aus, demn. hierzu H. A. TURNERS Buch über die Finanzierung Hitlers und der NSDAP bis 1933. – W. CONZE u. H. RAUPACH (Hg.), Die Staats- und Wirtschaftskrise des Deutschen Reiches, 1929–33, Stuttgart 1967 (darin vor allem D. KEES, Die volkswirtschaftlichen Gesamtgrößen für das Deutsche Reich in den Jahren 1925–36, S. 35–81). Nicht ohne Kritik darf die skandalöse These von RAUPACH (ebenda, Der interregionale Wohlfahrtsausgleich als Problem der Politik des Deutschen Reiches, S. 13–34, hier 33) bleiben, es habe um 1930 „keinen Ausweg" gegeben, um die Standortnachteile des damaligen deutschen Ostens „mit den Mitteln der parlamentarischen Budgetpolitik und der Marktwirtschaft zu meistern", so daß „der allgemeine Schluß" naheliege, „daß die nationalsozialistische Provokation des Zweiten Weltkriegs, abgesehen (!) von Hitlers vorgefaßter Lebensraum-Ideologie, als Ausbruch aus einer ausweglosen Lage anzusehen wäre", zumal da das deutsche Volk einen „Zwangssparprozeß geradezu bolschewistischen Ausmaßes" zugunsten des regionalen Ausgleichs nicht mitgemacht hätte. Die Aberdutzenden von Alternativen zur Hitlerschen Politik werden überhaupt nicht diskutiert, von Hitlers Lebensraum-Ideologie kann man schlechthin nicht absehen, wirtschaftswissenschaftlich war ihm das West-Ost-Gefälle sicher Hekuba – und welchen Problemen sehen sich heute Ent-

Und wer da glaubt, daß bei der Erforschung des Nationalsozialismus seit mehr als zwanzig Jahren auch hinreichend Gelegenheit, ja die Notwendigkeit bestand, den sozialökonomischen Fragen im einzelnen nachzugehen, der muß überrascht nur eine Handvoll Studien nicht nur für die Jahre von 1934 bis 1939,[41] sondern auch für die Kriegszeit konstatieren, wobei wiederum Wirtschaftswissenschaftler und ausländische Historiker vorzügliche Monographien [|99] beigesteuert haben.[42] Schon dieser arg skizzenhafte Überblick zeigt, welche Fülle von Problemen in der modernen

wicklungsländer gegenüber! Wer hier von „auswegloser Lage" spricht, bereitet einer grobschlächtigen Apologetik den Boden. – K. E. BORN, Die deutsche Bankenkrise 1931, München 1967, mit wichtigem neuem Material, vgl. aber auch (von B. nicht benutzt) die vorzügliche Studie von E. BENNETT, Germany and the Financial Crisis, Cambridge/Mass. 1962, sowie P. EINZIG, The Financial Crisis of 1931, in: M. GILBERT (Hg.), A Century of Conflict, 1850–1950, Essays for A. J. P. Taylor, London 1966, S. 233–43. – W. J. HELBICH, Die Reparationen in der Ära Brüning, Berlin 1962; zu Brünings – aber nicht nur dessen! – verfehlter Agrarpolitik: zu positiv H. BEYER, Die Agrarkrise und das Ende der Weimarer Republik, in: ZAA 13, 1965, S. 62–92, dagegen T. KITANI, Brünings Siedlungspolitik und sein Sturz, in: ZAA 14, 1966, S. 54–82. Allg. B. BUCHTA, Die Junker und die Weimarer Republik. Charakter und Bedeutung der Osthilfe in den Jahren 1928–33, Berlin 1959; U. TEICHMANN, Die Politik der Agrarpreisstützung, Köln 1955; J. B. HOLT, German Agricultural Policy, 1918–34, phil. Diss. Heidelberg, Chapel Hill 1936; W. FISCHER, Die wirtschaftspolitische Situation der Weimarer Republik, Celle 1960.

41 So auch das Urteil eines der vorzüglichsten Sachkenner wie W. SAUER (National Socialism: Totalitarianism or Fascism, in: AHR 73, 1967, S. 404–24, hier 407): „wir wissen wenig oder nichts" über die sozialökonomische Geschichte von 1934–45. Vgl. W. BIRKENFELD, Der synthetische Treibstoff, 1933–45, Göttingen 1964; G. MEINCK, Hitler und die deutsche Aufrüstung, 1933–37, Wiesbaden 1959, für die Anfangszeit weitaus besser: W. SAUER, Die Mobilmachung der Gewalt, in: K. D. BRACHER u. a., Die nationalsozialistische Machtergreifung, Köln ²1962, S. 685–972, hier 744–806. Vgl. damit B. S. KLEIN, Germany's Economic Preparation for War, Cambridge/Mass. 1959; E. GEORG, Die wirtschaftlichen Unternehmungen der SS, Stuttgart 1963. Allg. W. FISCHER, Die Wirtschaftspolitik des Nationalsozialismus, Celle 1961; DERS., Die Wirtschaftspolitik Deutschlands, 1918–45, Hannover 1961, Opladen ²1968. – D. PETZINA, Hauptprobleme der deutschen Wirtschaftspolitik 1932/33, in: VfZ 15, 1967, S. 18–55; DERS., Autarkiepolitik im Dritten Reich, Stuttgart 1968; H. KÖHLER, Arbeitsdienst in Deutschland bis 1935, Berlin 1967; R. ERBE, Die nationalsozialistische Wirtschaftspolitik 1933–39, im Lichte der modernen Theorie, Zürich 1958; I. ESENWEIN-ROTHE, Die Wirtschaftsverbände, 1933–45, Berlin 1965. Eine große Darstellung: A. SCHWEITZER, Big Business in the Third Reich, Bloomington 1964 (u. die dort verzeichneten Aufsätze des Verf.). Vgl. R. DUBAIL, Une expérience d'économie dirigée: L'Allemagne nationalsocialiste, Paris 1962; A. E. SIMPSON, The Struggle for Control of the German Economy, 1933–37, in: Journal of Modern History 31, 1959, S. 37–45; M. WOLFE, The Development of Nazi Monetary Policy, in: JEH 15, 1955, S. 392–402; T. MASON, Labor in the Third Reich, in: Past & Present 33, 1966, S. 112–41 (dazu jetzt: D. SCHOENBAUM, Die braune Revolution, Köln 1968); DERS., Der Primat der Politik – Politik und Wirtschaft im Nationalsozialismus, in: Das Argument 8, 1966, S. 473–494, sowie C. BETTELHEIM, L'économie allemande sous le nazisme, Paris 1946.

42 Vgl. R. WAGENFÜHR, Die deutsche Industrie im Kriege, Berlin ²1963; F. FEDERAU, Der Zweite Weltkrieg. Seine Finanzierung in Deutschland, Tübingen 1962; A. S. MILWARD, dt.: Die deutsche Kriegswirtschaft, 1939–45, Stuttgart 1966; G. JANSSEN, Das Ministerium Speer. Deutschlands Rüstung im Krieg, Berlin 1968. Vorzüglich: L. HOMZE, Foreign Labor in Nazi Germany, Princeton 1967, u. E. SEEBER, Zwangsarbeiter in der faschistischen Kriegswirtschaft, Berlin 1964; den absoluten Tiefpunkt der Apologetik erreicht das vermutlich dem „Deutschen Industrieinstitut" verpflichtete Buch von K.-E. KANNAPIN, Wirtschaft unter Zwang, Köln 1966. Vgl. dagegen

deutschen Wirtschaftsgeschichte noch der Untersuchung harrt. Nur beiläufig sei
erwähnt, daß es auch nur zweimal nach 1945 in Deutschland versucht worden ist
– von W. Treue und H. Hausherr –, eine europäische oder gar universelle Wirtschaftsgeschichte zu schreiben, daß überdies wirtschaftshistorische Studien über Probleme
anderer Länder und Regionen denselben Seltenheitswert besitzen.[43] [|100]

Ad. III. Das industriewirtschaftliche Wachstum ist Beschleunigungen und Störungen,
kurzum Schwankungen unterworfen, die es erforderlich machen, den allzu globalen
und vielleicht auch völlig kontinuierliches Ansteigen suggerierenden Begriff des
Wachstums zu differenzieren. Für eine innere Gliederung des Wachstumsprozesses
vor allem bis 1914 erweist sich der Rückgriff auf Theorie und Geschichte der Konjunkturzyklen als unerläßlich, er ist auch zwanglos möglich. Aber die dabei gewonnenen allgemeinen Einsichten über den gleichsam spasmischen Charakter des

H. PFAHLMANN, Fremdarbeiter und Kriegsgefangene in der deutschen Kriegswirtschaft, 1939–
1945, Darmstadt 1968.

43   W. TREUE, Wirtschaftsgeschichte der Neuzeit [wie Anm. 13]; vgl. HAUSHERR [wie Anm. 7];
ziemlich dilettantisch ist: G. D. ROTH, Kurze Wirtschaftsgeschichte Europas, München 1961.
Vgl. damit M. DOBB, Studies in the Development of Capitalism, London [7]1963 (dt. Köln 1970),
dazu die Dobb-Festschrift: C. H. FEINSTEIN (Hg.), Socialism, Capitalism, and Economic Growth,
Cambridge 1967; D. C. NORTH, A New Economic History for Europe, in: ZGS 124, 1968, S.
139–47; C. AMBROSI u. M. TACEL, Histoire éonomique des grandes puissances à l'époque con-
temporaire, 1850–1958, Paris 1963; J. A. LESOURD u. C. GERARD, Histoire économique XIXe et
XXe siècle, Paris 1963; W. ASHWORTH, A Short History of the International Economy since 1850,
London [2]1962; A. BIRNIE, An Economic History of Europe, 1760–1939, London [7]1964; H. E.
FRIEDLÄNDER u. J. OSER, Economic History of Modern Europe, New York 1953; S. B. CLOUGH u.
C. W. COLE, An Economic History of Europe, Boston [3]1952; M. BAUMONT u. P. NAUDIN, La
commerce depuis le milieu de XIXe siècle, Paris 1952; P. ALPERT, 20th Century Economic Hi-
story of Europe, New York 1951; H. HEATON, The Economic History of Europe, London [2]1948;
C. DAY, Economic Development in Europe, New York 1948. Am besten jetzt die CEHE VI/I,
II. – Bei J. KULISCHER ([3]1965) und F. OPPENHEIMER ([2]1964) handelt es sich um Nachdrucke. – Ein
vorzügliches Beispiel für eine wirtschaftswissenschaftlich-historische Untersuchung über ein
ausländisches Problem: J. NÖTZOLD, Wirtschaftspolitische Alternativen der Entwicklung Rußlands in der Ära Witte und Stolypin, Berlin 1966; vgl. DERS., Agrarfrage und Industrialisierung
in Rußland am Vorabend des Ersten Weltkrieges, in: Saeculum 17, 1966, S. 170–92. – Es stimmt
ganz mit unserem Befund überein, daß in den Reihen der Historischen Abhandlungen, die die
deutschen Hochschulen und Akademien usw. herausgeben, nur ganz wenig wirtschaftsgeschichtliche Arbeiten erschienen sind. (Vgl. z. B.: FU Berlin –; Bonn: JAEGER [wie Anm. 10]; Göttingen
–; Hamburg –; Heidelberg: die Reihe „*Industrielle Welt*" befaßt sich mit der Sozialgeschichte
im engeren Sinn; Kiel –; Köln –; Mainz –; München –; Münster –; Stuttgart –; Tübingen –;
Mainzer Institut für Europäische Geschichte –; Mainzer Akademie –; Münchener Akademie –;
Münchener Institut für Zeitgeschichte, Darstellungen –; ebenda, Schriftenreihe VfZ: GEORG [wie
Anm. 41]; MILWARD [wie Anm. 42]; PETZINA [wie Anm. 41]; Max-Planck-Institut Göttingen –;
Beihefte zur VSWG –; Historische Studien, 377 ff. –; Studien zur Sozial- und Wirtschaftsge-
schichte, hg. von F. LÜTGE [wie Anm. 19 und 30]; SCHREMMER [wie Anm. 19]; REUTER u. SLA-
WINGER [wie Anm. 26]; Schriften zur Wirtschafts- und Sozialgeschichte, hg. von W. FISCHER u. a.:
HARDACH [wie Anm. 36]; W. FISCHER, WASAG, 1891–1966, Berlin 1966; GROPP [wie Anm. 19];
EULEN [wie Anm. 26]; KÖHLER [wie Anm. 41]; MANEGOLD [wie Anm. 30]. Berlin-Karlshorst:
BAAR, BLUMBERG, MOTTEK, SCHRÖTER u. BECKER [wie Anm. 27]; Greifswald –; Halle –; Leip-
zig –; Rostock –; Dresden –; Jena –.

Wachstums behalten auch für die Folgezeit ihren Wert. Auf die verbreitete Illusion, daß stetiges Wachstum ohne Konjunkturschwankungen geradezu selbstverständlich sei, ist inzwischen auch hierzulande nach der Rezession von 1966/67 Ernüchterung gefolgt, obwohl in der Tat theoretisch die Steuerung des Wirtschaftsablaufs um den offensichtlichen Preis einer gemäßigt inflationistischen Entwicklung keine gravierenden Probleme mehr aufwirft. Vermutlich dürfen daher Konjunkturprobleme jetzt wieder auf stärkeres wissenschaftliches Interesse rechnen.

Von den zahlreichen Konjunktur- und Wachstumstheorien, die von der Wirtschaftswissenschaft in den letzten 150 Jahren entwickelt worden sind, erweist sich eine große Zahl als unbrauchbar, da sie der empirischen Konfrontation mit der Wirtschaftsgeschichte nicht standhält. So versagen z. B. durchweg die rein exogenen und monetären Theorien, die in Kriegen, Seuchen, Naturkatastrophen, bzw. in der Kapital- und Edelmetallversorgung die entscheidenden Faktoren sehen. Eine Schlüsselstellung gewinnen dagegen die endogenen, vom makroökonomischen Entwicklungsprozeß ausgehenden Theorien des disproportionalen Wachstums, die dem fundamentalen Einfluß von Überinvestition, Überkapazität und Überproduktion vollauf Rechnung tragen. Die gewöhnlich wegen der mangelhaften Transparenz des Markts und der Überschätzung der Gewinnchancen erfolgende Überinvestition in einzelnen Wirtschaftssektoren führt zum Ausbau von Überkapazitäten mit nachfolgender Überproduktion, – Begriffe, die natürlich eine ganz bestimmte Aufnahmefähigkeit des Marktes fingieren. Dieser ständig wiederkehrende Vorgang spielt sich vor allem in den „Leitsektoren" (Rostow) der Wirtschaft ab, die in bestimmten Phasen das Wachstum zwar partiell, aber vehement vorantreiben und dann dank des „Ausbreitungseffekts" die Wirtschaft auf breiter Front nachziehen. Diese Vorstellung, die auch Kuznets' „Cycle Leader" und Schumpeters „Areas of Innovation" zugrunde liegt, ist zwar als eine „Heldentheorie der Geschichte, die nur auf Dinge übertragen" worden sei, ironisch kritisiert worden, sie hat sich jedoch bei der Erklärung der Dynamik der Konjunkturzyklen, der wirtschaftlichen „Wechsellagen" Spiethoffs und überhaupt des ungleichmäßigen, sprunghaften Wachstums empirisch bewährt. [|101] Der unregelmäßige Rhythmus der Zyklen ist mithin aufs engste mit dem Wechsel der jeweiligen Leitsektoren verknüpft, ihre Entwicklungsgeschichte erhellt auch den nicht-zyklischen Wachstumsprozeß im Zeitalter des Interventionsstaats und Organisierten Kapitalismus. Ob es sich um die sehr umstrittenen „langen Wellen" Kondratieffs von etwa 50 Jahren, den „Kuznets-Zyklus" von etwa 20 bis 25 Jahren, den „Juglar-Zyklus" von etwa 10 Jahren oder den „Kitchin-Zyklus" von etwa 40 Monaten oder ob es sich um die Trendperioden nach 1914 handelt, immer werden wir auf das disproportionale Wachstum unterschiedlicher Leitsektoren zurückgeführt.[44]

44 KUZNETS, Change [wie Anm. 23], S. 135; J. A. SCHUMPETER, Konjunkturzyklen, 2 Bde., Göttingen 1961; A. SPIETHOFF, Die wirtschaftlichen Wechsellagen, 2 Bde., Tübingen 1955. Kritik: FOGEL, Railroads [wie Anm. 3], S. 236, vgl. 228–237, 111–146. Beispiele der Bewährung: ROSTOW, British Economy [wie Anm. 22]; W. LAFEBER, The New Empire. An interpretation of American Expansion, 1860–98, Ithaca 1963; WEHLER, Bismarck und der Imperialismus [wie Anm. 33]. – Die neue und ältere Literatur ist verzeichnet in: H. BESTERS, Wirtschaftliche Konjunkturen, in: Staatslexikon 8, Freiburg [8]1963, S. 738–53; G. CLAUSING u. W. JÖHR, Konjunkturen, in: HSW

Die Wirtschaftsgeschichte gewinnt mit diesen Theorien sowohl eine Orientierungshilfe als auch Erklärungsmodelle. Vor allem kann sie auf diesem Weg auch eine grundlegend wichtige Aufgabe mit in Angriff nehmen: die unterschiedlichen Phasen der Konjunkturentwicklung und des wirtschaftlichen Wachstums mit politischen und allgemeinen gesellschaftlichen Phänomenen der Industriellen Welt zu korrelieren, also auch funktionelle oder gar ursächliche Abhängigkeitsverhältnisse aufzuweisen.

Alexander Gerschenkron hat mehrfach die Theorie entwickelt, daß die Industrialisierung mit all ihren Auswirkungen um so komplexer und spannungsreicher verlaufe, je größer die Rückständigkeit vor dem Durchbruch der Industriellen Revolution und je abrupter und komprimierter der „Great Spurt" sei. Von diesem Ansatz kann man auch bei der Analyse der deutschen Geschichte nach 1848 ausgehen, denn im Gegensatz zur eher evolutionären Entwicklung in England und in den Vereinigten Staaten besaß Deutschland, als sich die Industrielle Revolution in der überaus kurzen Zeitspanne von zwanzig Jahren durchsetzte, wegen der Erfolge der „Revolution von oben", – die zugleich eine schwere Erbschaft von grundlegenden „reformes manquées" darstellten –, eine überwiegend traditionale gesellschaftliche und politische Verfassung, deren Ent- [|102] wicklung bis zum Ende des Bismarckreiches nicht mit der Industrialisierung gewissermaßen synchronisiert werden konnte. Da aber andererseits in einem ganz knappen Zeitraum der höchste Stand industriewirtschaftlichen Fortschritts erreicht wurde und die Industrielle Welt mit ungeheurer Intensität in Deutschland eindrang, wurden Spannungen von einem solchen Ausmaß erzeugt, daß sie das vergangene Jahrhundert der deutschen Geschichte in einem ganz fundamentalen Sinn bestimmt haben. Als erster hat wohl der große amerikanische Soziologe Thorstein Veblen diese Einsicht in den spezifischen Charakter dieses Spannungsverhältnisses formuliert, dessen Genesis und Entwicklungsphasen zu verfolgen, ebenso dringliche wie lohnende Aufgaben der modernen Geschichtswissenschaft darstellen.

Unter solchen Gesichtspunkten müßte, wie bereits erwähnt, die Vorgeschichte der Revolution von 1848 untersucht werden. Von hier aus fällt neues Licht auf die Verbindung von preußischer Reaktionspolitik und Wirtschaftsliberalismus nach 1849, auf die Freihandels- und Schutzzollpolitik der 1860er und 1870er Jahre, auf die Entstehung der Bankenoligarchie, die, – wie es wieder Gerschenkron auf eine spezielle Theorie gebracht hat –, den Industrialisierungsprozeß auch in Deutschland in hohem Maße gesteuert und koordiniert hat. Die ungemein folgenreiche konser-

6, Stuttgart 1959, S. 133–41; W. STÜTZEL, Konjunkturbeobachtung, -theorie, in: Enzyklopädisches Lexikon des Geld-, Bank- und Börsenwesens II, Frankfurt [2]1968, S. 1013–17, 1027–39; W. WEBER (Hg.), Konjunktur- und Beschäftigungstheorie (NWB 14), Köln 1967; H. KÖNIG, Theorie des wirtschaftlichen Wachstums (NWB 23), Köln 1968; A. F. BURNS, Business Cycles, in: IESS 2, 1968, S. 226–45; R. E. EASTERLIN u.a., Economic Growth, in: IESS 6, 1968, S. 395–429; J. R. T. HUGHES u. W. E. MOORE, Industrialization, in: IESS 7, 1968, S. 252–70; J. J. CLARK u. M. COHEN (Hg.), Business Fluctuation, Growth, and Economic Stabilization, New York 1963; G. HABERLER, Prosperität und Depression, Tübingen 1955, vgl. H. BECKER, Die Entwicklung der nicht-monetären Überproduktions- und Überinvestitionstheorien als Krisen- und Konjunkturerklärung, staatswiss. Diss. Bonn 1952, MS. Ausführliche Literaturangaben: WEHLER, Bismarck und der Imperialismus [wie Anm. 33].

vative „Neugründung" des Reichs mit dem Übergang zum solidarprotektionistischen System von 1879 läßt sich, – das haben Rosenberg, Böhme und andere zu Recht in den Mittelpunkt gestellt –, ohne die Berücksichtigung des Konjunkturverlaufs und der die Hochindustrialisierung begleitenden gesellschaftlichen und politischen Spannungen nicht verstehen. Das gilt auch für die Sozialpolitik und den deutschen Imperialismus der Bismarckära, für Flottenbau und „Weltpolitik" der Vorkriegsjahrzehnte, nicht zuletzt aber für den Aufstieg des Nationalsozialismus, den W. Sauer unlängst in eben diesen Zusammenhang eines vielfach belasteten industriellen Wachstums hineingestellt und als die revolutionäre Bewegung der „declassés" der Industrialisierung interpretiert hat. Hier öffnet sich auf jeden Fall der Wirtschaftsgeschichte ein weites Feld, auf dem sie mit den benachbarten Sozialwissenschaften zusammenarbeiten muß.[45]

Ad IV. Der Konzentrationsprozeß, der sich frühzeitig in diesen ständig expandierenden Industriesystemen durchsetzt, entspringt einmal immanenten Gesetzen der Produktionseffizienz und der Beachtung des Grenznutzenwerts, der Rationalisierung und Gewinnmaximierung usw., er wird aber auch durch den Konjunkturverlauf, dessen Schwankungen große Wirtschaftseinheiten sowohl beim Überstehen der Stockung bzw. Depression als auch beim Ausnutzen der Hochkonjunktur am besten gewachsen sind, besonders beschleunigt. Er kann auf verschiedenen Ebenen verfolgt werden: [| 103]

1. Die Unternehmen wachsen mit Hilfe der Methoden des horizontalen und vertikalen Verbunds usw. zu Großbetrieben, Konzernen, Trusts heran, die dem Organisierten Kapitalismus bis in unsere unmittelbare Gegenwart hinein, besonders auch in der Bundesrepublik, das Gepräge geben.[46]

45 GERSCHENKRON [wie Anm. 18], S. 196 f.; DERS., in: ROSTOW [wie Anm. 22], S. 165–169; DERS. [wie Anm. 21], passim; T. VEBLEN, Imperial Germany and the Industrial Revolution (1915), Ann Arbor 1966; ROSENBERG [wie Anm. 33]; BÖHME [wie Anm. 32]; zur Sozialpolitik und zum Imperialismus: WEHLER [wie Anm. 33]; Flottenbau: KEHR [wie Anm. 36]. Vgl. KUZNETS, Modern Economic Growth [wie Anm. 23], S. 500. – SAUER, in: AHR 73, 1967/68, S. 417, allg. 404–24.

46 Vgl. hierzu K. RIEKER, Die Konzentrationsbewegung in der gewerblichen Wirtschaft, 1875–1950, in: Tradition 5, 1960, S. 116–31, sowie die spezielle Literatur zur Unternehmensgeschichte, vgl. die Hinweise in Anm. 10. Die im Titel vielversprechende kleine Schrift von W. TREUE (Konzentration und Expansion als Kennzeichen der politischen und wirtschaftlichen Geschichte Deutschlands im 19. und 20. Jahrhundert, Dortmund 1966) wird m.E. den Erwartungen, die man bei einem so wichtigen Thema hegt, gar nicht gerecht, vor allem fehlt ihr jede kritische Perspektive. – Zur gegenwärtigen Problematik: H. ARNDT (Hg.), Bibliographie Konzentration und Konzentrationspolitik 1960–66, Berlin 1967; DERS., Die Konzentration der westdeutschen Wirtschaft, Pfullingen 1966; DERS. (Hg.), Die Konzentration in der Wirtschaft, 3 Bde. (= SVS, N.F. 20), Berlin 1960 (Lit. Bd. III, S. 1799–1886); F. NEUMARK (Hg.), Die Konzentration in der Wirtschaft (= SVS, N.F. 22), Berlin 1961; A. LÖWE, Politische Ökonomik, Frankfurt 1968; A. SHONFIELD, Geplanter Kapitalismus, Köln 1968; dagegen einmal W. FISCHER, in: LÜTGE [wie Anm. 27], S. 131–42. Die informationsreichen Bücher von K. PRITZKOLEIT, Männer, Mächte, Monopole, Frankfurt 1963; DERS., Gott erhält die Mächtigen, Düsseldorf 1963; DERS., Auf einer Woge von Gold, München ²1964; F. VILMAR, Rüstung und Abrüstung im Spätkapitalismus, Frankfurt ³1967; W. ABENDROTH, Wirtschaft, Gesellschaft und Demokratie in der Bundesrepu-

2. Nach Branchen schließen sich die Betriebe in Kartellen von je verschiedenen Formen bis hin zum marktbeherrschenden Syndikat zusammen. Die Kartelle sind namentlich während der „Großen Depression" entstanden und haben seither in der deutschen Wirtschaft eine vergleichsweise außergewöhnlich wichtige, noch weithin unerforschte Rolle gespielt.[47]

3. Seit den 1870er Jahren schirmen sich die Nationalwirtschaften nicht nur durch Schutzzölle ab, überhaupt interveniert der Staat zur Unterstützung der Volkswirtschaft auf den Gebieten des Außenhandels, des Verkehrs- und Patentwesens, mit Hilfe von Subventionen, Bürgschaften, Ausfallgarantien, Kriegsschiffen, diplomatischem Druck: privat-wirtschaftlicher Besitz einer bestimmten Größenordnung erhält die Unterstützung des gesamtstaatlichen Machtapparats, proprieté wird zur pouvoir. Staat und Wirtschaft durchdringen sich immer mehr, der Organisierte Kapitalismus des Interventionsstaats fördert den [|104] nationalwirtschaftlichen Konzentrationsprozeß auch in den Zeiten relativ ungestörten Welthandels.

4. Gleichzeitig beginnt der Industriekapitalismus sich über nationale Grenzen insofern stärker hinwegzusetzen, als er sowohl aus einer Position der Defensive, – in Europa z. B. gegen die Agrarkonkurrenz Nordamerikas, Rußlands, Argentiniens und Indiens seit den 1870er Jahren, bald auch gegen die industrielle Invasion der Vereinigten Staaten –, als auch offensiv zur Gewinnung von Großmärkten auf übernationale wirtschaftliche Zusammenschlüsse hinarbeitet. Deshalb werden seit 1877/79 Pläne eines Staatenkartells „Mitteleuropa" diskutiert, das später zum Vehikel deutschen Hegemonialstrebens wurde, aber erst in unseren Tagen unter veränderten Bedingungen, wenn auch aus der ursprünglichen Verbindung von defensiven und offensiven Motiven als „Europäische Wirtschaftsgemeinschaft" realisiert worden ist.[48]

blik, Frankfurt 1963. Vgl. R. KÜHNL, Konstituierung und Regierungssystem der Bundesrepublik, in: Politische Vierteljahrsschrift 8, 1967, S. 323–52, hier 347–49.

47 Eine Gesamtdarstellung des Kartellwesens bis 1914 bereitet E. MASCHKE vor, vgl. sehr instruktiv schon DERS., Grundzüge der deutschen Kartellgeschichte, Dortmund 1964, mit reichen Lit.-Angaben; DERS., in: LÜTGE [wie Anm. 27], S. 102–14; V. HOLZSCHUHER, Soziale und ökonomische Hintergründe der Kartellbewegung, staatswiss. Diss. Erlangen-Nürnberg 1962; L. MAYER, Kartelle, Kartellorganisation und Kartellpolitik, Wiesbaden 1959, Lit. S. 329–72; T. F. MARBURG, Government and Business in Germany. Public Policy Towards Cartels, in: BHR 38, 1964, S. 78–101. – Allenfalls als Aufsatz hätte R. SONNEMANN, Die Auswirkungen des Schutzzolls auf die Monopolisierung der deutschen Eisen- und Stahlindustrie, 1879–92, Berlin 1960, erscheinen sollen. Aufschlußreich ist noch immer die Mannheimer Kartelldebatte des „Vereins für Sozialpolitik" von 1905, auf der – auch bei Schmoller – die Abneigung gegen eine realistische Anerkennung der deutschen industriellen Welt zutage trat (vgl. Anm. 5).

48 Vgl. J. DROZ, L'Europe Centrale: Evolution historique de l'idée de Mitteleuropa, Paris 1960; J. PAJEWSKI, Mitteleuropa, Posen 1959, S. 1–23; H. C. MEYER, Mitteleuropa in German Thought and Action, 1815–1945, Den Haag 1955; W. HALBENZ, Handelspolitische Zusammenschlußbestrebungen in Mitteleuropa im 19. und ersten Drittel des 20. Jahrhunderts, phil. Diss. Hamburg 1947, MS; zuletzt W. FISCHER [wie Anm. 30] u. W. O. HENDERSON, Mitteleuropäische Zolleinspläne 1840–1940, in: ZGS 122, 1966, S. 130–62. Vgl. H. ROSENBERG, The Struggle for a German-Austrian Customs Union, 1815–1939, in: The Slavonic and East European Review 14, 1936, S. 332–42; D. C. LONG, An Austro-German Customs Union, in: University of Michigan

5. Und schließlich läßt sich auch der „neue Imperialismus" der Industriestaaten seit den 1880er Jahren als eine der Folgeerscheinungen des industriellen Wachstums und gewissermaßen als Verlängerung des nationalwirtschaftlichen Konzentrationsprozesses in die überseeische Expansion hinein begreifen. Dabei handelt es sich um einen Prozeß, der keineswegs mit dem sog. „Zeitalter des Imperialismus" abgeschlossen ist, sondern vor allem in den oft schwer greifbaren Formen der indirekten Herrschaft hochentwickelter Industrieländer über minderentwickelte Regionen noch anhält.[49] [|105]

Welche Auswirkungen der Konzentrationsprozeß im engeren wirtschaftlichen Sinn in Deutschland gehabt hat, was er sozialgeschichtlich für die Umwandlung des Unternehmertums und die Herausbildung des Managements der Großbetriebe im Organisierten Kapitalismus bedeutet hat, vor allem aber wie er den politischen Entscheidungsprozeß beeinflußt hat, – das alles wirft zahlreiche wichtige Fragen auf, die die Wirtschaftsgeschichte zu beantworten mithelfen sollte.

Ad. V, VI, VII. Bei der Behandlung von Punkt II–IV ist der Zusammenhang zwischen wirtschaftlicher und gesellschaftlich-politischer Entwicklung mehrfach berührt worden. Allerdings ist besonders hier nicht zu übersehen, daß es sich zumeist noch um ungelöste Aufgaben handelt. Allzu oft und zu lange hat auch ein antimarxistisches Vorurteil dazu beigetragen, um diese Fragen einen Bogen zu machen. Aber trotz der unleugbaren methodologischen Probleme und eventuell auch der Schwierigkeiten: eine tragfähige empirische Grundlage an Quellenmaterial zu gewinnen, liegen auf diesem Gebiet, wo sich die Entwicklungsstränge gegenseitig verstärken oder überschneiden, die reizvollsten Aufgaben. Zu ihnen gehört der Aufstieg des Interventionsstaats, der sich unter der bonapartistischen Diktatur Bismarcks und namentlich seit dem Kurswechsel von 1879 ruckartig entwickelt hat, dann aber vor allem die Geschichte des deutschen Faschismus, der m. E. nur dann von einer adäquaten Theorie erfaßt wird, wenn dieselbe nach der Anregung Sauers die Auswirkungen der Industrialisierung im weiten Sinn mit speziellen Wachstumstheorien

Historical Essays XI, Ann Arbor 1937, S. 45–74; J. KRULIS-RANDA, Das deutschösterreichische Zollunionsprojekt von 1931, Zürich 1955; O. HAUSER, Der Plan einer deutsch-österreichischen Zollunion von 1931 und die europäische Föderation, in: HZ 179, 1955, S. 45–92; allg. dazu: W. M. CORDEN u. a., International Trade Controls, in: IESS 8, 1969, S. 113–39; zur Frühzeit: BÖHME [wie Anm. 32]; WEHLER [wie Anm. 33].

49 Eingehend hierzu WEHLER, Bismarck und der Imperialismus [wie Anm. 33], mit der Lit. Vgl. jetzt W. J. MOMMSEN, Das Zeitalter des Imperialismus, Frankfurt 1969; neuerdings H. GOLLWITZER, Europe in the Age of Imperialism, London 1969. Allg. hierzu: E. HEIMANN, Soziale Theorie der Wirtschaftssysteme, Tübingen 1963; L. J. ZIMMERMAN, Arme und Reiche Länder, Köln 1963; DERS., The Distribution of World Income, 1860–1960, in: E. DE VRIES (Hg.), Essays on Unbalanced Growth, S'Gravenhage 1962, S. 28–55; P. A. BARAN u. P. SWEEZY, Monopolkapitalismus, Frankfurt 1967; BARAN [wie Anm. 23]; DERS., Über die politische Ökonomie unterentwickelter Länder, in: DERS., Unterdrückung und Fortschritt, Frankfurt 1966, S. 99–128; M. DOBB, Wirtschaftliches Wachstum und unterentwickelte Länder, in: Kursbuch 6, 1966, S. 136–164; B. GUSTAFSON, Versuch über den Kolonialismus, in: Kursbuch 6, 1966, S. 86–135; R. V. ALBERTINI, Dekolonisation, 1919–1960, Köln 1966; demn. DERS., Dekolonisation (NWB 40), Köln 1970; H.-U. WEHLER (Hg.), Imperialismus (NWB 37), Köln 1970, S. 443–59.

verbindet. Diese Bündelung spezieller Theorien zu Erklärung bestimmter Phänomene eines komplexen Sozialsystems setzt – um den Vergleich, der ein differenzier-
tes: individualisierendes oder verallgemeinenderes Urteil erst gestattet, zu ermöglichen – voraus, daß auf einer relativ hohen Ebene der Abstraktion generalisierende
theoretische Kategorien bzw. Konzeptionen definiert werden (z.B. Revolution von
oben, sozialer Wandel, aristokratische und egalitäre Wertsysteme, ökonomische
Wachstumsphasen usw.), erst dann können überprüfbare funktionelle oder kausale
Zusammenhänge zwischen der sozialökonomischen und politischen Entwicklung
operational bestimmt und herausgearbeitet werden.[50]

Im Gegensatz zu der traditionellen deutschen Forschungsrichtung, die seit der
Jüngeren Historischen Schule der Nationalökonomie beibehalten worden ist und vor
allem die Institutionen, die „Verfassung" der Wirtschaft zum Gegenstand der Unter-
suchungen gemacht hat,[51] richtet sich dabei heute das Interesse [|106] vor allem auf

---

50 Hier ist z.B. auch an die den Historikern seit je vertraute, aber begrifflich nicht präzisierte, von
S.M. LIPSET (Political Man, Garden City 1963, S. 58–62, dt.: Soziologie der Demokratie, Neuwied 1963) im Anschluß an P. Lazarsfeld mit einleuchtenden Ergebnissen praktizierte „multi-
variate analysis" zu denken, d.h. an jene Theorie, die komplexen Charakteristika eines Systems
jeweils vielfältige (aber aus methodischen Gründen keineswegs unendlich zahlreiche) Ursachen
und Folgen zuordnet.

51 Als ein Beispiel: die vielen neueren Studien zur Geschichte der Handelskammern, gegen deren
z.T. beträchtlichen Wert (vgl. W. FISCHER, Herz des Reviers. 125 Jahre Wirtschaftsgeschichte
des Industrie- und Handelskammer-Bezirks Essen, Mülheim, Oberhausen, Essen 1965; W.
KÖLLMANN, Industrie- und Handelskammer Wuppertal 1831–1956, Wuppertal 1956; L. BEUTIN,
Geschichte der südwestfälischen Industrie und Handelskammer zu Hagen, Hagen 1956) nichts
gesagt werden soll, nur sind sie für ein älteres Forschungsinteresse repräsentativ. Vgl. hierzu
noch M. ERDMANN, Die verfassungspolitische Funktion der Wirtschaftsverbände in Deutschland,
1815–71, Berlin 1968; W. FISCHER, Unternehmerschaft, Selbstverwaltung und Staat. Die Handelskammern in der deutschen Wirtschafts- und Staatsverfassung des 19. Jahrhunderts, Berlin
1964; H. TARNOWSKI, Die deutschen Industrie- und Handelskammern und die großen geistigen,
politischen und wirtschaftlichen Strömungen ihrer Zeit, staatswiss. Diss. Mainz 1952, MS;
Bibliographie zur Geschichte der deutschen Industrie- und Handelskammern, Bonn 1963. – Zum
folgenden s. Anm. 3 und 4; FOGEL, Railroads [wie Anm. 3], S. 237–49; REDLICH, Approaches
[wie Anm. 3], S. 481–87, 491.
Zur Ergänzung (1.5.1968) zu Anm. 3: A.H. CONRAD, Econometrics and Southern History, in:
EEH 6, 1968, S. 34–53 (und die vorzügliche Diskussion von Fogel, Bruchey, Chandler, S.
54–74); L.E. DAVIS, And It Will Never Be Literature: The New Economic History. A Critique,
in: EEH 6, 1968, S. 75–92; F. REDLICH, Potentialities and Pitfalls in Economic History, in: EEH
6, 1968, S. 93–108; B.E. SUPPLE, Economic History and Economic Underdevelopment, Cana-
dian Journal of Economics and Political Science 27, 1961, S. 460–78; DERS., Economic History
and Economic Growth, in: JEH 20, 1960, S. 548–56. – Zu Anm. 5: A. MÜSSIGGANG, Die soziale
Frage in der Historischen Schule der deutschen Nationalökonomie, Tübingen 1968. – Zu Anm.
10: H. JÄGER, Unternehmer und Politik im wilhelminischen Deutschland, in: Tradition 13, 1968,
S. 1–21; H. MAUERSBERG, Deutsche Industrien im Zeitgeschehen eines Jahrhunderts, Stuttgart
1966. – Zu Anm. 13: W.O. HENDERSON, Economic History, in: E.J. PASSANT (Hg.), A Short History of Germany, 1815–1945, Cambridge 1959, S. 237–44 (dt. Berlin 1962). – Zu Anm. 15: J.
HABERMAS, Erkenntnis und Interesse, Frankfurt 1968; C. MORAZÉ, La logique de l'histoire, Paris
1967. – Zu Anm. 19: S. VAN BATH, The Agrarian History of Western Europe. AD 500–1850,
London 1963; G. HELLING, Berechnung vergleichbarer Indizes der Agrarproduktion entwickel-
ter kapitalistischer Länder im 19. Jahrhundert, in: JbW 1968/1, S. 183–238; W. BOELCKE, Bauer

die makroökonomischen Prozesse selber, während die Institutionen, in deren Rahmen sie sich abspielen, die aber auch umgeformt oder ganz neu geschaffen werden, sekundäre Bedeutung besitzen. Dieses Interesse besitzt deshalb eine tragfähige theoretische Basis, da die dynamischen Wachstumstheorien in der Tradition von Ricardo, Marx und Schumpeter endlich die statischen Theorien, die u. a. Institutionen auch in den Mittelpunkt der Wirtschaftsgeschichte gerückt haben, verdrängen. Diese dynamischen Theorien der ökonomischen Entwicklung, die dem spezifischen Verhältnis des Historikers zur Zeit Rechnung tragen können, gilt es heute in die geschichtswissenschaftlichen Forschungskon- [|107] zeptionen aufzunehmen; dabei wird eine methodische Anleihe bei der neopositivistischen Historischen Ökonometrie, die mit Hilfe quantitativer Evidenz qualitative historische Hypothesen zu verifizieren versucht, öfters von Vorteil sein und dem wachsenden Bedürfnis auch der Historiker nach theoretischer Klarheit und Meßbarkeit, – deren Problematik nicht übersehen, aber berücksichtigt werden kann –, entgegenkommen. Unbestreitbar ist, daß auch und gerade der Historiker der Industriellen Welt es mit besonders komplexen „Wirkungszusammenhängen" zu tun hat, aber da die Industrialisierung ein Phänomen mit einer beispiellosen Durchschlagkraft ist, erscheint es unter verschiedenen Gesichtspunkten – wie oben ausgeführt wurde – als durchaus legitim, pointiert die sozialökonomischen Faktoren hervorzuheben. Bisher steht jedenfalls in Deutschland einer Geschichtswissenschaft, die sich mit geschärftem Bewußtsein für Theorien und methodologische Probleme der modernen Sozialökonomie widmet, ihre entscheidende Wachstumsphase: der „Take-off" noch bevor.

und Gutsherr in der Oberlausitz, Bautzen 1957. – Zu Anm. 26: F.-G. DREYFUS, Bilan économique des Allemagnes en 1815, in: Revue d'Histoire Économique et Sociale 44, 1966, S. 433–64. – Zu Anm. 31: H. C. M. WENDEL, The Evolution of Industrial Freedom in Prussia, 1845–49, New York 1921. – Zu Anm. 35: A. V. DESAI, Real Wages in Germany, 1871–1913, Oxford 1968; L. SCHNEIDER, Der Arbeiterhaushalt im 18. und 19. Jahrhundert, Berlin 1967. – Zu Anm. 37: F. SEIDENZAHL, Bismarck und die Gründung der Darmstädter Bank, in: Tradition 6, 1961, S. 252–59. – Zu Anm. 40: H. BENNECKE, Wirtschaftsdepression und politischer Radikalismus. Die Lehre von Weimar, München 1968. – Zu Anm. 41: W. BENZ, Vom freiwilligen Arbeitsdienst zur Arbeitsdienstpflicht, in: VfZ 19, 1968, S. 317–46. Zu Anm. 48: Die ältere Lit. in A. MATLEKOVITS (Hg.), Bibliographie der Mitteleuropäischen Zollunionsfrage, Budapest 1917.

BEYOND THE NEW ECONOMIC HISTORY*

by Douglass C. North

The new economic history has been with us now for almost a score of years. Its practitioners have advanced from young revolutionaries to become a part of the middle-aged establishment; and by all the criteria of publication and training of graduate students, it has indeed transformed the discipline in the United States. From my quite subjective perspective, the new economic history has made a significant contribution to revitalizing the field and advancing the frontiers of knowledge. Yet I think it stops short – far short – of what we should be accomplishing in the field. Our objective surely remains that of shedding light on man's economic past, conceived in the broadest sense of those words; and I submit to you that the new economic history as it has developed has imposed strictures on enquiry that narrowly limit its horizons – and that some of my former revolutionary compatriots show distressing signs of complacency with the new orthodoxy.

What the new economic history contributed was the systematic use of theory and quantitative methods to history. The use of a scientific methodology has put a distinctive stamp on this approach, which clearly delineates it from the old economic history, but it is the theory that provides a particular cast to the contribution. It is the systematic use of standard neo-classical economic theory which both has provided the incisive new insights into man's economic past and also serves to limit the range of enquiry. [|2]

I shall not dwell on the contributions; they have been thoroughly touted (and denounced). The limitations are:

(1) The research has been more destructive than constructive. We have destroyed a number of older explanations but we have not replaced them with an explanation of the way economic change has occurred in any systematic fashion. If we have found slavery profitable, railroads less than essential, and the net burden of the Navigation Acts "light", we have not said what did make the system go – or what did change the distribution of income.

(2) The main emphasis of research has been on specific issues or institutions, but little light has been shed on the long-run transformation of economic systems – that is, long-run economic growth.

(3) There is no role for government in the analysis except as it is brought in in an ad hoc fashion.

* I am indebted to Elisabeth Case and Robert Willis for helpful comments on an earlier version of this paper and to the John Simon Guggenheim Memorial Foundation which provided me with a fellowship and resultant time to reflect about the issues discussed herein.

(4) In fact, of the four sources of decision making in an economic system – the household, voluntary economic organizations, government, and the market – we have a sophisticated explanation for decision making in only the last of these (and then only a partial one), despite the obvious fact that a substantial if not overwhelming percentage of economic decisions has always been made outside the market place. Moreover, we have no explanation for why the mix among the four changes over time. How can one talk seriously about the economic past without an explanation for non-market decision making?

(5) Finally, I would add another limitation which stems from the first four and is of importance for the long-run future of our discipline: it is curiously unteachable at the undergraduate level. It leaves students frustrated because of its failure to come to grips with the above issues and to provide any integrated explanation of man's economic past.

The limitations are those of the theory. Neo-classical economic theory has two major shortcomings for the economic historian. One, it was not designed to explain long-run economic change; and two, even within the context of the question it was designed to answer, it provides quite limited answers since it is immediately relevant to a world of perfect markets – that is, perfect in the sense of zero transaction costs: the costs of specifying and enforcing property rights. Yet we have come to realize that devising and enforcing a set of rules of the game is hardly ever costless and the nature of these costs is at the very roots of all economic system's problems. [|3] Accordingly, a theoretical analysis of the changing rules of the game is at the very core of the subject matter of economic history.

Let me emphasize that a study of the rights associated with the use and transfer of resources is as relevant in socialist societies as it is in capitalist ones. The rules of the game determine efficiency and the distribution of income in any society: classical Greece, the Roman Empire, the manorial system, or Yugoslavia today. To say that government owns the means of production or even that there are very limited markets and therefore that the study of property rights is irrelevant is simply to fail to understand that all economic systems face a common set of problems about the use and transfer of resources, whether done via the market, via government, or via voluntary organizations.

In attempting to construct a broader analytical approach to history we have, it seems to me, two alternatives. We can throw out neo-classical theory and start all over again, or we can broaden the frame of reference to allow us to deal with the issues. In the latter case we accept the basic assumption of utility maximizing behavior (including the problem of specifying in operational terms a meaning for such behavior) and we see how far we can develop a theory of "the rules of the game". The proof of the pudding is in the eating: if alternative frameworks provide better "fits" to the evidence, fine; but I am more than ever convinced that a theory of household economics and a theory of property rights, including a workable theory of the state – an essential prerequisite – are possible; and indeed, that we have made a promising start by expanding neo-classical theory. The approach I wish to suggest offers a common analytical framework to study the structure of economic systems.

Standard micro-economic theory then becomes one part of a broader framework of analysis.

The controversy over the usefulness of neo-classical theory is an old one, and I certainly do not feel qualified to add anything to it on theoretical grounds; but as an economic historian I feel somewhat less diffident and would suggest to you the following:

(1) Neo-classical theory has been a powerful tool of analysis of the new economic history and has demonstrated repeatedly that it can shed light upon our economic past. In fact, I would put it stronger: A theory of choice – the self-conscious application of opportunity cost doctrine – is essential to the framing of meaningful questions in economic history. [|4]

(2) Transaction costs are the link between neo-classical theory and a broader theory of property rights.[1] The explicit historical study of transaction costs opens up new horizons for the economic historian. Much of the productivity change in past history has been a consequence of reduced transaction costs and their study suggests a quite radically different history than we read in the standard explanations.

(3) An equally promising extension of neo-classical theory is occurring in a more sophisticated approach to the household economy, with important implications for a theory of fertility.[2] Demographic history has displayed much of the schizophrenia of the controversy between the old and the new economic history. It has been largely pursued outside the context of economic theory. Yet clearly, the essential requirement for the advancement of economic history is a wedding of economic and demographic theory. In effect, we need an economic theory of the family, and recent research offers the promise of providing such an analytical framework. Such an approach has two key assumptions: one, that some degree of control over fertility was possible, and two, that such considerations as the value of time and human capital investment – in effect, the opportunity costs of the parents – influenced fertility behavior. The first is not very controversial. Demographers have recognized that some degree of fertility control has existed since very early times. The second is open to all the attacks that historians have made against rational economic motivation as a behavioral assumption. The defense is the same. Let us see how well it tests as a working hypothesis.

(4) A major issue of economic history which has been completely neglected, at least in theoretical terms, is the logic of the mix among the four sources of decision making that occur in an economic system: households, voluntary organizations, government, and markets. We tend to treat explanation of this mix and changes in it over time as outside our explanatory system; but it seems to me that ongoing research building on a theory of household behav- [|5] ior and transaction cost analysis offers

---

1   A convenient summary of the literature on property rights and transactions costs is contained in the December 1972 Journal of Economic Literature (Property Rights and Economic Theory: A Survey of Recent Literature, by EIRIK G. FURUBOTN and SZETOZAR PEJOVICH).

2   New Economic Approaches to Fertility, in: Journal of Political Economy, March/April 1973, Part II. See particularly the essay by THEODORE SCHULTZ, The Value of Children: an Economic Perspective.

the promise of providing a theoretical explanation for such issues as changing fertility behavior, the transformation of the economic role of the family, a manorial system, the rise of guilds, or the increase in the role of government in modern times. A theoretical explanation of the mix of economic organization opens the door to an explanation of much of the institutional structure of an economic system.

(5) It is surely a much simpler matter to explain why many economic decisions are internalized inside households, firms, guilds, or manors rather than made in markets than it is to explain why they are made by political units; but even here I believe we are making significant progress. The work of Baumol, Buchanan and Tullock, and Anthony Downs, as well as much ongoing research, provides us with a promising starting point.

If I am correct about the promise of this approach, then I suggest to you that the logical implications for future research are quite different from the directions we currently are pursuing. Specifically,

(1) Our emphasis on the last two hundred years, from the Industrial Revolution onward, is a misallocation of scholarly resources. We should spend much more time on the preceding 9800 years of man's economic history than on the last 200. I am convinced that there were long periods in the past in which growth in economic well being occurred and that they have interesting implications for our understanding of economic history. In fact, the overriding issue of man's economic history has been the relationship between population growth, diminishing returns to a relatively fixed factor, and man's efforts to alter institutional arrangements to overcome this dilemma. Our emphasis on the present blinds us to the fact that few of man's economic problems are new – that most have recurred endlessly in the past. Common property resource problems when man first developed settled agriculture in neolithic times; enclosed common pasture in medieval and early modern times – both are linked by the problems of changing relative scarcity to the modern dilemma of pollution and the quality of the environment. All equally entail modification of man's institutional environment for solution.

(2) Any organized economic system involves not only the "team" production of goods and services, but equally the production of protection and justice. Both require the input of resources; and at least in principle we should be able to measure output and therefore productivity and changes in the productivity of each over time (that is, [|6] changing output per unit of input). Moreover, both involve many similar ingredients in analysis and problems. In effect, I am saying that a theory of the firm that makes sense will also go a long way toward providing us with a theory of the state. In fact, historical study would suggest that economic organization is a continuum in which purely voluntary organizations or purely governmental ones are extremes and that such institutions as the medieval manor contain elements of both and require an analytical framework that encompasses a general theory of organizations.

(3) Just as technology has fundamentally influenced the size of the economic unit in the production of goods and services, military technology has influenced the

size of the political unit and is worthy of equal study if we are going to deal with the efficient (that is, survival) size of political units.

(4) The study of the decline of political economic units or the failure of many to grow is more interesting than the study of successful ones. This is so because the logic of micro-economic theory and simple welfare economics suggests that growth should be inevitable. If any increase in productivity leads to a growth of income and the gainers compensate the losers, then economic growth is not an interesting issue (under some simple and not too controversial behavioral assumptions about present versus future goods). It is only when we introduce an economic theory of the family, transaction costs, and a theory of political decision making that we can explain decline or stagnation.[3]

(5) The growth or decline of economic systems is clearly a function of increasing or decreasing productivity of the two sectors – goods and services and protection and justice (note that they are not synonymous with private and public) – taken together. Our examination of the goods and services sector only in explaining growth or decline has given us a misleading picture of the process of economic change. It is the interplay between the two sectors that is a key to an understanding of economic change. What leads to the development of "efficient" or "inefficient" property rights and how do these "rules of the game" influence the output of goods and services? Let me suggest three scenarios that I believe have been oft repeated in the history of the rise and decline of political-economic units: [|7]

(a) the rapid growth of an economy may be partially a consequence of substantial indivisibilities and resultant economies of scale in the production of protection and justice which only show up in our counting as productivity change in the goods and services sector; (b) the relative retardation in one country's growth (compared to others) may also be at least partially explained by that economy's realization of all the scale consequences of productivity change in the protection and justice sector and therefore further productivity increase being limited to the goods and services sector alone; (c) the stagnation or decline of an economic system results from a rise in the costs of any given quantity of protection and justice leading to a search for new sources of fiscal revenues with adverse consequences for the efficiency of property rights in the goods and services sector so that declining productivity occurs in that sector as well.

It seems to me that these few modest suggestions could keep our profession fully and productively employed for a long time, and I commend them to your scholarly attention. I have no illusion that they lead to the promised land of ultimate truth and final explanation. I have too much respect for the complexity and contrariness of human behavior to believe that we can do much more than unravel a little more of an endless skein – but then, that's enough to make it the most satisfying profession I know.

---

3   This issue is discussed more fully in Douglass North and Robert Paul Thomas, The Rise of the Western World: A New Economic History, Cambridge: Cambridge University Press, 1973, ch. 1.

ERKLÄREN DIE THEORIE DER VERFÜGUNGSRECHTE UND DER TRANSAKTIONSKOSTENANSATZ HISTORISCHEN WANDEL VON INSTITUTIONEN?

von Alfred Kieser

A. KONZEPTIONELLE GRUNDLAGEN: VERFÜGUNGSRECHTE UND TRANSAKTIONSKOSTEN IN ERKLÄRUNGEN INSTITUTIONELLEN WANDELS[1]

Bei der Anwendung der Theorie der Verfügungsrechte und des Transaktionskostenansatzes[2] auf wirtschaftshistorische Entwicklungen stehen zwei Fragen im Vordergrund:[3]

(1) Die Erklärung des Entstehens und Fortbestehens von ökonomischen Institutionen wie Herrenhof, Zunft, Verlag, Manufaktur, Fabrik, moderne Unternehmung und ihrer internen Ausgestaltung *unter den jeweils geltenden Rechtssystemen und Wirtschaftsordnungen.*
(2) Die Änderung von Rechtssystemen und Wirtschaftsordnungen.

Bei der Verfolgung der ersten Fragestellung, auf die wir uns im folgenden konzentrieren, wird in der Regel wie folgt vorgegangen:[4] Es werden mögliche institutionelle Alternativen identifiziert – Alternativen also, die unter der jeweils geltenden Rechtsordnung und dem jeweils geltenden Wirtschaftssystem möglich waren. Dann wird die effizienteste Alternative bestimmt. Von ihr wird angenommen, daß sie sich in der Geschichte irgendwie durchgesetzt hat. Stimmt diese Annahme mit der historischen Realität überein, ist erklärt, weshalb die jeweilige Institution die ihr eigene Form angenommen hat.

In Erklärungen der historischen Entwicklung interessiert aber nicht nur, weshalb Institutionen unter den gegebenen Bedingungen eines bestimmten Rechtssystems und einer bestimmten Wirtschaftsordnung in einer bestimmten Weise ausgestattet wurden, es interessiert auch, wie es zu *Veränderungen von Rechts- und Wirtschaftsordnungen* kam, die dann wiederum die Entstehung neuer oder Wandel in den bestehenden Institutionen nach sich zogen (zweite Fragestellung).

---

1 Ulrike Berger, Mark Ebers, Elmar Gerum und Jörg Trinemeier bin ich für kritische Anmerkungen zu einer früheren Version dieses Aufsatzes zu Dank verpflichtet.
2 Die Kenntnis dieser Ansätze wird vorausgesetzt. Zur Einführung sei verwiesen auf TIETZEL (1981); SCHNEIDER (1985 b); WILLIAMSON (1975), (1985), (1986); MICHAELIS (1985) und SAUTER (1985).
3 Vgl. ALCHIAN, DEMSETZ (1973).
4 Vgl. SCHENK (1981).

Ein nur flüchtiger Blick in die Geschichte zeigt, daß die Entwicklung der Wirtschaftssysteme durch eine *zunehmende Spezifizierung und staatliche Garantierung der Durchsetzung der Verfügungsrechte* gekennzeichnet ist. In der Interpretation der Theorie der Verfügungsrechte: *Das institutionelle System wurde immer effizienter,* weil die zunehmende Spezifizierung und Durchsetzung von Verfügungsrechten den privaten Nutzen ökonomischer Aktivitäten immer stärker an deren sozialen Nutzen koppelte. Das Handeln von Wirtschaftssubjekten wurde so immer stärker auf das [|302] Hervorbringen von den sozialen Nutzen steigernden Innovationen gelenkt. Ein plastisches Beispiel bieten Verfügungsrechte im Zusammenhang mit Erfindungen. Solange die Erfinder die Kosten einer Innovation allein zu tragen hatten, der Nutzen jedoch sozialisiert wurde, war der technische Fortschritt gering. Sobald aber ein Patentrecht den privaten Nutzen an den sozialen Nutzen koppelte, wurde der Erfindergeist ungemein angespornt.

Das Konzept der Verfügungsrechte in der Wirtschaftsgeschichte nimmt in Anspruch, die *wahren* Ursachen des historischen Wirtschaftswachstums erklären zu können. Die Faktoren, die gemeinhin als Ursachen von Wirtschaftswachstum herausgestellt werden – technischer Fortschritt, economies of scale, Kapitalakkumulation usw. sind für sie bloß Indikatoren. Die wahren Ursachen des Wirtschaftswachstums sind die institutionellen Bedingungen, die Wirtschaftssubjekte dahin bringen, individuelle Ziele zu verfolgen, die letztlich Wachstum der Volkswirtschaft bewirken. Weil sie etwas bietet, was andere Theorien nicht bieten können, nämlich „einen umfassenden analytischen Bezugsrahmen, mit dem der Aufstieg der westlichen Welt nachvollzogen und erklärt werden kann", wird die wirtschaftshistorische Theorie der Verfügungsrechte von ihren Vertretern als „revolutionär" bezeichnet.[5]

Verfügungsrechte werden aber vom Staat durch rechtliche Regelungen definiert und mittels öffentlicher Gewalt durchgesetzt und garantiert. Eine Theorie der Veränderung von Verfügungsrechten impliziert folglich eine *Theorie des Staates.* Zunächst muß sie erklären, wie es überhaupt zur Herausbildung von „Staat" kam, und was die Herrscher dazu bringt, Verfügungsrechte zu ändern.[6] Mit diesen Überlegungen beschäftigen wir uns hier nicht, sondern konzentrieren uns auf den *institutionellen Wandel bei einer gegebenen Struktur von Verfügungsrechten.*

B. BEISPIELE VERFÜGUNGSTHEORETISCHER ERKLÄRUNGEN WIRTSCHAFTSHISTORISCHER PHÄNOMENE

I. Aufstieg und Fall des Feudalismus

Der Herrenhof war die zentrale ökonomische und gesellschaftliche Institution des frühen Mittelalters.[7] Er umfaßte eine größere Zahl von Bauern, die in einem Abhängigkeitsverhältnis zum Herrn standen: Sie erhielten Land überlassen, das sie zur

---

5   Vgl. NORTH, THOMAS (1973), vii.
6   Vgl. NORTH (1981), S. 20 ff.
7   Vgl. GÖTZ (1986), S. 115 ff.; HENNING (1974), S. 41; LÜTGE (1966), S. 89 ff.

Erreichung ihres eigenen Lebensunterhalts nutzen konnten, mußten darüber hinaus
[|303] aber auch noch Arbeitsleistungen oder Abgaben in einem bestimmten Ausmaß
für den Herrn erbringen. Zu einem Herrenhof gehörten oft hunderte, geographisch
weit verstreute Bauernhöfe mit deren Familien.

Eine verfügungsrechtstheoretische Analyse des Herrenhofs nimmt sich vor allem
vier Fragen an:[8]

(1) Wie entstand die Institution der Hörigkeit?
(2) Weshalb drückten die Herren die abhängigen Bauern nicht in den Sklavenstand
    herab, wozu sie aufgrund ihrer Machtstellung wahrscheinlich fähig gewesen
    wären?
(3) Weshalb wählten die Herren meist eine vertragliche Bindung, bei der eine *be-
    stimmte Arbeitsleistung* fixiert wurde?
(4) Wie kam es zum Niedergang des Herrenhofs?

Nach Auffassung von North und Thomas war die „Hörigkeit in Westeuropa im wesentlichen eine vertragliche Vereinbarung, in der eine Arbeitsleistung gegen das
öffentliche Gut Schutz und Gerechtigkeit getauscht wurde".[9] Angesichts „der Ab-
wesenheit einer effizienten zentralen Autorität und der ständigen Bedrohung durch
See- und Landräuber" war der professionelle militärische Schutz durch den Herrn
„den Bauern, die ungeschickt im Umgang mit Waffen und deshalb andernfalls hilf-
los waren"[10] mehr als willkommen. Und eine größere Zahl von Bauern wurde deshalb im Herrenhof zusammengeschlossen, da nur so dem Free-Rider-Problem bei-
zukommen war: „Ansonsten wäre der Schutz einer Bauernfamilie automatisch auch
ihren Nachbarn zugutegekommen. Jeder Bauer wäre deshalb geneigt gewesen, seine
Nachbarn die Kosten tragen zu lassen; aus diesem Grund war ein gewisser Zwang
erforderlich, um die für die Verteidigung erforderlichen Mittel zusammenzubekom-
men."[11] Dieser Zwang kann jedoch nicht stark gewesen sein, denn „fruchtbares
Land, das sich die Hörigen hätten aneignen können, gab es in Hülle und Fülle".[12]
Wenn der Bauer blieb, muß es folglich an der Vorteilhaftigkeit der Hörigkeit gelegen
haben. Hörigkeit war demzufolge keine „ausbeuterische Beziehung",[13] sondern eine
Art „Steuersystem".

Die Antwort auf die zweite Frage – *weshalb wurden die Hörigen nicht in den
Sklavenstand herabgedrückt* – rekurriert ebenfalls auf die Effizienz vertraglicher
Regelungen:

> Zum einen wäre es für einen versklavten Bauern nicht schwer gewesen, in der Hoffnung auf ein
> besseres Schicksal zu einer benachbarten Burg zu fliehen, denn Arbeit war knapp und die Her-
> ren konkurrierten um sie. Zum anderen wäre es aufwendig gewesen, Sklaven bei den vielfältigen
> Arbeiten zu überwachen und anzuleiten. Kurz: die Sklaverei war nicht das effizienteste System,

---

8   Vgl. NORTH, THOMAS (1971), (1973).
9   NORTH, THOMAS (1971), S. 778.
10 NORTH, THOMAS (1971), S. 788.
11 NORTH, THOMAS (1971), S. 788.
12 NORTH, THOMAS (1971), S. 782.
13 NORTH, THOMAS (1971), S. 778.

weil (1) die Kosten der Durchsetzung und (2) die Kosten der Überwachung im Vergleich zur Alternative Hörigkeit hoch waren.[14] [|304]

Was die *Vereinbarung einer Arbeitsleistung* als Gegenleistung für Schutz anbelangt, so wären nach North und Thomas auch die folgenden alternativen Regelungen unter den geltenden Bedingungen möglich gewesen:[15]

(1) eine Lohnzahlung in Form von Naturalien, die eine Eigenwirtschaft des Hörigen überflüssig gemacht hätte, gegen eine ausgedehntere Arbeitsleistung auf dem Salhof;

(2) die Verpflichtung der Bauern zu einer Naturalleistung statt zu einer Arbeitsleistung;

(3) eine Regelung, durch die dem Herrn nach Maßgabe seiner Faktoreinsätze – Land, Geräte und Saatgut – ein Anteil am variablen Ernteergebnis des hörigen Bauern zugekommen wäre.

Keine dieser Alternativen kann nach North jedoch in Anspruch nehmen, effizienter zu sein als diejenige, die tatsächlich vorherrschte: eine zeitlich fixierte Arbeitsleistung von in der Regel drei Tagen auf dem Salhof:

> Die Wahl eines fixierten Lohns hätte den Herrn gezwungen, alle Risiken und alle Kosten des Managements zu tragen. Die Kosten der Aushandlung eines Vertrags zwischen Herrn und Hörigen wären ebenfalls hoch gewesen, da der Herr bestimmte Güter, die der Hörige benötigte, hätte bereitstellen müssen, bzw. er hätte im Detail die Tauschraten für Substitutionsgüter aushandeln müssen. Die Kosten der Durchsetzung wären ebenfalls hoch gewesen, zumindestens für den Bauern, der sein Recht bei eventuellen Vertragsverletzungen vor einem Gericht hätte suchen müssen, das vom Grundherrn beherrscht wurde. Bei fixierten Naturalleistungen hätte der Bauer alle Risiken und Managementkosten übernehmen müssen. Die Kosten der Vertragsverhandlungen wären ebenfalls hoch gewesen, da der Bauer genau die Güter hätte liefern müssen, die der Herr benötigte. Bei Fehlen eines Gütermarkts hätten die Regelungen für beide Vertragsformen das Problem aufgeworfen, wie man sich auf Austauschraten für Güter, die u. U. die ursprünglich nachgefragten ersetzen sollten, hätte einigen können. Die Überprüfung von Quantität und Qualität der als Lohn oder Abgaben geleisteten Güter hätte also hohe Kosten der Vertragsabwicklung mit sich gebracht und bei den unvermeidlichen Streitigkeiten waren richterliche Entscheidungen bei dem auf der Tradition basierenden Rechtssystem schwierig und unsicher gewesen. Eine Teilung des Ernteertrags nach Maßgabe der Faktoreinsätze verteilt zwar das Risiko auf die beteiligten Parteien. Die Aushandlungskosten für die Teilung der Erträge sind aber bei Abwesenheit eines Produktmarktes in quantitativer und qualitativer Hinsicht nicht verschieden von denen, die bei Lohnzahlungen oder bei fixierten Naturalleistungen auftreten.[16]

Nun ist es nicht ganz richtig, daß Fronarbeit die weit überwiegende vertragliche Regelung war. „Stückdienste" – die Verpflichtung zu bestimmten, mengenmäßig fixierten Sach- oder Dienstleistungen – kamen, zumindest in deutschen Herrenhöfen ebenfalls häufig vor.[17] Ihre Häufigkeit nahm mit der räumlichen Entfernung der Hufen vom Herrenhof zu, und dieser Umstand stützt in gewisser Weise die Argu-

---

14 NORTH, THOMAS (1973), S. 20.
15 Vgl. NORTH, THOMAS (1973), S. 31.
16 NORTH, THOMAS (1973), S. 31.
17 Vgl. KUCHENBUCH (1978), S. 130 ff.

mentation von North und Thomas: Mit zunehmender Entfernung steigen die Trans-
aktionskosten für den Austausch von Arbeitsleistungen; die Vereinbarung von
Sachleistungen gestaltet sich ab einer gewissen Entfernung trotz der dargestellten
Probleme und der mit ihnen verbundenen Kosten insgesamt günstiger.

In der Erklärung des *Zusammenbruchs der Institution des Herrenhofs und damit
des feudalen Systems* bildet das Bevölkerungswachstum einen wichtigen Faktor. Das
an- [|305] haltende Bevölkerungswachstum nach der Jahrtausendwende führte nach
North und Thomas zu Kolonialisierung und Kultivierung neuer Anbaugebiete. Wegen der Klimaunterschiede in den nun weiter auseinanderliegenden Anbaugebieten
wurden nun *sehr unterschiedliche landwirtschaftliche Produkte erzeugt.* Dadurch
entstanden *Anreize zum Ausbau von Märkten.* Herrenhöfe in Frankreich hatten beispielsweise Wein zu bieten, solche in Flandern und in der Lombardei Textilprodukte.
Hinzu kam das ebenfalls regional diversifizierte Angebot der Zünfte in den Städten.[18]

*Das Aufkommen von Märkten erschütterte aber die ökonomischen Bedingungen,
auf denen der Herrenhof ruhte:*

> Arbeitsverpflichtungen waren zu ihrer Zeit eine effiziente Vertragsform, weil jedes andere Ar-
> rangement (bei Abwesenheit eines Gütermarkts) die Notwendigkeit der Spezifizierung eines
> Warenkorbs und Kosten der Überwachung der vereinbarten Mengen und Qualitäten mit sich
> gebracht hätte. Der traditionelle Vertrag des Herrenhofs litt jedoch unter den hohen Kosten der
> Vertragsabwicklung, da die Arbeiten überwacht und Maßnahmen gegen Drückebergerei ergrif-
> fen werden mußten. *Ceteris paribus* ist freie Arbeit, die freiwillig erbracht wird, produktiver als
> die Arbeit von Hörigen. Als die Entstehung eines Marktes die Notwendigkeit der Spezifizierung
> eines Warenkorbs hinfällig machte, indem er Geldzahlungen oder Leistungen in Naturalien
> ermöglichte, erwiesen sich andere Vertragsformen mit geringeren Kosten der Überwachung als
> effizienter.[19]

Aus eigenem Interesse änderten die Herren die Arbeits- und Sachleistungsverpflich-
tungen zunehmend in Geldverpflichtungen um. Die sich ausweitende Geldwirtschaft
änderte aber auch die *Beziehungen innerhalb der feudalistischen Hierarchie der
Herren:* „Wo früher die adligen Gefolgsleute persönliche Dienste erbrachten, konnten sie nun Geldleistungen entrichten."[20]

Mit dem vereinnahmten Geld konnte der König nun Söldner anheuern und ein
stehendes Heer aufstellen und somit ein wirksameres und zuverlässigeres militäri-
sches Potential aufbauen, als das mit zu 40 Tagen Kriegsdienst im Jahr verpflichte-
ten Rittern möglich gewesen war.[21] Der *Fortschritt der Militärtechnik* kam hinzu.
Der entstehende zentralistische Nationalstaat drängte auf *Auflösung des dezentralen
feudalistischen Systems.*

---

18 Vgl. NORTH, THOMAS (1973), S. 38.
19 NORTH, THOMAS (1973), S. 39.
20 NORTH, THOMAS (1973), S. 40.
21 Vgl. NORTH (1981), S. 137.

II. Vom Verlag zur Fabrik

Um zu unserem zweiten Beispiel zu gelangen, überspringen wir einige Jahrhunderte. Im Mittelalter fertigten Zünfte den Hauptanteil an gewerblichen Produkten. In der zweiten Hälfte des 17. Jahrhunderts bis zur Industriellen Revolution übernahm dann die Produktionsform des Verlags einen ständig wachsenden Anteil. Als Verlag wird [|306] eine Organisationsform bezeichnet, in der ein Kaufmann – der Verleger – dem in seinen eigenen Räumen produzierenden Handwerker oder Heimwerker auf der Basis eines Vertrags Geld, Rohstoffe und manchmal auch die Produktionsmittel zu Verfügung stellt – „vorlegt" – und den Verkauf der Produkte übernimmt. Der Produzent behält seine rechtliche Selbständigkeit, verliert in der Regel aber die ökonomische.[22] Während und nach der Industriellen Revolution wurde der Verlag zunehmend durch die Fabrik verdrängt. Wirtschaftshistorische Erklärungen dieser Entwicklung stellen in erster Linie auf die Technik ab.[23] Die Substitution von Handarbeit durch Kapital führte zu einem dramatischen Produktivitätsvorteil. Die Dampfmaschine als zentrale Antriebsmaschine machte aber eine zentrale Aufstellung der von ihr betriebenen Maschinen unabdingbar. Für die Vertreter der Neuen Linken[24] war es weniger der technische Fortschritt, der zu einer zentralen Organisationsform der Produktion drängte – eine für dezentrale Einsätze geeignete Form der Technik wäre ihrer Ansicht nach ebenfalls möglich gewesen[25] – sondern vor allem das Streben der kapitalistischen Unternehmer nach verschärfter Kontrolle über die Arbeiter.

Williamson[26] hält beide Erklärungen für unzureichend. Für ihn sind – wen wundert's – die *Transaktionskosten der entscheidende Faktor*. Er evaluiert die Transaktionskosten von sechs verschiedenen Organisationsformen. Im folgenden konzentrieren wir uns auf die beiden Formen Verlag und Fabrik mit angestellten Arbeitern. (Williamson analysiert daneben u. a. auch noch Fabriken im Eigentum der Arbeiter und Fabriken, in denen Subunternehmer auf der Basis von Werkverträgen tätig sind.)

Zur Messung der Effizienz der verschiedenen Organisationsformen setzt Williamson elf Kriterien ein, die sich drei Kategorien zuordnen lassen: (a) Kriterien des Produktionsflusses, (b) Kriterien der Zuordnung von Arbeitern zu Aufgaben und (c) Kriterien der Motivation:

(a) Produktionsfluß

    (1) Sind die *Kosten des Transports zwischen den Arbeitsstationen* hoch?
    (2) Ist eine umfangreiche *Lagerhaltung* erforderlich?
    (3) Sind *Materialverluste* beim Transport zwischen den Arbeitsstationen wahrscheinlich?

---

22 Vgl. LANDES (1983); KRIEDTE u. a. (1978); SCHMOLLER (1890).
23 Vgl. POLLARD (1968); FONG (1978); LANDES (1983).
24 Vgl. MARGLIN (1974); BOWLES, GINTIS (1976), S. 78 ff.
25 Dieses Argument wird auch von PIORE, SABEL (1985), S. 55 ff. vertreten.
26 Vgl. (1980).

(b) Zuordnung von Arbeitern zu einzelnen Stellen

    (4) Können Arbeiter so zu den einzelnen Stellen zugewiesen werden, daß eine *weitgehende Entsprechung von Qualifikation und Aufgabe* gewährleistet ist?

    (5) Entsteht für die Hierarchie ein *hoher Koordinationsaufwand?*

    (6) Können beim Einsatz von hochqualifizierten Spezialisten (z. B. Instandhaltungsspezialisten) *Kostenvorteile des Spezialisteneinsatzes* realisiert werden? [|307]

(c) Motivation

    (7) Setzt die jeweilige Organisationsform Anreize für eine *hohe Arbeitsintensität?*

    (8) Setzt die jeweilige Organisationsform Anreize für eine *pflegliche Behandlung der Maschinen?*

    (9) Kann in der jeweiligen Organisationsform flexibel auf *lokale Störungen* – auf einen Maschinenausfall etwa – reagiert werden? *(Flexibilität bei lokalen Störungen)*

    (10) Setzt die jeweilige Organisationsform Anreize für *lokale Innovationen* – etwa für Verbesserungen der Arbeitsprozesse an den einzelnen Arbeitsstationen?

    (11) Kann die jeweilige Organisationsform durch Änderungen des Produktionssystems, des Produktionsprogramms und/oder der Organisationsstruktur flexibel auf Umweltänderungen reagieren? *(Systemflexibilität)*

Eine Organisationsform erhält eine Null oder eine Eins zugeordnet, je nachdem ob ihre Effizienz in bezug auf das jeweilige Kriterium als schlecht oder gut einzuschätzen ist. Eine Zuordnung auf der Basis einer detaillierten historischen Analyse hält Williamson für entbehrlich, da „die meisten Bewertungen transparent sind oder aus der folgenden Diskussion der Vergleiche unterschiedlicher Formen des Eigentums oder des Vertrags klar hervorgehen".[27] Die folgende Diskussion enthält aber keine historischen Fakten, sondern nur abstrakte transaktionskostentheoretische Argumente. In Tabelle 1 sind die Ergebnisse der Analyse für die beiden Organisationsformen Verlag und Fabrik wiedergegeben.

---

27 WILLIAMSON (1980), S. 24.

	Kriterien										
	Produktionsfluß			Zuordnung			Motivation					
	Transportkosten	Lagerhaltungskosten	Materialverluste	Entspr. v. Qual. u. Aufg.	Koordinationsaufwand	Spezialisteneinsatz	Arbeitsintensität	Maschinenpflege	lokale Flexibilität	lokale Innovationen	Systemflexibilität	Summe
Verlag	0	0	0	1	1	0	1	1	0	1	0	5
Fabrik	1	1	1	1	1	1	0	1	1	0	1	9

Tabelle 1: Bewertung der Effizienz von Verlag und Fabrik [|308]

Vor allem die negativen Bewertungen bei den Kriterien des Produktionsflusses führen dazu, daß der Verlag eine geringere Gesamteffizienz zugeordnet bekommt als
die Fabrik: Im Verlag müssen *Rohmaterialien und Output der Heimarbeiter oft über
weite Entfernungen transportiert* werden; es müssen *große Lager an Rohstoffen*
unterhalten werden, um ein kontinuierliches Arbeiten der Heimarbeiter zu gewähr-
leisten. Außerdem kommt es zu „*Schwund*" von Rohmaterial. Letztere Annahme
Williamsons läßt sich anhand vieler zeitgenössischer Texte belegen. Ein Beispiel
mag genügen:

> Die Noth, das Unrecht, das der Weber glaubt erdulden zu müssen, hat es dahin gebracht, daß
> selbst früher ordentliche Leute fast immer etwas Garn auf die Seite bringen. In fast jedem We-
> berdorfe gibt es Leute, von welchen man weiß, daß sie mit gestohlenem Garn handeln. Alle
> Parteien befinden sich in einer Art Kriegszustand und jeder sucht den anderen zu übervorteilen,
> zu täuschen, zu betrügen.[28]

Durch den Einsatz von Spezialisten kann die *Wartung der Maschinen* in der Fabrik
effizienter organisiert werden als im Verlag. Auch beim *Auftreten lokaler Störungen*
kann der Fabrikherr nach Williamson *flexibler reagieren:* Er kann ausgefallene
Maschinen schneller reparieren lassen oder auf andere Maschinen ausweichen; bei
Krankheit von Arbeitern kann er Springer einsetzen oder Überstunden anordnen,
usw. Und schließlich kann die Fabrik nach Williamsons Meinung durch Änderungen
des Produktionssystems, des Produktionsprogramms oder der Organisationsstruktur
flexibler auf Umweltänderungen reagieren. Vorteile gegenüber der Fabrik billigt
Williamson dem Verlag lediglich in Bezug auf lokale Innovationen und Arbeitsin-
tensität zu: Als quasi selbständige Unternehmer, dessen Einkommen strikt an den

---

28 SCHMOLLER (1870), S. 401 f.

Output gekoppelt ist, ist der Heimarbeiter an einem guten Arbeitsergebnis und an der beständigen Steigerung der Produktivität seiner Maschinen durch kleine Verbesserungen interessiert, während der Fabrikarbeiter nach der Transaktionskostentheorie mit „guile" – List und Tücke – jede sich bietende Gelegenheit zum „shirking" – zur Drückebergerei – nutzt und auch keinen Anlaß sieht, die Maschinen pfleglich zu behandeln oder gar über Verbesserungsmöglichkeiten nachzusinnen.

Die genannten Effizienzvorteile – also Transaktionskostenvorteile – führten nach Williamson zur Verdrängung des Verlags durch die Fabrik.[29] [|309]

C. KRITIK VERFÜGUNGSRECHTSTHEORETISCHER UND TRANSAKTIONSKOSTENTHEORETISCHER ERKLÄRUNGEN INSTITUTIONELLEN WANDELS

I. Kritik der Beispiele

1. Läßt sich der Feudalismus als eine Veranstaltung zur Senkung der Transaktionskosten interpretieren?

(1) Die Entstehung des Herrenhofs: freiwillige Vereinbarung oder Zwang?

Wie oben gezeigt, liegt der Erklärung der *Entstehung des Herrenhofs* durch North und Thomas die Vorstellung zugrunde, daß sich freie Bauern und Herren in einem Vertrag, der von beiden Seiten als fair angesehen wurde, auf die Hörigkeit einigten. Wenn sich Historiker und Rechtshistoriker auch über die Entstehung der *Institution der Hörigkeit* nicht in allen Details einig sind, in einem Punkt stimmen sie überein: *Ein privatrechtliches Vertragsverhältnis,* etwa eine Pacht, *war die Hörigkeit ganz bestimmt nicht.*[30] Sie war eher ein *statusrechtliches Verhältnis.* Die durch personale Herrschaft gekennzeichneten germanischen Verhältnisse wurden unter dem Einfluß der römischen Grundherrschaft zur *Herrschaft über Land und Leute* weiterentwickelt. In den ganz frühen Grundherrschaften gab es wohl nur mancipia non casata – unbehauste Hörige. Als die Herrenhöfe an Umfang zunahmen, wurden einige von diesen als servi casati – behauste Hörige – auf kleinen Ackerstellen angesetzt und zu Diensten oder Abgaben verpflichtet. „Die Institutionalisierung des Herreneinkommens aus unfreier Arbeit geschah also in einem Verbäuerlichungsprozeß der Hörigen."[31] Daneben gab es auch einen Prozeß, durch den ehemals „Freie" – in unserem Sinne frei waren diese jedoch auch nicht, weil sie irgendeinem Herrn zumindest zu Kriegsdienst verpflichtet waren[32] – „vergrundholdet" wurden: Sie übernahmen grundherrliches Land meist gegen die Verpflichtung zu Abgaben; die Verpflichtung zu Diensten hätte ihrem freiheitlichen Status nicht entsprochen.[33] Dies

---

29 Vgl. WILLIAMSON (1980), S. 29.
30 Vgl. SCHULZE (1971), Sp. 1825 ff.
31 ENNEN, JANSSEN (1979), S. 36.
32 Vgl. GURJEWITSCH (1980), S. 227.
33 Vgl. LÜTGE (1966), S. 71.

geschah zum Teil aus ökonomischem Zwang – das eigene Land reichte zum Lebensunterhalt nicht aus, und Niemandsland durften sich diese Freien nicht aneignen –, zum Teil aus anderen Zwängen, auf die eine Urkunde Karls des Großen aufmerksam macht: [|310]

> Die Armen (Bauern) klagen, sie würden aus ihrem Eigentum vertrieben; und diese Klagen erheben sie gleichermaßen gegen Bischöfe, Äbte, deren Vögte, gegen Grafen und deren Amtmänner. Sie sagen auch, wenn jemand sein Eigen dem Bischof, Abt, Grafen, Richter oder Amtmann nicht geben will, suchen sie eine Gelegenheit, diesen Armen zu verurteilen oder ihn immer wieder gegen den Feind ziehen zu lassen, bis er, verarmt, wohl oder übel übergibt oder verkauft. Andere aber, die es schon übergeben haben, bleiben ohne Belästigung durch irgendjemand zu Hause.[34]

North und Thomas übertragen das Vertragskonzept der Neuzeit unreflektiert auf mittelalterliche Rechtsverhältnisse. Dies ist nicht möglich: „Es ist geradezu die Voraussetzung für das Verständnis der feudalen Gesellschaft, daß man die eigenen ‚Rechtsformen' nicht als das Recht schlechthin betrachtet. Die Rechtsformen entsprechen in jeder Zeit dem Aufbau der Gesellschaft."[35] Das mittelalterliche Recht geht eben nicht von dem Prinzip der freien, unabhängigen Vertragsparteien aus, die in gegenseitiger Übereinkunft einen Vertrag schließen.[36] Vielmehr

> läßt sich sagen, daß das Sozialleben auf Rechtsungleichheit aufgebaut war; jedem war ein fester Platz, sein Platz, im Volksgefüge zugeteilt. Es galt ein hartes Herrenrecht.[37]

Die überkommene Herrschaftsordnung wurde nicht infrage gestellt:

> Alle Ordnung stammt von Gott, Gottes Anordnung widersteht, wer sich der Gewalt widersetzt, und diejenigen holen sich selbst ihr Urteil, die ihr Widerstand leisten ... [Die] Frage, ob es auch anders sein könne oder gar müsse, wird eben vom mittelalterlichen Durchschnittsmenschen selbst gar nicht gestellt. Sein Bewußtsein ist ganz auf die Hinnahme des Gegebenen eingestellt.[38]

Die Rechtsstellung einer Person war unveränderlich mit seiner inneren Natur verbunden.[39] Die rechtliche Sphäre und die soziale Sphäre waren noch nicht getrennt.

Es war für den Hörigen nicht möglich, sich durch Aneignung von „freiem Land" der Hörigkeit wieder zu entziehen, wie das North und Thomas annehmen. Ganz abgesehen von den Kosten einer solchen Landnahme[40] – herrenloses Land gab es so gut wie nicht, zumindest ein König hatte Ansprüche, und der Hörige wäre der letzte gewesen, der es sich hätte aneignen dürfen. Durch die Flucht vom Herrenhof wäre der Bauer rechtlos, vogelfrei geworden. Kurz: Wird die Hörigkeit als Ergebnis einer freiwilligen Vertragsvereinbarung dargestellt, dann wird systematisch der in der mittelalterlichen Gesellschaftsordnung innewohnende Zwang ausgeblendet und

---

34 FRANZ (1974), S. 73.
35 ELIAS (1980), S. 81.
36 Zum modernen Vertrag und seinen gesellschaftlichen Voraussetzungen siehe auch FRIEDMANN (1969), S. 99f.
37 MITTEIS, LIEBERICH (1981), S. 58.
38 SCHWER (1952); siehe auch ULLMANN (1974).
39 Vgl. GURJEWITSCH (1980), S. 206.
40 Vgl. FENOALTEA (1975), S. 388.

es wird von einem neuzeitlichen Vertragsrecht ausgegangen, das – wie North neu-erdings eingesteht[41] – nicht einmal in Ansätzen vorhanden war. [|311]

(2) Die Vereinbarung einer Arbeitsleistung ist nicht unbedingt die effizienteste Transaktionsform.

Während die verfügungsrechtstheoretische Interpretation der größeren Effizienz der Hörigkeit gegenüber der Sklaverei mit derjenigen von Historikern übereinstimmt,[42] läßt sich die Behauptung, die Vereinbarung einer Arbeitsleistung sei effizienter ge-wesen als die Vereinbarung einer Sachleistung nicht ohne weiteres aufrechthalten:[43] Arbeitsleistungen auf dem Salhof mußten überwacht werden; Verhandlungen über die zu erbringenden Leistungen hätte man gut in den Winter, in dem die Arbeitszeit nicht teuer war, legen können; Vertragsverhandlungen hätten die Vereinbarung der letzten Periode zum Ausgangspunkt nehmen können, was ihre Kosten weiter gesenkt hätte; innerhalb eines Herrenhofs wäre es durchaus möglich gewesen, eine „Tausch-börse" für Agrarprodukte einzurichten, es wäre also nicht unbedingt erforderlich gewesen, das eventuell aufkommende Problem der Substitution von Gütern in bila-terale Verhandlungen einzubringen, wovon North und Thomas ausgehen.

(3) Märkte existierten, bevor Herrenhof und Feudalismus zusammenbrachen.

Nach North und Thomas brachen Herrenhof und Feudalismus zusammen, weil die sich ausbreitenden Märkte das auf Autonomie angelegte System des Herrenhofs obsolet werden ließen. Märkte aber waren nach North und Thomas entstanden, weil die klimatisch bedingte Unterschiedlichkeit der Produktion Anreize dazu schuf. Wie Fenoaltea aufzeigt,[44] gab es einen ausgeprägten Handel – insbesondere mit Agrar-produkten, die nur in bestimmten Klimazonen erzeugt werden können (Wein, Ge-würze usw.) – *lange bevor* die Kolonialisierung in einem größeren Umfang einsetzte. Generell ist festzustellen, daß der Herrenhof – wenn auch mit Modifikationen – die Etablierung einer umfassenden Marktwirtschaft lange Zeit überlebte.[45 46]

2. Der Übergang vom Verlag zur Fabrik – lag es am technischen Fortschritt
oder an den Transaktionskosten?

Die Analyse historischer Organisationsformen durch Williamson hat eine lebhafte Kontroverse mit dem Wirtschaftshistoriker Jones ausgelöst.[47] Jones attackiert Wil-liamson im wesentlichen mit drei Argumenten:

41   Vgl. NORTH (1981), S. 130.
42   Vgl. DUBY (1977), S. 44.
43   Vgl. FENOALTEA (1975), S. 391 ff.
44   FENOALTEA (1975), S. 400.
45   Vgl. JONES (1972), S. 941.
46   Zur Kritik an der Interpretation der Industriellen Revolution durch North und Thomas, die hier
      nicht dargestellt wurde, siehe RINGROSE (1973), sowie OLMSTEAD, GOLDBERG (1975).
47   Vgl. JONES (1982); WILLIAMSON (1983 a); JONES (1983); WILLIAMSON (1983 b).

(1) Die der Analyse zugrundeliegende Ceteris-paribus-Annahme läßt sich bei Würdigung der historischen Entwicklung nicht aufrechthalten.

(2) Das Bewertungsverfahren ist zu grob, um aussagefähige Er- [|312] gebnisse zu liefern.

(3) Die Bewertung der Effizienz von Verlag und Fabrik hält einer Konfrontation mit historischen Fakten nicht stand. Wird sie entsprechend korrigiert, kommt man zu dem Schluß, daß der technische Fortschritt zur Verbreitung der Organisationsform Fabrik mehr beigetragen hat als deren Transaktionskostenvorteile.

(1) Die Unhaltbarkeit der Ceteris-paribus-Annahme.

Williamson argumentiert, daß Organisationsformen, die mit niedrigeren Transaktionskosten verbunden sind, sich *ceteris paribus,* d.h. unter ansonsten gleichen Bedingungen, durchsetzen. Verlag und Fabrik trafen aber nicht auf gleiche Bedingungen. Der Verlag operierte auf einem anderen Arbeitsmarkt – auf einem Arbeitsmarkt, auf dem der Faktor Arbeit billiger war. Da die Landwirtschaft in weiten Gebieten keine ausreichenden Beschäftigungsmöglichkeiten mehr bot – und dies war in Deutschland ebenso der Fall wie in England, worauf sich Jones konzentriert –, stand den Verlegern ein großes Reservoir ländlicher Arbeitskraft zur Verfügung, die in den wenigen Fabriken der frühen Industriellen Revolution nicht arbeiten konnten oder wollten. Für einen Verleger zu arbeiten, war für ländliche Arbeitskräfte oft die einzige Überlebenschance. Sie mußten deshalb ihre Arbeitskraft zum Existenzminimum zur Verfügung stellen. Die Lohndrückerei der Verleger nahm unter solchen Voraussetzungen oft genug üble Formen an. So war das Trucksystem, bei dem die Arbeiter einen Teil ihres Lohns in Naturalien erhielten, weit verbreitet:

> Mehl, Zucker, Kaffee, Cichorien, Tabak, Cigarren, selbst Blechartikel und Wollwaren müssen die Arbeiter entgegennehmen und, da sie namentlich für die letzteren nicht immer Verwendung haben können, diese Waren um jeden Preis zu Geld machen suchen ... Der Hausindustrielle muß sich diesem Zwang fügen, denn entweder ist der Zwang zur Annahme der Naturalien ... ein direkter, d.h. er wird bei der Einstellung ausbedungen, oder er ist ein moralischer, d.h. der sich weigernde Arbeiter wird nicht weiter beschäftigt. Der Kaufmann fügt zum Schaden noch den Spott. ,Wirf's weg' ruft er dem Mädchen zu, das mit den Cigarren nichts anzufangen weiß, oder er zuckt gleichmütig die Achsel, wenn der Arbeiter im Ingrimm den Spazierstock zerschlägt, der ihm an Zahlungs statt ausgehändigt worden.[48]

(2) Das Bewertungsverfahren ist zu grob.

Williamson gesteht ein, daß sein Bewertungsverfahren recht grob ist. Dies hindert ihn aber nicht, weitreichende historische Interpretationen auf ihm aufzubauen. Nach Jones wäre es angebracht, die Kriterien zu gewichten und bei der Erfassung der einzelnen Effizienzen feinere Skalen einzusetzen. Er bezweifelt auch, ob es gerechtfertigt ist, die sehr unterschiedlichen Effizienzen zu einem Gesamtmaß zu aggregieren.[49]

48   STIEDA (1889), S. 88f.
49   Vgl. JONES (1982), S. 125.

(3) Die Bewertung der Effizienz stimmt nicht mit der historischen Wirklichkeit überein.

In Williamsons Analyse ist es vor allem der Produktionsfluß, der zu einer geringeren Effizienz des Verlags führt: Im Verlag entstehen höhere Transportkosten, höhere [|313] Lagerkosten und höhere Kosten des Schwunds. Nach Jones *fallen die Transportkosten jedoch kaum ins Gewicht.* Erstens wurden diese Kosten zu einem großen Teil den Heimarbeitern aufgebürdet. Zweitens konnte der Verleger diese Kosten durch den Einsatz von Faktoren – Zwischenmeistern –, die Material zu den Heimwerkern brachten und fertige Arbeit einsammelten, erheblich reduzieren. Im Endergebnis machten die Transportkosten folglich nur einen kleinen Teil – Jones schätzt fünf Prozent[50] – der variablen Kosten aus.

Jones räumt ein, daß Verlage relativ *große Zwischenläger* für Rohstoffe unterhalten mußten, um die geographisch weit verstreuten Heimarbeiter mit ausreichenden Rohstoffen für eine kontinuierliche Produktion versorgen zu können. Dieser Nachteil wurde seiner Meinung nach jedoch *durch geringere Endproduktbestände mehr als ausgeglichen.* In einer Rezession konnten die Verleger ohne weiteres die Produktion zurückschrauben, indem sie mit den Heimarbeitern keine neuen Verträge mehr abschlossen, während die Fabrikherren, die ihren qualifizierten Arbeiterstamm nicht entlassen wollten, ihre Produktion nicht so leicht drosseln konnten.[51]

Die *Unterschlagung von Rohmaterial* war nach Jones gewissermaßen *Vertragsbestandteil,* wobei er diesem Argument kein allzugroßes Gewicht beimisst.[52]

Völlig an der Realität vorbei geht nach Jones auch das Ergebnis Williamsons, daß die *Fabrik eine höhere Systemflexibilität aufwies* als der Verlag. Der Verlag konnte sich durch Rekrutierung weiterer Heimarbeiter bzw. durch die Nicht-Weiterbeschäftigung von Heimarbeitern sehr flexibel an Nachfrageschwankungen anpassen. Die anderen Faktoren der Systemflexibilität – Produktionsverfahrens- und Produktionsprogrammänderungen – hatten im 18. und im frühen 19. Jahrhundert nur geringe Bedeutung.[53]

Diese Korrekturen, die bei einer Würdigung der historischen Bedingungen erforderlich werden, führen dazu, daß *der Verlag mindestens die gleiche, eher aber eine höhere Transaktionskosteneffizienz aufweist als die Fabrik.* Diese Einschätzung wird durch den Befund gestützt, daß in England im Jahre 1840, also lange nach der „Erfindung" der Organisationsform Fabrik, der Verlag in vielen Branchen – beispielsweise bei der Fertigung von Uhren, Gewehren, Bestecken, Bändern, Oberbekleidung und Spitzen – vor der Fabrik rangierte. Jones kommt demzufolge zu dem Schluß, daß der *Übergang vom Verlag zur Fabrik vor allem durch die höhere Produktivität der Maschinenarbeit zu erklären* ist und daß Transaktionskosten dagegen nicht ins Gewicht fallen.[54]

---

50   Vgl. JONES (1982), S. 127.
51   Vgl. ebd., S. 128.
52   Vgl. ebd., S. 131.
53   Vgl. ebd., S. 133.
54   Vgl. ebd., S. 136.

Wie reagiert Williamson auf diesen Angriff? Beleidigt, arrogant und auswei-
chend. Er gibt vor, daß es nicht sein Hauptanliegen gewesen sei, die Gründe aufzu-
zeigen, [|314] die zur Verdrängung des Verlags durch die Fabrik führten.[55] Vielmehr
sei die ihn vorwiegend interessierende Frage gewesen, weshalb die Vertragsform
des Verlags nicht innerhalb der Fabrik beibehalten worden sei. Die Unternehmer
hätten Arbeiter im Prinzip auch auf der Basis von Werkverträgen in ihren Fabrikhal-
len tätig werden lassen können. Ansätze dazu gab es durchaus: Zu Beginn der Industrialisierung wurden in vielen Fabriken noch Subunternehmer beschäftigt.[56]

Auf diese Frage hält der Transaktionskostenansatz in der Tat eine plausible
Antwort bereit: Bei hoher Spezifität der benötigten Leistungen (Ausbildung ist beispielsweise erforderlich), begrenzter Rationalität und Opportunismus der Akteure
sind Arbeitsverträge effizienter als Werk- oder Kaufverträge. In der Situation, in der
sich die Unternehmer in der Industriellen Revolution befanden, war dieser Sachverhalt jedoch *offensichtlich:* Wenn die Arbeiter schon in die Fabrik kommen mußten,
machte es wenig Sinn, oder es war klar „aufwendiger", von Fall zu Fall mit ihnen
Verträge über die von ihnen benötigten Arbeiten auszuhandeln. Günstiger war es,
sie „bis auf weiteres" vertraglich zu binden und im Rahmen eines solchen Arbeits-
vertrags flexibel für verschiedene Leistungen einzusetzen. Bei der damaligen Sozi-
algesetzgebung wurde man sie genauso leicht wieder los wie den Heimarbeiter.
Subunternehmer wurden nur für solche Aufgaben eingesetzt, die eine hohe, auf dem
Arbeitsmarkt nur schwer erhältliche fachliche Qualifikation erforderten. Die Unternehmer beklagten, daß dieses System sehr kostspielig sei und von den Subunterneh-
men und ihren Gehilfen schädliche Einflüsse auf die Arbeitsmoral und Disziplin der
regulären Arbeiter ausgingen.[57] Sie bemühten sich folglich, von Subunternehmern
unabhängig zu werden, indem sie die Arbeitsaufgaben durchgängig einfach struk-
turierten und/oder die Qualifikation von eigenen Arbeitern anhoben. *Der Erklä-
rungsbeitrag des Transaktionskostenansatzes zur Entstehung der Fabrik ist marginal.*

II. Generelle Kritik

In unserer Kritik einzelner Erklärungsversuche historischen organisationalen Wandels wurde deutlich, daß die Theorie der Verfügungsrechte und der Transaktionskostenansatz *nicht die jeweiligen zentralen Ursachen* erfassen konnten. Es wurde aber
offengelassen, ob diese Konzepte nicht doch wenigstens einen Teil des Wandels
erklären – die Anpassung der Institutionen an (die nicht erklärte) Änderung der
Umweltbedingungen. In diesem Abschnitt soll auch noch dieser „Erklärungsrest"
infrage gestellt werden: Können die Theorie der Verfügungsrechte und der Transak-
tionskostenansatz überhaupt etwas erklären? [|315]

---

55 Vgl. WILLIAMSON (1983 a).
56 POLLARD (1968), S. 38 ff.; LANDES (1983), S. 301; für Deutschland DECKER (1965); FISCHER
    (1972), S. 363.
57 LANDES (1983), S. 301.

1. Die Theorie der Verfügungsrechte und der Transaktionskostenansatz enthalten kein Konzept des technischen Fortschritts

In vielen Erklärungen institutionellen Wandels durch die Theorie der Verfügungsrechte oder durch die Transaktionskostentheorie ist der technische Fortschritt eine, wenn nicht *die* entscheidende Variable. So auch in den referierten Beispielen: Die Entwicklung der Militärtechnik trug entscheidend zum Zusammenbruch des feudalistischen Systems bei; die Erfindung der Dampfmaschine leitete den Untergang der Organisationsform Verlag ein. Um so erstaunlicher ist es, daß der technische Fortschritt weder in diesen Beispielen noch in allgemeiner Form in die Theorie der Verfügungsrechte oder in den Transaktionskostenansatz integriert ist.[58] In Economic Institutions of Capitalism widmet Williamson dem technischen Fortschritt drei Seiten;[59] in Markets and Hierarchies findet sich zwar ein ganzes Kapitel zu diesem Thema, in dem jedoch nur existierende, nicht auf dem Transaktionskostenansatz basierende Studien referiert werden. Williamson meint mit Recht: „Die Rolle des Wettbewerbs bei der Auslese von Innovationen nach Maßgabe ihres ökonomischen Beitrags verlangt eine umfassendere Analyse."[60]

Norths Ausführungen zum technischen Fortschritt sind auch nicht viel ausführlicher. Er weist darauf hin, daß die mit Innovationen verbundenen Verfügungsrechte als Stimuli für technische Innovationen wirken können:

> Reine Neugierde oder learning by doing bringen einen technischen Fortschritt hervor, wie wir ihn im Laufe der Geschichte immer beobachten konnten. Aber der ständige Einsatz von Anstrengungen zur Verbesserung der Technologie – wie wir ihn in der modernen Welt beobachten – kann nur durch die Erhöhung des damit verbundenen privaten Nutzens stimuliert werden.[61]

Er analysiert aber nicht, wie sich unterschiedliche Ausgestaltungen der Patentrechte auf die Innovationsrate auswirken, noch welchen relativen Beitrag diese Variable gegenüber anderen – Anerkennung, windfall profits etc. – zu Erklärungen des technischen Fortschritts beisteuert. An dieser Problemstellung vor allem müßten Bemühungen zur Weiterentwicklung der hier zur Debatte stehenden Konzepte ansetzen.[62] [|316]

2. ... kein Konzept der Entscheidung zwischen institutionellen Alternativen

Die Theorie der Verfügungsrechte und der Transaktionskostenansatz beschäftigen sich mit Entscheidungen zwischen alternativen Organisationsformen: Sklaverei oder Hörigkeit, Verlag oder Fabrik, funktionale oder divisionale Organisationsstruktur. Wie kommt aber eine Entscheidung für die effizientere Struktur zustande, wenn die

---

58 Vgl. KAY (1986), S. 36.
59 Vgl. WILLIAMSON (1985), S. 141–144.
60 WILLIAMSON (1985), S. 404.
61 NORTH (1981), S. 165.
62 Die Überlegungen, die RÖPKE (1983) hierzu anstellt, erscheinen vielversprechend.

Akteure gemäß einer zentralen Annahme des Transaktionskostenansatzes nur über eine begrenzte Rationalität verfügen? (Diese Frage wirft auch Schneider[63] auf.)

Williamson rekurriert auf „natural selection", also auf die Auslese durch die Umwelt und hält eine Integration des Transaktionskostenansatzes mit dem Population Ecology Ansatz für vielversprechend.[64] Im Hinblick auf die Ablösung der funktionalen Organisationsstruktur durch die divisionale führt er beispielsweise aus: „In dem Ausmaß, in dem die M-Form die besser angepaßte ist, wird sie von der natürlichen Auslese (natural selection), die Wettbewerb auf dem Kapitalmarkt miteinschließt, begünstigt."[65]

Mit anderen Worten: ineffiziente Formen werden von effizienteren verdrängt. Die effizienteren Formen müssen also schon existieren, die weniger effizienten Formen verdrängen, und dann kann der Transaktionskostenansatz erklären, weshalb das so ist.[66]

Der Transaktionskostenansatz erklärt also beispielsweise nicht, *wie* es zur Innovation der divisionalen Organisationsform kam: Solange die Alternative divisionale Strukturierung als Konzept noch nicht zur Verfügung stand, sind die funktional organisierten „still one eyed men in the kingdom of blind". Es wird nicht deutlich, welche Probleme in den funktional organisierten Unternehmen zu Krisen führten, die zu Umstellungen zwangen, denn sie waren „the only game in town".[67] Diese Kritik trifft im Prinzip auf alle Versuche des Transaktionskostenansatzes zu, organisationalen Wandel zu erklären: Die Anstöße, die zu organisationalen Innovationen führen, erklärt er nicht; und auch nicht, weshalb die jeweilige Lösung und nicht eine andere gefunden wurde. [|317]

3. ... und kein Konzept zur Identifikation und Messung von Transaktionskosten, was eine empirische Überprüfung verhindert

So seltsam das anmutet, die Transaktionskostentheorie liefert zwar eine Fülle von Umschreibungen der Transaktionskosten und von Beispielen, aber keine operationale Definition, was Perrow[68] und Schneider[69] nachdrücklich kritisieren. Mit dieser Kritik konfrontiert, wenden Williamson und Ouchi[70] lediglich ein, daß die Transaktionskosten am besten im Kontext eines spezifischen Problems zu definieren seien.

Auch Michaelis, die dem Transaktionskostenansatz größere Sympathie entgegenbringt als Perrow, muß nach einer sorgfältigen Sichtung der relevanten Literatur

---

63   Vgl. SCHNEIDER (1985 a), S. 1241, und (1985 b), S. 530.
64   Vgl. WILLIAMSON, OUCHI (1981), S. 363. Evolutionsansätze können durchaus einen Beitrag zu der Frage leisten, wie sich effiziente organisatorische Lösungen in Organisationspopulationen verbreiten. Sie weisen jedoch auch darauf hin, daß im Selektionsprozeß nicht nur Effizienzkriterien wirksam werden. Siehe dazu KIESER (1985), bes. S. 53 ff.
65   WILLIAMSON (1985), S. 296.
66   Vgl. KAY (1986), S. 33.
67   KAY (1986), S. 34.
68   (1981), S. 375.
69   (1985 a), S. 1241.
70   (1981), S. 387.

einräumen: „Die Frage nach der Differenzierung in Transaktionskosten und Produk-
tions- bzw. Anschaffungskosten ist … noch zu beantworten."[71] Auch für die Analyse
von Alternativen der internen Organisationsstruktur sind Transaktionskosten nicht
zu ermitteln.[72]

Wenn ein Konzept der Entscheidung zwischen institutionellen Alternativen fehlt
und die Transaktionskosten auch nicht operational definiert sind, läuft die Argumentation Gefahr, zirkulär zu werden: Was sich im Lauf der Geschichte durchgesetzt
hat, muß zwangsläufig effizienter als die verfügbaren Alternativen gewesen sein.
Mit Tietzel läßt sich somit folgern:

> Solange Transaktionskosten nicht quantifizierbar sind – und die Schwierigkeiten sind hier sicher
> groß –, solange sind auch Effizienzvergleiche ganz ausgesprochen problematisch; durch ad hoc
> eingeführte Transaktionskostenarten läßt sich die ‚Überlegenheit' jeder beliebigen Unterneh-
> mens- und Wirtschaftsverfassung gegenüber jeder anderen nachweisen.[73]

Diese Definitions- und Operationalisierungsschwierigkeiten verhindern eine empirische Überprüfung der abgeleiteten Hypothesen. Unsere obige Darstellung des
Vergleichs der Transaktionskosten von Verlag und Fabrik durch Williamson und die
Konfrontation seiner Ergebnisse mit historischen Daten durch Jones hat bereits auf
dieses Problem aufmerksam gemacht.

In einer Würdigung des oben referierten Ergebnisses von North und Thomas,
daß die Hörigkeit effizienter gewesen sei als die Sklaverei und sich deshalb durchgesetzt habe, wirft Borchardt die Frage auf:

> Haben sie selbst aber den Beweis für die Richtigkeit ihrer These gebracht, indem sie empirische
> Befunde zu den alternativen Kosten vorführen konnten? Bis jetzt ist das noch nicht mit hinläng-
> licher Überzeu- [|318] gungskraft gelungen. Kann es aber wenigstens im Prinzip gelingen, dem
> Diktum empirische Evidenz zu verleihen? Oder beweist etwa schon das Fehlen der Sklaverei
> die Richtigkeit der Behauptung? Es soll nicht bestritten werden, daß die Argumentation hier wie
> in anderen Fällen vielfach vernünftig klingt. Aber es besteht die Gefahr, daß man alle beobacht-
> baren Zustände schließlich als einen Erweis ihrer relativen Vorteilhaftigkeit und alle beobacht-
> baren Änderungen als Beweis vorheriger Ungleichgewichte ansieht.[74]

Einige empirische Studien mit dem Ziel einer Überprüfung von Hypothesen des
Transaktionskostenansatzes zur gegenwärtigen Entwicklung von Organisationen
liegen vor. Monteverde und Teece[75] analysieren Entscheidungen der Unternehmen
Ford und General Motors, Montageteile zu kaufen oder selbst zu fertigen. Armour
und Teece[76] überprüfen die Hypothese, daß divisionale Unternehmen in der Erdöl-
industrie gewinnträchtiger sind als solche mit funktionalen Strukturen. In einer
gewissen Weise können auch die Reinterpretationen der von Chandler[77] vorgelegten
historischen Daten zur Verbreitung der divisionalen Organisationsstruktur und zur

---

71 MICHAELIS (1985), S. 89.
72 Vgl. MICHAELIS (1985), S. 251 ff.
73 TIETZEL (1981), S. 238.
74 BORCHARDT (1977), S. 154.
75 (1983).
76 (1978).
77 (1966); (1977).

zunehmenden Konzentration der US-Wirtschaft als empirisch orientierte Studien gelten.

All diese Studien können, wie Kogut[78] zeigt, nicht als strenge Tests transaktionskostentheoretischer Hypothesen gewertet werden. *Sie belegen nicht, daß die jeweils gewählten Organisationsformen die relativ niedrigsten Transaktionskosten realisieren,* sondern lediglich, daß sie eine ausreichende Wettbewerbsfähigkeit sichern. Daß Automobilunternehmen Teile, die eine hohe spezifische Ingenieurleistung verlangen, selbst fertigen und nicht beziehen, sagt im Grunde lediglich aus, daß „Unternehmen das selbst machen, was sie am besten können".[79] Daß die divisionale Struktur bei hoher Diversifikation Koordinationsvorteile gegenüber einer funktionalen Struktur aufweist, läßt sich auf der Basis einiger Organisationstheorien vorhersagen. Die Studie von Armour und Teece *stützt somit nicht nur den Transaktionskostenansatz, sondern auch alle diese konkurrierenden Theorien.* Und wenn es Williamson gelingt, Chandlers Resultate mit den Begriffen der Transaktionskostentheorie zu reinterpretieren, so ist auch dies kein empirischer Test der Erklärungskraft des Transaktionskostenansatzes, sondern höchstens seines Wertes als *Sprachspiel:* „Chandlers Theorie paßt gut in Williamsons Schema, weil die Theorie des letzten dehnbar und nicht sehr präzise formuliert ist, vor allem nicht im Hinblick auf innerorganisatorische Transaktionskosten."[80] Auch Borchardt drängt sich der Eindruck auf, die Verfügungsrechtstheoretiker stilisierten Triviales:

> Nicht selten werden aber auch nur an sich bekannte Erscheinungen in einer anderen als der üblichen Weise beschrieben. Leicht verständliche, ja geradezu triviale Zusammenhänge werden in einer recht künstlichen Sprache abgehandelt.[81] [|319]

4. Das Problem der Macht wird ausgeblendet

Diese Unbestimmtheit und Beliebigkeit ist nicht harmlos. Die Theorie der Verfügungsrechte geht von der Annahme aus, daß eine zunehmende Spezifizierung von Verfügungsrechten mit höherer Effizienz verbunden ist, daß die dadurch erzielten Gewinne allen Beteiligten zugutekommen und daß deshalb Verfügungsrechtsänderungen in gegenseitiger Übereinkunft erfolgen. So wurde beispielsweise die Hörigkeit von North und Thomas als freiwillige Verfügungsrechtsänderung in gegenseitiger Übereinkunft dargestellt. Die hier diskutierten Ansätze tendieren dazu, das Problem der Macht auszublenden.[82] Die Überführung von Weideland, das der Allgemeinheit zur Verfügung stand, in privates Eigentum, wie z.B. im „Enclosure Movement" in England geschah, führte u.U. zu einer effizienteren Nutzung der

---

78 (1985), S. 29 ff.
79 KOGUT (1985), S. 31.
80 KOGUT (1985), S. 36.
81 BORCHARDT (1977), S. 153.
82 Die kritisiert auch POLLARD (1984), S. 19, indem er ausführt, die Theorie der Verfügungsrechte impliziere, die Gesellschaft schaffe Institutionen „that would minimize costs and maximize benefits". Er hält dagegen: „In real history, however, institutions are an expression of power relations, and the forms they take are not determined by the interests of all members of society bargaining it out among themselves, but by the interests of the stronger group only".

Böden, konnte von den betroffenen Kleinbauern aber nur als Enteignung betrachtet werden.[83] „Might makes Rights" lautet denn auch der Titel eines Aufsatzes, in dem ein theoretisches Modell für die Entstehung von Property Rights entwickelt und anhand von historischen Daten aus dem California Gold Rush, in dem Tausende von gierigen Goldgräbern in ein Gebiet eindrangen, in dem keine Verfügungsrechte galten und deshalb aus einer Anarchie heraus entwickelt werden mußten, empirisch überprüft wird.[84] Die Studie kommt zu dem Schluß, daß „alles private Eigentum letzten Endes auf der Fähigkeit basiert, mit Gewalt mögliche Wettbewerber auszuschließen. Gewalt, nicht Fairness, bestimmte die Verteilung des Reichtums in einer Gesellschaft".[85]

Auch der Übergang von Marktbeziehungen zu innerorganisatorischen Beziehungen findet nicht in einem Machtvakuum statt. Der Nutzen, der dabei u. U. realisiert wird, kommt nicht unbedingt allen Beteiligten im gleichen Umfang zugute.[86] Für Williamson und Ouchi ist Macht jedoch eine Variable, die sich letzten Endes auch nach der Effizienz richtet:

> Die Vernachlässigung von Macht im H&M Ansatz bedeutet nicht, daß Macht uninteressant oder unwichtig ist. Wir geben aber zu bedenken, daß Effizienz sich gewöhnlich gegen herrschende Machtbeziehungen durchsetzt – zumindest in gewinnorientierten Unternehmen, wenn sich die Beobachtungen auf einen genügend langen Zeitraum, etwa eine Dekade, erstrecken. Die Macht der Leiter von funktionalen Abteilungen wurde beim Übergang auf eine multidivisionale Struktur drastisch beschnitten. Wäre Macht der einzi- [|320] ge oder der wichtigste Faktor der organisationalen Gestaltung, dann hätten amerikanische und darauffolgend europäische Unternehmen nicht eine solche tiefgreifende Transformation erleben können.[87]

Eine Beteiligung von Nicht-Eigentümern an Entscheidungen des Unternehmens kann von der Theorie der Verfügungsrechte nur als Verdünnung von Verfügungsrechten gesehen werden, die zwangsläufig zu Ineffizienz führt, wobei Variablen wie Motivation oder Arbeitszufriedenheit weitgehend ausgeklammert bleiben. Es wird auch vernachlässigt, daß durch eine solche Beteiligung Interessen der Arbeitnehmer bei der Formulierung der Unternehmenspolitik u. U. wirkungsvoll berücksichtigt werden können:

> Bei der Entscheidung zwischen verschiedenen Allokationssystemen stehen also nicht nur höhere oder niedrigere Effizienz zur Wahl, ebenso verschiedene Einkommens- und Vermögensverteilungen, Outputniveaus, Faktorkombinationen, Arten und Intensitäten der Ressourcennutzung, Arbeitsplatzmerkmale und vieles mehr.

---

83 Vgl. ALCHIAN, ALLEN (1974), S. 243.
84 Vgl. UMBECK (1981).
85 UMBECK (1981), S. 57.
86 Vgl. FRANCIS (1983), S. 114; PERROW (1981), S. 386.
87 WILLIAMSON, OUCHI (1981 a), S. 363 f. Man kann diesem Argument entgegenhalten, daß z. B. viele deutsche divisionalisierte Unternehmungen eine funktionale Besetzung des Vorstands und der obersten Bereichsebenen beibehalten haben, obwohl die Divisionalisierung mehr als 10 Jahre zurückliegt. Beim Studium deutscher divisionalisierter Unternehmungen, beispielsweise der Hoechst AG, gewinnt man den Eindruck, daß die Divisionalisierung um eine funktionale Hierarchie herum erfolgte. Mit einem Streben nach Effizienz kann dies nicht erklärt werden. Vgl. DYAS, THANHEISER (1976), S. 123 ff. und FRESE (1984), S. 505.

Davon kann man nicht ‚abstrahieren' – und genau dazu neigen Property Rights-Ökonomen sehr stark –, ohne damit gleichzeitig zu werten.[88]

Die Theorie der Verfügungsrechte und der Transaktionskostenansatz sind also nicht wertfrei.[89] Theorien aber, die einem bestimmten Werturteil verhaftet sind, sich aber gleichzeitig durch eine definitionale Beliebigkeit auszeichnen und sich einer empirischen Überprüfung entziehen, eignen sich vorzüglich zur Legitimierung gleichgerichteter Ideologien.

LITERATUR

ALCHIAN, A. A., ALLEN, W. R. (1974): University Economics, 3. Aufl., London.

ALCHIAN, A. A., DEMSETZ, H. (1973): The Property Rights Paradigm, in: Journal of Economic History 33, S. 16–27.

ARMOUR, H. O., TEECE, D. J. (1978): Organizational Structure and Economic Performance: A Test of the Multidivisional Hypothesis, in: Bell Journal of Economics 9, S. 106–122.

BORCHARDT, K. (1977): Der „Property Rights-Ansatz" in der Wirtschaftsgeschichte – Zeichen für eine systematische Neuorientierung des Faches?, in: KOCKA, J. [|321] (Hg.), Theorien in der Praxis des Historikers (Geschichte und Gesellschaft, Sonderheft 3), Göttingen, S. 140–156.

BOWLES, S., GINTIS, H. (1976): Schooling in Capitalist America, New York.

CHANDLER, A. D. JR. (1966): Strategy and Structure: Chapters in the History of the Industrial Enterprise, Cambridge, MA.

CHANDLER, A. D. JR. (1977): The Visible Hand. The Managerial Revolution in American Business, Cambridge, MA.

DECKER, F. (1965): Die betriebliche Sozialordnung der Dürener Industrie im 19. Jahrhundert, Bensheim.

DUBY, G. (1977): Krieger und Bauern. Die Entwicklung von Wirtschaft und Gesellschaft im frühen Mittelalter, Frankfurt.

DYAS, G. P., THANHEISER, H. (1976): The Emerging European Enterprise, London.

ELIAS, N. (1980): Über den Prozeß der Zivilisation, 2. Bd., Frankfurt.

ENNEN, E., JANSSEN, W. (1979): Deutsche Agrargeschichte, Wiesbaden.

FENOALTEA, ST. (1975): The Rise and Fall of a Theoretical Model: The Manorial System, in: Journal of Economic History 35, S. 386–409.

FISCHER, W. (1972): Wirtschaft und Gesellschaft im Zeitalter der Industrialisierung. Aufsätze, Studien, Vorträge, Göttingen.

FONG, H. D. (1978): The Triumph of the Factory System in England, Philadelphia.

FRANCIS, A. (1983): Markets and Hierarchies: Efficiency or Domination?, in: FRANCIS, A., TURK, J., WILLMAN, P. (Hg.), Power, Efficiency and Institutions. A Critical Appraisal of the „Markets and Hierarchies" Program, London, S. 105–116.

FRANZ, G. (Hg.) (1974): Quellen zur Geschichte des deutschen Bauernstandes im Mittelalter, Darmstadt.

FRESE, E. (1984): Grundlagen der Organisation, 2. Aufl., Wiesbaden.

FRIEDMANN, W. (1969): Recht und sozialer Wandel, Frankfurt/Main.

GÖTZ, H.-W. (1986): Leben im Mittelalter, München.

GURJEWITSCH, A. J. (1980): Das Weltbild des mittelalterlichen Menschen, München.

HENNING, F.-W. (1974): Das vorindustrielle Deutschland 800 bis 1800, Paderborn.

---

88 TIETZEL (1981), S. 235.
89 ULRICH (1986), S. 253.

JONES, A. (1972): The Rise and Fall of the Manorial System: A Critical Comment, in: Journal of Economic History 32, S. 938–944.

JONES, S. R. H. (1982): The Organization of Work. A Historical Dimension, in: Journal of Economic Behavior and Organization 3, S. 117–137.

JONES, S. R. H. (1983): Technology and the Organization of Work. A Reply, in: Journal of Economic Behavior and Organization 4, S. 63–66.

KAY, N. (1986): Markets and False Hierarchies: Some Problems in Transaction Cost Economics, Arbeitspapier, European University Institute, Florenz.

KIESER, A. (1985): Entstehung und Wandel von Organisationen. Ein evolutionstheoretisches Konzept, Arbeitspapier, Lehrstuhl für Allgemeine Betriebswirtschaftslehre und Organisation, Mannheim. [|322]

KOGUT, B. (1985): A Critique of Transaction Cost Economics as a Theory of Organizational Behavior, Working Paper 85-05, The Wharton School, University of Pennsylvania, Philadelphia.

KRIEDTE, P., MEDICK, H., SCHLUMBOHM, J. (1978): Industrialisierung vor der Industrialisierung. Gewerbliche Warenproduktion auf dem Land in der Formationsperiode des Kapitalismus, Göttingen.

KUCHENBUCH, L. (1978): Bäuerliche Gesellschaft und Klosterherrschaft im 9. Jahrhundert. Studien zur Sozialstruktur der Familia in der Abtei Prüm (Vierteljahrschrift für Sozial- und Wirtschaftsgeschichte, Beiheft 66), Wiesbaden.

LANDES, D. S. (1983): Der entfesselte Prometheus. Technologischer Wandel und industrielle Entwicklung in Westeuropa von 1750 bis zur Gegenwart, München.

LÜTGE, F. (1966): Die Agrarverfassung des frühen Mittelalters im mitteldeutschen Raum vornehmlich in der Karolingerzeit, 2. Aufl., Stuttgart.

MICHAELIS, E. (1985): Organisation unternehmerischer Aufgaben – Transaktionskosten als Beurteilungskriterium, Frankfurt/Main.

MITTEIS, H., LIEBERICH, H. (1981): Deutsche Rechtsgeschichte, 16. Aufl., München.

MONTEVERDE, K., TEECE, D. J. (1982): Supplier Switching Costs and Vertical Integration in Automobile Industry, in: Bell Journal of Economics 13, S. 206–213.

NORTH, D. C., THOMAS, R. P. (1971): The Rise and Fall of the Manorial System: A Theoretical Model, in: Journal of Economic History 31, S. 777–803.

NORTH, D. C., THOMAS, R. P. (1973): The Rise of the Western World. A New Economic History, Cambridge, MA.

NORTH, D. C. (1981): Structure and Change in Economic History, New York, London.

OLMSTEAD, L., GOLDBERG, P. (1975): Institutional Change and American Economic Growth: A Critique of Davis and North, in: Explorations in Economic History 12, S. 193–210.

PERROW, CH. (1981): Markets, Hierarchies and Hegemony, in: VAN DE VEN, A. H., JOYCE, W. F. (Hg.), Perspectives on Organization Design and Behavior, New York, S. 371–386.

PIORE, M. J., SABEL, CH. F. (1985): Das Ende der Massenproduktion, Berlin.

POLLARD, S. (1968): The Genesis of Modern Management, Harmondsworth.

POLLARD, S. (1984): Transaction Costs, Institutions, and Economic History, in: Zeitschrift für die gesamte Staatswissenschaft 140, S. 18–19.

RINGROSE, R. D. (1973): European Economic Growth: Comments on the North-Thomas Theory, in: Economic History Review 26, S. 285–292.

RÖPKE, J. (1983): Handlungsrechte und wirtschaftliche Entwicklung, in: SCHÜLLER, A. (Hg.), Property Rights und ökonomische Theorie, München, S. 145–184.

SAUTER, F. (1985): Die Ökonomie von Organisationsformen. Eine transaktionskostentheoretische Analyse, München.

SCHENK, K.-E. (1981): Institutional Choice und Ordnungstheorie, in: Jahrbuch für Neue Politische Ökonomie 2, S. 70–85. [|323]

SCHNEIDER, D. (1985 a): Die Unhaltbarkeit des Transaktionskostenansatzes für die „Markt oder Unternehmung"-Diskussion, in: Zeitschrift für Betriebswirtschaft 55, S. 1237–1255.

SCHNEIDER, D. (1985 b): Allgemeine Betriebswirtschaftslehre, München.

SCHMOLLER, G. (1870): Zur Geschichte der deutschen Kleingewerbe im 19. Jahrhundert, Halle.

SCHMOLLER, G. (1890): Die geschichtliche Entwicklung der Unternehmung. Teile III–V: Handel, Handwerk und Hausindustrie, in: Jahrbuch für Gesetzgebung, Verwaltung und Volkswirtschaft im Deutschen Reich 14, S. 1–42.

SCHULZE, H. K. (1971): Grundherrschaft, in: ERLER, A., KAUFMANN, E. (Hg.), Handwörterbuch zur deutschen Rechtsgeschichte, Bd. 1, Berlin.

SCHWER, W. (1952): Stand und Ständeordnung im Weltbild des Mittelalters, 2. Aufl., Paderborn.

STIEDA, W. (1889): Literatur, heutige Zustände und Entstehung der deutschen Hausindustrie (Schriften des Vereins für Socialpolitik: Die deutsche Hausindustrie 1), S. 1–158.

TIETZEL, M. (1981): Die Ökonomie der Property Rights: Ein Überblick, in: Zeitschrift für Wirtschaftspolitik 30, S. 207–243.

ULLMANN, W. (1974): Individuum und Gesellschaft im Mittelalter, Göttingen.

ULRICH, P. (1986): Transformation der ökonomischen Vernunft, Bern.

UMBECK, J. (1981): Might Makes Rights: A Theory of the Formation and Initial Distribution of Property Rights, in: Economic Inquiry 19, S. 38–59.

VANBERG, V. (1982): Markt und Organisation. Individualistische Sozialtheorie und das Problem korporativen Handelns, Tübingen.

WILLIAMSON, O. E. (1975): Markets and Hierarchies: Analysis and Antitrust Implications, New York.

WILLIAMSON, O. E. (1980): The Organization of Work. A Comparative Institutional Assessment, in: Journal of Economic Behavior and Organization 1, S. 5–38.

WILLIAMSON, O. E. (1983 a): Technology and the Organization of Work. A Reply to Jones, in: Journal of Economic Behavior and Organization 4, S. 57–62.

WILLIAMSON, O. E. (1983 b): Technology and the Organization of work. A Rejoinder, in: Journal of Economic Behavior and Organization 4, S. 67–68.

WILLIAMSON, O. E. (1985): The Economic Institutions of Capitalism: Firms, Markets, Relational Contracting, New York.

WILLIAMSON, O. E. (1986): Economic Organization. Firms, Markets and Policy Control, Brighton.

WILLIAMSON, O. E., OUCHI, W. G. (1981 a): The Markets and Hierarchies Program of Research: Origins, Implication, Prospects, in: VAN DE VEN, A. H., JOYCE, W. F. (Hg.), Perspectives on Organization Design and Behavior, New York, S. 347–370.

WILLIAMSON, O. E., OUCHI, W. G. (1981 b): A Rejoinder, in: VAN DE VEN, A. H., JOYCE, W. F. (Hg.), Perspectives on Organization Design and Behavior, New York, S. 387–390.

GESCHICHTE UND ÖKONOMIE
NACH DER KULTURALISTISCHEN WENDE

von Hansjörg Siegenthaler

I.

Von den Wirtschaftswissenschaften ist wenig die Rede, wenn Historikerinnen und Historiker den Standort bestimmen, den sie im neuen Bewußtsein für die Bedeutung von Kultur beziehen oder beziehen möchten. Man macht in einem umfassenden Kulturbegriff „die Gesamtheit der Hervorbringungen des Menschen auf allen Gebieten des Lebens" zum Gegenstand einer aufs Neue „integrierten" Geschichtswissenschaft und könnte so geneigt sein, die neuen Fragen nur noch ausnahmsweise an die Ökonomie zu richten.[1] Wenn man in menschlichem Handeln die Ausprägungen von „Denkformen, Mentalitäten und geistigen Haltungen von Individuen und Gruppen"[2] sieht, scheint man zunächst gute Gründe zu haben für erhebliche Zurückhaltung gegenüber einer Wirtschaftswissenschaft, die für Veränderungen menschlichen Handelns lieber Fluktuationen relativer Preise verantwortlich macht als den Fluß der Gedanken.

Wie gut sind diese Gründe wirklich? *In Wahrheit drängt es sich zur Zeit fast gebieterisch auf, die Disziplinen der Geschichte und der Ökonomie miteinander ins Gespräch zu bringen* und das Gespräch zu vertiefen, wo es sich anbahnt. Der Bau einer Telegraphenlinie, meinte Thoreau vor hundertfünfzig Jahren, werde Maine und Texas einander näherbringen, doch hätten sich Maine und Texas vielleicht gar nichts Wichtiges mitzuteilen.[3] Geschichte und Ökonomie haben sich heute viel zu sagen, ohne sich nahezustehen. Man möchte von einem Synergiepotential reden, das es zu nutzen gälte, genauer: das sich nutzen läßt, wenn man die zweifellos beträchtlichen Kosten nicht scheut, die ein Abbau sehr massiver Sprachbarrieren beschert. Ein Gespräch über die Grenzen der beiden Disziplinen hinweg ist ein Exerzitium im Umgang mit Problemen der Multikulturalität. Sehr viel „Charity" (Donald Davidson) ist zunächst gefragt, sehr viel [|277] Bereitschaft, den befremdlichen Dingen

---

1   Das Zitat stammt aus einem Beitrag von OTTO GERHARD OEXLE zur laufenden Debatte über das Verhältnis zwischen Kultur- und Sozialgeschichte. DERS., Geschichte als historische Kulturwissenschaft, in: W. HARDTWIG u. H.-U. WEHLER (Hg.), Kulturgeschichte heute (= GG Soh. 16), Göttingen 1996, S. 25. Oexle bezieht sich an dieser Stelle jedoch auf Max Weber und Georg Simmel und folgt ihnen in dem Sinne, daß er in den Kulturbegriff das „,Ganze' des wechselseitigen Zusammenspiels von Denkformen, Formen des Sich-Verhaltens und sozialen Handelns und den wiederum daraus entstehenden Objektivationen" faßt (vgl. ebd., S. 26). Ökonomische Rationalität findet in diesem Kulturbegriff ganz klar Platz.
2   Vgl. ebd., S. 24.
3   H. D. THOREAU, Walden oder Hüttenleben im Wald (1854), Zürich 1972, S. 79.

Sinn zuzuschreiben, die der eine Kontrahent dem anderen zumutet. Was heute zuversichtlich stimmt, ist die Kompetenz, über die eine kulturalistisch informierte Geschichtswissenschaft zur Bewältigung eben dieser Probleme interdisziplinärer Verständigung verfügt. Der vorliegende Text macht den Versuch, diese Kompetenz anzusprechen, aber auch einige Übersetzungsvorschläge anzubieten, die den interkulturellen Transgressionen vielleicht zugute kommen können.

Zunächst soll jedoch jenes goldene Zeitalter in aller Kürze evoziert werden, in dem – von der Mitte der 60er zum Anfang der 80er Jahre – einer neuen Sozialgeschichte nicht bloß dieser oder jener theoretische wirtschaftswissenschaftliche Ansatz sehr gelegen kam, sondern auch die weitreichende Übereinstimmung darüber, was Theorie zu leisten hat (Abschnitt II). Dann führen unsere Überlegungen mitten hinein in jene Felder handlungstheoretischer Probleme, auf denen sich Historiker und Ökonomen, wenn überhaupt, in aller Regel bloß noch zum Zweck der Grenzbefestigung getroffen haben. Die mikro- oder handlungstheoretische Wende, die sich in den Geschichtswissenschaften im Übergang von den 70er zu den 80er Jahren anbahnte, vollzog sich fast gleichzeitig auch in den Wirtschaftswissenschaften. Nur zeitigte diese Wende sehr unterschiedliche Ergebnisse. In den Wirtschaftswissenschaften bedeutet die Rückwendung zur Mikroökonomie ganz klar die Renaissance einer ahistorischen Modellierung des Menschen – im Interesse der Interpretation historischer makroökonomischer Prozesse. In der Geschichtswissenschaft führte die Wende zur Historisierung und Kulturalisierung des Menschen und seiner sozialen Umgebung – unter weitgehendem Verzicht auf den Brückenschlag vom Mikrokosmos zum Großen und Ganzen sozialen Wandels. Das Theorieverständnis driftete erst recht dramatisch auseinander mit dem Resultat, daß der Axiomatisierung ahistorischer Prämissen und ihrer systematischen Explikation, wie sie die Ökonomen pflegen, auf der Seite der Geschichtswissenschaften bloß noch eine Beschreibung gegenübersteht, die über weite Strecken auf Theoriebildung verzichtet oder doch zu verzichten meint. Man kann über Ökonomie nicht reden, ohne ihren Deduktionismus, ihren Gleichgewichtsbegriff, ihren „methodologischen Individualismus" ins Visier zu nehmen. Die Ökonomie bedient sich deduktiver Verfahren, der Heuristik des Gleichgewichtsbegriffs, des problemerschließenden „methodologischen Individualismus" aus sehr viel besseren Gründen, als man ihr in der Außensicht der Sozialwissenschaften meist zubilligt. Ihre Gründe haben sehr viel mit dem Charakter historischer Prozesse, mit Kultur, mit Problemen zu tun, die sich den Geschichtswissenschaften stellen, sobald sie sich auf die Handlungsebene festlegen. Über diese Gründe ist mithin zunächst nachzudenken (Abschnitte III und IV).

All dies begründet freilich die These noch keineswegs, man stehe heute [|278] vor der Aufgabe, Ökonomie und Geschichte zusammenzuführen, weil sie sich so viel zu sagen haben. Erst die letzten Abschnitte des Textes nehmen sich der Begründung dieser These an (Abschnitte V und VI). Um das *Fazit* vorwegzunehmen: *Während die „handlungstheoretische Wende" zunächst Entfremdung erzeugt hat, kann die mit jener verknüpften „kulturalistische Wende" zu neuer Eintracht der Disziplinen führen.*

II.

Die Sozialgeschichte ganz allgemein und die „Historische Sozialwissenschaft" im besonderen haben im Ausgang der 60er und während der 70er Jahre wichtige Überlegungen damaligen ökonomischen Denkens rezipiert und weithin integriert. Dies gilt zunächst ohne Vorbehalt für jene Beiträge zum Verständnis langfristiger wirtschaftlicher Entwicklung, die sich sozialgeschichtlichen Fragestellungen explizit gestellt und Prozesse der Modernisierung thematisiert, in ihren Bedingungen untersucht und auf Möglichkeiten generalisierender Beschreibung hin geprüft haben. Für diese Beiträge hat Werner Conze im Grunde den Boden schon bereitet, lange bevor man im deutschen Sprachraum ihre Autoren zur Kenntnis nahm. Conze thematisierte 1957 die Epochenwende der Industriellen Revolution als eine der beiden großen Zäsuren der Menschheitsgeschichte, vergleichbar allein mit dem Übergang zum Zeitalter der Hochkultur vor 6 000 Jahren. Den Beginn des „technisch-industriellen Zeitalters" als einer „neuen Zeit" interpretierte er dabei auch als eine Grenze ganz unterschiedlicher Gegenstandsbereiche historischer Forschung, die nach unterschiedlicher Methodik verlangten; für die Analyse der „neuen Zeit" empfahl er sehr entschieden strukturgeschichtliche Ansätze, die dem Wirkungszusammenhang einer Vielfalt kultureller, institutioneller und ökonomischer Vorgänge gerecht werden konnten. Dabei regte er die Historiker dazu an, die theoretische Arbeit systematischer Disziplinen zur Kenntnis zu nehmen, freilich nicht ohne schon die Warnung auszusprechen, es stehe diese Arbeit in Gefahr, „vorwiegend in Formen, Modellen, Gesetzen, Typologien oder Systemen" zu denken und „dabei leicht die geschichtliche Dimension [zu] verlieren oder [zu] verharmlosen".[4] Wir werden uns mit dieser folgenreichen Warnung noch befassen. Zunächst ist jedoch festzuhalten, daß der amerikanische Wirtschaftshistoriker Alexander Gerschenkron 1952 unter dem Titel „Economic Backwardness in Historical Perspective" eine sehr subtile Interpretation spezifischer Charakteristika nationaler Modernisierungsvorgänge vorgelegt hatte, die den Intentionen von Conze recht genau entsprach.[5] Gerschenkron bemühte sich um Verständnis für die Tatsa- [|279] che, daß sich die Übergänge ins „technisch-industrielle Zeitalter" unter vielerlei Gesichtspunkten sehr unterschiedlich gestaltet haben, je nachdem, wie rückständig eine nationale Gesellschaft zum Zeitpunkt des Überganges war. Dabei ließ er sich von der Vorstellung leiten, daß man auch die wirtschaftliche Entwicklung nicht verstehe, wenn man sich allein mit dieser befasse. So öffnete er seine entwicklungstheoretischen Ansätze für die Wirkung, die politische Entscheidungen und ideologische Überzeugungen auf den Prozeß wirtschaftlichen Wachstums haben können, und zwar unter Verzicht auf eine generalisierende, vom spezifischen historischen Kontext abstrahierende Modellierung des Wirkungszusammenhangs, in dem sich Staat, Ideologie und Wirtschaftswachstum wechsel-

---

4   W. CONZE, Die Strukturgeschichte des technisch-industriellen Zeitalters als Aufgabe für Forschung und Unterricht (1957), in: DERS., Gesellschaft – Staat – Nation. Gesammelte Aufsätze, hg. v. U. ENGELHARDT u. a., Stuttgart 1992, S. 79.

5   A. GERSCHENKRON, Economic Backwardness in Historical Perspective, in: B. HOSELITZ (Hg.), The Progress of Underdeveloped Countries, Chicago 1952; dt. in: H.-U. WEHLER (Hg.), Geschichte u. Ökonomie, Königstein ²1985, S. 121–39.

seitig beeinflussen. Diese Öffnung und dieser Verzicht waren auf das Forschungs-
programm der neuen deutschen Sozialgeschichte, auch der „Historischen Sozialwissenschaft" präzise abgestimmt und versprachen Einsichten, die historische Relativierung schon einschlossen.

Gerschenkron war zu keinem Zeitpunkt ein Vertreter dessen, was nach dem
Zweiten Weltkrieg zur „mainstream economics" gerechnet wurde. Daß sich seine
Ansätze den neuen Strömungen innerhalb der deutschen Sozialgeschichte so pro-
blemlos einfügten, spricht zunächst keineswegs für eine besonders hohe Affinität
der neuen Geschichte zur Ökonomie. Aber Gerschenkron war nicht der einzige
Vertreter ökonomischen Denkens, an den sich eine theoriebedürftige Sozialgeschichte halten konnte. Im Grunde befand sich auch die Orthodoxie keynesianischer
Makroökonomie oder immerhin das, was aus keynesianischen Ansätzen unter dem
Einfluß von Hicks und Samuelson geworden war, in bemerkenswerter Nähe zu einem der zentralen Gegenstände der neuen Sozialgeschichte, nämlich zur Tatsache
der Unregelmäßigkeit wirtschaftlicher Entwicklung, der sozial und politisch so
folgenreichen konjunkturellen Schwankungen. Eric Hobsbawm und Hans Rosenberg
hatten diese Tatsache angesprochen und daraufhin befragt, in welcher Weise man
sie zur Befindlichkeit sozialer Schichten, zu ihren Reaktionsweisen, zu ihrem politischen Verhalten ins Verhältnis setzen könne.[6] Hans-Ulrich Wehler schenkte ihr
Beachtung bei seinem Versuch, ein neues Verständnis der imperialistischen Politik
des Deutschen Kaiserreichs zu gewinnen.[7] Wenn man sie für wichtig hielt, dann
wurde sie zum erklärungsbedürftigen Explanandum, dann lag es nahe, sich um kon-
junkturtheoretische Ansätze zu kümmern, die eine überzeugende Erklärung anzubieten hatten. Die keynesianische Orthodoxie bot sich als Erklärungshilfe schon
deshalb an, weil sie makroökonomische Ungleichgewichtslagen antizipierte und
endogene Erklärungen für konjunkturelle Schwankungen der Gesamtnachfrage
anbot.

Diese Affinität der neuen Sozialgeschichte zu einem während zweier Jahr-
[|280] zehnte, bis zum Ausgang der 60er Jahre, durchaus dominierenden Bereich
der „mainstream economics" war zunächst in der Gemeinsamkeit des Gegenstandes,
im Interesse an den Unregelmäßigkeiten wirtschaftlicher Entwicklung begründet.
Aber *dieser Gemeinsamkeit des Gegenstandes entsprach auch eine Gemeinsamkeit
des Theorieverständnisses*, das die keynesianische Makroökonomie und die neue
Sozialgeschichte verband. Diese Gemeinsamkeit des Theorieverständnisses, die
bislang viel zu wenig beachtet wurde, erstreckt sich auf zwei ganz verschiedene
Dinge. Erstens betrifft sie die eindeutige Festlegung aller theoretischer Argumentation auf die Ebene makroökonomischer bzw. makrosozialer Zusammenhänge, ohne
daß die Hypothesenbildung sich um eine mikro- bzw. handlungstheoretische Fundierung zu kümmern bemüht. Zweitens verpflichtet sie sich auf eine Art der empirischen Verifikation, die das theoretische Konzept im Grunde zum Vorgriff auf eine

---

6   E. J. Hobsbawm, Economic Fluctuations and Some Social Movements Since 1800, in: EHR 5,
     1952, S. 1–25. – H. Rosenberg, Große Depression u. Bismarckzeit, Berlin 1967.
7   H.-U. Wehler, Bismarck u. der Imperialismus, Köln ³1969.

abstrakte Beschreibung historischer Tatbestände macht und damit seine Historizität sicherstellt.

Theorie als Vorgriff auf abstrakte Beschreibung historischer Tatbestände ist immer historische Theorie, die man leichten Herzens und verlustlos preisgibt, sobald sich die Beschreibung selber dem Vorgriff entzieht. Sie steuert Lernprozesse, die Erhebung und die Klassifikation von Daten, die Bestimmung von Relationen, in denen sich die Daten befinden. Sie wird durchaus entbehrlich, wenn die Daten vorliegen und in ihren Relationen bestimmt sind.[8] Sie schmiegt sich ihrem jeweiligen Gegenstand an, wie ein Fitness-Dress sich dem Körper anschmiegt. Im Grunde bemüht sie sich um präzise Anpassung an singuläre Tatbestände und macht sich damit selber zum singulären Tatbestand, auch wenn dabei die Hoffnung durchaus mitschwingt, man treffe auf ein und denselben singulären Tatbestand immer wieder. In den makroökonomischen Modellierungen des Postkeynesianismus unterstellte man eine unmittelbare Abhängigkeit des Konsums der Haushalte von ihrem Einkommen. Wie diese Abhängigkeit aussah, wie sie mit dem Einkommensniveau variierte, wie stabil sie war, dies alles machte man zwar zum Gegenstand statistischer Untersuchung, keineswegs jedoch zum Gegenstand weiterführender theoretischer Argumentation.[9] So lebte denn der angesprochene Lernprozeß während [|281] rund zwanzig Jahren vom Fleiß der Datenerheber, von der Bereitschaft der Unternehmungen und der Haushalte, Daten zu spenden, von der Rechenkapazität des Computers und von der Perfektion ökonometrischer Methoden – mit dem Ergebnis der differenzierten Beschreibung einer bestimmten Realität, die sich spätestens dann als eine historische erwies, als zu Beginn der 70er Jahre die prognostische Leistung selbst der umfangreichsten Modelle auch den bescheidensten Ansprüchen nicht mehr zu genügen vermochte.[10]

Das Prognoseversagen der großen Makromodelle der 60er Jahre verwies auf das grundlegende Problem des Theorieverständnisses, das wir hier angesprochen haben. Theorie als Vorgriff auf eine Beschreibung singulärer Tatbestände ist vollkommen

8   Dogmenhistorisch wäre hier etwa die Entwicklung keynesianischer Makrotheorie im Übergang zu ihrer ökonometrischen Implementierung anzusprechen. Dazu G. HABERLER, Prosperität und Depression. Eine theoretische Untersuchung der Konjunkturbewegungen, Tübingen [2]1955, S. 433–86. – G. ACKLEY, Macroeconomic Theory, New York 1961, S. 208–51, widmete den Problemen der Konsumfunktion zwar durchaus einige knappe theoretische Überlegungen, sprach diesen jedoch Schlüssigkeit ab und räumte den größten Teil seines Textes subtilen Ausführungen zu statistisch-ökonometrischen Methoden und Befunden ein: Theoretische Reflexion leistete nicht mehr als die Motivation gezielter Empirie.

9   Bis MILTON FRIEDMAN in einem bahnbrechenden Aufsatz diese Neigung zu „measurement without theory" durchkreuzte und die kardinale Frage nach den Gründen stellte, die ein vernünftiges, denkendes Wesen dazu bewegen könnten, seine laufenden Konsumausgaben wirklich jeder Fluktuation seines Einkommens anzupassen. Die Frage zu stellen genügte im Grunde schon, um den geneigten Leser auf die Bedeutung kultureller Vorgaben aufmerksam zu machen, der langfristigen Einkommenserwartungen nämlich. Daß er diese kulturelle Vorgabe auf den doch etwas technizistischen Begriff des „permanent income" brachte, dürfte die hier anklingende „kulturalistische Wende" dann freilich der Aufmerksamkeit des Publikums wieder entzogen haben. DERS., A Theory of the Consumption Function, Princeton 1957.

10   W. A. JÖHR, Psychological Infection, a Cause of Business Fluctuations, CIRET, 13th Conference, München 1977.

blind für die Vorgänge, in denen sich solche Tatbestände verändern, in denen sie sich dem Vorgriff entziehen. In der Terminologie der Makroökonomen würde dies besagen, daß ihre Modellierung sich ausschweigt über den Wandel ihrer eigenen parametrischen Struktur, d.h. über den Wandel der Relevanz und der Gestalt der funktionalen Beziehungen, die sie zu beschreiben versucht.[11] Und weil sie sich ausschweigt über diesen Wandel, ist ihre prognostische Leistung nur dann befriedigend, wenn es der historische Zufall will, daß die Welt im wesentlichen so bleibt, wie man sie schon bislang beschrieb.

Ganz analog hat man nun festzustellen, daß die sehr komplexen, überaus anspruchsvollen Modellierungen, die vor zwanzig Jahren noch Gegenstand sozial- und wirtschaftshistorischer Debatten waren, im Grunde immer bloß mehr oder weniger angemessene Beschreibungen dessen waren, was die kritische historische Arbeit an epochenspezifischen Fakten ansprechen konnte und wollte, ohne daß sie über Grenzen ihrer Reichweite oder über Bedingungen ihrer Relevanz etwas zu sagen hatte. Freilich brauchte man sich hier um prognostische Leistungen nicht zu kümmern. Wenn sich wirtschaftspolitische Entscheidungen im Zeitalter des Thatcherismus dem Konzept des „Organisierten Kapitalismus" mehr und mehr entzogen, so tat dies dem Konzept keinen Abbruch, solange man es als Vorgriff auf eine exakte Beschreibung einiger epochenspezifischer Grundzüge institutioneller und organisatorischer Struktur des Wirtschaftslebens [| 282] betrachtete; man hatte nur zur Kenntnis zu nehmen, daß nun offenbar eine Epoche zu Ende gegangen war.[12]

Generalisierende Beschreibungen, so das Fazit, lassen uns im Stich, wenn wir verstehen möchten, wie sich all das ändert, was Gegenstand solcher Beschreibungen sein kann. Wie wir einleitend schon bemerkt haben, betraf diese Einsicht Ökonomie und Geschichte gleichermaßen. Gemeinsamkeit des Theorieverständnisses bedeutete auch Gemeinsamkeit der Probleme, die ein solches Verständnis aufwarf. In gewissem Sinne hat man nun hüben und drüben auch in gleicher Weise auf diese Probleme geantwortet, vollzog man dieselbe mikro-bzw. handlungstheoretische Wende. Nur bleibt eben zu betonen, daß diese Wende, wie gesagt, in Geschichte und Ökonomie zu sehr unterschiedlichen Ergebnissen führte.

---

11 Dies war G. AKLEY durchaus klar, wenn er festhielt, es könne die keynesianische Konsumtheorie keine universell gültige Verhaltensregel bezeichnen, „much less generalizations that can be used to predict or describe behavior which is observed over time in a changing world." DERS., Macroeconomic Theory [wie Anm. 8], S. 220.

12 Analog dazu wäre zu überlegen, daß der Begriff der „Professional Society" weder den Aufstieg noch den Niedergang dessen interpretiert, was er bezeichnet. Wenn HARALD PERKIN zu solcher Interpretation ansetzt, so stützt er sich im Grunde auf handlungstheoretische, häufig mikroökonomische Überlegungen. DERS., The Rise of Professional Society, England Since 1880, London 1989.

III.

Für die Ökonomie bedeutete die schon angesprochene handlungs- bzw. mikrotheo-
retische Wende die Rückbesinnung auf Leistungen oder doch auf alte Leistungsan-
sprüche einer ahistorischen Lehre vom Menschen. Diese Rückbesinnung kann sich
auf sehr gute historische Gründe berufen. Die klassisch-neoklassische Mikroökonomie schlug sich an die Seite nicht der Geschichte, sondern der „Naturgeschichte" in
jener von Werner Conze thematisierten Phase des Übergangs zur Moderne, in der
die Historie als Lehrmeisterin des Lebens gerade deshalb ausgedient hatte, weil sie
zu verstehen begann, wie rasch sich nun die Welt aus dem „Erfahrungsraum" der
Geschichte (Koselleck) hinausbewegte.[13] Hinausbewegte in eine offene Zukunft
hinein, die sich nicht schon dadurch erschloß, daß man sich kundig machte über den
Gang der Dinge in der Vergangenheit. Für diese offene Zukunft mußte sich jedoch
eine durch und durch pragmatisch gestimmte Ökonomie zuständig halten, und auf
eine offene Zukunft bleibt die Ökonomie auch weiterhin ausgerichtet: Ihre Bedeutung, ihre Resonanz, ihr Marktwert stehen und fallen mit dem prognostischen Gehalt,
zumindest mit dem erhofften prognostischen Gehalt ihrer Analysen.

   Nun verstand diese pragmatisch gestimmte Ökonomie die Lektion durchaus, die
ihr die Geschichte in jener Phase des Überganges erteilte: daß es im Wandel der
modernen Welt schwierig geworden war, aus der Vergangenheit klüger zu werden
für die Zukunft, daß „die Vergangenheit" – so das Urteil von Alexis de Tocqueville
– „aufgehört hat, ihr Licht auf die [|283] Zukunft zu werfen".[14] Gerade weil die
Vergangenheit aufgehört hatte, ihr Licht auf die Zukunft zu werfen, nahm die Ökonomie Zuflucht zu einer Lehre vom Menschen, die die Dauer im Wandel festzuhalten versuchte und eine Theoriebildung betrieb, die zur zeitlosen Modellierung
menschlichen Verhaltens zu gelangen hoffte. Wir möchten dies mit ganz besonderem
Nachdruck festhalten: Daß die Ökonomie keineswegs besinnungslos der Geschichts-
losigkeit verfiel, daß sie vielmehr aus profundem Verständnis für das, was die moderne Geschichte mit dem Menschen macht, die letztlich anthropologischen oder
psychologischen Verhaltensregeln aufzuspüren versuchte, die sich bei allem Wandel
zeitlos zur Geltung bringen.[15]

   Die Absage der Ökonomie an die Geschichtlichkeit des Handelns ist, vorder-
gründig betrachtet, von äußerster Radikalität. Es ist hier an den Kostenbegriff zu
erinnern, an jenen Kunstgriff, mit dem die Ökonomie das rationale Kalkül des individuellen Aktors von den Erblasten vergangener Handlungen befreit oder doch be-
freien möchte: Kosten sind Opportunitätskosten; die Verwendung verfügbarer

---

13 R. KOSELLECK, Vergangene Zukunft. Zur Semantik geschichtlicher Zeiten, Frankfurt 1979, S.
    38–66 und S. 349–75.
14 Ebd., S. 47.
15 Vgl. hierzu W. EUCKEN, Die Grundlagen der Nationalökonomie (1939), Berlin ⁷1959. Eucken
    durchbrach den Historismus der Historischen Schule der Nationalökonomie und schärfte gleich-
    zeitig den Blick für die Bedeutung institutioneller Ordnung. Sein Postulat einer „generellen",
    d.h. von konkreten historischen Umständen abstrahierbaren Theorie wird den Intentionen klas-
    sischer und neoklassischer Ökonomie ebenso gerecht wie die scharfsinnige Kritik an der ver-
    meintlich historischen Begrifflichkeit etwa der Stufentheoretiker.

Ressourcen in dieser oder jener Weise ist kostspielig deshalb und nur deshalb, weil und insofern die beanspruchten Ressourcen auch in anderer Verwendung Nutzen stiften könnten, jetzt und – vor allem – in der Zukunft. Kosten sind Sache „vergegenwärtigter Zukunft", keineswegs und niemals Sache „gegenwärtiger Vergangenheit", auch wenn diese Vergangenheit in der Hardware der Kostenbestände noch so gegenwärtig bleibt. Und an diesen Kostenbegriff schließt der Begriff der Knappheit an, die sich gerade daraus herleitet, daß der handelnde Mensch, der sich heute so zu betten versucht, wie er morgen liegen möchte, keine Chance hat, alles zu tun, was ihm künftig nützlich sein könnte. Knappheit bedeutet letztlich Entscheidungszwang zugunsten dieser oder jener Zukunft unter Verzicht auf die Realisierung all dessen, was sonst noch hätte Zukunft werden können. Und zur Bedrängnis wird die Knappheit auch in der Überflußgesellschaft immer wieder deshalb, weil mit jedem Schritt in die Zukunft auf andere Schritte in eine andere Zukunft zu verzichten ist.

Ökonomie ist eine ahistorische Wissenschaft von menschlichem Handeln und individuellen Entscheidungen, und weil sie Entscheidungen thematisiert vor dem Horizont alternativer Möglichkeiten, bringt sie die Bedeutung von Knappheit ins Spiel. Dabei postuliert sie jene ganz spezifische Form von Rationalität, die nichts anderes meint als volle Nutzung des [|284] Spielraums, der sich dem handelnden Menschen erschließt, volle Nutzung nach Maßgabe der „Präferenzen", jener mentalen Dispositionen, die dazu befähigen, unter gleichermaßen zugänglichen Optionen eine Wahl zu treffen. Nun können sich solche Präferenzen natürlich ändern, aber auch dann, wenn sie sich nicht ändern, führt historischer Wandel zu verändertem Handeln, nämlich dann, wenn sich Optionen ändern, die die Menschen ergreifen können. Gar nichts anderes ist gemeint, wenn von der eminenten Bedeutung des Wandels relativer Preise und damit der Märkte die Rede ist, auf denen sich Preise bilden und sich in dieser oder jener Weise zum Bewußtsein der handelnden Menschen bringen. Preise brauchen dabei nicht unbedingt notiert, nicht unbedingt in numerische Größen gefaßt zu sein. Die Ökonomie meint, wenn sie von Preisen spricht, – im Grunde ganz im Sinne der sprichwörtlichen Redewendung, die uns zu bedenken gibt, „alles habe seinen Preis" – das Maß des Verzichts, den wir zum Erwerb einer Sache, zur Festlegung auf diese und nicht auf jene Zukunft zu leisten haben. Preistheoretische Überlegungen beziehen sich daher weder ausschließlich auf eine sogenannte „Marktwirtschaft" noch auf eine monetarisierte Geldwirtschaft, in der die Märkte zu „price making markets" (North) werden:[16] zu Märkten, auf denen sich nun tatsächlich numerisch definierte, notierte oder doch immerhin monierte und memorierte Preise bilden.

Vielleicht ist der Terminus technicus, den man den Preisen der stillschweigenden Art verliehen hat, nämlich die Bezeichnung des „Schattenpreises", nicht ganz glücklich. Dieser Terminus verweist den Preis als Maß für Verzichtleistung ins Reich der Schatten, als wären sie weniger real, weniger spürbar als die numerisch ausgewiesenen Preise. Das kann dazu verleiten, die preistheoretische Behandlung von Transaktionen, die außerhalb der „price making markets" stattfinden, als eine Sache von sekundärer Bedeutung, von akademischem Interesse, von artifizieller theoretischer

---

16 D. C. NORTH, Structure and Change in Economic History, New York 1981, S. 42.

Akrobatik abzutun.[17] In Wahrheit ist jede Transaktion, jede Form von Interaktion, die Dinge zwischen Akteuren vermittelt in einer Art und Weise, die Verzichtleistungen, Preisgabe nützlicher Dinge impliziert, einer preistheoretischen Analyse zugänglich. Nichts ist deshalb falscher, als die so beliebte Vorstellung, die Ökonomie trete in ihr volles Recht erst mit der Formation der modernen „Marktwirtschaft". Die Institutionen der modernen Marktwirtschaft stellen die Ökonomie vor besondere Fragen, begründen aber in gar keiner Weise einen Gegenstand, der sie erst zum Zuge kommen ließe. Daher erhebt die Ökonomie mit vollem Recht den [|285] Anspruch auf universelle, für alle Epochen gleichermaßen umfassende Geltung. Nicht nur in diesem, aber in diesem Sinne ganz besonders ist die Ökonomie eine „ahistorische" Disziplin.[18]

„Ahistorisch" ist die Ökonomie aber auch in dem Sinne, daß sie den handelnden Menschen aller Zeiten als äußerst sensiblen, geschmeidigen, lernfähigen Anpasser modelliert, der anders handelt, als er bisher gehandelt hat, wenn dieses billiger wird als jenes. Natürlich überhört man die Einwände nicht, die ganze Heerscharen von Soziologen, Ethnologen, Historikern jeglicher Observanz lautstark vorgebracht haben: Es gibt Normen, internalisierte und andere, die die Anpassungsvorgänge in Schranken weisen. Außerdem haben auch Lernvorgänge ihren Preis, und nicht immer und überall ist dieser Preis von trivialer Bescheidenheit. Die Empirie, die Geschichte liefert Beispiele für Anpassungsträgheit in Hülle und Fülle. Nur bleibt sorgfältig zu untersuchen, ob beobachtbare Anpassungsträgheit nicht einfach Ausdruck der schlichten Tatsache ist, daß Preisfluktuationen häufig gebunden bleiben an das, was Braudel in seinen Strukturbegriff der „longue durée" gefaßt und damit jeder Vorstellung von anpassungsträchtigem Wandel von vornherein und ex definitione entzogen hat: Zur Braudelschen Struktur gehört der Kapitalstock in all seinen Differenzierungen.[19] Sinn macht der Kapitalbegriff nur dann, wenn man ihn als Gegenwartswert der für die Zukunft zu erwartenden Nettoerträge auffaßt. Die These von der Konstanz des Kapitalstocks und seiner Gliederungen impliziert daher auch die These von der langfristigen Konstanz der Preisrelationen. Wenn solche Konstanz vorherrscht, hat keiner dazu Anlaß, sein Verhalten zu ändern. Anpassungsträgheit findet dann eine hinreichende Erklärung, ohne daß man auf normative Fixierungen Bezug zu nehmen braucht. So erweist sich die Ökonomie als ein vorzügliches Instrument nicht nur zur Analyse der Anpassung, wo sie stattfindet, sondern auch der

---

17 CLEMENS WISCHERMANN verweist natürlich zu Recht auf Operationalisierungsprobleme, die der Begriff des „Schattenpreises" aufwirft. Aber preistheoretische Ansätze nur deshalb beiseite zu schieben, weil sie die konstruktive Phantasie der Datenproduzenten strapazieren, wäre ein zu verlustreiches Unterfangen. DERS., Der Property-Rights-Ansatz und die „neue" Wirtschaftsgeschichte, in: GG 19, 1993, S. 249.

18 Zur Illustration der Perspektiven, die sich ökonomischer Analyse etwa mittelalterlicher Institutionen öffnen, vgl. bes. die neueren Arbeiten von AVNER GREIF. DERS., Microtheory and Recent Developments in the Study of Economic Institutions through Economic History, in: D. M. KREPS u. K. F WALLIS (Hg.), Advances in Economics and Econometrics. Theory and Applications, Cambridge 1997, S. 79–113.

19 F. BRAUDEL, Histoire et Sciences Sociales. La Longue Durée, in: Annales 13, 1958, S. 725–53, dt. in: H.-U. WEHLER (Hg.), Geschichte u. Soziologie, Königstein 1954, S. 189–215.

Anpassungsträgheit, wo sie auffällig in Erscheinung tritt.[20] Abermals führen uns die Überlegungen zum Ergebnis, daß zunächst nichts dazu nötigt, den Anspruch der Ökonomie auf universelle Geltung zurückzuweisen.

Aber wenn man all dies nicht ganz unvernünftig, nicht allzu monströs findet, wenn man es für bedenkenswert hält: Scheitert denn diese ökonomistische Weitsicht nicht kläglich am Präferenzbegriff, den die Ökonomen so agnostisch in der „black box" der empirisch nicht beobachtbaren und [|286] theoretisch ganz ungeklärten Seelenlandschaft des rationalen Individuums ansiedeln?

Gewiß keine Frage, die sich so beiläufig überzeugend behandeln ließe. Gleichwohl möchten wir sie wenigstens streifen, um die Meinung zu begründen, sie lasse sich in einer Weise umformulieren, die die Ökonomie von einer substantiellen und empirischen Analyse von Präferenzen entlastet und gleichzeitig eine Möglichkeit erschließt, sie für das zu öffnen, was wir im fünften Abschnitt als „neue Geschichtlichkeit" der Ökonomie behandeln werden. Diese Umformulierung der Frage findet ihre Begründung in den neuen Ansätzen zur Haushalts- bzw. zur Nachfragetheorie, wie sie von George Stigler und Gary Becker vor bald zwanzig Jahren zur Debatte gestellt wurden.[21] Im Kern ging es dabei um eine neue Definition dessen, was zum eigentlichen Gegenstand der letzten Wahl, zum Objekt der Präferenz gemacht werden soll. Diese neue Definition ging davon aus, daß die Menschen nicht dieses oder jenes käufliche Gut, diese oder jene erwerbbare Leistung präferieren, sondern im Grunde Ergebnisse eines produktiven Prozesses, Ergebnisse ihrer eigenen konstruktiven Bemühungen, in die sie die käuflichen Güter, die erwerbbaren Leistungen als bloße Inputs, als „Vorleistungen" einbeziehen. Nicht den Kartoffeln gilt ihre Präferenz, sondern dem kulinarischen Erlebnis, das sie sich mit der Kompetenz eines geübten Kochs, mit dem Gusto eines lebenslang geschulten Geschmacks – freilich unter Benutzung der Kartoffeln – bescheren. Ein Bedürfnis befriedigen sie dabei in einem Vorgang, den man in die Form einer Produktionsfunktion kleiden kann, einer Funktion, in der die Bedürfnisbefriedigung als die abhängige Variable nicht bloß von der Kartoffel, sondern auch von der Empathie abhängig wird, mit der man sich die Kartoffel zu eigen macht, von der Kunstfertigkeit, mit der man die Zutaten appliziert, vom feinen Gefühl für den richtigen Augenblick, in dem die Kartoffel die mundgerechte Konsistenz erreicht. „Fähigkeitskapital" spielt mithin in diese Produktionsfunktion mit entscheidendem Effekt hinein, Zeit wird zur strategischen Größe, und was einem die schlichte Kartoffel wirklich bedeutet, wird von all diesen Faktoren ganz und gar abhängig.

Dies heißt nun aber, daß sich die Nachfrage, daß sich das Konsumverhalten der Menschen sehr wohl verändern kann, ohne daß Änderungen von Präferenzen für jenes letzte Konsumerlebnis des Kartoffelgenusses stattfinden müssen. Es heißt aber auch, daß kulturelle Einflüsse Wirkung haben auf das Tun der Menschen, durch Veränderung der Kompetenz nämlich, mit der die Menschen sich in ihrer Welt bewegen. In der Analyse der Arbeitswelt hat dies die Ökonomie schon immer sehr ernst

---

20　Dazu besonders schön T. KURAN, The Tenacious Past. Theories of Personal and Collective Conservatism, in: Journal of Economic Behavior and Organization 10, 1988, S. 143–71.

21　G. S. BECKER u. G. STIGLER, De Gustibus Non Est Disputandum, in: AER 67, 1977, S. 76–90.

genommen. Nun hat sie allen Anlaß, es auch ernst zu nehmen in der Analyse des Konsums, findet sie zwingende Gründe, sich auf Lernvorgänge einzulassen, in [|287] denen sich die Kompetenzen der Menschen, in denen sich Kultur verformt und entfaltet.

Die Ökonomie ist eine durchaus ahistorische, systematische Disziplin, die – in immer größerer Übereinstimmung übrigens mit psychologischer Theorie und unübersehbar starker Affinität zur Ethologie – die Dauer im Wandel aufzufinden versucht, gerade weil sie den Wandel so ernst nimmt. Hat sie zum Wandel etwas zu sagen? Hat sie der Geschichte etwas zu sagen? Haben sich Historiker und Ökonomen etwas zu sagen?

IV.

Wer sich im Gefühl bestärken lassen möchte, daß die Ökonomie eine durchaus revisionsbedürftige Disziplin sei, die sich erst mausern müsse, bevor man sie als Historiker zur Kenntnis zu nehmen habe, wird im fünften Abschnitt möglicherweise einige Dinge finden, die ihn ansprechen. Hier möchten wir versuchen, von den *Leistungen einer ahistorischen Ökonomie gerade für die historische Interpretation* zu reden. Dabei sprechen wir drei Dinge an: erstens das Faktum, daß die Mikroökonomie als eine Wissenschaft vom Handeln des Menschen eine Gesellschaftslehre ist, die die Handlungsebene beschreitet, um etwas sagen zu können über das Große und das Ganze, zweitens die immer wichtigere Einsicht in die Möglichkeit, das Instrument der Mikroökonomie in den Dienst einer Analyse nichtintendierter Folgen an sich intentionalen Handelns zu stellen, und drittens die Tatsache, daß der Verzicht der Ökonomie auf Geschichtlichkeit einen Schlüssel liefert zu jenem Schloß mit sieben Siegeln, das sonst den Zugang versperrt zum Verständnis der Prozesse der Transformation, die die singulären Tatbestände und Tatbestandskomplexe verbinden, wie sie die „historische Theorie" und ihre Begrifflichkeit definieren.

Die Ökonomie beschreibt zunächst einen *Mechanismus der Koordination individuellen Handelns* und macht dabei verständlich, daß moderne Gesellschaften – nicht sie allein, aber auch sie trotz all ihrer enormen Koordinationsprobleme – eine beliebig große Zahl individueller Handlungen aufeinander abzustimmen vermögen, ohne daß sich die Handlungsträger über ihre Ziele verständigen und ohne daß sie dazu genötigt werden, extern formulierte Handlungspläne zu beachten oder zu vollziehen. Man kann von Koordinationsleistungen der Märkte reden, wenn man dabei im Auge behält, daß Märkte Koordinationsleistungen auch dann erbringen, wenn sie nicht zu den „price making markets" gehören. Und weiter bleibt zu bedenken, daß Märkte individuelle Handlungen auch gegen extern formulierte Handlungspläne mitkoordinieren, wie jede Zentralverwaltungswirtschaft zu ihrem Leidwesen und Schaden immer erlebt: dann nämlich, wenn an den Wünschen der Leute vorbeiproduziert wird, wenn zeitkonsumierende Warteschlangen wertvolle menschliche Ressourcen in den Dienst jener Dinge zwingen, die man haben will gegen den Entscheid eines Machthabers. Dabei wirken die Koordinationsleistungen [|288] der Märkte in alles Handeln hinein. Eine beliebte Außensicht der Ökonomie, die ihr einen wirtschaftlichen „Sachbereich" zur Analyse zuweist, hat nicht sehr viele Ökonomen in ihren Bann geschlagen. Der Opportunitätskostenbegriff verträgt sich mit dieser Außensicht äußerst schlecht, und zwar deshalb, weil er auf die Interdependenz allen Handelns verweist und alle Handlungsalternativen, die dem Menschen offen stehen, zum Gegenstand der ökonomischen Handlungstheorie macht.[22] Vielleicht verhilft die Beachtung der Koordinationsleistungen der Märkte zu etwas größerer Gelassenheit gegenüber jenen apokalyptischen Vorstellungen einer Zukunftsgesellschaft, in der die Menschen sehr Unterschiedliches im Kopf haben und sehr Unterschiedliches begehren mögen, in der sie im Zeichen sozialer und kultureller Differenzierung ihre eigenen Wege gehen und möglicherweise wenig Neigung haben, sich um Intersubjektivierung gemeinten Sinnes zu kümmern: Ihr Handeln bleibt gleichwohl koordiniert, wenn auch, wie zu überlegen sein wird, nicht unbedingt mit optimalem Ergebnis. Konsens ist keine Voraussetzung für die gedeihliche Entwicklung moderner Gesellschaften. Andererseits bleibt sehr zu betonen, daß die Koordinationsleistungen der Märkte immer und überall durch Koordinationsleistungen sprachlicher Prozesse und institutioneller Zwänge ergänzt, durchsetzt, konkurriert werden. Zu sagen, es sei die Intersubjektivierung gemeinten Sinnes weithin entbehrlich, soll ja nicht meinen, es finde diese Intersubjektivierung nicht statt. Und gewiß hat sie, wenn sie denn stattfindet, auf das Handeln der Menschen Einfluß, sicherlich auf die Art und Weise, wie sie die Kartoffel kochen, essen und – vor allem – genießen.

Die Ökonomie behandelt in kompetenter Weise das *Phänomen der nicht-intendierten Folgen an sich intentionalen Handelns*, die gerade nach der kulturalistischen Wende die größte Beachtung verdienen. Wer davon ausgehen möchte, daß für den Handlungsträger die Welt zunächst eine solche seines Willens und seiner Vorstellung sei, daß er sich in allem nicht leiten läßt von den Dingen, sondern vom Bild, das er sich von ihnen macht, daß er sich nicht an Opportunitätskosten orientiert, sondern am Kalkül, dem er sie unterwirft, kommt doch um die Feststellung nicht herum, daß die Ergebnisse seines Handelns früher oder später in schwer antizipierbarer Weise auf ihn zurückwirken und ihn zur Korrektur seiner Handlungspläne veranlassen. Warum weichen Handlungsergebnisse von Handlungsplänen ab? In welcher Weise tun sie dies? Muß sich der Historiker mit einer retrospektiven Beschreibung nichtintendierter Handlungsfolgen begnügen? Findet er in der Ökonomie einen analytischen Ansatz, der ihn zu solcher Beschreibung zumindest anleitet?

Man hat hier auf den *Gleichgewichtsbegriff der Ökonomie* Bezug zu neh- [|289] men, der ja wie kein anderer dazu herangezogen wird, um die theoretische Verstiegenheit der Ökonomenzunft ad oculos darzutun. An ihm ließe sich zunächst sehr schön zeigen, daß sich die Ökonomie in ihrer mikroökonomischen Neubesinnung nun eben tatsächlich radikal entfernt hat von einem Theorieverständnis, das Theorie als Vorgriff auf die Deskription singulärer Tatbestände begreift. Der Gleichgewichtsbegriff ist in seiner Relevanz unabhängig davon, ob sich jemals in der Geschichte der Menschheit ein makro- oder mikroökonomisches Gleichgewicht eingestellt hat.

22 B.S. FREY, Ökonomie ist Sozialwissenschaft, München 1990; DERS. u. W.W. POMMEREHNE, Muses and Markets. Explorations in the Economics of the Arts, Oxford 1989; M. OLSON, Umfassende Ökonomie, Tübingen 1991; G.S. BECKER, Der ökonomische Ansatz zur Erklärung menschlichen Verhaltens, Tübingen [2]1993.

Er ist ein analytisches Werkzeug zur Antizipation und Interpretation nichtintendierter Handlungsfolgen. Im Kern meint er einen Zustand, in dem individuelle Handlungspläne kompatibel sind.[23] Wenn sie dies nicht sind, drängen die Verhältnisse zum Wandel. Und wenn nun Wandel die Regel, die Ruhelage die kaum feststellbare Ausnahme darstellt, besteht nicht der mindeste Anlaß, die Relevanz des Begriffs in seinem deskriptiven Gehalt zu suchen. Diese Relevanz steht und fällt vielmehr mit der Möglichkeit, individuelles Handeln daraufhin zu überprüfen, ob und inwiefern es Anschlußhandlungen auslöst, die die Realisierung von Handlungsplänen erleichtern. Neue Angebote neuer Produzenten schaffen neue Handlungsoptionen für die Konsumenten und treiben damit die Opportunitätskosten aller alten Handlungsoptionen tendenziell in die Höhe. Dies modifiziert Konsumpläne zugunsten des neuen Anbieters in freilich durchaus überraschungsreicher Art und Weise, so daß die Modifikation den Anbieter seinerseits zur Anpassung der Pläne zwingt. Die Kompatibilität der Pläne verbessert sich dabei, wie die Erfahrung lehrt, in aller Regel gleichwohl, auf Zeit nota bene und häufig genug mit dem Ergebnis, daß neue Einflüsse eine solche Kompatibilität wieder zerstören. So bewegen sich die Verhältnisse, wie dies Schumpeter so plausibel dargelegt hat, von Ungleichgewicht zu Ungleichgewicht, und gleichwohl verhilft das Gleichgewichtskonzept zu besserem Verständnis der Bewegung selber.[24]

Der wichtigste Beitrag einer ahistorischen Ökonomie zum Verständnis historischen Wandels beruht nun aber zweifellos auf ihrer Fähigkeit, dort in die Bresche zu springen, wo sich neue Tatbestände der vertrauten historischen Begrifflichkeit entziehen, wo die Verhältnisse diesen oder jenen theoretischen Vorgriff auf ihre Beschreibung obsolet werden lassen und nach einem neuen Vorgriff verlangen, wo „historische Theorie" durch neue „historische Theorie" abzulösen ist. Was die ahistorische Ökonomie an Einsichten anbietet, bleibt auch in extremis noch verfügbar: Die Vorstellung, es sei der Mensch auf seinen Vorteil bedacht; die Vermutung, in-[|290]dividuelles Handeln werde jenseits aller Intentionen über Handlungsfolgen koordiniert. Daß diese Einsichten schon zu einem befriedigenden Verständnis der Vorgänge verhelfen, über die sich beschreibbare Sequenzen singulärer Tatbestände herstellen, mag man bezweifeln. Vielleicht regen solche Zweifel dazu an, die Ökonomie als eine ahistorische Theorie zu modifizieren oder zu ergänzen. Gewiß geben sie auch dazu Anlaß, erneut über die Grenzen aller Erklärung historischen Wandels nachzudenken, und zweifellos gereichen sie all jenen zu freudvoller Genugtuung, die dem Gang der Geschichte nur deshalb Interesse abgewinnen, weil er so überraschungsreich verläuft. Aber ganz unabhängig davon, wie man solchem Zweifel begegnen will, steht immerhin fest, daß ahistorische Ökonomie nicht dadurch zur leistungsfähigeren Interpretationshilfe wird, daß man sie zur „historischen Theorie" macht.

23 Sowohl zur Definition als auch zum heuristischen Nutzen des Gleichgewichtsbegriffs vgl. T. C. SCHELLING, Micromotives and Macrobehavior, New York 1978, S. 25 ff. Wichtig zu sehen, daß Schelling den Gleichgewichtsbegriff nicht normativ auflädt: „There is nothing particularly attractive about equilibrium." Ebd., S. 26.

24 J. A. SCHUMPETER, Konjunkturzyklen. Eine theoretische, historische u. statistische Analyse des kapitalistischen Prozesses, Bd. 1, Göttingen 1961, S. 36–78.

V.

Märkte erbringen Koordinationsleistungen auch dann, wenn individuelle Akteure wenig voneinander wissen, wenig davon wissen, was sich andere Menschen ausdenken, wenig davon wissen wollen, was andere Menschen wissen. *Intersubjektivierung gemeinten Sinnes ist keine Voraussetzung für eine leistungsfähige Koordination der Märkte.* Systemtheoretisch gewendet pflegt man seit Parsons, nicht eben sehr glücklich, vom „Geld" zu reden, das als systemspezifisches Kommunikationsmedium zwar nicht die Gesellschaft, aber doch die Wirtschaft zusammenhalte.[25] Ganz unabhängig von dieser Sicht der Dinge, die Systemdifferenzierung unterstellt, macht die Ökonomie verständlich, warum schließlich aufeinanderpaßt, was Menschen wo auch immer nach idiosynkratischen Handlungsplänen eigensinnig tun.

Gleichwohl bekunden gelegentlich auch Ökonomen Interesse für die *Frage, inwiefern es denn und aus welchen Gründen darauf ankommt, was die Menschen wissen und was sie wissen vom Wissen anderer Menschen.* Wir meinen, dieses Interesse habe sich im Lauf der vergangenen Jahre verstärkt.[26] Jedenfalls wuchs das Verständnis dafür, daß sich die Ökonomie mit Gewinn um diese Frage kümmern sollte. Wenn sie sich auf die Frage einläßt, gerät sie in die gute und große Gesellschaft kulturalistisch inspirierter Historiker und Sozialwissenschaftler, die freilich nicht einfach einen Weg bahnen, auf dem sie voranschreiten könnte, sondern den Zugang zu einem veritablen Irrgarten öffnen, in dem sie sehr vieles vermißt von dem, was die Ästhetik ihrer vertrauten Methoden ausmacht: schlichte und sparsame Begrifflichkeit, logische Konsistenz der Aussagen, Opera- [|291] tionalisierbarkeit der Termini, prognostischer Gehalt der theoretischen Konstrukte. Affinität zu ahistorischen Disziplinen, zu einer Wissenschaft vom Menschen, begründet eine starke Vorliebe für Theorieangebote der kognitiven Psychologie und skeptische Zurückhaltung gegenüber soziologischen, ethnologischen, sprachtheoretischen oder sprachphilosophischen Überlegungen.[27] Gleichwohl formiert sich eine Disposition zum grenzüberschreitenden Gespräch, die auch dem Dialog zwischen Ökonomie und Geschichte neue Bedeutung verleiht.

Warum soll sich die Ökonomie darum kümmern, was Menschen wissen und was sie wissen vom Wissen anderer Menschen?

Mindestens zwei gute Gründe sind hier anzusprechen. *Märkte erbringen befriedigende Koordinationsleistungen nur dann, wenn Menschen das, was sie wissen, für verläßlich halten,* genauer: wenn sie den Regeln Vertrauen schenken, nach denen sie sich von verfügbarer Erfahrung zu ihren Bildern möglicher künftiger Entwicklungen hinführen lassen. Wenn sie solchen Regeln kein Vertrauen schenken, vermei-

25 N. Luhmann, Wirtschaft als soziales System, in: ders., Soziologische Aufklärung. Ansätze zur Theorie sozialer Systeme, Bd. 1, Opladen 1970, S. 204–30.

26 Zur Einführung in die Problematik aus der Sicht der Ökonomie vgl. M. Tietzel, Wirtschaftstheorie u. Unwissen. Überlegungen zur Wirtschaftstheorie jenseits von Risiko u. Unsicherheit, Tübingen 1985. – E. Wessling, Individuum u. Information. Die Erfassung von Information und Wissen in ökonomischen Handlungstheorien, Tübingen 1991.

27 Mit paradigmatischer Klarheit wird die Nähe der Ökonomie zur Psychologie offengelegt in R. H. Frank, Passions Within Reason. The Strategic Role of the Emotions, New York 1988.

den sie die Festlegung ihrer Ressourcen in dieser oder jener irreversiblen Verwendung. Wenn es auf Inhalte nicht ankäme, wenn Intersubjektivierung gemeinten Sinnes entbehrlich bliebe, wenn Märkte im Nachhinein noch die eigenwilligsten und unsinnigsten Narreteien der Akteure in die großen Ströme der Entwicklung hineinzwängen oder um alle Relevanz brachten, so setzte die Koordination individuellen Handelns immerhin Regelvertrauen voraus.[28] Wie stellt sich solches her in einer Welt, die spätestens seit Beginn der Moderne sehr vieles tut, um Regelvertrauen laufend zu zerstören?

Doch geht es gewiß *auch um Inhalte.* Dies nun gerade nicht deshalb, weil die inhaltliche Koordination von Handlungsplänen, die Intersubjektivierung gemeinten Sinnes unabdingbar erforderlich wären, sondern umgekehrt darum, *weil sich die inhaltliche Koordination von Handlungsplänen und Intersubjektivierung von gemeintem Sinn* als weithin verbreitete Verständigung auf Texte in Tat und Wahrheit *äußerst folgenreich immer wieder vollziehen* und zur Geltung bringen. Sie nehmen Einfluß auf Handlungspläne und auf Handeln und gestalten damit die Marktkräfte selber. Dies gelegentlich in einer Art und Weise, die die marktlichen Koordinationsleistungen pathologisch verformen. Koordination von Handlungsplänen und Intersubjektivierung gemeinten Sinnes sind den Kapitalmärkten nicht eben zuträglich. Andererseits dürfen weder Entwicklungsökonomen noch die Analytiker von Vorgängen institutioneller Transformation übersehen, wie sich Perspektiven künftigen Wandels mit nachhaltiger Wirkung des Denkens zahlreicher Menschen bemächtigen und ihr Handeln bewegen können: Die Idee des „gesellschaftlichen Projekts" ist auch in liberal [|292] verfaßten Gesellschaften für das Verständnis all dessen, was sich in den Bruchstellen ihrer Entwicklung vollzieht, ganz und gar unentbehrlich?[29]

Wie stellt sich Regelvertrauen her? Wie ist Intersubjektivierung von gemeintem Sinn möglich, und wie vollzieht sie sich? Zwei Fragen, auf die es für jeden, der über die Grenzen der Ökonomie hinausblickt, nur allzu viele Antworten gibt. In unserem Zusammenhang geht es um eine Würdigung solcher Antworten gerade nicht. Vielmehr ist hier zunächst die *Relevanz der Fragen zu betonen* und damit gewissermaßen ein Köder auszulegen, von dem man hoffen darf, er werde Historiker und Sozialwissenschaftler – und natürlich die Historikerinnen und die Sozialwissenschaftlerinnen – in neuer Weise dazu anregen, sich um Ökonomie zu kümmern, um ihre Fragen wenigstens, wenn sie von ihren Antworten noch nichts wissen wollen. Freilich möchte man dann nach einer Durchsicht der Ansätze, die sich zur Beantwortung der Fragen schon anbieten, auch überlegen, welche Bedeutung ökonomischer Ra-

---

28 H. SIEGENTHALER, Regelvertrauen, Prosperität u. Krisen, Tübingen 1993.

29 Freilich bleibt immer die Einrede F. A. HAYEKS gegenwärtig, der sozial relevante Prozesse als Verkettung nichtintendierter Folgen individuellen Handelns betrachtet, deren Ergebnis niemand antizipiert. DERS., Der Wettbewerb als Entdeckungsverfahren, in: DERS., Freiburger Studien, Tübingen 1969, S. 249–65. Immerhin läßt auch noch der radikalste Individualismus den Gedanken zu, daß Verständigung auf institutionelle Regeln nach diskursiver Auseinandersetzungen über Angemessenheit von Regelsystemen für befriedigende Koordinationsleistungen von Märkten eine Voraussetzung ist. G. BRENNAN u. J. M. BUCHANAN, Die Begründung von Regeln. Konstitutionelle Politische Ökonomie, Tübingen 1993.

tionalität und dem analytischen Instrumentarium der Ökonomie für die Evaluation
dieser Ansätze zukommen. Zwei Dinge möchten wir hier anmerken.

Erstens *schärft die Ökonomie den Blick für die Differenz, die besteht zwischen
Analysen der Prozesse der Intersubjektivierung gemeinten Sinnes und Analysen der
Prozesse der Koordination individuellen Handelns*. Die beiden Prozesse spielen auf
ganz verschiedenen Ebenen. Wenn man mit vielen Vertretern der Sozial- und Sprach-
wissenschaften davon ausgeht, es vollziehe sich sowohl die Konstitution von Regelvertrauen wie der Vorgang der Intersubjektivierung über sprachlich vermittelte
Kommunikation in Gemeinschaften von wie auch immer vernetzten Menschen, wird
man als Ökonom von dieser sprachlich vermittelten Kommunikation zunächst mehr
nicht erwarten als Gewinne an Vertrauen in das, was die Beteiligten nun nicht bloß
jeder für sich, sondern viele für viele andere resonanzfähig in Sprache zu fassen
vermögen. Aber wenn sich die vielen auf Texte verständigt haben und in das, was
auch für andere zustimmungsfähig geworden ist, Vertrauen zu setzen beginnen, dann
treten sie auseinander und tun, was sie für nützlich halten: nach Maßgabe dessen,
was sie an persönlichen Ressourcen zum Einsatz bringen können. Intersubjektivierung gemeinten Sinnes kann vermutlich unter sehr besonderen Bedingungen zur
wechselseitigen Abstimmung von Verhaltenserwartungen auch jenseits der Grenzen
des Gesprächs führen. Zwingend ist dies jedoch keines- [|293] wegs. Durchaus
denkbar, daß die wechselseitige Verhaltensabstimmung bloß gerade darin besteht,
daß man in erwartbarer Weise auf diesen oder jenen „Text“, auf diese oder jene
Aussage, auf diese oder jene verbale oder bildhafte Ausdrucksweise, auf diese oder
jene Gestik reagiert.[30] Sehr zu betonen ist die Unwahrscheinlichkeit kooperativen

---

30 Um es noch pointierter zu sagen: Die wechselseitige Abstimmung von Erwartungen bezüglich
    des Handelns der beteiligten Gesprächspartner bedeutet zunächst nur gerade die wechselseitige
    Abstimmung der Sprechakte, d.h. zunehmende Antizipierbarkeit sprachlicher Reaktionen auf
    das, was diese oder jener in Sprache faßt. Das Gespräch koordiniert zunächst die Redeweisen
    der Beteiligten, noch nicht ihr außersprachliches Handeln. Von Mead bis Luhmann scheint mir
    das nicht hinreichend klar zu werden. Wenn Mead der Geste die Funktion zuschreibt, „Reaktio-
    nen der anderen hervorzurufen, die selbst wiederum Reize für eine neuerliche Anpassung wer-
    den, bis schließlich die endgültige gesellschaftliche Handlung zustande kommt“, überbürdet er
    dem Gespräch über die sprachliche Verständigung hinaus auch gleich noch die Koordination
    etwa marktwirksamer Entscheidungen von Nachfragern und Anbietern. Vgl. G. H. MEAD, Geist,
    Identität u. Gesellschaft aus der Sicht des Sozialbehaviorismus, Frankfurt [10]1995, S. 83. Ganz
    ähnlich entgrenzt Luhmann den zunächst auf Sprechakte bezogenen Handlungsbegriff mit der
    Formulierung, es werde Kontingenz abgebaut, d.h. fundamentale Unsicherheit überwunden
    dadurch, daß „Alter … in einer noch unklaren Situation sein Verhalten versuchsweise zuerst“
    bestimme, mit „einem freundlichen Blick, einer Geste …“, und dann abwarte, wie sein Gegen-
    über auf dieses Verhalten reagiere. „Jeder darauf folgende Schritt“ sei dann „im Lichte dieses
    Anfangs eine Handlung mit … bestimmendem Effekt …“. Man kann dieser Formulierung zu-
    stimmen, wenn sie einzig und allein Verständigung anspricht über Geltung eines Textes. Aber
    man sollte sie nicht mit Koordination von Handlungen schlechthin belasten. Im Grunde klärt
    sich für Alter und für Ego in durchaus unterschiedlicher Weise die Lage, in der beide Entschei-
    dungen treffen, die nur in Ausnahmefällen von Reaktionen der Kontrahenten abhängig sind.
    Wenn ich heute meine Kartoffeln kaufe, brauche ich über Reaktionen des bäuerlichen Produ-
    zenten nicht lange nachzudenken. Vgl. N. LUHMANN, Soziale Systeme. Grundriß einer allgemei-
    nen Theorie, Frankfurt 1984, S. 150.

Handelns auch noch dann, wenn sprachliche Verständigung zur Klärung resonanz-
fähiger und vertrauenswürdiger Texte führt: Klärung bedeutet immer auch Klärung
von Interessendifferenzen. Was die Leute tun, wenn sie für sich die Welt und ihren
Lauf geklärt haben, läßt sich ohne Rückgriff auf die rein ökonomische Handlungs-
theorie überhaupt nicht verstehen.[31]

Zweitens empfiehlt es sich, schon in der Analyse der Vorgänge der Intersubjektivierung gemeinten Sinnes die Prämissen der Ökonomie nicht ganz aus den Augen
zu verlieren. Gewinn an Regelvertrauen und Intersubjektivierung gemeinten Sinnes
sind für die beteiligten Menschen von entscheidender Bedeutung, wenn es ihnen an
„Regelvertrauen" fehlt, wenn sie fundamental unsicher sind, wenn sie Orientierungs-
probleme haben nicht bloß deshalb, weil sie die Kosten neuen Lernens scheuen,
sondern darum, weil sie nicht mehr wissen, was sie zu lernen haben, um Orientie-
[|294] rung zu gewinnen.[32] *In solcher Lage fundamentaler Unsicherheit gewinnt ihr
Gespräch aus sehr guten ökonomischen Gründen genau denjenigen Charakter, den
ihm Habermas aus ethischen Gründen beibringen möchte:* den Charakter verste-
hens- und verständigungsorientierter Kommunikation. Im Kontext fundamentaler
Unsicherheit macht es für alle Beteiligten keinen Sinn, anders als verstehens- und
verständigungsorientiert zu reden. Es ist ganz und gar irrational, in solch einem
Kontext zu lügen, weil man nicht wissen kann, wie man zu lügen hat, um den Zweck
zu erreichen, den man allenfalls verfolgt. Wenn aber die Lüge keinen ökonomischen
Sinn macht, macht es auch keinen Sinn, den Kontrahenten anderes als Wahrhaftigkeit
zuzuschreiben.[33] Nun möchte man mit Donald Davidson davon ausgehen, daß nur
derjenige die Interpretationsprobleme eines Gespräches unter Bedingungen fragiler
und nicht überall vollkommen verfügbarer semantischer Regeln erfolgreich löst, der
seinem Gesprächspartner mit „Charity" begegnet: mit der Vermutung, es mache
Sinn, was der andere sagt, weil ihm diese Vermutung Schlüsse zu ziehen erlaubt von
dem, was er versteht, auf das, was ihm zunächst noch verschlossen ist.[34] Im Kontext
fundamentaler Unsicherheit drängt sich die „Charity" gebieterisch auf, wird sie,
wenn sich die Lüge verbietet, zur Grundhaltung der Gesprächsteilnehmer.

Diese Überlegungen werfen auch ein Licht auf diejenige Debatte, die im Lauf
der letzten Jahre mit dem Begriff der „path dependence" einzelwirtschaftliche Entscheidungen und globale wirtschaftliche Entwicklungen über Modellierungen individuellen und sozialen Lernens auf ihre Abhängigkeit vom Lauf der Dinge in der
Vergangenheit zu untersuchen begann.[35] Hier wurde und wird die Koselecksche

---

31 In ihren grundlegenden Analysen der Bedeutung erstens der alltagstheoretischen Modellierungen
    rationaler Akteure und zweitens der Rolle sprachlich vermittelter Kommunikation für die Klä-
    rung solcher Modellierungen widerstehen V. VANBERG und J.M. BUCHANAN der Versuchung
    vielleicht zu wenig, vom Gespräch auch gleich auf Konsens und konsensualkooperatives Han-
    deln zu schließen. Vgl. DIES., Interests and Theories in Constitutional Choice, in: Journal of
    Theoretical Politics 1, 1989, S. 49–62.
32 Vgl. SIEGENTHALER, Regelvertrauen [wie Anm. 28], S. 91 ff.
33 Ebd., S. 54–57.
34 D. DAVIDSON, Was ist eigentlich ein Begriffsschema? in: DERS., Wahrheit und Interpretation,
    Frankfurt ²1994, S. 261–82, bes. S. 280.
35 Zur Einführung vgl. D.C. NORTH, Institutions, Institutional Change and Economic Performance,
    Cambridge 1990, S. 92–104. Vgl. auch Anm. 18.

Frage nach den Beziehungen zwischen Erwartungshorizont und Erfahrungsraum in neuem Zusammenhang angesprochen, in der Meinung, man könne bei allem Mißtrauen gegenüber der Geschichte als einer Lehrmeisterin des Lebens nicht ausschließen, daß viele einzelne sich eben doch in systematischer Weise von der Geschichte belehren lassen und damit zukunftsträchtiges Handeln in die Abhängigkeit dieser Geschichte bringen. Wenn diese vielen einzelnen in ähnlicher Weise lernen, wird solches Lernen äußerst folgenreich, dann kommt es zu jener „Intersubjektivierung gemeinten Sinnes", die die ökonomische Lehre von der Koordination individuellen Handelns nicht voraussetzen muß, wohl aber, wie schon gesagt, zu beachten, gelegentlich zu befürchten hat.[36] [|295]

Freilich verfügt die Ökonomie noch nicht über eine Lerntheorie, die dem Zweck angemessen wäre. Vielversprechend scheint immerhin der Begriff der „internal selection" zu sein, den Ulrich Witt in die Diskussionen der „evolutorischen Ökonomik" eingebracht hat; jedenfalls bietet sich uns dieser Begriff dazu an, die eben skizzierte Analyse kommunikativer Prozesse im Kontext fundamentaler Unsicherheit für eine solche Theorie fruchtbar zu machen.[37] Auch die evolutorische Ökonomik läßt sich zunächst von dem Gedanken leiten, daß die Geschichte die Menschen im Stich läßt, wenn sie Erwartungen über die Zukunft zu bilden haben. Sie mutet dem individuellen Akteur angemessene Entscheidungen gar nicht zu, unterstellt vielmehr eine Fülle von individueller Pröbelei, die sich im Fortgang der Entwicklung auf Märkten zu bewähren hat. Nun ist aber Selektion, die sich unter dem Einfluß der Märkte vollzieht, eine verlustreiche Sache nicht bloß für diejenigen, die unangemessene Entscheidungen getroffen haben, sondern für die Gesellschaft als ganze. *Es ist weder individuell noch kollektiv sonderlich rational, einen neuen Gedanken sogleich dem Test der Märkte auszusetzen,* sofern weniger kostspielige Testmöglichkeiten offenstehen. So drängt sich denn die Frage auf, ob nicht, ganz analog zum Vorgang der Wahrheitsfindung in den Wissenschaften, auch im Alltagsleben der Produzenten und Konsumenten zunächst Umschau gehalten wird nach weit billigeren Testverfahren.

Zu diesen billigen Testverfahren gehört nun die *„internal selection",* die wir *als einen kommunikativen Vorgang verstehen möchten, in dem sich die Spreu der leichtfertigen Lösungsvorschläge schon vom Weizen zukunftsträchtiger Ideen scheidet, noch bevor sich die Lösungen auf Märkten zu bewähren haben.* Man könnte in Anlehnung an den wissenschaftstheoretischen Falsifikationismus von Propositionen reden, an denen sich neue Gedanken dieses oder jenes erfinderischen oder unternehmerischen Kopfes in Gesprächen reiben und abarbeiten, denen sie zu entsprechen haben, wenn man an ihnen festhalten soll.[38] Solche Propositionen entscheiden über

---

36 Vgl. Anm. 29 und 31.
37 U. WITT, Evolutionary Economics and Evolutionary Biology, Paper Prepared for the Conference ‚Developmental Systems, Competition, and Cooperation in Sociobiology and Economics' [abgedruckt in: P. KOSLOWSKI (Hg.), Sociobiology and Bioeconomics. The Theory of Evolution in Biological and Economic Theory, Berlin 1999, S. 279–298].
38 H. SIEGENTHALER, Learning and Its Rationality in a Context of Fundamental Uncertainty, in: JITE 153, 1997, S. 748–61; K. R. POPPER, Logik der Forschung, Tübingen [4]1971, S. 3–21; DERS., The Myth of the Framework. In Defence of Science and Rationality, London 1994, S. 33–64; V.

die Resonanz, die die neuen Gedanken im Kreise maßgeblicher Bezugspersonen finden, wohl auch über das Vertrauen, das die Schöpfer des Gedankens selber in ihn setzen. Der amerikanische Lyriker Mark Strand hat den Gedanken in eine schöne poetische Formel gefaßt: „If he could [|296] say it so, that people believed him, so that he believed it, he would go on":[39] Erst wenn er Resonanz findet, hat er den Mut, weiterzumachen.

Gibt es die Propositionen, an denen sich neue Gedanken, neue Alltagstheorien, neue mentale Konstrukte tatsächlich reiben? Gibt es solche Propositionen als Diskursregeln, die den Fortgang der Argumentation und die schließliche Selektion handlungsrelevanter Konzepte in bestimmte Bahnen lenken oder zumindest restringieren? Mit welchem Recht rückt man sie in die Rolle von Selektoren? Wir möchten vorschlagen, jene „Erfahrung", die man um ihrer unverzichtbaren Bedeutung willen für den Erfolg verstehens- und verständigungsorientierter Gespräche im Kontext fundamentaler Unsicherheit anzusprechen hat, als solche „Proposition" zu betrachten: als einen Text, dem die Gesprächsteilnehmer die Rolle einer selegierenden Instanz schon dadurch einräumen, daß sie im Fortgang des Gesprächs implizit oder explizit auf ihn Bezug nehmen. Erfahrung nicht als Baustein neuen Denkens, sondern als Selektor, der – jenseits aller strukturalistischen Fixierungen nota bene, denn „Erfahrung" konstituiert sich immer wieder neu – neues Denken restringiert. Die Ökonomie würde an dieser Stelle den Akzent auf die Spielräume legen, die sich in dieser Sicht der Dinge für gedankliche Differenzierung öffnen. Auch dichte Bestände an Erfahrung legen, wenn Erfahrung bloß selegierende Instanz, nicht Baustein neuen Denkens ist, ja noch nicht fest, wie individuelle Akteure nun tatsächlich denken. Privatheit origineller Ideen verträgt sich mit Intersubjektivierung gemeinten Sinnes hier auf das schönste. Mit der Konstitution dichter Erfahrungsbestände gewinnen individuelle Akteure eine Welt vertrauter Fakten, in die sie ihren innovativen Gedanken zwar hineinpassen, in der sie aber doch die Nische suchen und finden für lukrative Individualität.

Diese falsifikatorische Sicht des Erfahrungsbezuges individuellen und kollektiven Lernens vertrat ein Akteur des politischen Lebens, der in einem ganz entscheidenden Augenblick moderner Geschichte aufs emsigste damit beschäftigt war, in historischer Erfahrung eine Grundlage zu suchen für den Entwurf eines Verfassungsprojektes und damit einer neuen amerikanischen Zukunft: James Madison, der belesenste Kopf unter den amerikanischen „Founding Fathers", hat eine solche falsifikatorische Sicht nicht bloß vertreten, er hat sie auch reflektiert und interpretiert. Die Ergebnisse seines Nachdenkens bringt er in Nummer 37 des „Federalist" sogar zur Kenntnis: „It has been shown, that the other confederacies which could be consulted as precedents ... can ... furnish no other light than that of beacons, which give warning of the course to be shunned, without pointing out that which ought to be

GADENNE u. H. J. WENDEL (Hg.), Rationalität und Kritik. Fs. H. Albert, Tübingen 1996; U. RITTER, Die Evolution von Wirtschaftssystemen, das Interdependenztheorem und die Poppersche Falsifikationsidee, in: A. WAGENER u. H.-W. LORENZ (Hg.), Studien zur evolutorischen Ökonomik III, Berlin 1995, S. 227–42.
39 Essay von BRUCE LAWDER über die Lyrik von Mark Strand, in: Neue Zürcher Zeitung, 30./31.10.1993.

pursued." Madison entwirft damit eine neue Metaphorik zur Frage sozialen Lernens, die die so unsäglich irrefüh- [|297] rende Bausteinmetapher höchst eindrücklich um ihre Überzeugungskraft bringt. Erfahrung warnt wie ein Leuchtturm vor falschen Wegen. Ihr Licht beläßt aber die Lösung im Dunkeln.[40]

Wenn es richtig ist, daß Konstruktionen nicht an individueller Erfahrung scheitern im Kontext fundamentaler Unsicherheit, weil hier keiner den Mut hat, keiner den Mut haben darf, auf individuell verfügbare Erfahrung zu vertrauen, sondern an gemeinsam verfügbarer Erfahrung, dann muß man vermuten, es könne sich auch in sozial sehr heterogenen (und erst recht in sozial homogenen) Gruppierungen die selektionswirksame Erfahrung auf sehr schmale Bestände reduzieren, mit dem Ergebnis, daß auch abenteuerlichste Konzepte auf lange hinaus eine allzu gute Überlebenschance haben. So schleicht sich bei aller Rationalität des Handelns sehr viel Irrationalität in die Geschichte hinein. Hier freilich stößt die Ökonomie sehr hart an die Grenze ihrer Zuständigkeit wie jede andere analytische Disziplin.

VI.

Unsere wenigen Bemerkungen zum institutionellen Wandel schließen hier unmittelbar an. Neues Denken, das in kommunikativen Prozessen auf die Probe gestellt wird, begründet neue Entscheidungen in allen Bereichen menschlichen Tuns, betrifft Produktion und Konsum privater Güter, aber auch Produktion und Modifikation von Institutionen, d.h. von Regeln des Handelns, Regeln des staatlich sanktionierten positiven Rechts, der gesellschaftlich abgesicherten informellen Handlungszwänge und der internalisierten Normen. Die Neue Ökonomie des institutionellen Wandels, die seit zwanzig Jahren auch für die Wirtschaftsgeschichte erhebliche Bedeutung gewonnen hat, befaßt sich nicht allein mit der unübersehbaren Tatsache, daß rationales Handeln institutionell restringiert ist, sondern auch mit den Vorgängen, in denen sich Institutionen ändern.[41] Dabei unterwirft sie die Analyse den theoretischen Prämissen ihres Ansatzes und unterstellt den Menschen, die ihre Regeln des Handelns ändern, genau so ein rationales Kosten-Nutzen-Kalkül, wie sie dem Unternehmer ein Kosten-Nutzen-Kalkül unterstellt, der die Organisationsform seines Betriebes ändert. Nun trifft sie dabei freilich auf besondere Schwierigkeiten, die wiederum dazu einladen, kulturalistischen Anregungen stattzugeben. Die erste Schwierigkeit brauchen wir nur noch anzusprechen, denn im Grunde haben wir sie schon ausgiebig erörtert: Daß Orientierungsprobleme des Aktors gelöst sein wollen, bevor er seinen Entscheid treffen kann, gilt für den Entscheid über institutionellen Wandel a fortiori. Institutionen wirken weit in die Zukunft hinein. Um ihre Wirkung zu beurteilen, braucht man Prognosetechniken jener Art, die in verfügbarer Erfahrung [|298] keine zureichenden Gründe haben können. Kommunikative Meinungsbildung dürfte auch hier und hier erst recht ihre Bedeutung haben.

---

40 The Federalist No. 37, January 11, 1788, in: J. E. COOK (Hg.), The Federalist, Middletown/Conn. 1961, S. 177.
41 Vgl. NORTH, Institutions [wie Anm. 35]; DERS., Institutions and Credible Commitment, in: JITE 149, 1993, S. 11–23.

Eine zweite Schwierigkeit kommt dazu. Institutionen haben den Charakter eines öffentlichen Gutes. Man kann vom Nutzen niemand ausschließen, den sie stiften, auch diejenigen nicht, die sich in keiner Weise um sie bemüht haben. Wenn Institutionen als staatlich sanktionierte geschaffen oder modifiziert werden – und zu ihnen gehören im modernen Staatswesen große Teile des institutionellen Regelwerks, soweit Institutionen überhaupt zur Disposition stehen und Gegenstand von Entscheidungen sind –, dann braucht man die Formation starker kollektiver Akteure, die gegen Widerstand die Dinge institutioneller Ordnung bewegen. Weil nun aber die Formation kollektiver Akteure mit dem rationalen Handeln des Trittbrettfahrers zu tun hat, der bei allem Interesse an Formation und Tätigkeit des Kollektivs nicht die mindeste Neigung zeigt, Formation und Tätigkeit auch selber zu unterstützen, unterbleiben beide, sowohl die Formation geeigneter kollektiver Akteure wie der institutionelle Wandel, allzu häufig auch dort, wo Problemlagen beide wünschbar machen. Um es in aller Kürze zu sagen: Man braucht die Unterstützung vieler Menschen, um institutionellen Wandel zu betreiben. Wenn man die Unterstützung hat, wird man als einzelner dabei entbehrlich. Also hält man sich – mit vielen anderen – aus der Sache heraus. Und wenn man dies antizipiert, begibt man sich in die Sache erst gar nicht hinein.[42]

Auch diese Paradoxie des kollektiven Handelns lädt dazu ein, den ökonomischen Ansatz nicht etwa zurückzuweisen, sondern in zweckmäßiger Weise kulturalistisch zu modifizieren. Zwar hat sich die ökonomische Theorie kollektiven Handelns als äußerst leistungsfähiges Instrument im Dienst der Kritik erwiesen, der Kritik an der Meinung, massenhafte Betroffenheit von institutionellen Unzulänglichkeiten löse institutionelle Reform zwangsläufig aus. Menschen müssen gute persönliche Gründe dafür haben, um sich für die gemeinsame Sache des institutionellen Wandels auch gemeinsam einzusetzen, gute persönliche Gründe, die mit der gemeinsamen Sache häufig sehr wenig zu tun haben. Sonst überlassen sie die gemeinsame Sache eben den anderen. Kollektive Akteure mobilisieren und binden ihre Mitglieder nicht durch ihre Bemühungen um ein öffentliches Gut, so das Fazit von Mancur Olson, sondern dadurch, daß sie selektive Anreize schaffen, besondere Leistungen, die nur jene beanspruchen können, die sich in den Dienst des kollektiven Akteurs, der sozialen Organisation, der politischen Partei, des Wirtschaftsverbandes stellen.

Der methodologische Individualismus der Wirtschaftswissenschaften verpflichtet die Analyse dazu, den „selektiven Anreizen" nachzuspüren, die die Menschen in Scharen zur Unterstützung einer gemeinsamen Sache [|299] motivieren, obgleich sie alle für sich allein die Neigung haben, die gemeinsame Sache den anderen zu überlassen. „Methodologischer Individualismus" schmälert dabei die kardinale Bedeutung kollektiven Handelns in gar keiner Weise. Gewiß verbindet er sich auf der Ebene normativen Denkens da und dort mit der bekenntnishaften und streitbaren Auffassung, dem Menschen und seiner Welt sei am besten gedient, wenn sich jeder selbst der Nächste bleibe und alles Handeln individueller Vorteilnahme verpflichtet

---

42 Dazu grundlegend M. OLSON, The Logic of Collective Action. Public Goods and the Theory of Groups, Cambridge/Mass. 1965; dt. Tübingen 1968; DERS., The Rise and Decline of Nations. Economic Growth, Stagflation, and Social Rigidities, New Haven 1982, bes. S. 17–35.

sei. Aber diese Verbindung findet im methodologischen Individualismus nicht die mindeste Unterstützung. Auf der Ebene der positiven Analyse ist zunächst festzuhalten, daß es kollektives Handeln gibt und daß kollektives Handeln für allen historischen Wandel kardinale Bedeutung besitzt. Kein Ökonom wird dies bestreiten wollen, auch wenn er – auf der Ebene normativen Denkens – noch so gute Gründe zu haben meint, um es zu beklagen. Methodologischer Individualismus verleitet keineswegs dazu, die Bedeutung kollektiven Handelns zu leugnen, aber er fordert dazu auf, sich über diese Bedeutung zu wundern, ihr die Selbstverständlichkeit zu nehmen, die sie für die Historie immer wieder allzu rasch gewinnt, über die Paradoxie kollektiven Handelns nachzudenken, die, um es nochmals zu sagen, im Interesse des einzelnen besteht, dem Kollektiv die Unterstützung zu verweigern, obwohl er am Ergebnis kollektiven Handelns lebhaft interessiert sein mag. Methodologische Individualismus beleuchtet dabei alte Fragen in einer Art und Weise, die es auch dem Historiker schwer machen sollte, sie leichthin aus seinen Interpretationen auszublenden: die alte Frage nach den Vorgängen, in denen sich eine „Klasse an sich" zur „Klasse für sich" verwandelt; die Frage nach den Gründen besonderer Durchsetzungsfähigkeit spezifischer Gruppierungen in Krisenlagen und in historisch so bedeutsamen Phasen beschleunigter institutioneller Transformation.

Nun beantwortet man eine Frage ja nicht schon dadurch, daß man sie scharf beleuchtet, und Kritik an Antworten, die zu kurz greifen, bereitet wirklich überzeugender Analyse bestenfalls den Weg. Der methodologische Individualismus der Ökonomie hat Olson selber dazu verleitet, wie gesagt, die Lösung des Problems in „selektiven Anreizen" zu suchen, den exklusiven Vorteilen, die das soziale Kollektiv nur solchen Leuten zukommen läßt, die ihm Unterstützung gewähren. Dabei hielt man zunächst den Gedanken für besonders hilfreich, es beschaffe sich das Führungsgremium eines sozialen Kollektivs – einer sozialen Bewegung zum Beispiel oder einer konsolidierten sozialen Organisation – die Loyalität der Mitglieder vor allem dadurch, daß es ihnen materielle Vergünstigungen anbiete, Zugang zu Kollektivversicherungen gewähre, Schutz vor Diskriminierung im Arbeitsverhältnis zusichere. Aber dieser Gedanke greift zu kurz.[43] Wenn materielle selektive Anreize die Mitglieder zu hinreichenden [|300] Beitragsleistungen veranlassen, die den Führungsgremien auch die Produktion öffentlicher Güter gestatten: Warum machen diese Gremien das Kollektiv nicht zur profitablen Unternehmung? Warum kassieren sie nicht den erzielbaren Profit? Warum wurden Gewerkschaften zunächst etwas ganz anderes als das, wozu manche sie heute gerne machen würden: Dienstleistungsorganisationen?

Man sollte der Versuchung widerstehen, diese Forschungsfrage vom Tisch zu wischen und von der Agenda gleich wieder abzusetzen mit dem quasianthropologischen Hinweis auf ubiquitäre altruistische Dispositionen des Menschen. Solche Hinweise können der Sache nur dienlich sein, wenn es gelingt, den Kontext genau zu definieren, in dem ein „homo oeconomicus" zum „zoon politikon" mutiert.

---

43 Kritisch zur Bedeutung materieller selektiver Anreize T. GERLACH, Ideologie u. Organisation. Arbeitgeberverband und Gewerkschaften in der Schweizer Textilindustrie 1935 bis 1955. Eine Studie zur Logik kollektiven Handelns, Stuttgart 1995, bes. S. 123–27.

Man wünscht sich dabei die enge und auf Dauer gestellte Kooperation von Ökonomie und Geschichte, einer Ökonomie, die sich von der Pointierung ihrer Fragen über die Grenzen ihre Modellierungen hinaustreiben, einer Geschichte, die sich bei aller Vertrautheit mit den Dingen durch Pointierung der Fragen zu neuer Reflexion herausfordern läßt. Kulturalistische Einflüsse müßten sich dabei hier wie dort mit starker Wirkung zur Geltung bringen. Douglass C. North sprach schon vor fünfzehn Jahren von der Bedeutung gruppenspezifischer Ideologie, vor der Relevanz mobilisierender, Opferbereitschaft erzeugender Überzeugungen, die die Massen zu gemeinsamem Handeln bewegen können auch dann, wenn sie hohe Kosten zu tragen haben.[44] Albert O. Hirschman verwies auf das, was soziale Organisationen für ihre Mitglieder an Lern-, Qualifikations- und Bildungschancen einräumen können.[45] Unsere Ausführungen zum Prozeß fundamentalen Lernens und zur Bedeutung, den die interaktive Kommunikation für diesen Prozeß besitzt, legen es uns nahe, hier von der Thematik der „path dependence" zum Problem kollektiven Handelns die Brücke zu schlagen und soziale Organisation als unverzichtbaren Resonanzraum zu verstehen, in dem sich Handlungsfähigkeit begründendes Regelvertrauen wiederherzustellen vermag.[46]

VII.

Es steht nicht bloß zu befürchten, es läßt sich auch beobachten, daß eine kulturalistisch inspirierte Geschichtswissenschaft das Interesse an Ökonomie als eines analytischen Instruments verliert, und zwar aus schlechten Gründen und zum falschen Zeitpunkt. Die Ökonomie selber [|301] verschließt sich der Tatsache keineswegs, daß auch der wirtschaftende Mensch ein denkendes und lernendes, mithin ein kulturell geprägtes Wesen ist. Freilich begegnet sie dieser Tatsache mit der Zurückhaltung desjenigen, der die Lehren der Geschichte ernst nimmt und weiß, wie schwierig es seit der „Sattelzeit" geworden ist, aus den Dingen der Vergangenheit für Gegenwart und Zukunft zu lernen, kulturellen Wandel zu erklären (und zu prognostizieren!), und der deshalb nach einer Dauer im Wandel sucht und diese an letztlich anthropologischen, sozialanthropologischen, ethologischen oder psychologischen Tatbeständen festmacht. „Pfadabhängigkeit" – Abhängigkeit zukunftsbezogener Entscheidungen vom Weg, den man bislang beschritten hat – ist für die Ökonomie daher keine Selbstverständlichkeit, sondern ein eminentes Problem, das sie nicht schon deshalb für gelöst halten will, weil es eine Geschichtswissenschaft gibt, die im Glauben an „Pfadabhängigkeit" eine Rechtfertigung findet. Aber wenn sich die Ökonomie dem Gedanken der „Pfadabhängigkeit" zunächst verweigert, dann verweigert sie sich ja nicht deshalb, weil sie für die Erblasten der Vergangenheit über-

---

44   Vgl. NORTH, Structure and Change [wie Anm. 16], S. 45–58.
45   A. O. HIRSCHMAN, Engagement u. Enttäuschung. Über das Schwanken der Bürger zwischen Privatwohl u. Gemeinwohl, Frankfurt 1984, S. 90–99, bes. S. 98.
46   H. SIEGENTHALER, Organization, Ideology and the Free Rider Problem, in: JITE 145, 1989, S. 215–37; GERLACH, Ideologie u. Organisation [wie Anm. 43], S. 128–35: Die Plausibilitätsstruktur als selektiver Anreiz.

haupt kein Verständnis hätte. Sie bleibt skeptisch, weil sie erst noch überzeugt werden möchte von der Theoriefähigkeit der Antworten, die sich auf die Frage nach der Pfadabhängigkeit des Denkens und des Handelns geben lassen. Um diese Antworten kümmert sie sich heute vielleicht stärker als je zuvor. Es sind Antworten, um die sich auch die Geschichtswissenschaft kümmert. Vielleicht treiben Ökonomie und Geschichte aufeinander zu, ohne dies auch überall zur Kenntnis zu nehmen: in einem Vorgang der Metamorphose der Disziplinen, an dem sie – als Zeitgenossen immerhin – beide teilhaben, ohne Anlaß zu finden, sich dabei wechselseitig zuzuschauen. Und ohne Zeit zu finden, sich wechselseitig zuzuschauen, weil die Sache selber so faszinierend ist und die ungeteilte Aufmerksamkeit verdient. Früher oder später wird man das Synergiepotential nutzen wollen, das die doppelte Metamorphose der beiden Disziplinen beinhaltet.

NACHWEIS DER DRUCKORTE

Editorische Notiz: Die hier abgedruckten Texte wurden in ihren Fußnoten und Literaturzitaten behutsam vereinheitlicht. Die in eckigen Klammern gegebenen Zahlen verweisen auf die Seiten- und Fußnotenzählungen der im folgenden angeführten Ausgaben, denen sie entnommen sind.

Herausgeber und Verlag haben sich bemüht, alle Abdruckgenehmigungen einzuholen. Bei eventuellen Nachfragen wenden Sie sich bitte an den Verlag.

GEORG BRODNITZ, Die Zukunft der Wirtschaftsgeschichte
Aus: Jahrbücher für Nationalökonomie und Statistik, 3. Folge, 40/2, 1910, S. 145–161.

ALFONS DOPSCH, Zur Methodologie der Wirtschaftsgeschichte
Aus: Kultur- und Universalgeschichte. Walter Goetz zu seinem 60. Geburtstage dargebracht von Fachgenossen, Freunden und Schülern, Leipzig, Berlin: Teubner 1927, S. 518–538.

WERNER SOMBART, Economic Theory and Economic History
Aus: The Economic History Review 2/1, 1929, S. 1–19.

OTTO HINTZE, Wirtschaft und Politik im Zeitalter des modernen Kapitalismus
Aus: Zeitschrift für die gesamte Staatswissenschaft 87, 1929, S. 1–28.

FERNAND BRAUDEL, Pour une Économie Historique
Aus: Revue Économique 1/1, 1950, S. 37–44.

WALT WHITMAN ROSTOW, The Interrelation of Theory and Economic History
Aus: The Journal of Economic History 17/4, 1957, S. 509–523.

SIDNEY POLLARD, Economic History – A Science of Society?
Aus: Past & Present 30, 1965, S. 3–22.

ALEXANDER GERSCHENKRON, Economic History and Economics
Aus: ALAN A. BROWN, EGON NEUBERGER, MALCOLM PALMATIER (Hg.), Perspectives in Economics. Economists Look at their Fields of Study, New York u.a.: McGraw-Hill Book Company 1968, S. 15–28.

ROBERT W. FOGEL, Die neue Wirtschaftsgeschichte. Forschungsergebnisse und Methoden
Aus: Kölner Vorträge zur Sozial- und Wirtschaftsgeschichte 8, Köln: Selbstverlag des Forschungsinstituts für Sozial- und Wirtschaftsgeschichte an der Universität zu Köln 1970.

HANS-ULRICH WEHLER, Theorieprobleme der modernen deutschen Wirtschaftsgeschichte (1800–1945). Prolegomena zu einer kritischen Bestandsaufnahme der
Forschung und Diskussion seit 1945
Aus: GERHARD A. RITTER (Hg.), Entstehung und Wandel der modernen Gesellschaft. Festschrift für Hans Rosenberg zum 65. Geburtstag, Berlin: De Gruyter
1970, S. 66–107.

DOUGLASS C. NORTH, Beyond the New Economic History
Aus: The Journal of Economic History 34/1, 1974, S. 1–7.

ALFRED KIESER, Erklären die Theorie der Verfügungsrechte und der Transaktionskostenansatz historischen Wandel von Institutionen?
Aus: DIETRICH BUDÄUS, ELMAR GERUM, GEBHARD ZIMMERMANN (Hg.), Betriebswirtschaftslehre und Theorie der Verfügungsrechte, Wiesbaden: Gabler 1988, S.
301–323.

HANSJÖRG SIEGENTHALER, Geschichte und Ökonomie nach der kulturalistischen
Wende
Aus: Geschichte und Gesellschaft. Zeitschrift für Historische Sozialwissenschaft 25,
1999, S. 276–301.

BIBLIOGRAPHIE

ABEL, WILHELM, Neue Fragen an die Wirtschaftsgeschichte, Göttingen 1962.

AMBROSIUS, GEROLD / PETZINA, DIETMAR / PLUMPE, WERNER (Hg.), Moderne Wirtschaftsgeschichte. Eine Einführung für Historiker und Ökonomen, München 1996 (2. überarb. u. erg. Aufl. 2006).

ASHLEY, WILLIAM J., On the Study of Economic History, in: HARTE, NEGLEY B. (Hg.), The Study of Economic History. Collected Inaugural Lectures 1893–1970, London 1971, S. 1–17.

ASHTON, T. S., The Relation of Economic History to Economic Theory, in: HARTE, NEGLEY B. (Hg.), The Study of Economic History. Collected Inaugural Lectures 1893–1970, London 1971, S. 163–179.

BAASCH, ERNST, Holländische Wirtschaftsgeschichte, Jena 1927.

BACKHAUS, JÜRGEN, Werner Sombart (1863–1941): Klassiker der Sozialwissenschaften – eine Bestandsaufnahme, Marburg 2000.

BAUER, CLEMENS, Wirtschafts- und Sozialgeschichte, in: Staatslexikon, hrsg. v. der Görres-Gesellschaft, Bd. 8, 1963, Sp. 838–847.

BELOW, GEORG VON, Probleme der Wirtschaftsgeschichte. Eine Einführung in das Studium der Wirtschaftsgeschichte, Tübingen 1920.

BERGHOFF, HARTMUT / VOGEL, JAKOB (Hg.), Wirtschaftsgeschichte als Kulturgeschichte. Dimensionen eines Perspektivenwechsels, Frankfurt a. M. 2004.

BEUTIN, LUDWIG (Begr.) / KELLENBENZ, HERMANN (Neubearb.), Grundlagen des Studiums der Wirtschaftsgeschichte, Köln / Wien 1973.

BEUTIN, LUDWIG, Die Praxis und die Wirtschaftsgeschichte, Dortmund 1955.

BEUTIN, LUDWIG, Einführung in die Wirtschaftsgeschichte, Köln 1958.

BORCHARDT, KNUT, Der „Property-Rights-Ansatz" in der Wirtschaftsgeschichte – Zeichen für eine systematische Neuorientierung des Faches?, in: JÜRGEN KOCKA (Hg.), Theorien in der Praxis des Historikers. Forschungsbeispiele und ihre Diskussion (Geschichte und Gesellschaft, Sonderheft 3), Göttingen 1977, S. 140–156.

BORCHARDT, KNUT, Wirtschaftsgeschichte: Wirtschaftswissenschaftliches Kernfach, Orchideenfach, Mauerblümchen oder nichts von dem?, in: KELLENBENZ, HERMANN / POHL, HANS (Hg.), Historia socialis et oeconomica. Festschrift für Wolfgang Zorn zum 65. Geburtstag, Stuttgart 1987, S. 17–31.

BORCHARDT, KNUT, Zur Frage des Verhältnisses des Studiums der Geschichtswissenschaft zum Studium der Wirtschaftswissenschaft, in: CONZE, WERNER (Hg.), Theorie der Geschichtswissenschaft und Praxis des Geschichtsunterrichts, Stuttgart 1972, S. 44–54.

BRAUDEL, FERNAND (Hg.), Die Welt des Mittelmeers. Zur Geschichte und Geographie kultureller Lebensformen, Frankfurt a. M. 2006 (unv. Neuausgabe).

BRAUDEL, FERNAND / LABROUSSE, ERNEST (Hg.), Wirtschaft und Gesellschaft in Frankreich im Zeitalter der Industrialisierung. 1789–1880, 2 Bde., Frankfurt a. M. 1986–1988 (zuerst franz. 1976).

BRAUDEL, FERNAND, Das Mittelmeer und die mediterrane Welt in der Epoche Philipps II., 3 Bde., Frankfurt a. M. 2001 (zuerst franz. 1949).

BRAUDEL, FERNAND, Pour une économie historique, in: DERS., Écrits sur l'histoire, Paris 1969, S. 123–133.

BRAUDEL, FERNAND, Sozialgeschichte des 15. bis 18. Jahrhunderts, 3 Bde., München 1985/1986 (zuerst franz. 1979).

BRENTANO, LUJO, Mein Leben im Kampf um die soziale Entwicklung Deutschlands, Jena 1931.

BRODNITZ, GEORG, Bibliography. Recent Work in German Economic History (1900–1927), in: The Economic History Review 1, Heft 2, 1928, S. 322–345.

BRODNITZ, GEORG, Bismarcks nationalökonomische Anschauungen, Jena 1902.

BRODNITZ, GEORG, Das System des Wirtschaftskrieges, Tübingen 1920.

BRODNITZ, GEORG, Die Zukunft der Wirtschaftsgeschichte, in: Jahrbücher für Nationalökonomie und Statistik 95, Heft 2, 1910, S. 145–161.

BRODNITZ, GEORG, Englische Wirtschaftsgeschichte, Bd. 1, Jena 1918.

BRUNNER, OTTO, Das „Ganze Haus" und die alteuropäische „Ökonomik", in: DERS., Neue Wege der Sozialgeschichte. Vorträge und Aufsätze, Göttingen 1956, S. 33–61.

BRUNNER, OTTO, Zum Problem der Sozial- und Wirtschaftsgeschichte, in: Zeitschrift für Nationalökonomie 7, 1936, S. 671–685.

BÜCHER, KARL, Die Entstehung der Volkswirtschaft, in: DERS., Die Entstehung der Volkswirtschaft. Vorträge und Aufsätze, 1. Sammlung, Tübingen 1920 (15. Aufl.), S. 93–160.

BÜCHER, KARL, Die Entstehung der Volkswirtschaft. Vorträge und Aufsätze, 1. und 2. Sammlung, Tübingen 1926.

BUCHHEIM, CHRISTOPH, Einführung in die Wirtschaftsgeschichte, München 1997.

CAMERON, RONDO, Economic History, Pure and Applied, in: The Journal of Economic History 36, Heft 1, 1976, S. 3–27.

CAMERON, RONDO, Geschichte der Weltwirtschaft, 2 Bde., Stuttgart 1991/1992.

CIPOLLA, CARLO M., Between Two Cultures. An Introduction to Economic History, New York 1992.

CLAPHAM, JOHN H., The Study of Economic History, in: HARTE, NEGLEY B. (Hg.), The Study of Economic History. Collected Inaugural Lectures 1893–1970, London 1971, S. 55–70.

CLARK, GREGORY, A Farewell to Alms: A Brief Economic History of The World, Princeton 2007.

CONRAD, ALFRED H. / MEYER, JOHN R., Ökonomische Theorie, Statistik und Wirtschaftsgeschichte, in: WEHLER, HANS-ULRICH (Hg.), Ökonomie und Geschichte, Köln 1973, S. 144–162.

CYMOREK, HANS, Georg von Below und die deutsche Geschichtswissenschaft um 1900, Stuttgart 1998.

DOPSCH, ALFONS, Naturalwirtschaft und Geldwirtschaft in der Weltgeschichte, Wien 1930 (ND Aalen 1968).

DOPSCH, ALFONS, Zur Methodologie der Wirtschaftsgeschichte, in: Kultur- und Universalgeschichte. Walter Goetz zu seinem 60. Geburtstage dargebracht von Fachgenossen, Freunden und Schülern, Leipzig / Berlin 1927, S. 518–538.

DOREN, ALFRED, Italienische Wirtschaftsgeschichte, Bd. 1, Jena 1934.

EHRENBERG, RICHARD, Das Zeitalter der Fugger, 2 Bde., Jena 1896.

EHRENBERG, RICHARD, Große Vermögen, Bd. 1: Die Fugger, Rothschild, Krupp, Jena 1925 (3. Aufl.).

FIELD, ALEXANDER J. (Hg.), The Future of Economic History, Boston 1987.

FISCHER, WOLFRAM / BAJOHR, GEORG (Hg.), Die Soziale Frage. Neue Studien zur Lage der Fabrikarbeiter in den Frühphasen der Industrialisierung, Stuttgart 1967.

FISCHER, WOLFRAM, Wirtschafts- und Sozialgeschichte an der Freien Universität Berlin 1955–2004, in: Scripta Mercaturae 39, 2005, S. 45–73.

FOGEL, ROBERT W. / ENGERMAN, STANLEY L., Time on the Cross. The Economics of American Negro Slavery, New York 1974.

FOGEL, ROBERT W., Die neue Wirtschaftsgeschichte. Forschungsergebnisse und Methoden, Köln 1970.

FOGEL, ROBERT W., Railroads and American Economic Growth, Baltimore 1964.

FORBERGER, RUDOLF, Einige Bemerkungen zur Meßbarkeit wirtschaftshistorischer Prozesse, in: Blätter für deutsche Landesgeschichte 104, 1968, S. 109–119.

GERSCHENKRON, ALEXANDER, Economic Backwardness in Historical Perspective: A Book of Essays, Cambridge 1962.

GERSCHENKRON, ALEXANDER, Economic History and Economics, in: BROWN, ALAN A. / NEU-

BERGER, EGON / PALATIER, MALCOLM (Hg.), Perspectives in Economics. Economists Look at their Fields of Study, New York 1968, S. 15–28.

GRAUL, HUGO, Das Eindringen der Smithschen Nationalökonomie in Deutschland und ihre Weiterbildung bis zu Hermann, Ammendorf bei Halle a.d.S. 1928.

GREIF, AVNER, Institutions and the Path to the Modern Economy. Lessons from Medieval Trade, New York 2006.

GRIMMER-SOLEM, ERIK, The Rise of Historical Economics and Social Reform in Germany 1864–1894, Oxford 2003.

HABAKKUK, HROTHGAR J., Economic History and Economic Theory, in: Daedalus 100, 1971, S. 305–322.

HÄUSER, KARL, Das Ende der historischen Schule und die Ambiguität der deutschen Nationalökonomie in den Zwanziger Jahren, in: NÖRR, KNUT W. u.a. (Hg.), Geisteswissenschaften zwischen Kaiserreich und Republik. Zur Entwicklung von Nationalökonomie, Rechtswissenschaft und Sozialwissenschaft im 20. Jahrhundert, Stuttgart 1994, S. 47–74.

HECKSCHER, ELI F., A Plea for Theory in Economic History, in: Economic History (Suppl. Economic Journal) 1, 1929, S. 525–534.

HENTSCHEL, VOLKER, Wirtschaft und Wirtschaftspolitik im wilhelminischen Deutschland: Organisierter Kapitalismus und Interventionsstaat?, Stuttgart 1978.

HESSE, JAN-OTMAR, Die Volkswirtschaftslehre der frühen Bundesrepublik. Struktur und Semantik, Habilitationsschrift, Frankfurt a.M. 2007.

HICKS, JOHN, A Theory of Economic History, Oxford 1969.

HILDEBRAND, BRUNO, Die Nationalökonomie der Gegenwart und Zukunft, Frankfurt a.M. 1848 (ND Düsseldorf 1998).

HINTZE, OTTO, Wirtschaft und Politik im Zeitalter des modernen Kapitalismus, in: Zeitschrift für die gesamte Staatswissenschaft 87, 1929, S. 1–28.

HOBSBAWM, ERIC J., Industrie und Empire. Britische Wirtschaftsgeschichte seit 1750, 2 Bde., Frankfurt a.M. 1969 (zuerst engl. 1968).

HOFFMANN, WALTHER G., Wachstumstheorie und Wirtschaftsgeschichte, in: WEHLER, HANS-ULRICH (Hg.), Ökonomie und Geschichte, Köln 1973, S. 94–103.

IGGERS, GEORG G., Deutsche Geschichtswissenschaft. Eine Kritik der traditionellen Geschichtsauffassung von Herder bis zur Gegenwart, München 1971.

IGGERS, GEORG G., Neue Geschichtswissenschaft. Vom Historismus zur historischen Sozialwissenschaft, München 1978.

JOHANNSEN, OSCAR, Norwegische Wirtschaftsgeschichte, Jena 1939.

KAUFHOLD, KARL-HEINRICH, Wirtschaftsgeschichte und ökonomische Theorien. Überlegungen zum Verhältnis von Wirtschaftsgeschichte und Wirtschaftstheorie am Beispiel Deutschlands, in: SCHULZ, GERHARD (Hg.), Geschichte heute. Positionen, Tendenzen, Probleme, Göttingen 1973, S. 256–280.

KELLENBENZ, HERMANN, Die Methoden des Wirtschaftshistorikers, Köln 1973.

KELLENBENZ, HERMANN, Wirtschaftsgeschichte, in: Handwörterbuch der Sozialwissenschaften, Bd. 12, 1965, S. 124–141.

KIRCHGÄSSNER, GEBHARD, Homo oeconomicus: das ökonomische Modell individuellen Verhaltens und seine Anwendung in den Wirtschafts- und Sozialwissenschaften, Tübingen 2000 (2. erw. Aufl.).

KNIES, KARL, Die politische Ökonomie vom Standpunkt der geschichtlichen Methode, Braunschweig 1853.

KOCKA, JÜRGEN, 1945: Neubeginn oder Restauration?, in: STERN, CAROLA / WINKLER, HEINRICH AUGUST (Hg.), Wendepunkte deutscher Geschichte 1848–1945, Frankfurt a.M. 1979, S. 141–168.

KOCKA, JÜRGEN, Otto Hintze, in: Hans-Ulrich Wehler (Hg.), Deutsche Historiker, Bd. 3, Göttingen 1972, S. 41–64.

KÖLLMANN, WOLFGANG, Zur Situation des Faches Sozial- und Wirtschaftsgeschichte in Deutschland, in: MANEGOLD, KARL-HEINZ (Hg.), Wissenschaft, Wirtschaft, Technik. Studien zur Geschichte. Wilhelm Treue zum 60. Geburtstag, München 1969, S. 135–146.

KOSELLECK, REINHART, Preußen zwischen Reform und Revolution. Allgemeines Landrecht, Verwaltung und soziale Bewegung von 1791 bis 1848, Stuttgart 1987.

KÖTZSCHKE, RUDOLF, Allgemeine Wirtschaftsgeschichte des Mittelalters, Jena 1924 (ND Hildesheim 1998).

KRAUS, WILLY, Das Verhältnis von Wirtschaftsgeschichte und Wirtschaftstheorie in der modernen Nationalökonomie, in: Vierteljahrschrift für Sozial- und Wirtschaftsgeschichte 42, 1955, S. 193–213.

KUCZYNSKI, JÜRGEN, Der Gegenstand der Wirtschaftsgeschichte. Einige Überlegungen anläßlich des Aufsatzes von Waltraud Robbe, in: Jahrbuch für Wirtschaftsgeschichte Heft 1, 1963, S. 133–147.

KUCZYNSKI, JÜRGEN, Studien zu einer Geschichte der Gesellschaftswissenschaften, Bd. 8: Zur Geschichte der Wirtschaftsgeschichtsschreibung, Berlin 1978.

KUCZYNSKI, JÜRGEN, Wirtschaftsgeschichte als Wissenschaft, in: Wissenschaftliche Annalen 4, 1955, S. 385–397.

KULISCHER, JOSEF, Russische Wirtschaftsgeschichte, Bd. 1, Jena 1925.

KUSKE, BRUNO, Die historischen Grundlagen der Weltwirtschaft, Kiel 1926.

LAMPRECHT, KARL, Alte und neue Richtungen in der Geschichtswissenschaft, Berlin 1896.

LENGER, FRIEDRICH, Werner Sombart 1863–1941. Eine Biographie, München 1994.

LINDENFELD, DAVID F., The Myth of the Older Historical School of Economics, in: Central European History 26, Heft 4, 1993, S. 405–416.

LINDENLAUB, DIETER, Richtungskämpfe im Verein für Socialpolitik. Wissenschaft und Sozialpolitik im Kaiserreich vornehmlich vom Beginn des „Neuen Kursus" bis zum Ausbruch des Ersten Weltkrieges (1890–1914), Wiesbaden 1967.

LUHMANN, NIKLAS, Die Wissenschaft der Gesellschaft, 2. Aufl. Frankfurt a.M. 1994.

NIELSEN, AXEL, Dänische Wirtschaftsgeschichte, Jena 1933.

NORTH, DOUGLASS C., Beyond the New Economic History, in: The Journal of Economic History 34, Heft 1, 1974, S. 1–7.

NORTH, DOUGLASS C., Institutions, Institutional Change and Economic Performance, Cambridge 1993.

NORTH, DOUGLASS C., Structure and Change in Economic History, New York 1981 (dt. u.d.T.: Theorie des institutionellen Wandels. Eine neue Sicht der Wirtschaftsgeschichte, Tübingen 1988).

NORTH, DOUGLASS C., Understanding the Process of Economic Change, Princeton 2005.

PIERENKEMPER, TONI, Gebunden an zwei Kulturen. Zum Standort der modernen Wirtschaftsgeschichte im Spektrum der Wissenschaften, in: Jahrbuch für Wirtschaftsgeschichte Heft 2, 1995, S. 163–176.

PLUMPE, WERNER, „Moden und Mythen": Die Wirtschaft als Thema der Geschichtsschreibung im Umbruch 1960 bis 1980, in: HEIN, DIETER / HILDEBRAND, KLAUS / SCHULZ, ANDREAS (Hg.), Historie und Leben. Der Historiker als Wissenschaftler und Zeitgenosse. Festschrift für Lothar Gall zum 70. Geburtstag, München 2006, S. 209–234.

PLUMPE, WERNER, Die Geburt des „Homo oeconomicus". Historische Überlegungen zur Entstehung und Bedeutung des Handlungsmodells der modernen Wirtschaft, in: REINHARD, WOLFGANG / STAGL, JUSTIN (Hg.), Märkte und Menschen. Studien zur historischen Wirtschaftsanthropologie, Wien 2007, S. 319–352.

PLUMPE, WERNER, Gustav von Schmoller und der Institutionalismus. Zur Bedeutung der historischen Schule der Nationalökonomie für die moderne Wirtschaftsgeschichtsschreibung, in: Geschichte und Gesellschaft 25, Heft 2, 1999, S. 252–275.

POLLARD, SIDNEY (Hg.), Region und Industrialisierung. Studien zur Rolle der Region in der Wirtschaftsgeschichte der letzten zwei Jahrhunderte, Göttingen 1980.

POLLARD, SIDNEY, Economic History – a Science of Society, in: Past and Present 30, 1965, S. 3–22.

POLLARD, SIDNEY, Marginal Europe. The Contribution of Marginal Lands since the Middle Ages, Oxford 1997.

POLLARD, SIDNEY, Peaceful Conquest: The Industrialization of Europe 1760–1970, Oxford 1981.

PRIBRAM, KARL, Geschichte des ökonomischen Denkens, 2 Bde., Frankfurt a. M. 1992.

RADKAU, JOACHIM, Max Weber. Die Leidenschaft des Denkens, München 2005.

RAPHAEL, LUTZ, Die Erben von Bloch und Febvre: Annales-Geschichtsschreibung und nouvelle histoire in Frankreich 1945–1980, Stuttgart 1994.

REDLICH, FRITZ, „New" and Traditional Approaches to Economic History and Their Interdependence, in: The Journal of Economic History 25, Heft 4, 1965, S. 480–495.

REDLICH, FRITZ, Einleitung. Ein Leben für die Forschung, in: DERS., Der Unternehmer. Wirtschafts- und Sozialgeschichtliche Studien, Göttingen 1964, S. 11–42.

REDLICH, FRITZ, Neue und traditionelle Methoden in der Wirtschaftsgeschichte, in: WEHLER, HANS-ULRICH (Hg.), Geschichte und Ökonomie, Köln 1973, S. 242–254.

REITH, REINHOLD, Lohn und Leistung aus der Perspektive der Historischen Schule der Nationalökonomie. Zum Problem der Wirtschaftsmentalitäten, in: LENGER, FRIEDRICH (Hg.), Handwerk, Hausindustrie und die historische Schule der Nationalökonomie: Wissenschafts- und gewerbegeschichtliche Perspektiven, Bielefeld 1998, S. 78–104.

ROSCHER, WILHELM, Ansichten der Volkswirtschafth aus dem geschichtlichen Standpunkte, Leipzig 1861 (ND Düsseldorf 1994).

ROSCHER, WILHELM, System der Volkswirthschaft, Bd. 1: Grundlagen der National-Ökonomie, Stuttgart 1922 (26. Aufl.).

ROSCHER, WILHELM, Geschichte der National-Ökonomik in Deutschland, München 1874.

ROSTOW, WALT W., Stages of Economic Growth. A Noncommunist Manifesto, Cambridge 1960 (dt.: Stadien wirtschaftlichen Wachstums, Göttingen 1960).

ROSTOW, WALT, W., The Interrelation of Theory and Economic History, in: The Journal of Economic History 17, Heft 4, 1957, S. 509–523.

RUSINSKI, WLADISLAW, Wirtschaftsgeschichte – neue Auffassungen von Problemen und Methoden, in: Jahrbuch für Wirtschaftsgeschichte Heft 2, 1966, S. 286–301.

SARTORIUS VON WALTERSHAUSEN, AUGUST, Deutsche Wirtschaftsgeschichte 1815–1914, Jena 1920.

SARTORIUS VON WALTERSHAUSEN, AUGUST, Die Entstehung der Weltwirtschaft. Geschichte des zwischenstaatlichen Wirtschaftslebens vom letzten Viertel des 18. Jahrhunderts bis 1914, Jena 1931.

SCHEFOLD, BERTRAM, Bruno Hildebrand: die historische Perspektive eines liberalen Ökonomen, Düsseldorf 1998.

SCHEFOLD, BERTRAM, Wirtschaftsstile, Bd. 1: Studien zum Verhältnis von Ökonomie und Kultur, Bd. 2: Studien zur ökonomischen Theorie und zur Zukunft der Technik, Frankfurt a. M. 1994/1995.

SCHMOLLER, GUSTAV, Grundriß der allgemeinen Volkswirtschaftslehre, 2 Bde., Leipzig 1900, 1904.

SCHMOLLER, GUSTAV, Wechselnde Theorien und feststehende Wahrheiten im Gebiete der Staats- und Socialwissenschaften und die heutige deutsche Volkswirthschaftslehre, Berlin 1897.

SCHUMPETER, JOSEPH A., Theorie der wirtschaftlichen Entwicklung, Berlin 2006 (zuerst 1912).

SÉE, HENRI, Französische Wirtschaftsgeschichte, 2 Bde., Jena 1930/1936.

SIEGENTHALER, HANSJÖRG, Geschichte und Ökonomie nach der kulturalistischen Wende, in: Geschichte und Gesellschaft 25, Heft 2, 1999, S. 276–301.

SOMBART, WERNER, Der moderne Kapitalismus. Historisch-systematische Darstellung des gesamteuropäischen Wirtschaftslebens von seinen Anfängen bis zur Gegenwart, München und Leipzig 1916–1927 (2. neugearb. Aufl., ND München 1987).

SOMBART, WERNER, Die deutsche Volkswirtschaft im 19. Jahrhundert und im Anfang des 20. Jahrhunderts, Berlin 1921 (4. Aufl.).

SOMBART, WERNER, Economic Theory and Economic History, in: The Economic History Review 2, Heft 1, 1929, S. 1–19.

SPIETHOFF, ARTHUR, The „Historical" Character of Economic Theories, in: The Journal of Economic History 12, Heft 2, 1952, S. 131–139.

SPREE, REINHARD (Hg.), Geschichte der deutschen Wirtschaft im 20. Jahrhundert, München 2001.

STRIEDER, JAKOB, Studien zur Geschichte kapitalistischer Organisationsformen. Monopole, Kartelle und Aktiengesellschaften im Mittelalter und zu Beginn der Neuzeit, München / Leipzig 1925 (2. verm. Aufl.).

STRIEDER, JAKOB, Zur Genesis des modernen Kapitalismus. Forschungen zur Entstehung der großen bürgerlichen Kapitalvermögen am Ausgange des Mittelalters und zu Beginn der Neuzeit zunächst in Augsburg, München / Leipzig 1935 (2. verm. Aufl.).

TILLY, RICHARD H., Einige Bemerkungen zur theoretischen Basis der modernen Wirtschaftsgeschichte, in: Jahrbuch für Wirtschaftsgeschichte Heft 1, 1994, S. 131–149.

TILLY, RICHARD H., German Economic History and Cliometrics: A Selective Survey of Recent Tendencies, in: European Review of Economic History 5, 2001, S. 151–187.

TILLY, RICHARD H., Wirtschaftsgeschichte als Disziplin, in: AMBROSIUS, GEROLD / PETZINA, DIETMAR / PLUMPE, WERNER (Hg.), Moderne Wirtschaftsgeschichte. Eine Einführung für Historiker und Ökonomen, München 1996, S. 11–26.

TILLY, RICHARD H., Wirtschaftsgeschichte und Ökonomie: zur Problematik ihrer Interdisziplinarität, in: Jahrbuch für neue Politische Ökonomie 7, 1988, S. 248–265.

TREUE, WILHELM, Adam Smith in Deutschland. Zum Problem des „Politischen Professors" zwischen 1776 und 1810, in: CONZE, WERNER (Hg.), Deutschland und Europa. Historische Studien zur Völker- und Staatenordnung des Abendlandes. Festschrift für Hans Rothfels, Düsseldorf 1951, S. 101–133.

VOLCKARDT, OLIVER, Wettbewerb und Wettbewerbsbeschränkung im vormodernen Deutschland 1000–1800, Tübingen 2002.

VOLLRATH, HANNAH, Alfons Dopsch, in: WEHLER, HANS-ULRICH (Hg.), Deutsche Historiker, Bd. 7, Göttingen 1980, S. 39–54.

WALTER, ROLF, Einführung in die Wirtschafts- und Sozialgeschichte, Paderborn 1994.

WEBER, MAX, Abriß der universalen Sozial- und Wirtschaftsgeschichte. Aus den nachgelassenen Vorlesungen hrsg. von SIEGFRIED HELLMANN und MELCHIOR PALYI, München und Leipzig 1924.

WEE, HERMANN VAN DER, Perspektiven und Grenzen wirtschaftshistorischer Betrachtungsweise – Methodologische Betrachtungen, in: Vierteljahrschrift für Sozial- und Wirtschaftsgeschichte 62, 1975, S. 1–18.

WEHLER, HANS ULRICH, Einleitung, in: DERS. (Hg.), Geschichte und Ökonomie, Köln 1973, S. 11–35.

WEHLER, HANS-ULRICH (Hg.), Geschichte und Ökonomie, Köln 1973.

WEHLER, HANS-ULRICH, Bibliographie zur modernen deutschen Wirtschaftsgeschichte (18.–20. Jahrhundert), Göttingen 1976.

WEHLER, HANS-ULRICH, Bibliographie zur neueren deutschen Sozialgeschichte, München 1993.

WEHLER, HANS-ULRICH, Probleme der modernen deutschen Wirtschaftsgeschichte, in: DERS., Krisenherde des Kaiserreichs 1871–1918. Studien zur deutschen Sozial- und Verfassungsgeschichte, Göttingen 1970, S. 291–311.

WEHLER, HANS-ULRICH, Wirtschaftsgeschichte von anno dazumal oder „Fortschritt zum Kapitalismus"?, in: DERS., Preußen ist wieder chic, Frankfurt 1983, S. 107–115.

WILTSCHE, HARALD A., „… wie es eigentlich geworden ist" – Ein wissenschaftsphilosophischer Blick auf den Methodenstreit um Karl Lamprechts Kulturgeschichte, in: Archiv für Kulturgeschichte 87, Heft 2, 2005, S. 251–284.

WINKLER, ARNOLD, Methodik der Sozial- und Wirtschaftsgeschichte, Wien 1956.

Wirtschaft und Kultur. Festschrift zum 70. Geburtstag von Alfons Dopsch, bearb. v. GIAN PIERO BOGNETTI, Baden bei Wien 1938.

Wirtschafts- und Sozialgeschichte – Neue Wege? Zum wissenschaftlichen Standort des Faches (= Vierteljahrschrift für Sozial- und Wirtschaftsgeschichte 82, 1995).

WISCHERMANN, CLEMENS, Der Property-Rights-Ansatz und die „neue" Wirtschaftsgeschichte, in: Geschichte und Gesellschaft 19, 1993, S. 239–258.

ZIEGLER, DIETER, Die Zukunft der Wirtschaftsgeschichte. Versäumnisse und Chancen, in: Geschichte und Gesellschaft 23, 1997, S. 405–422.

ZORN, WOLFGANG, Einführung in die Wirtschafts- und Sozialgeschichte des Mittelalters und der Neuzeit, München 1972.

ZORN, WOLFGANG, Wirtschaftsgeschichte, in: Handwörterbuch der Wirtschaftswissenschaften, hrsg. v. WILLI ALBERS u. a., Bd. 9, Stuttgart u. a. 1982, S. 55–82.

REGISTER

1. SACHREGISTER

2. PERSONENREGISTER

2006. 301 Seiten, kart.
€ 28,–
ISBN 978-3-515-08905-0

ÜBER DEN HERAUSGEBER
Aloys Winterling ist Professor für Alte Geschichte an der Universität Basel.

Aloys Winterling (Hg.)
Historische Anthropologie

Immer mehr menschliche Gegebenheiten, die lange Zeit für „natürlich" und invariant gehalten wurden, haben sich in den letzten Jahrzehnten als kontingent, als so und auch anders möglich herausgestellt. Man denke nur an den Wandel von Geschlechterrollen oder an die medizinischen Möglichkeiten, den Anfang und das Ende des menschlichen Lebens zu beeinflussen.

Historische Anthropologie interessiert sich in dieser Situation für die Menschen vergangener Zeiten – für ihre Körperlichkeit, ihre Psyche, ihre gesellschaftlichen Beziehungen, ihren Alltag und die kulturellen Muster, mit denen sie ihre Zeit deuteten.

Die vorliegende Auswahl von Basistexten zur Historischen Anthropologie dient drei Zielen: Sie stellt die unterschiedlichen begrifflichen und theoretischen Prämissen der wichtigsten Konzeptionen von Historischer Anthropologie vor. Sie schafft dadurch größere Klarheit für künftige Forschung. Sie bietet eine praktische Zusammenstellung zentraler Texte für die akademische Lehre.

MIT TEXTEN VON
Aloys Winterling, Jürgen Habermas, Clifford Geertz, Bernd Herrmann, Thomas Nipperdey, Alfred Heuss, Oskar Köhler, Jochen Martin, André Burguière, Hans Medick, Thomas Sokoll, Wolfgang Sofsky, Andre Gingrich / Werner Zips und Christoph Wulf